U0679593

EM 高等院校经济管理类规划教材

HUMAN RESOURCE MANAGEMENT

人力资源管理

王　萍　付　滨
金岳祥　乜　瑛　编著

HUMAN RESOURCE MANAGEMENT

HUMAN RESOURCE MANAGEMENT

ZHEJIANG UNIVERSITY PRESS
浙江大学出版社

再版说明

随着人力资源管理理论研究的不断深化,企事业单位的人力资源管理实践也不断变革和创新,这就对人力资源管理的教学和人才培养提出了新的要求。在此背景下,本书的作者们在2007年4月出版的应用性本科规划教材《人力资源管理》的基础上,一方面对人力资源管理领域研究前沿的探索和总结,另一方面在平时的教学和实践过程中收集最新的数据和资料,通过二年多时间的精心准备,针对本科人才培养的要求和特点,修订并编著出版本教材。

本书的编写主要基于以下三个方面:一是随着人力资源管理实践的不断深化,人力资源管理领域出现不少新情况、新问题和新知识,需要在教学内容中予以反映;二是人力资源管理实践中出现很多的新案例,各种宏观和微观数据以及法律规范发生了较大的变化,教材必须具备这些时代气息的信息;三是对于已经出版的教材中不够成熟的内容进行规划化和系统化,完善人力资源管理知识体系。本教材体系完整、信息充分,内容深入浅出,适用面光,可供30至50学时的课程使用。不仅可以作为人力资源管理专业的基础课程教材,可供经济管理类专业本科生的学科基础课程教学使用,也可作为理工类、文史类、艺术类等专业学生选修课教学使用,企事业单位员工培训或感兴趣者自学均比较适合。

本书的编著始终围绕着时代性、实践性、系统性展开。各章修订的主要内容如下:第一章增加了人力资源的构成内容、人力资源的相关概念区分;第二章增加了人员流动管理和电子化人力资源管理;第三章增加了人力资源战略规划和战术规划的区分、外部人力资源供给预测;第四章增加了职能工作分析法FJA;第五章增加了网络招聘;第六章增加了需要层次理论在企业管理中应用;第七章增加了员工薪酬的主要影响因素、海氏三要素评估法;第八章进行了全面的修改,细化了概念和程序,增加了绩效考核的类型与影响因素、绩效考核指标的构成要素、绩效考核指标的权重、绩效考核标准的要求和分类,并将绩效考核方法分为系统性和非系统性两大类进行详细介绍,增加了尺度评价法和行为锚定等级评定表法两种方法;第九章增加了培训需求分析模型;第十章增加了职业生涯的特性;第十一章将原来的"人力资源保护"改为"人力资源协调和维护",增加了劳动关系的表现形式、劳资协调、劳务派遣;第十二章主要是对案例和数据进行修订。当然,本书所作的修订远远不止上述提到的内容,读者在阅读和使用过程中一定会感受到时代的脉搏。

本书的编著由浙江理工大学经济管理学院的王萍教授主持,浙江大学宁波理工学院付滨副教授总体协助。其中第一、二、三、四、五、七、八、十、十一章由王萍负责修订;第六、九、十二章由付滨负责修订。本书各章编著者如下:第一、七、八、十一章由浙江理工大学经济管理学院王萍教授编著;第六、九、十二章由浙江大学宁波理工学院付滨副教授编著;第二、三章由杭州师范学院金岳祥副教授编著,王萍修订;第五章由浙江工商大学杭州商学院乜瑛副教授编著,王萍修订;第十章由浙江工业大学之江学院周春蕾编著、王萍修订;第四章由浙江工商大学杭州商学院管婧婧编著,王萍修订。

　　本书所选择的案例和实例有的是从网络媒体上直接收集而来,有的是在原案例基础上进行改写,而且修订过程中参阅和借鉴了大量文献,特向这些作者和媒体表示诚挚的敬意和感谢,本书的参考文献尽量对所有引用的资料给予说明,如有疏漏,敬请谅解。

王　萍

2012 年 6 月

前　言

当今世界,一个重要的趋势就是人力资源在经济和社会生活中起着越来越巨大的作用。人力资源是一种特殊资源,具有不可替代和高增值性等特点;人力资源管理已成为一个组织获取竞争优势的主要途径和手段。基于经济、社会和科技发展的现实需要,得益于管理学尤其是 MBA 教育在中国的蓬勃开展,人力资源管理学科有了相当大的发展,相关著作和教材也日益丰富。

目前出版的人力资源管理教材主要可以分为两大类:一类专门针对 MBA 教学,适合有管理实践背景的学员;另一类主要针对普通高等院校的本科教学,侧重于理论知识的系统传授。而对于应用型本科院校而言,与 MBA 教学相比,学生没有相应的管理经验;与普通本科高校相比,在理论和应用之间更强调应用性。因此,为了满足应用型本科院校人力资源管理课程的教学需要,我们组织相关院校的专业教师编写了这本《人力资源管理》。

本书是作为专门面向应用型本科教育的教科书来编写的,其内容可供 30—50 学时的课程使用。除应用型本科院校的人力资源管理专业学生外,也可供工商管理、市场营销、企业管理等专业的本科生教学用。另外,企事业单位员工培训或感兴趣者自学均比较适用。

本书除第一、第二两章阐述了人力资源和人力资源管理的基本理念以外,其余各章覆盖了该学科的所有职能领域,涉及人力资源管理概述、规划、工作分析、招聘选拔、绩效薪酬管理、培训、职业生涯管理、激励、人力资源保护和跨文化人力资源管理等专题。本书系统地阐述了人力资源管理的基本理论和基本方法,力图体现以下特点:

系统完整:本书涵盖这门学科的整个框架,对各主要部分的基本概念、理论和技术都进行了论述,使读者建立对人力资源管理的全面认识。

内容扩展:尽量搜集国内外在人力资源管理方面的最新理论和技术方法,采用"相关链接"的方式对主题内容加以拓展,通过信息量的增加和知识面的扩展促进读者对人力资源管理原理的认识和消化。

注重应用:每章以引导案例的形式开始,以案例分析的形式结束,并结合实际设计了大量的小思考,以强化对相应内容的理解和深化。

浙江理工大学经济管理学院的王萍副教授为本书的主编,负责制定本书大纲,并对全书进行了审阅、修改和统稿;浙江理工大学经济管理学院 2005 级研究生许凤英和单小波承担了全书的校对工作。本书共分十二章,各章作者如下:第一、七、十一章由浙江理工大学经济管理学院王萍(副教授)编写;第六、九、十二章由浙江大学宁波理工学院付滨(副教授)编写;第二、三章由杭州师范学院金岳祥(副教授)编写;第五章由浙江工商大学杭州商学院乜瑛(副教授)编写;第十章由浙江工业大学之江学院周春蕾(讲师)编写;第八章由浙江工业大学之江学院戈永妹(助理研究员)编写;第四章由浙江工商大学杭州商学院管婧婧(讲师)编写。

本书编写过程中参阅和借鉴了大量文献,这些成果对本书的形成功不可没,从中受到了很大启迪,特向这些作者表示诚挚的敬意和感谢。我们在参考文献中尽可能列出详细文献,但难免有遗漏,对此深表歉意。本书的出版得到了浙江大学出版社的大力支持,在此一并表示感谢。

由于知识和经验的局限性,书中错误或疏漏之处在所难免,恳请广大读者批评指正并提出宝贵意见,以备本书修订时参考,同时使我们的学术水平能不断提高!

王 萍

2007 年 3 月

目　　录

第1章

人力资源概述

▷▷▷ ▷

引 言

广岛、汉堡和人力资源

第二次世界大战末期,日本广岛遭受了原子弹袭击,该市70%的建筑物被摧毁,30%的人口在爆炸中死亡。幸存者在爆炸后逃离该市。然而,仅仅在24小时后,一些人开始返回该市。在5个月内,该市幸存人口中的三分之二已经返回。由于原子弹在空中爆炸,没有损伤该市的地下公用系统,所以仅仅在爆炸后的第二天,幸存地区的电力供应就恢复了。两天内,铁路运输也开始恢复,电话服务则在一周内开始重新启动。根据《美国战略轰炸调查》估计,生产量占广岛工业生产四分之三的工厂可能在30天内就开始恢复正常生产运行了。

1943年,德国汉堡拥有150万人口,但就在这一年的7、8月份,盟军对该市进行为期10天的狂轰滥炸,摧毁了该市约50%的建筑物,炸死了3%的人口。尽管该市的供水系统受到严重破坏,但在最后一次空袭过去几天后,电力和煤气供应就全面恢复了,电报系统在4天内恢复营运,一周后,中心银行重新开门,邮政服务在空袭后12天内也恢复了。《美国战略轰炸调查》报告说,仅仅在5个月内,汉堡的生产力就已经恢复到被轰炸前的80%。

(资料来源:〔美〕伊兰伯格、史密斯:《现代劳动经济学——理论与公共政策》(第六版),中国人民大学出版社1999年版)

以上例子充分说明了人力资源是一种财富资源,人身上蕴涵着巨大的能量,这些能量一旦被激发出来,能发挥物质资源难以比拟的作用。国家的强大、企业的发展,其背后的支撑力量就是高质量的人力资源。

学习要点

1. 掌握人力资源的概念和特征;
2. 掌握人力资源数量和质量及其影响因素;

3. 掌握人力资本的概念和投资项目；

4. 了解人力资源在经济活动中的作用。

1.1 人力资源的基本内涵与特点

资源,在《辞海》中的解释是"资财的来源"。在经济学中,资源是为了创造物质财富而投入于生产活动中的一切要素,是指"某种可备以利用,提供资助或满足需要的东西"[①],简单地说就是经济活动要素。资源可以划分为自然资源、资本资源、信息资源和人力资源。关于人力资源,由于其特殊性,曾经引起较大的争议。随着人在经济发展和生产活动中的重要程度的提高,人力资源这一概念被人们广泛地接受,并日益受到重视。准确地理解人力资源的内涵是研究人力资源管理的基础。

1.1.1 人力资源的基本内涵

1. 人力资源的概念

人力资源这一概念最早于 1919 年由美国学者康芒斯提出。现代意义的人力资源概念则是由彼得·德鲁克提出,认为人力资源是一种特殊资源,必须通过有效的激励机制才能开发利用,并给组织带来可观的经济价值。此后,很多学者对人力资源进行了阐释。纵观学者的观点,人力资源是指能够推动特定社会系统发展进步并达成其目标的该系统的人们的能力的总和[②],是指一定范围内的人所具有的劳动能力的总和,表现在劳动者身上的,以劳动者的数量和质量表示的资源。

上述定义中的特定社会系统如果包含整个国家,可以定义为宏观人力资源;如果特指某一区域,可以定义为区域人力资源;如果只涉及某一特定社会组织,则可以定义为微观人力资源。不管哪一层面的人力资源,都对经济起着生产性作用,并已成为生产经营活动中最活跃、最积极的因素。

为了准确理解人力资源这一概念,有必要对相关概念进行比较和区分。

人口资源:是指一个国家或地区的人口总和,是进行社会生产不可缺少的基本物质条件,不仅受生物与生态环境等自然因素的影响,还特别受人类社会所特有的政治、经济、文化等诸多因素的影响。人口资源主要表现为一个数量概念,劳动力资源、人力资源、人才资源等概念均以此为基础。

劳动力资源:是指一个国家或地区有劳动能力并在"劳动年龄"范围之内的人口总和,是人口资源中拥有劳动能力且进入法定劳动年龄的那一部分劳动人口,通常指 16 周岁至 60 周岁左右的劳动人口群体。它偏重于数量概念。

人才资源:是指一个国家或地区中素质层次较高的那一部分人,是指杰出的、优秀的人

---

① [美]赫伯特·S·帕纳斯:《人力资源》,黑龙江出版社 1990 年版,第 1 页。

② 陈维政、余凯成、程文文:《人力资源管理》,高等教育出版社 2003 年版,第 2 页。

力资源,着重强调人力资源的质量。

天才资源:通常指在某一领域具有特殊才华的人,他们在自己的领域具有十分独特的创造发明能力,能在这一领域起到领先作用。

上述概念之间存在相互包含的关系,如图 1-1 所示。

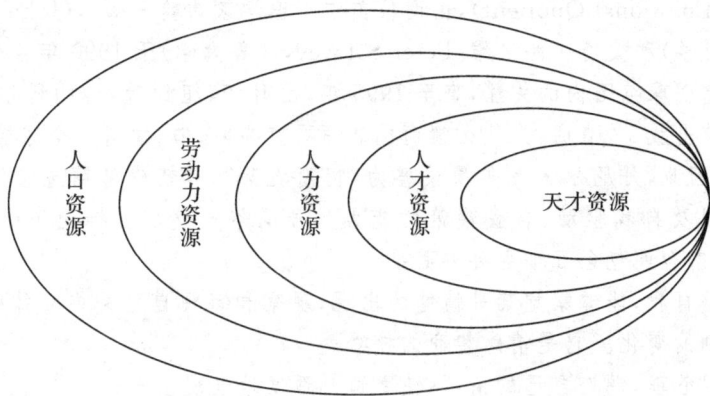

图 1-1　人力资源相关概念间的包含关系

(资料来源:廖泉文:《人力资源管理》(第二版),高等教育出版社 2011 年版,第 4 页)

2. 人力资源的构成内容

人力资源的构成内容主要包括以下六个方面:

体质。即身体素质,由先天遗传和后天获得所形成的,人类个体在形态结构和功能活动方面所固有的、相对稳定的特性,表现为在生理状态下对外界刺激的反应和适应上的某些差异性,括身体的忍耐力、适应力、抗病力和体能等。

智质。智质不同于智商,是指学习的速率。美国将智质分为理解能力、判断能力和推理能力三个要素。健全的思维,正确理解环境的变化,富有同情心,能爱人和被人爱,这就是良好智质所要求的。

心理素质。一个人的心理素质是在先天素质的基础上,经过后天的环境与教育的影响而逐步形成的。心理素质包括人的认识能力、情绪和情感品质、意志品质、气质和性格等个性品质诸方面,主要表现为情绪的稳定性、心理承受力、心情心态、心理应变能力和适应能力。

品德。即道德品质,是指个体依据一定的社会道德准则和规范行动时,对社会、对他人、对周围事物所表现出来的稳定的心理特征或倾向。一个人的道德品质对于人力资源的质量评估是占第一位的。

能力素养。是一个人学历、经历、阅历、心历的结晶。能力就是指顺利完成某一活动所必需的主观条件。能力是直接影响活动效率,并使活动顺利完成的个性心理特征。素养即修习涵养,主要形容一个人的行为道德。

情商。又称情绪智力,主要是指人在情绪、情感、意志、耐受挫折等方面的品质。情商是一个人在职场能否获得成功的重要因素,它表达人们能够准确把握角色定位、能否在恰当的时间做恰当的事情,能否融入团队并为团队所接受。

【相关链接 1-1】

什么是情商?

情商(Emotional Quotient),由两位美国心理学家约翰·梅耶(John Mayer,新罕布什尔大学)和彼得·萨洛维(Peter Salovey,耶鲁大学)于 1990 年首先提出,但并没有引起全球范围内的关注,直至 1995 年,由时任《纽约时报》的科学记者丹尼尔·戈尔曼出版了《情商:为什么情商比智商更重要》一书,才引起全球性的 EQ 研究与讨论,因此,丹尼尔·戈尔曼被誉为"情商之父"。"情感智商包含了自制、热忱、坚持,以及自我驱动、自我鞭策的能力",丹尼尔·戈尔曼接受了萨洛维的观点,认为情感智商包含五个主要方面:

1.了解自我,能够察觉某种情绪的出现,观察和审视自己的内心体验,监视情绪时时刻刻的变化。它是情感智商的核心;

2.自我管理,调控自己的情绪,使之适时适度地表现出来;

3.自我激励,能够依据活动的某种目标,调动、指挥情绪的能力;

4.识别他人的情绪,能够通过细微的社会信号,敏感地感受到他人的需求与欲望;

5.处理人际关系,调控与他人的情绪反应的技巧。

以往认为,一个人能否在一生中取得成就,智力水平是第一重要的,即智商越高,取得成就的可能性就越大。但现在心理学家们普遍认为,情商水平的高低对一个人能否取得成功也有着重大的影响作用,有时其作用甚至要超过智力水平。

(资料来源:[英]韦尔丁著,尧俊芳译:《情商》,天津教育出版社 2009 年版)

3. 人力资源的数量和质量

人力资源由数量和质量两个方面构成。一定的人力资源数量,必然具有质的规定性;一定的人力资源质量也必须通过一定的数量体现出来。

(1)人力资源数量

①人力资源数量的概念。人力资源数量分为绝对数量和相对数量。

人力资源的绝对数量,从宏观看,指的是一个国家或地区中具有劳动能力、从事社会劳动的人口总数,是一个国家或地区劳动适龄人口减去其中丧失劳动能力的人口,加上劳动适龄人口之外实际从事劳动的人口。

人力资源相对数量即人力资源率,是指人力资源的绝对量占总人口的比例,它是反映经济实力的重要指标。在其他条件既定的情况下,人力资源率越高,表明可投入生产的劳动数量越多,能够创造的国民收入也越多。

【实例 1-1】

美国劳工部劳工统计局对于美国劳动力构成的变化一直在进行追踪,并且对没有就业的发展趋势进行预测。据估计,在 1996—2006 年间,美国的劳动力将从1.34 亿上升到 1.49 亿,这种 11%的增长率低于 1986—1996 年间的 14%。随着婴儿爆炸一代(1946—1965 年间出生的一代)持续进入老年,45—65 岁劳动力的

增长速度将快于其他任何年龄群体。

（资料来源：雷蒙德·A·诺伊等：《人力资源管理：赢得竞争优势》，中国人民大学出版社2001年版，第19—20页）

思考：请根据以上数据对美国的人力资源数量和人力资源率的发展趋势作出简单分析和判断。

②人力资源数量的影响因素。影响人力资源数量的因素主要有三方面：

第一，人口总量及其再生产状况。人力资源数量体现为劳动人口的数量，是人口总体的主要组成部分，因此人力资源数量首先取决于人口总量以及通过人口再生产形成的人口数量和结构的变化。

第二，人口的年龄构成。人口的年龄构成直接决定了劳动适龄人口的数量，从而决定了人力资源的数量。

第三，人口迁移。人口迁移不会改变总体上的人力资源数量，但能使某一个地区的人口数量发生变化，继而使得人力资源在区域之间的数量分布发生重大变化。

【实例1-2】

领土面积1700多万平方公里的俄罗斯是世界上最大的国家。然而，自第二次世界大战结束以来，该国一直为人口问题所困扰。根据标准普尔的预测，受出生率下降影响，俄罗斯人口到2050年将从目前的1.4亿下降到1.16亿。另外，65岁以下的适龄工作人口占人口总量的比例，将从2010年的72%下降到60%。20世纪90年代初，俄罗斯开始出现人口负增长，1991年到2009年间，俄人口已经减少了640万。有人甚至比喻说，俄罗斯人口的缩减幅度相当于"每几天就打一次车臣战争"。

俄罗斯总统梅德韦杰夫去年年底曾警告，人口快速下降是俄罗斯面临的严峻挑战。为了解决人口问题，俄政府一直没少下力气。目前俄政府以向产妇发放现金和为多子女家庭提供缴税补贴的方式鼓励生育。一些地区的行政机关还酝酿恢复征收1941年制定的无子女税。该税法规定，20至50岁的无子女男性和20至45岁的无子女女性，每月应向税务部门交纳工资额的6%。

（资料来源：《人口锐减让俄罗斯心慌 拟征收"无子女税"》，中国新闻网，http://www.chinanews.com，2011年2月18日）

思考：根据上述信息分析俄罗斯政府为什么要采取这些措施？这些措施会达到预期效果吗？你还有什么好的建议？

（2）人力资源质量

①人力资源质量的概念。人力资源的质量是人力资源所具有的体质、智力、知识和技能水平，以及劳动者的劳动态度等，可以用健康卫生、教育状况、劳动者技术等级、劳动态度等指标来衡量。

与人力资源数量相比，其质量方面更为重要。随着社会生产的发展，现代科学技术对人力资源质量提出了更高要求。人力资源质量的重要性还体现在内部替代性上。一般而言，人力资源的质量对数量的替代性较强，而数量对质量的替代作用较差，有时甚至不能替代。人力资源开发的目的就是提高人力资源的质量。

②人力资源质量的影响因素。人力资源质量主要受以下三方面因素的影响：

第一，遗传和其他先天因素。人类的体质和职能具有一定的继承性，这种继承性源于人口代系之间遗传基因的保持，并通过遗传与变异，使人类不断进化和发展。遗传和其他先天因素从根本上决定了人力资源的质量及最大可能达到的程度。不过一般人之间的这种遗传和先天差异比较小。

第二，营养因素。营养是人体正常活动的重要条件，充足而全面地吸收营养才能维持人力资源原有的质量水平，同时营养条件通过影响体质从而影响个体进行人力资源开发和人力资本投资的能力，最终影响人力资源质量。

第三，教育方面的因素。教育是人为传授知识、经验的一种社会活动，是赋予人力资源质量的最重要、最直接的手段，它能使人力资源的智力水平和专业技能水平得到提高。

【实例1-3】

日前教育部、国家统计局和财政部公布了《2008年全国教育经费执行情况统计公告》。公告显示，2008年全国教育经费为14500.74亿元，比上年增长19.37%。2008年GDP为300670亿元，国家财政性教育经费占GDP的比例为3.48%，比上年的3.22%增加了0.26个百分点。虽然2008年国家财政性教育经费占GDP的比重仍未达到4%，但3.48%的比例仍是1992年以来的最高值。

"财政性教育经费占GDP的4%"这一目标，从1993年提到了2006年，实现目标的时间，也从2000年推迟到了2010年。但让人尴尬的是，当美国1999年的教育投入就达到了7%，印度2003年的教育投入达到了5%时，我国的教育投入，却一直没有超过3.5%。

（资料来源：《去年全国教育经费投入占GDP比例，16年最高》，胶东在线，http://www.jiaodong.net，2009年12月5日）

思考：根据以上新闻内容谈谈教育投入对我国人力资源的影响，试分析一个国家如何从教育这一角度提高人力资源质量。

1.1.2 人力资源的特点

人力资源依附于劳动者个体存在，以人的劳动能力为内容，与生产中投入的其他资源相比具有独特、鲜明的特征。

1. 双重性

人力资源是物质财富的创造者，而且人力资源的利用需要一定条件，同时保持与维持人力资源需要消耗一定的物质财富。可以说人力资源既是投资的结果，同时又能创造财富，因此既具有生产性，又具有消费性。

2. 能动性

人具有主观能动性，能够积极地、主动地、有目的地、有意识地认识世界和改造世界，利用其他资源去推动社会和经济的发展。在此过程中，人能通过意识对所采取的行为、手段和结果进行分析、判断和预测，由此成为生产中最活跃的因素。

3. 时效性

无论是从个体的角度还是从社会的角度看，人力资源的形成、开发和利用都有其内在

规律性,都要受到时间方面的限制。随着社会的进步和科技的发展,人的知识和技能也会相对老化,并且人力资源如果长期得不到运用和发挥,就会荒废和退化。

4. 社会性

人的行为方式与价值观具有社会性,是个体与社会环境交互作用的结果。人类劳动是群体性劳动,组织中的人不仅在生产过程中实现自身价值,也在组织中的人际交往中获得社会需要的满足。人力资源的形成要依赖社会,配置要通过社会,使用要处于社会的劳动分工体系之中。

5. 智力性

人是科学文化的载体,这是人区别于其他资源的重要特征。人在改造世界时可以通过智力使自己的能力得以扩大,人的智慧还可以传播、积累,这种智力的继承和发展使人力资源所具有的劳动能力随着时间的推移,得以积累、延续和加强。

6. 持续性

人力资源是可以不断开发的资源,不像物质资源,形成最终产品后就无法继续开发了。人力资源的使用过程就是开发的过程,而且培训、积累、创造过程也是开发过程。人力资源能够实现自我补偿、自我更新、自我丰富,是一种可以多次开发的资源。

1.2 对人力资源认识的历史发展

管理的核心问题是人的管理。在管理学的学科群中,对如何管理人的研究历来居于基础地位,因此对人力资源的认识是与管理学的发展密切联系在一起的。到目前为止,管理理论大致经历了三个主要发展阶段。第一阶段是 20 世纪 20 年代以前的古典管理阶段;第二阶段是 20 世纪 20 年代到 50 年代的人力资源方法阶段;第三阶段是 20 世纪 50 年代以来的现代管理阶段。[①] 与此相对应,对人力资源的认识也经历了以下三个主要发展阶段。

1.2.1 古典管理阶段

古典管理阶段以科学管理理论和一般行政管理理论为代表,对人力资源的认识则是以泰勒为代表的科学管理理论最为典型。

1. 对人力资源的认识

科学管理的最大特点是认为作为管理对象的员工是"经济人",相应实施的是物本管理。对人的认识呈现以下特点:

(1)见物不见人,重物轻人;

(2)把人当做工具,当做机器的附属物来管理,让人去适应机器;

(3)对工人实行物质激励;

(4)没有顾及人的主观感受,忽视人的社会性,容易使员工产生不满和对立情绪。

---

① 李剑锋:《人力资源管理:原理与技术》,电子工业出版社 2002 年版,第 279 页。

【相关链接 1-2】

泰勒的生铁装运实验

实验前,工人们要把92磅重的生铁装到铁路货车上,他们每天的平均生产率是12.5吨。泰勒相信,通过科学地分析装运生铁工作以确定最佳的方法,生产率能够提高到每天47—48吨。实验开始了,泰勒首先寻找到一位体格强壮的受试者,一个大个头、名叫施密特的荷兰移民,他像其他装卸工一样每天挣1.15美元,这在当时仅够维持生存。泰勒用钱(每天挣到1.85美元)作为主要手段来激励施密特,使他严格按规定的方法装生铁。泰勒试着转换各种工作因素,包括膝盖的弯曲、行走的速度、把握的位置等。经过长时间地科学试验各种程序、方法和工具的组合,泰勒成功地达到了他认为可能达到的生产率水平:通过按工作要求选择合适的工人并使用正确的工具,通过让工人严格遵循作业指示,通过大幅度提高日工资率这种经济刺激来激励工人,泰勒达到了每天装运48吨的生产率目标。

(资料来源:丹尼尔·A·雷恩:《管理思想的演变》,中国社会科学出版社2000年版,第27页)

2. 管理的基本思想

在以"经济人"为代表的人力资源认识的指导下诞生了相应的管理思想:

(1)工人是为了满足物质需要而工作的,所以需要采取刺激性的报酬制度——计件工资制,同时采用奖励制度对工作出色者予以奖励。

(2)通过将每一项工作分解为最基本的动作要素,并进行规范化,以制订标准的工作程序和操作办法的科学分析方法,来确定从事一项工作的效率最佳、速度最快、成本最低的"最佳方法"。

(3)人的素质各不相同,必须进行科学的挑选,并对他们进行培训、教育,使员工快速成长。

(4)人的本性是不爱工作的,只有通过监督才能防止他们偷懒,所以管理者要保证任务的完成,就必须实施监督。

1.2.2　人力资源方法阶段

随着生产力的发展,科技日益进步,生产日益社会化,"经济人"假设越来越不适应管理实践的发展。20世纪30年代前后,以人际关系学说和行为科学理论为代表的新的管理理论出现,标志着人力资源方法阶段的到来。

1. 对人力资源的认识

这一阶段,"社会人"假设和人本管理逐渐取代"经济人"假设和物本管理,成为管理理论的主流。人力资源方法注重采用人本管理,主要特点是:

(1)人不单纯是创造财富的工具,而是企业最大的资源和财富,是企业的主体;

(2)对物的管理是通过对人的管理实现的;

(3)人力资源的开发和利用得到了进一步重视。

【相关链接 1-3】

霍桑试验

人力资源方法对管理的最重要贡献来自霍桑试验（Hawthorne Studies），该项目是在西方电气公司（Western Electric）的霍桑工厂中实施的。研究起始于 1924 年，由西方电气公司的工程师设计，目的是检查不同的照明水平对工人生产率的影响，试验的结果与预先所设想的"工人产量与光线亮度有直接关系"完全不同，发现照明强度与生产率没有直接关系。因此，1927 年，研究小组邀请哈佛大学的埃尔顿·梅奥（Elton Mayo）教授作为顾问加入，扩大范围继续研究到 1932 年。新的试验包含大量的试验方案，其中有工作的重新设计、改变工作周和工作日的长度、工作中间引入休息时间、个人工资计划和群体工资计划的比较等。梅奥的研究结论有：行为和情绪是密切相关的；群体对个人的行为有巨大影响；群体工作标准规定了单个工人的产量；在决定产量方面，金钱因素比群体标准、群体情绪和安全感的作用要小。霍桑试验激发对人的因素的兴趣，对改变那种认为人与机器没有差别的流行观点起了很大的作用。

（资料来源：斯蒂芬·P·罗宾斯：《管理学》，中国人民大学出版社 2001 年版，第 32 页）

2. 管理的基本思想

在以"社会人"为代表的人力资源认识的指导下诞生了相应的管理思想：

（1）人是"社会人"，影响人们生产积极性的因素除物质条件外，还有社会、群体、心理和人际关系等因素，而且物质因素不一定是主要因素。

（2）生产效率的提高不是取决于工作条件和工作方法，而是主要取决于工人士气。工人的士气则来源于对家庭、企业和社会的满意，而这种满意主要取决于人与人之间的关系的感觉。

（3）"非正式组织"能影响组织行为，其作用不能为正式组织所代替，管理过程中不能忽视非正式组织的作用，要充分合理利用非正式组织，引导它们为实现正式组织目标服务。

1.2.3 现代管理阶段

随着自然科学和社会科学的不断发展，一些新的方法和理论不断涌现，社会系统学派、权变学派和计量学派是其中的典型代表，由此进入了现代管理阶段。

1. 对人力资源的认识

现代管理理论主张在管理过程中既要考虑人的个性、需求的差异，又要考虑客观环境对人的影响，用权变的和系统的观点看待组织中的人和人力资源管理。其主要特点是：

（1）认为人既不是单纯的"经济人"，也不完全是"社会人"，而是因情景而异的"复杂人"。人不但复杂，而且变动很大。

（2）人的需要与他所处的组织环境有关。人在不同的组织或者同一组织的不同情景下，所具有的需求可能不一样。人是否愿意为组织目标作出贡献，取决于其需求状况及其与组织的关系。

（3）重视人的智力开发、人的素质提高、人与人的协调和人力资源的合理配置。

【相关链接 1-4】

权变理论

权变理论是 20 世纪 70 年代出现的,又被称为随机应变法、管理情景论、情况决定论等。该理论强调,组织管理者应根据其所处的环境和遇到的问题,采用"具体问题具体分析"的方法。世界上没有一种一成不变的、普遍适用的"最佳"管理理论和方法。该学派的代表人物是美国尼布拉斯加大学教授卢桑斯(Fred Luthans),在他 1976 年出版的《管理导论:一种权变术》一书中系统地概括了权变管理理论。

(资料来源:程华主编:《现代企业管理》,高等教育出版社 2004 年版,第 13 页)

2. 管理的基本思想

在以"复杂人"为代表的人力资源认识的指导下诞生了相应的管理思想:

(1)人性是复杂的,不能套用统一的模式,必须权变对待;

(2)对人的管理必须重视人在组织中的作用,做好协调工作,求得整体效益的最大化;

(3)应当把事务性管理变成系统化、程序化的管理,重视人力资源管理。

1.2.4 发展趋势

现代社会,人们的生活日益富足,物质需求的地位日益下降,而对人的创造能力的关注日益增长。现代人力资源管理理论的发展趋势是逐渐接受"能力人"假设。与此相适应,现代管理理论的发展趋势是"能本管理"。对自我实现的追求成为现代发达国家人们追求的首选目标。知识经济的灵魂是创新,人的智力和创新能力将在未来的经济发展中起主导作用,因此人力资源的重要程度将越来越凸显。社会发展的这一趋势也对企业管理创新提出了更高的要求,其核心任务之一就是大力开发人力资源,培养和发挥人的工作能力,营造一个能发挥创造能力的企业和社会环境。

1.3 人力资源投资——人力资本

人力资源作为一种客体,也是经济投资的对象,并历来为经济学家所重视。把人力资源作为投资对象看待,就衍生出人力资本这一新概念。随着社会经济的发展和进步,人类已由依靠传统的物质资本为主的经济形态转向依靠知识为主的经济形态,而知识是以人作为载体的,是构成人力资本的重要组成部分。

1.3.1 人力资源——投资对象

早在古典经济学时期,亚当·斯密就指出应当把人所获得的有用能力列入资本的范围;马歇尔则把它看作是"国民投资",认为它是社会财富的源泉;马克思指出劳动力自身也是生产的对象。这些理论奠定了科学的人力资源投资理论的基础。

20世纪以来,尤其是1935年美国学者沃尔什提出人力资本概念后,人类对于人力资源投资的认识逐步深化。由于科学技术的进步、社会生产力的发展以及其他社会因素的影响,一些学者开始注重对人力资本进行系统研究,并在20世纪50—60年代形成一个高峰,并逐步融入主流经济学。最具有代表性的是美国经济学家西奥多·舒尔茨和加里·贝克尔等人多方面研究了人力资本问题,建立了人力资本范畴,从而形成了人力资本理论,二者也因为在人力资本领域的创造性研究而获得诺贝尔经济学奖。由此,对人力资本的研究也向纵深发展。

1.3.2 人力资本的基本内涵

1. 西奥多·舒尔茨的人力资本理论

西奥多·舒尔茨是从探索经济增长和社会丰裕的秘密而开始研究人力资本的。传统的经济理论认为经济增长必须依赖于物质资本和劳动力数量的增加;而他认为,人在知识、能力、健康水平等方面的提高,对经济增长的贡献比物质资本和劳动力数量的增加更加重要。舒尔茨的人力资本理论的核心观点主要有:

(1)人的知识和技能是资本的一种形态。舒尔茨提出了广义资本的概念,资本有物质资本和人力资本两种形式,人力资本在经济发展中起着决定性作用。

(2)人力资本投资增长水平决定人类经济和社会发展的未来。舒尔茨认为,现代化生产条件下劳动生产率的提高,正是人力资本幅度增长的结果。

(3)人力资本投资收益率远高于物质资本投资收益率。舒尔茨用收益法测算了人力资本投资中最重要的教育投资对美国1929—1957年间经济增长的贡献,其比例高达33%,证明人力资源作为一种生产要素资源能力,已经超过了其他形态的生产要素资源能力。

(4)人力资本投资核心是提高人口质量,教育投资是人力资本投资的主要组成部分。教育投资对于人力资源素质而言,不仅仅限于经济方面的高投资回报率,它还会带来长期的满足,这是个人收入或国民收入衡量中难以体现的。

(5)教育投资应以市场供求关系为依据,以人力价格的浮动为衡量符号。对各类教育的投资应根据市场需求来调节,教育应随着经济在不均衡状态中发展,在适应和不适应中发展。

(6)一个国家摆脱贫困状况的关键是致力于人力资本投资,提高人口质量。舒尔茨认为以往的经济学家过高估计了自然资源的作用而低估了人口质量因素的作用,而后者恰恰是不发达国家走向发达国家的最重要因素。

【相关链接1-5】

西奥多·舒尔茨简介

西奥多·舒尔茨(Theodore W. Schultz,1902—1998),1902年出生于美国中部南达科他州阿灵顿郡的一个德国移民家庭,父亲是小农场主。舒尔茨没有上过中学,在农业学校学习了几年之后,进入南达科他州立学院攻读农业专业,后又受教于威斯康星大学,获得博士学位。毕业后舒尔茨进入爱荷华州立大学任教,20世纪40年代后转至芝加哥大学任教并担任芝加哥大学经济学系主任,成为"芝加哥学派"的代表人物之一。舒尔茨 1960 年被推选为美国经济学会会长,1972 年退休,1998 年逝世。1972 年荣获美国经济学会最高荣誉——弗朗西斯·沃尔克奖,1979 年与另一名美国经济学家阿瑟·刘易斯共同分享了当年的诺贝尔经济学奖。舒尔茨同时还是一名活跃的社会活动家,曾在美国政府农业部、商务部、联合国粮农组织、世界银行等机构兼职,对美国的经济政策和若干世界性机构都产生了积极的影响。

(资料来源:樊继达:《舒尔茨与穷人经济学》,《学习时报》2005 年第 284 期)

2. 人力资本的概念

根据舒尔茨的分析,如果人们对劳动者健康、知识、技能的形成和改善进行投入,并且投入的目的是为了产生超过投入价值的新增价值,而这种新增价值又能为投入者所占有和支配,那么这种投入就是一种投资,投资所形成的价值就是人力资本。

人力资本是与物质资本相对应的资本形式。

因此,人力资本就是体现在劳动者身上的,通过投资形成,能为投资者带来投资回报,并以劳动者的能力和知识或者其质量表现出来的资本形式。

从数量上看,一个社会中劳动力人数的多少,在一定程度上可以表示为该社会人力资本的规模。

从质量上看,每个劳动者的素质或工作能力、技术水平、数量程度各不相同,同一劳动者在接受某种教育或训练后,其劳动质量与工作能力也存在差别。

1.3.3 人力资源投资

人力资本包括先天的遗传因素,但主要是通过后天的投资形成的。它表现为凝结于人本身的知识、技能和健康等。

1. 人力资源投资项目

人力资源投资是一个多维度、多层面的整体系统,其实质是增加人力资本的存量。人力资本的形成途径即人力资源投资项目可以归纳为以下几种:

(1)人口生产投资[①]

①人口生产投资的内容。人口生产投资的实质是人的各项生活开支总和减去其他人力资本投资项目的支出部分,即人们的"生活开支",这是人力资源投资的基础内容。

②人口生产投资收益。人口生产的经济效益的计算比较困难,因为某个时期的人口生产投资并不导致即时的生产产出,理论上的计算方法应该是用"人口的预期产出"与"人口的生产费用"之比来衡量,但实际操作存在困难。

(2)教育投资

教育投资是人力资本投资的主要方式,也是一种极为有效的人力资本投资方式,在人力资源投资中居于十分重要的地位。教育投资主要包括普通教育投资和职业教育投资。

①教育投资的内容。教育的对象是人,通过教育费用的支出,使人的劳动能力迅速得到提高,创造出较多的社会财富从而获取经济效益。因此,教育就具有了"生产"的性质,其费用就成为一种投资。

---

　① 姚裕群:《人力资源开发与管理概论》,高等教育出版社 2005 年版,第 50 页。

教育投资成本主要包括两大部分:一是为受教育而支出的各种费用和劳务,即教育投资的直接成本;二是因接受教育而放弃的收入,即间接成本。教育投资主要有以下来源:

国家用于教育的财政支出;

国家和地方财政分配经费中用于教育的开支;

企事业单位自行支付的教育培训费用;

个人和社会团体办学投资及对教育部门的资助;

个人接受教育花费的学习费用;

一个人为接受教育培训而牺牲可能获得的收入,即"机会成本",也构成教育的费用。

②教育投资的收益。[①]　教育投资的收益包括个人收益和社会收益两部分。

个人收益主要表现为:a.个人未来较高的收入。在多数国家,受教育程度越高则收入越高,这种相关性不仅使教育投资得到补偿,而且进一步鼓励人们接受更多的教育,产生更高水平的生产力,从而推动经济发展的良性循环。b.个人未来较合理的开支。一般认为,一个受过教育的人在安排个人和家庭开支时,能够比未受过教育的人更为合理。c.个人未来较健康的身体。某些发达国家的统计数据显示,在个人经济收入和医疗条件相同的情况下,教育水平和健康状况有很强的正相关关系。d.个人未来较大的职业选择机会。受教育程度越高,其就业机会往往越多。

社会收益是指受教育者(投资者)本人并不能完全占有教育投资的收益,从而成为社会其他成员共同享有的收益。如教育投资直接导致的国民收入的提高和社会财富的增长;通过教育形成的一系列规则,有利于减少环境中的不确定性和降低交易费用,进而增进生产性活动,推动经济增长和社会发展,同时对社会稳定和社会公平以及精神文明的建设都有益。

【实例 1-4】

劳动经济学中关于大学教育的需求分析中有四条推论:

1. 目光短浅者比目光远大者上大学的可能性小(其他条件相同的情况下);

2. 大多数大学生是年轻人;

3. 如果上大学的成本上升,则大学入学人数会下降(其他条件相同的情况下);

4. 如果大学毕业生的工资报酬与高中生的工资报酬之间的差距扩大,则大学入学人数会增加(其他条件相同的情况下)。

(资料来源:伊兰伯格等:《现代劳动经济学——理论与公共政策》,中国人民大学出版社1999年版,第263页)

思考:请根据教育投资的内容和收益分析上述四条推论的理由。

(3)卫生保健投资

卫生保健是指对人力资源采取各种措施,以保持其健康水平。

①卫生保健投资的内容。卫生保健投资是通过对患者的医治和对健康者的预防措施,来减轻或消除疾病对人类的侵袭,维持人的劳动能力。卫生保健投资包括医疗卫生费用、

---

① 张文贤:《人力资本》,四川人民出版社 2008 年版,第 199 页。

劳动者劳动卫生费用、劳动者安全保护费用，这部分费用维持和恢复了人力资源的劳动能力，是一种具有"修理"或"养护"性质的费用，可以认为它是对人力资源使用过程中的附加投资。

②卫生保健投资收益。通过卫生保健可以取得以下收益：

延长劳动者平均寿命，从而增加人的劳动年限，使人的一生的总产出增加；

保护和提高人们的体质和智力，由此提高人力资源的产出率；

提高人群的健康水平，减少由于患病等而造成的医疗费用的增加和生产时间的减少；

减少各种事故发生，降低由此造成的费用支出和工时损失；

提高个人身体素质，从而增强对新的、更高层次的知识和技能的吸纳能力。

（4）人力资源流动投资

对于人力资源流动投资的分析主要关注的是不同地域之间的流动，因为在同一地域内的流动往往不涉及费用问题。

①人力资源流动投资的内容。人力资源流动投资包括直接成本和间接成本。

直接成本既包括人力资源在流动过程中支付的搬家费、交通通讯费等，也包括个人离开原来的工作和生活环境引起的心情的不愉快带来的心理成本，对流出地造成的经济损失等。

间接成本主要指机会成本，即为了流动而放弃的收入。

②人力资源流动投资收益。人力资源流动所带来的收入的增加是最重要的收益，还包括非货币因素，如工作环境、同事关系等的提升所导致的心理愉快；当然对于流入地而言，能够得到本地区稀缺的人力资源，使自己的经济活动得以保证，创造社会财富，取得经济效益，是更深层次的收益。

2. 人力资源投资特点

（1）投资主体多元化

人力资本的投资主体是多元的，有政府、企业和个人。不论哪种形式的人力资本投资，都是减少即期非投资性消费，增强未来的生产能力，增加未来收益。

（2）投资收益取得的迟效性和长期性

迟效性是指人力资源投资并非当时投资当时收益，只有经过一定时期的学习，劳动者的技能、知识和经验达到一定程度后才能产生收益。长期性是指人力资源投资一旦发挥作用，就会在相当长的时期内不断取得收益。

（3）投资收益的广泛性

政府进行人力资本投资目的是促进经济增长和国民收入水平提高，企业参与人力资本投资的目的在于提高企业自身的经济效益，而居民人力资本投资的目的在于增加个人收入以及获得由知识技能存量的增加而带来的更大的自身发展空间。人力资源投资不仅促使经济效益提高，同时还会带来社会、文化等多方面收益。

1.3.4 企业人力资源投资

由于企业是以微观经济效益为中心的经济组织，所以企业应更加注重通过人力资源的投资来改善人力资源的数量和质量，有效地提高企业的经济效益。

1. 企业人力资源投资的特点[①]

一般说来,企业人力资源投资具有以下特征:

(1)功利性。企业人力资源投资必须能够为企业带来现实利益,即人力资源投资收益必须大于投入,这是决定企业是否进行投资的关键因素,也是衡量投资是否成功的基本标准。

(2)激励性。企业人力资源投资是一种管理手段,不仅可以提高员工的技能和素质,而且可以增强员工的工作主动性和对企业的忠诚度。企业绩效的提升一方面来自员工技能和素质的提高,另一方面源于人力资本投资对员工的激励作用。

2. 企业人力资源投资的内容

(1)员工招聘投资。招聘是企业获取人力资源的必经途径,必须支付一定的费用。员工招聘投资就是指企业对所需员工进行招聘甄选时的投资。

(2)员工培训投资。企业因经营活动要求,需要进行各种教育培训活动,以提升员工素质和技能,实现劳动生产率和经济效益的提高。培训投资即为企业举办各种教育培训活动的各项投入。

(3)员工配置投资。企业根据生产运营需要对企业组织形式进行调整,对员工进行调配。企业为促进人员合理流动而进行的投资就是配置投资。

(4)员工福利和保障投资。这是指企业为提高员工工作生活质量和长远发展而进行的投资。这些投资有些是国家规定的,有些是企业为了增强凝聚力和人才吸引力而自行设计的。

(5)人力资源管理信息系统投资。这是企业为了掌握人力资源状况,建立和管理相应信息系统而进行的投资。

1.4　人力资源在经济活动中的作用

人力资源是经济活动中最活跃的因素,也是一切资源中最重要的因素。它对经济发展和经济增长具有特殊重要性,对企业竞争力具有重要意义。

1.4.1　人力资源在经济增长中的作用

现代经济理论认为,经济增长主要取决于新的资本资源的投入、新的可利用的自然资源的发现、劳动者评价技术水平和劳动效率的提高以及科学的、技术的和社会的知识储备的增加。显然,后两项与人力资源密切相关。由此可见,人力资源决定了经济的增长,因此经济学家把人力资源称为第一资源。

对于一个国家,即使占有资本资源或自然资源的优势,但由于这两种资源生成的速度远远跟不上对它们的需求的增长,导致对这两种资源追求的难度越来越大,并且获取这两种资源对科学技术和知识、对具有先进生产知识和技能的劳动者的依赖程度也越来越大。

[①]　秦志华:《人力资源管理》,中国人民大学出版社2000年版,第47页。

因此,越来越多的国家的经济增长主要依靠劳动者的平均技术水平和劳动效率的提高以及知识储备的增加,实践中也将人力资源发展置于最重要的地位,一方面不断加大对本国人力资源的开发,提高人力资源质量;另一方面吸引和挖掘大量的高素质人才,来增加本国人力资源数量,提升人力资源质量。而对于本身不具有资本资源或自然资源优势的国家,就只能依靠经济增长决定因素的后两个方面,即依靠人力资源数量的增加和质量的提高来实现经济的增长。

1.4.2 人力资源对企业生存和发展的重要意义

企业要从事经济活动以实现其既定的目标,就必须投入各种资源。人是其中一种重要的资源。现代企业在生存和发展过程中的竞争性越来越凸显,人力资源对于企业的竞争力起着重要作用。

1. 人力资源是企业获取并保持成本优势的控制因素

高质量的人力资源,基于其较高的知识技能水平,因此可以减少教育培训成本;基于其较高的劳动生产率,因此可以降低生产成本支出;基于其更能寻求最佳的工作和生产方法,因此可以节约投入,减少浪费;基于其较高的个人素质,可以大大降低管理成本。各种成本的降低最终铸就企业的价格优势而强化竞争力。

2. 人力资源是企业获取产品差别优势的决定性因素

企业产品差别优势主要表现在创造比竞争对手质量更好、性能更佳的产品和服务。产品的质量和性能取决于产品的创意、设计、生产等过程,不论哪一环节,人力资源的知识、能力和技能水平都起着决定性作用。至于优质的服务,更需要有高素质的服务人员来支撑。

3. 人力资源是制约企业管理效率的关键因素

"管理出效率,人才是关键"。企业的效率离不开有效的管理,有效的管理离不开高素质的经营管理人才。高素质的人才通过计划、组织、领导和控制等管理职能,实现企业资源的最有效率的配置和竞争能力的最大化。

4. 人力资源是企业在知识经济时代立于不败之地的宝贵财富

知识经济时代的到来将人们对人力资源的认识提高到人力资本的高度,信息、知识、科技和创造力已经成为最重要的战略资源,而产生这些资源的唯一来源就是人。因此,在知识经济时代,竞争的重点已经从物质资源的竞争转移到了人力资源的竞争。

⤷【本章小结】

人力资源是包含在人体内的一种生产能力,表现在劳动者身上,以劳动者的数量和质量表示的资源,是社会生产和企业经营活动中最活跃、最积极的因素。

管理理论经历了三个发展阶段:古典管理阶段、人力资源方法阶段和现代管理阶段。在这三个阶段中,对人力资源的认识不断深入,反映了经济发展过程中不同资源的稀缺状况和重要程度,人力资源已经成为国家实力和企业竞争力的决定性因素。

人力资源的重要性着重体现在人力资源投资——人力资本上。人力资本就是体现在劳动者身上的,通过投资形成,能为投资者带来投资回报,并以劳动者的能力和知识或者其质量表现出来的资本形式。人力资源的投资项目,即人力资本的形成途径主要有人口生产投资、教育投资、卫生保健投资和人力资源流动投资。

人力资源已经成为一切资源中最重要的因素。它对经济发展和经济增长具有特殊重要性,对企业竞争力具有重要意义。

▷【案例分析】

人力资源在西门子·罗姆公司流程再造和变革中的角色

西门子·罗姆通讯公司是电子电器供应商西门子公司的一家生产厂,拥有5800名员工,原属于IBM公司。1988年,当公司每天净亏损100万美元的时候,IBM出售了该公司。作为新主人,西门子公司的高级管理人员决定将该公司进行转型,但是他们意识到那样会引发一系列的变革。因为西门子是一家知识型的公司,它必须把自己重新构建为一个学习型的组织,以便在新的商业环境下具有竞争力。

在变革的开始阶段,该公司的人事副总裁伯尼·哈斯考克召集一群经理来设计新的评价方法。新的方法提高了业绩标准并且鼓励员工自我开发,公司的总裁兼首席执行官卡尔·金恩答应跟踪评价主要骨干的业绩。公司同时进行文化转型,强调"速度、勇气和快速行动"。分散在美国各地的600多名经理参加了一项为期两天的旨在强化上述理念的"世界一流管理学院"培训会议。最后,公司重新设计了它的薪资和奖励政策。人力资源部留出一部分奖金奖励给提高了技能的员工。新的灵活的奖励制度允许经理将金额高达2.5万美元的现金奖给那些充分发挥自己潜能的员工。

当公司向学习型组织迈进的时候,人力资源本身也获得了新生,使公司追求卓越的目标成为现实。哈斯考克要求人力资源部的人员掌握3项技能:业务技能、变革和方法技能、人际信任。为了实现上述目标,人力资源部打破人员配置、培训、福利等之间的隔阂,重新划分为5个以业务为导向的小组:战略和设计小组研究西门子·罗姆公司的业务发展计划;咨询服务小组帮助塑造公司文化并推动员工实现人力资源目标;人力资源项目整合小组确保人力资源经理在公司范围内克隆他们自己的专长;教育小组协助员工发展;人力资源服务中心处理员工日常人力资源问题。

伯尼·哈斯考克说:"我们不能仅仅认为自己是辅助性的,我们要充分发挥自己的作用。"所有这些努力加在一起,帮助公司实现了转型。1996年该公司荣获《人事杂志》的"最佳变革管理奖"。

(资料来源:[美]亚瑟·W.小舍曼等:《人力资源管理》,东北财经大学出版社2001年版,第29页)

问题

1. 通过本案例,说说你对人力资源在企业中的作用有什么新的认识。

2. 西门子·罗姆公司是如何看待公司的人力资源的?你认为在知识经济时代,人力资源最主要的特点是什么?

3. 人力资源措施怎样帮助西门子·罗姆公司成为一家学习型组织?

【思考练习】

1. 什么是人力资源？请分析人力资源的基本特征。
2. 人力资源的质量和数量构成如何？请对人力资源的数量和质量加以评述。
3. 结合管理理论的发展，请谈谈对人力资源认识的发展。
4. 什么是人力资本？人力资本的形成途径有哪些？
5. 分析人力资源和人力资本的异同。

第 2 章

人力资源管理概述

≫ ≫ ≫　　≫

引　言

迪斯尼的用人之道

自从 1984 年迈克尔·艾斯纳成为迪斯尼的 CEO 以后,公司的发展记录让人另眼相看——连续 14 年 20% 的年增长率和每年 18.5% 的资产报酬率。发展的动力来源于迪斯尼独特的用人之道。

1. 激发灵感

艾斯纳在迪斯尼营造的是一种叫"支持式冲突"(Supportive Conflict)的环境。在这样一种环境下,员工间既需要互相合作支持,也允许适当的摩擦。公司鼓励所有员工都能自由表达意见,整个公司的气氛非常轻松。在艾斯纳看来,自由的气氛就像奔流不息的江河,灵感和创意会滚滚而来。

铜锣秀(Gong Show)是迪斯尼一直保留至今的内部活动。每周一次,所有的员工都会聚集到会议室,每个人都要提供建议,范围和部门一律不限。迪斯尼公司很多独一无二的创意,如"小美人鱼"和"风中奇缘",都是在这样在七嘴八舌中诞生的。

迪斯尼还有一个更加奇特的发挥员工创意的方法。在拍电影或电视节目之前,所有的参与人员,不管是老板还是普通人员,都要求在同一个房间中待上 10 到 12 个小时,有时甚至是 2 天。"愈长愈好,愈折磨人愈好。"艾斯纳说。大家在一起长时间地待着,穿着同样的衣服,吃着同样的三明治,一开始是各执己见,争论不休,最初的几个小时好像完全是在浪费。渐渐地,大家慢慢变得又饿又累,互相卸下了面具。上下级之间早已没有了界限,谁也不想再固执地让别人接受自己的意见。在最后的半小时,真的就有创意出来了,这种创意又往往是最好也最能被大家接受的。"有时候就必须累垮,让精力消耗殆尽,原创性才会出来。"艾斯纳解释道。

2. 以身作则,随时待命

艾斯纳经常在公司领导中强调:"我们是什么样的人和我们做什么样的事,两者一样重要。"公司领导的言行态度往往影响着普通员工的一举一动,以身作则意味着公司领导要首先对公司怀抱热情和忠诚,要首先有卓越的表现。艾斯纳要求公司领导要时常和普通员工在一起,要学会读出员工的身体语言,看清他们说话时的眼神,还要求所有的领导要用电子邮件与员工沟通。"随时待命!"艾斯纳说。

迪斯尼的分公司遍及全世界。作为 CEO,艾斯纳不可能像在小公司中那样,和所有的员工保持联系,接触的重点于是就放在了40个左右的主要领导人上。艾斯纳经常带着他的管理团队在全球的迪斯尼主题公园四处走动,并且要求这些领导也能和他们手下员工随时保持接触。艾斯纳说,"一个组织之所以伟大,是因为优秀的领导品质能扩散到整个管理阶层,而不只是在最高层主管。"

3. 经常提醒你的手下

在一个大公司里,有些好主意经常因为稍有瑕疵、或因为组织的官僚习气而无法实现。这时候,作为一个领导人,艾斯纳会提醒手下的员工去完成工作。"有时候,好主意、好员工需要的只是一个不停提醒的人。"艾斯纳说。

一天夜里,艾斯纳路过一个正在施工的观众台时,碰到一个保安员。那个保安员完全没有参与施工,却向他谈了许多施工中的细节和错误。第二天艾斯纳回到办公室,马上写纸条给手下的经理,让他们提升那个保安员。接下来很长一段时间,艾斯纳每隔两个星期都会向他的手下询问那个保安员的情况,直到保安员得到适当的提升为止。

在迪斯尼买下美国广播公司的那天,艾斯纳就提醒手下做一个拿奖金的游戏节目,大家也都同意这个主意可以实行。提醒了四年,终于有了一个大受欢迎的"百万大富翁"节目。艾斯纳接着又开始去催生另外一个项目。

尽管艾斯纳不希望所有的事情都要经过他的认同,但他还是要求自己和手下能经常提醒别人完成一些重要的事情。"我的团队是一个超级提醒人。"艾斯纳略带自豪地说。

(资料来源:根据 21 世纪经济报道"迪斯尼的用人之道"改编,2004 年 1 月 10 日)

迪斯尼的发展和成功充分说明了人力资源管理在支持企业目标的实现上起着关键性作用,企业必须根据自身的特点选择人力资源管理方法和策略,才能为企业赢得竞争优势。今天,人力资源已经成为企业乃至整个国家的第一资源。要提高中国企业的国际竞争力,将人口优势变成人力资源优势,就必须调整人力资源管理的政策和实践,重视员工人力资源的开发和利用。

学习要点

1. 掌握人力资源管理的概念;

2. 掌握人力资源管理的主要内容;

3. 掌握人力资源管理的理论基础;

4. 掌握人力资源管理的职能;

5. 掌握人力资源管理的产生和发展;

6. 掌握电子化人力资源管理的内容。

2.1　人力资源管理的概念和内容

1958 年,社会学家怀特·巴克将人力资源管理视为组织的一种普通的管理职能,从而第一次提出了人力资源管理这一概念。人力资源管理主要涉及影响雇员的行为、态度以及绩效的各种政策、管理实践以及制度,[①]包括了组织中一切与员工有关的管理决策和管理实践活动。随着人力资源管理理论和实践的深入发展,人力资源管理的各种流派不断产生,人力资源管理在一般管理学中占据了十分重要的地位,全面理解人力资源管理的合理内核是把握人力资源管理基本内容的关键。

2.1.1　人力资源管理的基本内涵

1. 人力资源管理的概念

所谓人力资源管理(Human Resources Management,HRM),是指各种社会组织以工作分析、人力资源规划为基础,对员工的招募、录取、培训、使用、升迁、调动直至退休的一系列管理活动的总称[②],最终实现企业目标和员工价值的过程。

人力资源管理可以从宏观和微观两个层面进行考察。宏观人力资源管理强调整个社会的人力资源开发与管理,主要包括教育训练费用、健康保健费用、社会保障体系以及劳动力迁移的费用等。微观人力资源管理主要是指企业的人力资源开发与管理,涉及企业中与人有关的事情,如识人、选人、育人、用人和留人。

理解人力资源管理这一概念需要把握以下几个方面:(1)人力资源管理的目标是为了获取、开发、保持和有效利用在组织正常运营过程必不可少的人力资源,实现组织目标。(2)人力资源管理的内容包括数量上和质量上的管理,量的管理就是使人力和物力保持最佳比例和有机结合,产生最佳效应;质的管理是指对人的心理和行为的管理,发挥人的能力并产生群体效应。(3)人力资源管理的手段是组织中对员工有直接影响的管理决策和实践活动制度、法令、程序的科学方法。(4)人力资源管理的职能是为了对人进行有效的管理,充分发挥其主观能动性,实现组织目标。

【实例 2-1】

屈臣氏在内地的员工总人数约为 3000 人,到 2006 年年底,将达到 5200 人,员工主要构成是管理人员、店员、药剂师、物流后勤人员等。屈臣氏计划在全国招聘100 名店长。对于店长的人选,应聘者首先需具备 3 年或以上零售业或客户服务的工作经验,至少 2 年担任零售业店铺管理职位;其次,是包括在员工管理、培训、沟通、协调等方面所具备的领导才能;第三,是对安全、清洁、POP、收订货、报表等方面的业务能力;最后,是基于提高客户服务标准及店铺销售的商业技能。学历

---

① ［美］雷蒙德·A·诺伊等:《人力资源管理:赢得竞争优势》(第三版),中国人民大学出版社 2002 年版,第 3 页。
② 廖泉文:《人力资源管理》,高等教育出版社 2005 年版,第 7 页。

方面的要求是大学本科毕业。屈臣氏公司在招聘时会根据不同岗位,考虑候选人的学习能力、知识背景和工作经验,但最基本的一点是团结精神和服务意识。屈臣氏将其"Discovery 不断发现"的企业文化,以及"健康、美态、欢乐"的经营及生活理念渗透于员工,使员工在一个充满活力的环境下,不断发现新的目标、新的自我价值。屈臣氏致力于在整个中国地区市场,让屈臣氏品牌家喻户晓。公司需要吸纳和培养大批符合公司文化的高素质、高潜力而且愿意与公司共同成长的人才。通过外部招聘、内部接班人计划、高业绩表现者培养计划、核心员工发展计划来实现公司的人才战略。

(资料来源:易才网,http://www.ehrbank.com,2006-08-18)

思考:企业如何选人、用人、留人、育人? 屈臣氏的做法对你有何启示?

2. 人力资源管理与传统人事管理的区别①

两者的区别主要有:

第一,传统人事管理着眼于对员工的控制,是单纯的事务性管理、技术性管理活动;现代人力资源管理比传统人事管理更具有战略性、整体性和未来性。

第二,传统人事管理将事作为中心,将人降格为执行指令的机器,注重为人找位、为事配人;现代人力资源管理将人力视为组织的第一资源,更注重对其的开发,因而更具有主动性。

第三,传统人事管理部门作为组织内一个从事执行的职能部门,从事日常的事务性工作;现代人力资源管理与人事管理的重要区别是,人力资源管理部门成为组织的生产效益部门。

第四,现代人力资源管理与传统人事管理的另一个重要区别是,人力资源管理对员工实行人本化管理;现代人力资源管理视员工为"社会人",而传统人事管理却视员工为"经济人"。

3. 人力资源管理与人力资源开发的区别②

在讲到人力资源管理时,我们还需要涉及人力资源开发这个概念。两者既相互联系又有所区别,都是针对人力资源的管理活动,但侧重点不同。人力资源开发主要是指国家或地区、企业、家庭、个人的正规国民教育、在职学历教育、职业技能培训以及人的使用和启智等一系列活动,从而达到培养各类人才、开发人的潜能、提升人的质量的目的。因此,人力资源开发关注于人生的整个过程,包括未成年人的教育和老年人退休后的发挥余热,是全社会的宏观问题,比较强调如何使潜在的人力资源向现实的人力资源合理转化,不断挖掘其潜力、提升其价值;人力资源管理更注重的是从业阶段的体力劳动者和脑力劳动者,包括从人力资源规划、招募开始,到退休的全过程,涵盖在职培训、潜能开发、合理调配使用等内容,强调如何使人力资源与物力资源合理配置,充分发挥其效率。由此可见,人力资源开发是本,是根;人力资源管理是果,是收获。两者具有有机的联系,但侧重点又有所不同,人力资源开发是一个较大较广的概念。两者的关系如图 2-1 所示。

---

① 姚先国、柴效武编著:《公共部门人力资源管理》,科学出版社 2004 年版,第 6—7 页。
② 廖泉文:《人力资源管理》,高等教育出版社 2005 年版,第 7 页。

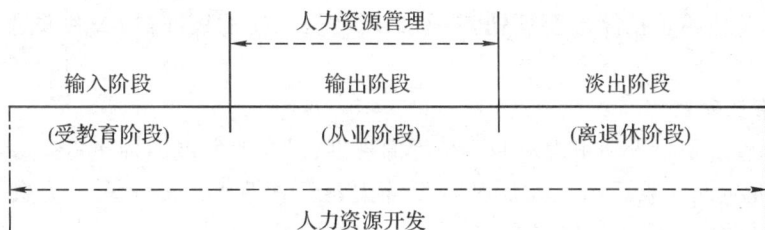

图 2-1　人力资源开发与管理的关系

2.1.2　人力资源管理的内容

从企业管理的角度考虑,人力资源管理的主要内容可以归纳为以下几个方面:

1. 人力资源规划

根据组织的发展战略和经营计划,系统全面分析和确定组织人力资源需求的过程,以确保组织在需要时能够得到一定数量和质量的、满足各个岗位需要的员工。首先是评估组织的人力资源现状及其发展趋势,收集和分析人力资源供求的信息和资料,预测人力资源供求的发展趋势,结合实际制定组织的人力资源培训与发展计划等。

2. 工作分析

工作分析是人力资源管理最基础的工作。首先是对各个工作岗位进行考察与分析,以便确定其职责、任务、工作条件、任职资格和享有权利等,以及相应的教育培训情况,最后形成工作职务说明书。

3. 员工招聘

根据人力资源规划和工作分析的要求,主要由计划、招募、测评、选拔、录用、评估等一系列活动组成。组织可以在内部聘任,也可以向社会招聘,按照平等就业、择优录用的原则招聘所需要的人才。

4. 员工培训与发展

对员工进行培训和开发,可以促使员工更好地提高工作效能、改善行为,增强对组织的归属感和责任感;对组织而言,可以减少事故,降低成本,提高生产效率和经济效益,主要包括员工职业生涯规划、员工发展、业绩评估等。

5. 员工激励

员工激励就是通过运用各种因素激发员工的动机,诱导和强化员工的行为,调动员工工作的积极性,使之产生实现组织目标的行为的过程。

6. 薪酬管理

薪酬管理是人力资源管理的重要组成部分,人力资源管理部门要从员工的资历、职级、岗位及实际表现和工作成绩等方面考虑制定相应的、具有吸引力的薪酬标准和制度;也是人力资源管理活动中最为敏感、最受关注、技术性最强的部分,是组织吸引和留住人才,激励员工努力工作,发挥人力资源效能的最有力的杠杆之一。

7. 绩效管理

绩效管理是考评者对照工作目标或绩效标准,采用一定的考评方法,对员工的工作表现和工作成果等作出评价。通过考评,对绩效突出的员工应进行物质和精神方面的奖励,对表现差的员工应给予批评甚至惩罚,目的是调动员工的积极性,检查和改进人力资源管理工作。

8. 职业生涯管理

职业生涯管理是个人和组织对职业历程的规划、对职业发展的促进等一系列活动的总和,它包含职业生涯决策、设计、发展和开发等内容。有助于提高个人人力资本的投资收益,有助于降低改变职业通道的成本,有助于组织的发展。

9. 人力资源保护

人力资源管理涉及劳动关系的各个方面,如劳动用工、劳动时间、劳动报酬、劳动保护、劳动争议等内容。人力资源管理部门应根据国家、政府有关劳动保护的有关协议中各个条款的规定,依法行事,处理相关的劳动关系,以确保员工在劳动生产过程中的安全与健康。

10. 人员流动管理

分为流入管理、内部流动管理和流出管理三个方面。人员流入管理就是通过招募录用来解决组织人力资源不足的问题;内部流动管理是通过内部调动、岗位轮换、晋升、降职等形式,使得人力资源能够适应组织的需要和满足自己职业生涯发展需要;流出管理是指与员工终止劳动关系,解决相应的纠纷安置和人员补充问题等。

2.2 人力资源管理的理论基础和企业实践

人力资源管理的理论基础和企业实践主要源于人性假设理论和激励理论。人性假设理论,最具代表性的就是美国行为科学家道格拉斯·M·麦格雷戈提出的"X理论—Y理论"和美国行为科学家埃德加·H·沙因提出的"四种人性假设理论"。激励理论关注如何激发员工的工作热情,调动他们的工作积极性和主动性,这是人力资源管理需要解决的首要问题。我们主要分析需要层次理论、双因素理论、公平理论和强化理论等。

2.2.1 人性假设理论和实践

人性假设是人力资源管理的理念基础,任何管理理论和实践都是以一定的人性假设为基础的,直接决定着人力资源管理的具体管理方式和管理方法。西方社会主要有以下几种人性假设。

1. X理论及实践

"X理论—Y理论"的创立者是道格拉斯·M·麦格雷戈。

【相关链接2-1】

道格拉斯·M·麦格雷戈简介

道格拉斯·M·麦格雷戈(Douglas M. McGregor,1906—1964)是美国著名行为科学家和管理教育家,行为科学学派的代表人物之一,"X理论—Y理论"的创立者。1906年9月16日出生于美国底特律,1932年获得美国韦恩大学文学学士学位,1933 年获得哈佛大学文学硕士学位,并于 1935 年获得哈佛大学哲学博士学位。1935—1937 年间麦格雷戈在哈佛大学任教,讲授社会心理学;1937—1948 年在麻省理工学院任心理学讲师、助教授、副教授、教授;1948—1954 年任安第奥克学院院长;1949 年获得韦恩大学法学博士学位;1952—1959 年在纽约任社会科学研究委员会董事;1954 年起任麻省理工学院工业管理学教授;1960—1963 年任安第奥克学院理事;1964 年去世。麦格雷戈任院长期间,对当时流行的传统管理观点和对人的特性的看法提出了疑问。他于 1957 年 11 月的《管理评论》杂志上发表了《企业的人性方面》一文,文中提出了著名的"X 理论—Y 理论"。

（资料来源:徐光华:《人力资源管理实务》,清华大学出版社 2005 年版,第 11 页）

(1)X 理论

X 理论对人性的假设是:人生来好逸恶劳,不求上进,自私,习惯于逃避责任。它的主要观点可以归纳为以下几个方面:①大多数人生性都是懒惰的,他们尽可能地逃避工作;②大多数人都没有什么雄心壮志,不喜欢负什么责任,宁可让别人领导和指挥;③大多数人是以个人为中心的,其个人目标与组织目标相互矛盾;④大多数人是缺乏理智的,不能克制自己,很容易受到他人影响;⑤大多数人习惯于保守,反对改革,安于现状;⑥大多数人是为了满足基本的生理需要和安全需要,只有金钱和物质利益才能刺激他们去做事;⑦只有少数人能克制自己,这部分人应当担负起管理的责任。

(2)企业实践

X 理论非常类似于我国古代的性恶论,认为"人之初,性本恶"。主要的管理方法有:①企业管理者要以经济报酬为主要激励手段;②主张采取严格控制的管理方式,保证组织目标的实现;③对消极怠工的行为采取严厉的惩罚;④以权力或控制体系来保护组织本身和引导员工;⑤管理的重点是提高劳动生产率。

2. Y 理论及实践

(1)Y 理论

基于 X 理论,麦格雷戈提出了与之完全相反的 Y 理论。这一理论的主要观点如下:①一般人并不是天性就不喜欢工作的,外在的控制不是驱使人工作的唯一手段;②如果给人提供适当的机会,就能将个人目标和组织目标统一起来,不需要用惩罚作为实现目的的手段;③人的自我实现的要求和组织要求的行为之间是没有矛盾的;④逃避责任、缺乏抱负及强调安全感通常不是出自人的本性,而是后天经验的结果;⑤所谓的承诺与达到目标后获得的报酬是直接相关的,它是达成目标的报酬函数;⑥大多数人,而不是少数人,在解决组织的困难与问题时,都能发挥较高的想象力、聪明才智和创造性;⑦一般人的智慧潜能只是部分地得到了发挥。

(2)企业实践

Y 理论的观点非常类似于我国古代的性善论,认为"人之初,性本善"。以这一理论为指导,管理的方式和方法必然也会不同:①管理者的重要任务不再是监督控制,而是创造一个使人得以发挥才能的工作环境,发挥员工的潜力,使员工在完成组织目标的同时也达到自己的个人目标;②对人的激励主要是给予来自工作本身的内在激励,让员工担当具有挑战性的工作,担负更多的责任,满足其自我实现的需要。

3. 经济人假设及实践

(1)经济人假设

这种假设源于享乐主义的哲学观点和亚当·斯密关于劳动交换的经济理论。美国行为科学家埃德加·H·沙因将经济人假设的观点总结为以下几个方面:①人是由经济诱因来引发工作动机的,其目的在于获得最大的经济利益;②经济诱因在组织的控制之下,因此人总是被动地在组织的操纵、激励和控制之下从事工作;③人以一种合乎理性的、精打细算的方式行事,总是力图用最小的投入获得满意的报酬;④人的情感是非理性的,会干预人对经济利益的合理追求,组织必须设法控制人的感情。

(2)企业实践

著名的泰勒制就是"经济人"假设的具体体现。为此在管理上,主张:①集权与控制,在机构上突出监工,在制度上强调重赏重罚;②管理者与工人严格分开,反对工人参与管理。

4. 社会人假设及实践

(1)社会人假设

社会人假设是由人际关系学派的倡导者梅奥等人提出的,源于著名的霍桑实验。主要观点有:①人类工作的主要动机是社会需要,人们要求有一个良好的工作氛围,要求与同事之间建立良好的人际关系,通过与同事的关系获得基本的认同感;②由于技术进步和工作合理化,使得工作变得单调而无意义;③非正式组织有利于满足人们的社会需要,因此非正式组织的社会影响比正式组织的经济诱因对人们有更大的影响力;④人们对领导者的最强烈期望是能够被承认并满足他们的社会需要。

(2)企业实践

按照社会人的假设,管理的重点就是要营造和谐融洽的人际关系。在企业管理中,主张:①管理人员不应只注重组织目标的完成,应把注意的重点放在员工需要的满足上;②管理人员要注意员工之间的关系,培养员工的归属感和整体感;③提倡集体奖励制度为主,个人奖励制度为辅;④鼓励职工参与管理;⑤强调提高员工对工作环境的满意度,达到提高工作效率的目的。

5. 自我实现人假设及实践

(1)自我实现人假设

这种假设相当于麦格雷戈提出的Y理论。马斯洛的"需要层次理论"中自我实现的需要和克里斯·阿吉里斯的"不成熟—成熟"理论中个性的成熟也都属于自我实现人的假设。

主要观点有:①人的需要有低级和高级之分,从低级到高级可以划分为多个层次,人的最终目的是满足自我实现的需要,寻求工作上的意义;②人们力求在工作上有所成就,实现自治和独立,发展自己的能力和技术,以便富有弹性,适应环境;③人们能够自我激励和自我控制,外部的激励和外部的控制会对人产生威胁,产生不良的后果;④个人自我实现的目标与组织的目标并不是冲突的,而是能够达成一致的,在适当的条件下,个人会自动地调整自己的目标并使之与组织目标相配合。

(2)企业实践

①管理的重点从重视人的因素转向重视工作环境,创造一个舒适的环境和氛围,充分发挥人的潜力和才能;②奖励制度上重视内部激励,引导员工形成自尊、自重、自主、创造,调动员工的积极性;③主张下放权力,实行民主管理,形成较为充分的参与决策制度,将个

人目标与组织目标有机结合起来。

6. 复杂人假设及实践

（1）复杂人假设

这种假设认为经济人假设、社会人假设和自我实现人假设并不是绝对的，人是复杂的，在不同的环境下是不同的人，应该是因时、因地、因事、因人在行动、动机及需求等方面有不同反应的复杂人。主要观点是：①人的需要是多种多样的，随着条件的变化，每个人的需求不同；②一个人在组织中可以形成新的需求和动机，它们相互作用形成一个统一的整体；③人们在不同的组织和不同的部门中可能有不同的动机模式；④一个人在组织中是否感到心满意足，是否肯为组织奉献，取决于组织的状况与个人的动机结构之间的相互关系；⑤人们依据自己的动机、能力及工作性质，会对一定的管理方式产生不同的反应。

（2）企业实践

根据以上分析，企业管理中可以采取以下措施：①采用不同的组织形式提高管理效率；②根据不同企业的情况，采用应变、疏导的方法，提高管理的效率；③善于发现员工在需要、动机、兴趣和能力等方面的不同差异，采取灵活多变的管理方式和奖励方式。

【相关链接 2-2】

中国古代的人性假设

1. 性善论。孟子是性善论的创立者。孟子把人性规定为人高于动物的性质，他认为人区别于动物的特征中，最能体现人性的是人的道德品质，即"仁"、"义"、"礼"、"智"，简称"四德"。这四种道德的萌芽是人生来就有的，叫作"四端"。"仁"的萌芽是"恻隐之心"，"义"的萌芽是"羞恶之心"，"礼"的萌芽是"恭敬之心"，"智"的萌芽是"是非之心"。

2. 性恶论。与孟子的性善论对立的是荀子的性恶论。荀子认为，人的道德品质是在后天的环境中形成的，因而不是人的天性；真正的人性是人生来就具备、无须学习、无须造就的天然的性质，这种生来就有的性质主要包括人的感官的功能和生理需要以及人人都有的趋利避害的倾向。由于荀子把人性等同于人的情欲和趋利避害的倾向，所以，他主张人的本性是恶劣，其善性是后天人为改造的结果（"人之性恶，其善者伪也。"《荀子·性恶》）。

3. 性有善有恶论。最先提出人性有善有恶的，当属战国时期的世硕。世硕认为，人性不是全善，也不是全恶，而是既包含善的成份也包含恶的成分。培育其中善的成份，善的性质就得到发展；培育其中恶的成分，恶的性质就得到发展。汉代大儒董仲舒对于人性的看法与世子类似，他认为人性就是人生来就有的自然资质，包含着善的成分（"善质"），也含着恶的成分。

4. 性无善恶论。告子是性无善恶论的代表。告子认为，人的本性就是人生来就有的性质，而食欲和性欲都属人的本性（"生之谓性"，"食色性也"《孟子·告子上》），人性本身是没有善或恶的属性的，是无所谓善恶的（"性无善不善"《孟子·告子上》）。在告子看来，人的天性是一种质料，用它既可以做成好的品质，也可以做成坏的品质。

5. 自然人性论。道家是自然人性论的代表。道家认为,宇宙的本原是"道",道体现在人身上,成为"性"即人性。人的本性是纯朴的圆满的,人应该顺着人的本性自然而然地生活。道家反对人性的改造,反对矫揉造作,主张顺其自然,自然而然地生活,要做到这一点,必须"无己"、"无待"、"无知"。

2.2.2 激励理论和实践

激励是指管理者激发人的内在的行为动机,使其通过高水平的努力既实现组织目标,又能满足个体需要的过程。对员工进行激励,是人力资源管理过程中的重要手段,对人力资源管理目标的实现有着非常重要的作用。西方管理学者对激励问题进行了重点研究,形成了许多激励理论。

1. 需要层次理论

马斯洛在 1943 年出版的《人类动机理论》中提出了需要层次理论,认为人类有五种基本需要,即生理需要、安全需要、社交需要、尊重需要和自我实现需要;人类的需要是从低级到高级呈阶梯形出现的,当低层次的需要得到相对满足之后,高层次的需要成为追求的动机;人类对自我实现需要的追求是最高的需要。只有那些未满足的需要才能成为激励因素,需要得到满足后就不再是一种激励力量。

马斯洛的需要层次理论对人力资源管理工作有重要的指导意义。①管理者必须考虑员工不同层次的需要,并为此设计相应的激励措施;②由于不同的人在不同的发展阶段对主要的需要内容不是固定不变的,只有了解了员工的这个阶段的主要需要之后,激励才能取得针对性的效果;③当员工的低层次需要得到一定满足后,如果及时满足员工变化了的需要,激励的作用会明显提高。

2. 双因素理论

美国心理学家赫茨伯格在《工作中的激励》(1959)一书中提出了激励—保健理论,又称双因素理论。一是"保健因素",即员工在工作中是否满意与下列因素有关:监督和主管的关系,公司的管理制度和政策,以及薪水、工作条件、地位、安全等等。保健因素不能直接起到激励员工的作用,但能预防员工的不满情绪。二是"激励因素",通常是成就、认可、赞赏、工作本身、责任感、发展、成长、奖金等因素。具备了这些因素,可使员工感到满意,但员工不满意时却很少是因为缺少这些因素。激励因素能直接激发起员工的工作积极性,产生使员工满意的积极效果。赫茨伯格认为传统的把"不满意"作为"满意"的对立面的看法是不正确的,"满意"的对立面应当是"没有满意","不满意"的对立面应当是"没有不满意"。

赫茨伯格的双因素理论与马斯洛的需要层次理论具有相似之处。双因素理论中的保健因素相当于需要层次理论的生存需要、安全需要和社交需要,而激励因素则相当于尊重需要、自我实现需要。赫茨伯格的双因素理论在人力资源管理工作中得到了一定的应用,主要形式是工作丰富化。可以采取以下措施:①直接分派任务,使员工尽可能有机会参与、控制自己工作的权利;②公开信息反馈渠道;③建立与顾客之间的联系,使生产者知道产品被认可的程度;④合并任务,把各种独立的和不同的工作合并成一个整体。

工作丰富化

工作丰富化是指从工作的上下环节上扩大范围,使员工有更大的控制权,参与工作规划的制定、执行和评估,使员工有更大的自由度、自主权。这个方法自20世纪 60 年代开始,至今已成为组织管理中十分重要的概念和手段,实行工作丰富化的组织目前来说都持肯定态度。

(资料来源:顾沉珠等:《人力资源管理实务》,复旦大学出版社 2005 年版,第 15 页)

3. 公平理论

20 世纪 60 年代,美国心理学家亚当斯提出这样的观点:一个人做出了成绩并取得报酬之后,会自觉或不自觉地把自己的付出和所得之比与他人的付出与所得之比作横向比较,也会和自己在这方面的收支作历史的比较,如果比较的结果是相等的,他就会觉得公平而继续当前的工作,如果比较的结果是自己现在的付出与所得之比小于别人或自己的过去,他就会感到不公平,既而提出增加报酬或减少自己的付出。

在管理实践中,员工消极怠工、讲怪话、发牢骚、旷工、最终离职都是公平理论的具体表现。为此,可以采取以下措施:①为保持员工的公平感觉,人力资源管理者可以用恢复公平感的方法,使员工改变对自己、对参照物的主观认定;②尽量根据员工对组织的贡献来给予报酬,确保不同贡献得到不同报酬这一原则的落实。

4. 强化理论

美国心理学家斯金纳在他的强化理论中指出,无论人还是动物,为了达到某种目的,都会采取一定的行为,当环境对他的行为结果有利时,他就会重复自己的行为。与之比照,当个人的行为得到组织奖励的时候,加强这种行为,称为正强化;当个人的行为不是组织所希望的时候,减少或克服这种行为,称为负强化;当个人的行为得到组织的批评时,被要求改变或杜绝自己的行为,并受到相应的制止措施,被称为惩罚;当个人的行为是组织不希望出现但还没有达到需要批评的时候,组织对其置之不理,称为自然消退。

在人力资源管理实践中,运用强化理论会收到很好的效果。①奖励、表扬、改善工作条件、提拔、给予学习机会等等,都是正强化的具体化。②口头警告以防止不良行为的发生是负强化的具体表现。降级、批评、处分是惩罚的具体化。③对于一些模糊或无关紧要的争议采取不理不睬的方法,就是等待自然消退。

2.3 人力资源管理的职能和演进历史

2.3.1 人力资源管理职能的演进

1. 经验管理阶段(18 世纪中叶至 19 世纪中叶)

蒸汽机的发明标志着第一次产业革命的产生,出现了当时的工人阶级,劳工部门如何管理工人是这一时期的重要任务。这一阶段人事管理的特点是:第一,把人视为经济人、"会说话的工具",每个工人每天只是完成简单而重复的机械劳动;第二,管理以事为中心,招录雇佣工人是人事管理的主要任务;第三,已经有了初步的管理者与生产者的区分,他们开始负责招工、分配工作、发放工资和监督工人劳动。

2. 科学管理阶段(19世纪末20世纪初)

随着生产效率的极大提高和劳动分工的进一步细化,要求对人员进行科学管理。该时期的代表人物是美国的科学管理之父泰罗和德国社会学家韦伯。泰罗的观点受当时的新教伦理的强烈影响,他推崇刻苦工作、经济合理性、个人主义的价值观以及每个人都在社会中起重要作用的观点。他重视管理的巨大作用,强调"只有通过强制性的标准化方法、强制采用最好的工具和工作条件、强制性的合作,才能保证快速地工作。而强行采用标准和强行合作的责任只能落在管理者身上。……管理者必须认识的广泛事实是,如果工人不能从这种做法中获得额外的报酬,他们是不会顺从于这种更为死板的标准的,他们也不会额外勤奋地工作"[①]。这一阶段人事管理的特点是:第一,提出了劳动定额管理和劳动计件工资奖励制度,第一次运用合理的程序、动作和工具计算劳动成果;第二,将有目的的培训引入企业;第三,明确划分了管理职能和作业职能,出现了劳动人事管理部门;第四,已经能够组织起各级指挥体系,各种职务和职位按照职权的等级原则加以组织,对人的管理制定了下级服从上级的严格的等级观念;第五,倡导劳资双方的合作,管理人员和工人均分工作和责任,责权利分明。

3. 工业心理学阶段(20世纪初至第二次世界大战)

20世纪初,与泰罗对效率的极端关注相反,工业心理学更加关注工作和个体差异。这个阶段,专职人事工作的部门产生了。这一阶段人事管理的特点是:第一,承认人是社会人,开始关注人的社会、心理、精神需求,萌发对人的尊重;第二,在管理形式上,承认非正式组织的存在,承认在官方或法定的组织之外,另有权威人物存在;第三,在管理方法上,承认领导是一门艺术,有方法的区别,重视工会和民间团体的利益,提倡以人为核心改善管理方法。

4. 人际管理运动阶段(第二次世界大战后至20世纪70年代)

第二次世界大战后,美国通过了《民权法》、《保健与安全法》等相关法律,予以解决日益复杂的劳资矛盾和人事纠纷,人事管理进入了比较严格、规范和系统的时代。这一阶段人事管理的特点是:第一,要求就业机会均等,越来越多的妇女、少数民族者、年迈者及受教育程度高的人获得了就业机会;第二,人事管理规范化,人事部门经理开始活跃起来,人事部门不仅成为企业的专设机构,而且开始设立若干分支机构,管理考核、劳资矛盾、福利、培训等;第三,人力资源管理职能提上政府议事日程,许多相关的政令、法律出台;第四,人事管理的方式也发生了较大的变化,弹性管理已进入部分企业和部分特殊岗位。

5. 人事管理让位于人力资源管理阶段(20世纪70年代以来)

人力资源管理以人为中心,以开发人的内在潜能、发挥人的积极性为原则。这一阶段人事管理的特点是:第一,从以事为中心的管理转向以人为中心的管理,注重员工的发展需要,重视对员工的长期开发和合理使用;第二,管理方式上强调以人为本,个性化管理日趋

---

① F.W.泰罗:《科学管理》,纽约哈珀—罗出版公司1947年版,第36—37页。

明显,管理更加人性化;第三,开始注重团队建设,重视协作和沟通,让员工参与管理成为组织追求的目标。

【相关链接 2-4】

中国古代的管理思想

1. 儒家的"德治"。儒家从人性善、性纯出发,极力提倡道德管理,主张治理国家不能偏于一端,既要刑律整治,又要道德感化。

2. 法家的"法治"。法家以人性恶为出发点,认为德治、礼治难以适应社会的需要,提出法治。主张依靠公正、通俗、可行、普遍的法对人加以管制,强调依法治理,赏罚分明。

3. 道家的"无为而治"。"无为而治"的思想出自老子。他认为,"无为"而后才能运用众智、众力。但各家达到无为而治的手段各不相同。道家主张以清静达到无为而治;法家主张以专制达到无为而治;儒家主张以道德导向达到无为而治。

(资料来源:廖文泉:《人力资源管理》(第二版),高等教育出版社 2011 年版,第 334—335 页)

2.3.2 美国和日本人力资源管理模式

人力资源管理,在不同国家、不同行业、不同企业表现出不同的特征。东方的日本和西方的美国人力资源管理模式是社会化大生产发展的不同阶段的典型代表,由于文化背景不同,两国的人力资源管理模式各有本国鲜明的特点。近年来,美日这两种极端模式产生了逐渐交融的趋势。

1. 美国人力资源管理模式的特点

美国是一个由来自各国移民组成的国家,丰富的自然资源,辽阔的国土面积,较强的吸收世界各种肤色、种族人才的能力,市场经济体系的成熟和完善,使美国人力资源管理模式具有典型的市场化配置、制度化管理及劳资之间呈对抗性关系的特征。

(1)人力资源配置上,依赖外部劳动力市场

美国企业具有组织上的开放性,市场机制在人力资源配置中发挥着基础作用。企业可以通过劳动力市场招聘人员,劳动者会根据自身条件选择职业。企业和劳动者之间是简单的短期供求关系,没有过多的权利和义务约束。这种方式的好处在于,通过双向的选择流动,实现全社会范围内的个人、岗位最优化匹配;缺点是企业员工的稳定性差,不利于特殊人力资本的形成和积累。

(2)人力资源管理上,实现高度专业化和制度化

美国企业管理的基础是契约、理性,重视刚性制度安排,组织结构上具有明确的指令链和等级层次,分工明确,责任清楚,讲求用规范加以控制,对常规问题处理的程序和政策都有明文规定。这种手段的好处在于,工作内容简化,易胜任,即使出现人员"空穴",也能很快填充,而且简化的工作内容也易形成明确的规章和制度,摆脱经验型管理的限制;缺点是员工自我协调和应变能力下降,不利于通才的培养使用。

(3)人力资源使用上,采取多口进入和快速提拔

美国企业重能力而不重资历,对外具有亲和性和非歧视性。员工有能力,有良好的工作绩效,就可能很快得到提升和重用,公平竞争,不必熬年头,不必论资排辈。这种用人原则的好处在于,拓宽了人才选择面,增强了对外部人员的吸引力,强化了竞争机制,创造了能人脱颖而出的机会;缺点是减少了内部员工晋升的期望,削弱了工作积极性。由于忽视员工的服务年限和资历,导致员工对企业的归属感不强。

(4)人力资源激励上,以物质刺激为主

美国企业比较重视外部激励因素,不太重视内部激励因素。他们认为,员工工作的动机就是为了获取物质报酬。可以不向员工说明此项工作的意义,但必须说明此项工作的操作规程,员工可以不理解工作本身的价值,但必须把工作完成好才能获取相应的报酬,员工得到认为合理的报酬后,就不应该再有其他要求了。这种措施的好处在于,企业景气的时候不用考虑对员工有额外的支付,减少了发展成本;缺点是如遇经济不景气,企业无法说服员工通过减少工资、降低成本来帮助企业渡过难关,只能解雇员工清除剩余的生产能力,导致员工对企业缺乏信任,形成对抗性的劳资关系。

2. 日本人力资源管理模式的特点

日本是典型的儒家资本主义国家,具有东方民族的特征,受中国儒家思想影响极深,偏重强调"诚"与"忠"。日本把东方人共有的思维方式即综合、整体看问题倾向,和谐统一的中庸之道与天人合一观点同西方先进的管理理论、方法和技术融合起来,形成了独具一格的日本人力资源管理模式特征:重视职工态度和对职工的培训,采取有限入口和内部提拔,终身就业,形成弹性工资和合作性劳资关系。

(1)人力资源配置上,依靠内部培训

日本企业具有用人上的相对封闭性,内部培训是满足企业对人力资源需求的主要方式。认为高素质的员工,只要经过培训,就能胜任所有工作。所以,在聘用员工时,特别强调基本素质,不看重个人具体技能。这种方式的好处在于,就业稳定性增强,员工不愿离开熟悉的企业,企业也不愿意放弃自己培养的员工,这有利于特殊人力资本的形成和积累;缺点是增加了培训费用,阻滞了员工的流动,难以实现社会范围内人力资源的最佳配置。

(2)人力资源管理上,具有情感式色彩

日本企业管理的基础是关系,重视富有弹性的制度安排,组织结构上具有含蓄的职务主义,侧重于靠人对企业进行控制。一方面有严明的纪律和严格的要求,另一方面又有一种无形的约束和含蓄的控制,企业内良好稳定的人际关系,情感上的互动,是管理的主要手段。这种手段的好处在于,极大地调动和发挥了员工的潜在积极性和创造性,满足了个人爱好和兴趣,有利于专业的深化、个人的全面发展和技术上的创新与开发;缺点是内部容易形成家庭主义纠纷、姑息迁就、公私混同等弊端。

(3)人力资源使用上,采取有限入口和内部提拔

日本企业具有保守性和排他性。有新的工作需要时,一是从学校吸收,二是尽可能通过内部调节来满足。日本企业人才使用的入口狭窄,进入企业必须从基层干起,通过按部就班的培养过程,逐步了解企业、认可企业、完善自身、创造效益,求得提拔重用。对人的评价与提升采取比较慎重的态度和渐进式的方法,不以一时一事取人,侧重于全面、历史的考察。这种用人原则的好处在于能够比较客观深入地对人做出评价,鼓励人们踏踏实实工

作,树立长远的工作观念,避免短期行为,保证人才选拔的正确性;缺点是缩小了人才选择面,不利于吸引外部人才,不利于企业人才结构的优化。

(4)人力资源激励上,以精神激励为主

日本企业在重视使用外部激因的同时,更多地使用内部激因,发挥内酬的作用。采取终身雇佣制度,不轻易解雇工人。领导与员工之间,雇主与雇员之间,以及职工之间,除了工作上互相配合、通力协作外,还注重不断增强相互间的亲密感和信任感,努力创造一个友好、和谐和愉快的气氛,使员工有充分的安定感、满足感和归属感,在工作中体味人生的乐趣和意义。企业还吸收职工参加管理,使职工不但对企业经营状况能及时了解和掌握,而且能对重大问题的决策发表意见,形成合作性的劳资关系。这种措施的好处在于,精神激励调动了普通职工的积极性和献身精神,工资成本的灵活性使日本企业无需大批解雇工人也能比较容易地渡过经济不景气难关;缺点是淘汰率低,容易影响员工进取心,集体决策影响决策的果断性和时效性。

(5)年功序列制的管理方式

老员工的丰富经验为企业在职培训提供了巨大的知识财富,这种体系也有益于企业文化的传播。日本人还认为,以论资排辈的原则评估员工的工作成就可以去掉许多评估中的不客观因素。但这种方式却不利于以白领阶层为主的金融服务行业,论资排辈的管理方式打击了专业人才工作的积极性,这也是金融业在金融风暴中受到重创的主要原因。

2.3.3 人力资源管理的职能

1. 帮助组织实现目标

组织中的任何目标都需要人的参与。人力资源部门要主动配合组织的各种需要,帮助组织实现目标。

2. 补充所需人员

企业扩大再生产,对人力资源提出新的需求;企业内部人员的退休、退职、病退、辞职,也需要补充新的人员,人力资源管理部门必须为企业寻找所需要的适合的人力资源。

3. 培训员工

培训各类员工使其技能满足岗位的要求,促使员工的力量转化为生产力。

4. 激励员工,建设团队

正确地激励员工,使他们保持向上的士气,培养员工团队精神,引导员工对组织目标的执著和对领导的信任。

5. 职业规划

帮助员工规划职业生涯,测试他们的性向、专业能力和专业兴趣,帮助他们制定职业规划,为他们提供发展空间。

6. 提高工作生活质量和满意度

通过创设良好的工作环境、设置合理的工作报酬等办法,提高员工工作生活质量和满意度。

7. 承担社会责任

引导员工自觉遵守国家的法律法规,保护员工的人格尊严和基本权利。

2.4　现代人力资源管理及其面临的挑战

21世纪初,世界经济呈现出经济全球化、经济知识化和信息网络化的潮流与趋势。知识与经济之间形成相互渗透和相互作用的关系,作为新经济时代企业获取持续竞争优势工具的人力资源管理,也面临着巨大的挑战和变革的压力。

2.4.1　知识经济的特点及其对人力资源管理的挑战

知识经济是以知识和信息的生产、分配、使用为基础,以创新的精神为主导,以人力资本的高价值运转为特征,以高科技产业和智力产业为支柱的新型经济。知识经济的特点是:第一,信息和通讯技术的地位更突出,国际互联网、电讯等互动技术迅猛发展,企业及人们在地理上的距离不断拉近,逐步形成一个不受地理边界限制与束缚的全球工作环境和视野;第二,人力资本结构发生巨大变化,知识已经直接或间接地成为企业获取持续健康发展的重要源泉,吸引、激励和保留高素质的人才,也就成为企业能否提供高质量服务的关键因素,智力资本作为独特的生产要素成为人力资本的核心内容;第三,经济全球化将组织置于更加复杂多变的环境中,中国融入全球化的经济体系,使得企业必须站在全球高度分析自己面临的外部环境,包括服务对象、市场竞争和技术发展等,还必须学会在开放的国际市场上寻找商机,熟悉国际化的运作环境,应对多变的技术和政策的迅速变化;第四,管理文化的多元化,跨国公司的全球发展,必将带来人力资源管理中跨文化的认同与冲突,人力资源管理的国际化和本土化必将是一个长期的课题。

企业人力资源管理面临的新挑战是:第一,对跨文化管理的挑战。各个企业跨出国门到其他国家办企业,首先将遇到不同体制、文化、国情及管理方式的冲突。各企业之间如何减少企业的文化摩擦,积极创造条件使之逐渐理解和融合,这是成功企业实施虚拟运作中不可忽视的一个因素。第二,对员工职业生涯的挑战。在知识经济时代,组织的扁平化迫切要求减少管理环节,提高管理效率,这在一定程度上必将影响员工职业生涯的发展轨迹。第三,对协调管理的挑战。知识经济时代更加强调对人力资源和知识的开发与利用,目的是要促进企业内部、企业与企业之间、企业与顾客之间、企业与外部环境之间的联系,因此,如何加强各个企业之间的协调与沟通,将是一个迫切需要研究的问题。第四,对团队激励管理的挑战。现代企业着眼于通过激励机制,吸引、保留人才,充分发挥他们的积极性,实现组织目标和自身价值。人力资源管理更加强调员工的内在激励和长期激励,如何有效地实施相应的激励措施,形成高效合理的团队,也是当今人力资源管理研究的一个热点。

2.4.2　信息技术对人力资源管理的挑战

信息技术的发展对人力资源管理产生了深远的影响。这种影响主要体现在以下方面:第一,随着组织发展战略规划和市场竞争条件的变化,组织结构趋向扁平化、网络化和虚拟化。第二,员工的构成发生了变化,从事信息工作的人员大大增加,脑力劳动者逐渐成为劳动大军的主体。第三,员工的工作设计倾向于一系列的项目管理和工作流程,工作形式更加灵活,工作的手段更加丰富化。第四,人力资源部门逐渐成为专营机构,更加着眼于战略层面的管理,对人力资源管理工作者提出了更高的要求。要更加注重人性化管理,开发人的内在潜能;更加重视人员素质的提高;强调上下左右的相互信任。

2.4.3 电子化人力资源管理

电子化人力资源管理(eHR-e Human Resource)是基于先进的软件和高速、大容量的硬件基础上的新的人力资源管理模式,通过集中式的信息库、自动处理信息、员工自助服务、外协以及服务共享,达到降低成本、提高效率、改进员工服务模式的目的。它通过与现有的网络的技术相联系,保证人力资源与日新月异的技术环境同步发展。

1. 电子化人力资源管理的内容

(1)电子化招聘

电子化招聘是网络技术在人力资源管理中应用最快的领域。电子化招聘是利用公司网站完成与招聘相关的一系列活动,可分为中心资源库式和初级电子招聘两种。中心资源库式招聘是指公司在网上发布招聘信息并通过电子邮件或简历库收集应聘信息,属于完全数字化的招聘方式;初级电子化招聘是指公司在网上发布招聘信息,但鼓励应聘者通过传统渠道如传真或写信来应聘,属于部分数字化的招聘方式。电子化招聘具有招聘范围的全球性、招聘费用的经济性、招聘过程的隐蔽性、招聘活动的灵活性等优点,但由于发送求职材料简单、便捷,可能会造成招聘网站的虚假繁荣,势必会给人力资源管理部门带来判断、筛选的压力,甚至干扰其招聘工作的正常进行。

(2)电子化培训

作为网络经济时代的企业必须成为"学习型组织",通过持续不断的培训,提高员工整体素质,增强企业竞争实力。电子化培训就是通过网络这一交互式的信息传播媒体实现培训过程。与传统的、让员工某一时间集中在某一地点统一受训方式不同的是,电子化培训是把信息送到员工面前,而传统的培训方式则是把员工送到信息面前。由于电子化培训具有培训成本显著降低、培训灵活性高、培训形式活泼多样、便于掌握培训效果、可以量身定制等优势,无疑将成为未来企业开展培训活动的主要方式。

(3)电子化学习

相对于企业组织的、旨在提高员工业务水平和岗位技能的电子化培训而言,员工自发的、通过网络进行的、以提高自身素质为主要目的的获取知识的过程,称之为电子化学习。与电子化培训相比,电子化学习使得学习的范围突破了企业的界限,员工学习的内容更为广泛,学习的时间更为充裕,形式也更为灵活。电子化学习是在员工自愿的基础上,选择自己感兴趣的学习内容,目的既可以是为了获取学位,也可以是为了了解另一专业的知识,还可以是仅仅为了丰富自己的业余生活。电子化学习与传统的学习方式相比有三个最主要的区别:其一是学习内容通过网络进行发送,取代了传统的纸质媒介;其二是对学习进行电子化管理,包括学习跟踪、报告及评价等都可以通过网络来实现;其三是在学习过程中,学员之间、学员与教师之间进行的电子化的协作,提高学习的效果。

(4)电子化沟通

电子化沟通作为互联网在人力资源管理中的重要应用,正在为越来越多的企业所实践,由此而产生的信息快速、直接、广泛、有效的传播和思想、感情的交流、融合,充分显示出电子化沟通的魅力所在。电子化沟通的形式很多,可以在企业内部网上建立员工的个人主页,可以开设 BBS 论坛、聊天室、建议区、公告栏以及企业各管理层的邮箱等等。为了使电子化沟通更好地发挥在营造优良的企业文化、促进企业经营管理水平的提高、增强企业凝聚力和激发员工进取心、创造力等方面的作用,企业领导既要积极支持电子化沟通的开展,更要积极参与,及时回应。

(5)电子化考评

电子化考评利用先进的通讯技术使空间距离的界限变得不再明显,计算机的应用使得考评指标更加科学,考评的方式也将更趋灵活。电子化考评可利用信息系统对员工的工作成果、学习效果进行记录;主管可以随时看到来自各地的下属定期递交的工作报告,并随时对其进行指导和监督;员工的工作进展介绍和述职均可以通过网络实现。与此同时,企业管理者可以通过电子化考评系统中实时录入的资料不断发现并改进企业管理中存在的问题,绩效考评中的人为因素的影响将大大减少。因此,电子化考评对建立规范化、定量化的员工绩效考评体系,代替以经验判断为主体的绩效考评手段有很大的作用,使绩效考评更为公正、合理、科学。

2. 电子化人力资源管理的价值

与传统的人力资源管理方式相比,电子化人力资源管理的优势不仅仅表现在以计算机代替人工管理,某种意义上可以说是人力资源管理方式的一种革命。它的价值体现在以下几个方面:

(1)显著提高人力资源管理的效率。人力资源管理业务流程包括员工招聘、人员培训、薪酬福利、绩效考评、激励、沟通、退职、退休等大量事务性、程序性工作,都可以借助信息技术的应用,通过授权员工进行自助服务、外协及服务共享等,不仅可实现无纸化办公,而且可以大大节省费用和时间,显著提高效率,使人力资源管理从繁琐的行政事务中摆脱出来。

(2)更好地适应员工自主发展的需要。知识型员工十分注重个性化的人力资源发展计划,需要对自身的职业生涯计划、薪酬福利计划、激励措施等有更多的决策自主权。网络的交互性、动态性可以使人力资源管理部门根据个人的需求和特长进行工作安排、学习、培训和激励,让员工实施自我管理成为可能,能更加自主地把握自己的前途。

(3)加强内部相互沟通以及与外部业务伙伴联系。随着公司规模的不断扩大,公司各部门之间、员工之间、公司与外部业务伙伴之间的沟通往往会变得十分困难,但激烈的市场竞争使得这种全方位的沟通显得极为必要。网络不但可以成为公司员工间的纽带,帮助他们逾越部门不同、工作时间不同、工作地点不同的障碍,促进相互了解和沟通,同时还可促使企业与外部业务伙伴在人才、技术、知识等方面的资源共享,有效提高适应市场的能力。

(4)有力促进企业电子商务的发展。电子商务的发展有赖于人力资源管理的不断完善,在电子化人力资源管理中,职位空缺公布、专家搜寻、雇员培训与支持、远程学习等将变得更为高效,与此同时,电子化人力资源管理对建立虚拟组织并实现虚拟化管理,建立知识管理系统,创建学习型组织,都将创造极为有利的条件。

⑤提高企业人力资源管理水平。电子化人力资源管理通过计算机网络和数据库的应用,使企业的人力资源管理更为科学,人才配置更为合理,同时也使得人力资源管理更为公正、透明,有关人力资源管理方面的各种政策、规定也将因广泛参与而变得更加实际、可行,对提高企业人力资源开发水平大有裨益。

⇨【本章小结】

　　人力资源管理（Human Resources Management，HRM），是指各种社会组织以工作分析、人力资源规划为基础，对员工的招募、录取、培训、使用、升迁、调动直至退休的一系列管理活动的总称，最终实现企业目标和员工价值的过程。

　　人力资源管理的理论基础和企业实践主要源于人性假设理论和激励理论。人性假设理论，最具代表性的就是美国行为科学家道格拉斯·M·麦格雷戈提出的"X理论—Y理论"和美国行为科学家埃德加·H.沙因提出的"四种人性假设理论"。激励理论关注如何激发员工的工作热情、调动他们的工作积极性和主动性，这是人力资源管理需要解决的首要问题，主要包括需要层次理论、双因素理论、公平理论和强化理论等内容。

　　人力资源管理的职能演进主要包括经验管理阶段、科学管理阶段、工业心理学阶段、人际管理运动阶段、人事管理让位于人力资源管理阶段五个阶段。

　　知识与经济之间形成相互渗透和相互作用的关系，作为新经济时代企业获取持续竞争优势工具的人力资源管理，也面临着经济全球化、经济知识化和信息网络化的巨大挑战和变革压力。随着计算机、互联网和自动化技术的快速发展，电子化人力资源管理越来越受到组织的重视并呈现快速推广的趋势。

⇨【案例分析】

沃尔玛的人力资源管理

　　自1993年以来，国际零售巨头沃尔玛一直以年均销售额增长30%的骄人业绩雄踞世界十大零售商排行榜首位，被商界誉为"一艘不沉的航空母舰"。究其原因，除与其交易、分销、技术、市场饱和策略、房地产战略等有关之外，人力资源管理对其成功起着重要作用。

　　沃尔玛的创始人山姆·沃尔顿关于事业成功的十大法则是：忠实你的事业；与同仁建立合伙关系；激励你的同仁；凡事与同仁沟通；感激同仁对公司的贡献；成功要大力庆祝，失败亦保持乐观；倾听同仁的意见；超越顾客的期望；控制成本低于竞争对手；逆流而上，放弃传统观念。

　　国际零售业巨头沃尔玛自1962年创业至今，下属分公司已遍布世界五大洲50多个国家，连锁店近4000家，拥有员工103万人。谈及成功的秘密，已逝的山姆·沃尔顿深有感触地在自传中写道："我们非常津津乐道于导致沃尔玛成功的所有因素——交易、分销、技术、市场饱和策略、房地产战略——但事实上，这些都不是我们取得令人难以置信的繁荣的真正秘密。公司飞速发展的真正源泉在于我们的管理者同我们员工的良好关系。我们这些员工的关系是真正意义上的合伙关系。这是我们公司能够不断地在竞争中获胜，甚至获得自己意料之外成果的唯一原因。"

　　伴随着沃尔玛的全球扩张战略，20世纪90年代，沃尔玛在选拔和配置其管理人员时，根据不同的情况有选择地采取了以下四种用人政策：民族化政策，即子公司中所有重要职位均由公司所在国的人担任；地方化政策，即子公司中所有重要职位均由公司所在地的人担任;区域化政策,即在一定的区域范围内,如亚洲、欧洲等挑选有才干的能胜任的人担任公司中的重要职位;全球化政策,在全世界范围内遴选公司管理人员。目前,基于本地员工对当地的文化、生活习惯比较了解,运作时还懂得节约成本,有利于增强企业的竞争力,所以,在人员和管理上本地化逐渐成为趋势。以沃尔玛中国总部为例,目前总部的外籍管理人员占中国员工比例已下降到 1%。

国际零售业公司管理组织结构的扁平化发展以及企业中人们价值观念的转变,使沃尔玛领导层意识到企业管理人员已不再将职位晋升视为事业发展的唯一目标。因此,在进行人力资源开发时,除继续强化培训、职位晋升等传统手段外,还辅之以下述方式:通过引入建设性的人事管理机制,使员工工作不断地丰富化、扩大化,从而使员工感到工作更富有挑战性,并尽可能地为员工提供更多的工作轮换机会。由此,实现人力资源开发手段的立体化。

1.寓教于乐的培训方式。人才是极其宝贵的资源,它会随着教育和培训的持续开展而不断增值。为了让员工不断进步,沃尔玛以重视教育和培训为投资的理念,为员工们提供了大量的培训课程,成就了他们许多实现自我价值的机会。沃尔玛采用的主要是经验式培训:以生动活泼的游戏和表演为主,训练公司管理人员"跳出框外思考"。培训课上,老师讲讲故事做做游戏,再让学员自己搞点小表演,让他们在培训中展现真实的行为,协助参与者分析、讨论他们在活动中的行为,针对实际进行辅导,这种方式在寓教于乐中达到培训效果。跳跃式职位晋升:与东方的论资排辈式晋升相比,在沃尔玛,晋升主要以工作绩效为根据。只要你是人才,能在工作中做出成绩,证明自己的能力,很快就可能得到提拔。同时,职工在刚进入公司时,也不一定非得从最基层做起。同样,受教育多的人则可以被安排到比受教育少的人更高的位置。

2.技能套餐化管理。在沃尔玛,公司管理层要求每位员工都要掌握多样技能,通过加强员工对于整体工作运行的普遍性认识,保持工作的高效无误。实践也证明,技能多样化具有不可低估的优势。因为当员工一个人做多种工作时,工作团体的灵活性和适应性就会得到很大的提高。从而在有人度假、生病和任务突然有变化时,其他员工就可以代替他的工作。

1971 年,沃尔玛开始实施一项利润分享计划,在公司一年以上以及每年至少工作 1000 个小时的员工都有资格参与利润分享。结果沃尔玛很快发现,把员工当做合伙人,有助于公司进一步发挥在生意上的巨大潜力。在沃尔玛的整体规划中,建立公司与商店员工的这种合伙关系被视为最重要的部分。具体而言,合伙制内容主要表现为:在合伙制公仆领导中,领导和员工之间是一个"倒金字塔"的组织关系。领导在整个支架的最基层,员工是中间的基石,顾客永远放在第一位。领导为员工服务,员工为顾客服务。在沃尔玛,领导的工作就是指导、支持、关心和服务员工。员工心情舒畅有了自豪感就会更好地服务顾客。所以,在沃尔玛任何一个员工佩戴的工牌都注明"OUR PEOPLE MAKES DIFFERENCE",也就是"我们的同事创造非凡"。除了名字之外,在工牌上没有任何职务标志,包括公司总裁。公司内部没有上下级之分,彼此直呼其名,营造了一种上下平等的气氛。

"门户开放"政策:"门户开放"是指任何时间地点任何员工都有机会发言,都可以口头或者书面形式与管理人员甚至总裁进行沟通,提出自己的建议和关心的事情,或者投诉受到的不公平待遇。人力资源管理的一项重要任务就是通过激励机制吸引、开发和留住人才,激发他们的工作热情、想象力和创造力,就是组织通过设计适当的外部奖酬形式和工作环境,以一定的行为规范和惩罚措施,借助信息沟通,来激发引导保持组织成员的行为,以有效地实现组织及其成员个人目标的系统活动。为了留住优秀人才,创造良好的竞争环境,沃尔玛建立起了一整套完善的激励机制。

3. 员工录用。自由雇用是美国式人力资源管理的基础。在沃尔玛,职工招录与选用实行企业与求职者双向选择。企业与职工签订雇用合同,合同期满,可续订也可以终止。企业招工相当正规。对于高级管理人员的招聘,总部的总裁大多会亲自参与求职者面试。

4. 工资、福利、保险。沃尔玛的工资标准由劳资双方代表谈判,签订集体合同而定。员工们的工资一般由基本工资加浮动工资组成。基本工资是根据岗位测评和市场风险确定的相对稳定的报酬。浮动工资包括激励性工资和福利性津贴。提高附加福利包括年金计划、医疗保险、人寿保险、病假工资、信贷协会以及其他职业安全健康项目。附加福利的基本结构是 31% 用于休假和休息期间的工作,17% 用于社会保障捐款,16% 用于医疗保险和人寿保险,14% 用于退休年金,8% 用于圣诞红包、建议奖励和其他鼓励。在企业发展中,沃尔玛始终坚持"每天低价"、"伙伴关系"、"社区认同"三原则,逐步形成了"十步态度"、"日落规则"等内涵丰富、独特的企业文化。与此同时,在团队建设上,在沃尔玛看来,公司中的成员就像墙上的一块块砖,要使砖凝结成一堵墙,不可缺少的是泥浆。就是说,整个团队要制定奋斗目标,团队全体人员为共同目标一起努力,相互尊重,相互信任,畅所欲言,这样团队才会不断前进,企业才会蒸蒸日上。

(资料来源:人力资源精品课程网站,http://jpkc.xmu.edu.cn)

问题

1. 沃尔玛的人力资源管理对于我国的跨国经营企业有何借鉴作用?
2. 请分析沃尔玛的企业文化对其人力资源管理有何影响。
3. 你认为沃尔玛的人力资源管理目前面临的最大挑战是什么?

【思考练习】

1. 什么是人力资源管理?请分析人力资源的主要内容。
2. 分析传统人事管理和人力资源管理的异同。
3. 人力资源管理的理论基础有哪些?人性假设理论的主要区别在哪里?
4. 分析人力资源管理的职能。
5. 人力资源管理的产生和发展经历了哪些阶段?每个阶段各有什么特点?
6. 什么是电子化人力资源管理?谈谈中国企业应该如何推广电子化人力资源管理。

第3章

人力资源规划

>>>>   >

引　言

苏澳玻璃公司的人力资源规划

近年来,苏澳公司常为人员空缺所困惑,特别是经理层次人员的空缺常使得公司陷入被动的局面。苏澳公司最近进行了人力资源规划。公司首先由四名人事部的管理人员负责收集和分析目前公司生产部、市场与销售部、财务部、人事部四个职能部门的管理人员和专业人员的需求情况以及劳动力市场的供给情况,并估计在预测年度,各职能部门内部可能出现的关键职位空缺数量。

上述结果用来作为公司人力资源规划的基础,同时也作为直线管理人员制定行动方案的基础。但是在这四个职能部门里制定和实施行动方案的过程(如决定技术培训方案、实行工作轮换等)是比较复杂的,因为这一过程会涉及不同的部门,需要各部门的通力合作。例如,生产部经理为制定将本部门 A 员工的工作轮换到市场与销售部的方案,则需要市场与销售部提供合适的职位,人事部作好相应的人事服务(如财务结算、资金调拨等)。职能部门制定和实施行动方案过程的复杂性给人事部门进行人力资源规划也增添了难度,这是因为,有些因素(如职能部门间合作的可能性与程度)是不可预测的,它们将直接影响到预测结果的准确性。

苏澳公司的四名人事管理人员克服种种困难,对经理层的管理人员的职位空缺作出了较准确的预测,制定详细的人力资源规划,使得该层次上人员空缺减少了 50%,跨地区的人员调动也大大减少。另外,从内部选拔任职者人选的时间也减少了 50%,并且保证了人选的质量,合格人员的漏选率大大降低,使人员配备过程得到了改进。人力资源规划还使得公司的招聘、培训、员工职业生涯计划与发展等各项业务得到改进,节约了人力成本。

苏澳公司取得上述进步,不仅仅是得益于人力资源规划的制定,还得益于公司对人力资源规划的实施与评价。在每个季度,高层管理人员会同人事咨询专家共同对上述四名人事管理人员的工作进行检查评价。这一过程按照标准方式进行,即这四名人事管理人员均要在以下14个方面作出书面报告:各职能部门现有人员;人员状况;主要职位空缺及候选人;其他职位空缺及候选人;多余人员的数量;自然减员;人员调入;人员调出;内部变动率;招聘人数;劳动力其他来源;工作中的问题与难点;组织问题及其他方面(如预算情况、职业生涯考察、方针政策的贯彻执行等)。同时,他们必须指出上述14个方面与预测(规划)的差距,并讨论可能的纠正措施。通过检查,一般能够对下季度在各职能部门应采取的措施达成一致意见。

在检查结束后,这四名人事管理人员则对他们分管的职能部门进行检查。在此过程中,直线经理重新检查重点工作,并根据需要与人事管理人员共同制定行动方案。当直线经理与人事管理人员发生意见分歧时,往往可通过协商解决。行动方案上报上级主管审批。

(资料来源:《人力资源规划案例》,厦门人才网,http://www.xmrc.com.cn,2009-11-27)

以上例子充分说明企业进行科学合理的人力资源规划的重要性。人力资源规划有助于减少未来的不确定性,科学预测人力资源供求关系,提高人力资源的使用效率,有效配置人力资源。

学习要点

1.理解人力资源规划的内涵及作用;
2.掌握人力资源规划的具体内容;
3.掌握人力资源需求、供给预测方法;
4.掌握人力资源规划的运作和控制程序。

3.1 人力资源规划的基本内涵和程序

3.1.1 人力资源规划的基本含义

1.人力资源规划的概念

人力资源规划(Human Resource Planning,简称HRP)是一项系统的战略工程,它以企业发展战略为指导,以全面核查现有人力资源、分析企业内外部条件为基础,以预测组织对人员的未来供需为切入点,基本涵盖了人力资源的各项管理工作。人力资源规划还通过人事政策的制定对人力资源管理活动产生持续和重要的影响。

人力资源规划是指企业从战略规划和发展目标出发,根据其内外部环境的变化,预测企业未来发展对人力资源的需求,以及为满足这种需要所提供人力资源的活动过程。由此可见,人力资源规划是将企业经营战略和目标转化成人力需求,以企业整体的超前和量化的角度分析和制定人力资源管理的一些具体目标。这一概念包括以下四层含义:(1)人力资源规划的制定必须依据组织的发展战略、目标。(2)人力资源规划要适应组织内外部环境的变化。(3)制定必要的人力资源政策和措施是人力资源规划的主要工作。(4)人力资源规划的目的是使组织人力资源供需平衡,保证组织长期持续发展和员工个人利益的实现。

【实例 3-1】

华为曾经是一家名不见经传的民营企业,在短短的十几年间,发展成为利润率最高、研发投入率最高的中国电子信息百强企业之一。究其成功的原因,其中重要的因素之一是按照战略规划目标,制定人力资源规划并大规模进行相关人才储备。华为创业之始仅有 10 多人,逐步增加到 100 多人,20 世纪 90 年代中期以后,在确定了"华为将长期专注于通信网络从核心层到接入层整体解决方案的研究开发,同时以标准的中间件形式向用户提供开放的业务平台,并关注宽带化、分组化、个人化的网络发展方向"的战略发展方向之后,华为进行了人力资源的规划,开始了大规模的人才引进和储备。1998—2000 年,平均每年员工增长人数在 3000—4000 人之间,居国内首位。以 1998 年为例,中国科技大学 1998 年毕业研究生除继续在国内外求学的,共有 400 人左右找工作,其中近 90 人到了华为公司,而华中理工大学则有近 200 人到了华为公司。到 2001 年华为已有员工 15000 余人,其中 85% 具有本科以上学历,45% 具有硕士、博士和博士后学历,员工平均年龄 27 岁。从人员结构看:科研人员占 40%,市场营销和服务人员占 35%,生产人员占 10%,管理及其他人员占 15%(2001 年数字)。

本案例值得关注的是,华为对人力资源的规划并非中规中矩,按照供给和需求的预测作出的,而是更多地从切断竞争对手人才补给线的战略高度出发制定实施的。正是这一基于人力资源规划的战略举措,为华为的发展奠定了雄厚的基础,同时也对其他竞争对手产生了巨大的压力。

(资料来源:王璞:《在战略图上规划人力资源》,载《人力资源开发与管理》,2004 年第 6 期)

思考:看了这则案例,你认为华为公司的人力资源规划有哪些特点?

2.人力资源的战略规划和战术规划

人力资源规划又可分为战略性的长期规划、策略性的中期规划和具体作业性的短期计划,这些规划与组织的其他规划相互协调联系,既受制于其他规划,又为其他规划服务。人力资源规划是预测未来的组织任务和环境对组织的要求,以及为了完成这些任务和满足这些要求而设计的提供人力资源的过程,因此人力资源规划可以分为战略计划和战术计划两个层面。

人力资源的战略计划主要是根据公司内部的经营方向和经营目标,以及公司外部的社会和法律环境对人力资源的影响,来制定出一套跨年度计划。同时还要注意战略规划的稳定性和灵活性的统一。在制定战略计划的过程中,必须注意以下几个方面因素:(1)国家及地方人力资源政策环境的变化;(2)公司内部经营环境的变化;(3)人力资源的预测;(4)企业文化的整合。

人力资源的战术计划则是根据公司未来面临的外部人力资源供求的预测,以及公司的发展对人力资源的需求量的预测，根据预测的结果制定的具体方案，包括招聘、辞退、晋升、培训、工资福利政策、梯队建设和组织变革等。

3. 人力资源规划与组织战略的关系

人力资源规划是组织为实施发展战略、实现战略目标制定的，是组织战略的重要组成部分。

(1)组织战略对人力资源规划的制定具有导向作用。组织战略有全局性和规划性的特点，人力资源规划是依据组织战略目标而制定的。

(2)组织战略对人力资源规划过程具有制约作用。人力资源的总体规划要和组织战略目标相一致，人力资源的业务计划要和组织的短期目标相匹配。

(3)人力资源规划为组织发展战略的实施提供了人力保障。人力资源规划根据组织的目标和任务的变化以及人力资源的现状，分析组织对人力资源的质量要求，平衡人力资源的供求，确保组织在需要的时间和岗位上获取需要的人选。

(4)人力资源规划有助于组织战略目标的进一步完善。人力资源规划有助于组织以发展的视角完善组织的战略目标，从而增强组织对环境的适应力，提高组织的核心竞争力。

【相关链接 3-1】

什么是战略

"战略"一词的希腊语是 strategos，意思是"将军指挥军队的艺术"，原是一个军事术语。20 世纪 60 年代，战略思想开始运用于商业领域，并与达尔文"物竞天择"的生物进化思想共同成为战略管理学科的两大思想源流。

从企业未来发展的角度来看，战略表现为一种计划(Plan)；而从企业过去发展历程的角度来看，战略则表现为一种模式(Pattern)。如果从产业层次来看，战略表现为一种定位(Position)；而从企业层次来看，战略则表现为一种观念(Perspective)。此外，战略也表现为企业在竞争中采用的一种计谋(Ploy)。这是关于企业战略比较全面的看法，即著名的 5P 模型(Mintzberg，et 1998)。

(资料来源：MBA 智库百科，http://wiki.mbalib.com/)

3.1.2　人力资源规划的主要内容

1. 总体规划

人力资源总体规划是指以企业战略目标为依据，对规划期内人力资源开发利用管理的总目标、总方针与政策、实施步骤、时间安排表、费用预算等作出总体的安排。主要包括以下内容：

(1)阐述在企业战略规划期内组织对各种人力资源需求和各种人力资源配置的总框架；

(2)阐明与人力资源管理方面有关的重要方针、政策和原则；

(3)确定人力资源投资预算。

2. 业务规划

人力资源业务规划，是指总体规划的具体实施和人力资源管理具体业务的部署。人力资源业务规划包括职位编写规划、人员补充规划、减员规划、人员流动规划、人员晋升规划、人员培训开发规划、薪酬激励规划、员工职业生涯规划等。

(1)职位编写规划

职位编写规划在人力资源各项业务计划中处于基础地位,是企业根据发展需要,制定企业经营活动需要设立什么职位、设立多少个职位、每个职位需要多少人、每个职位又需要怎样的条件的计划。

(2)人员补充规划

人员补充规划,是对企业中长期内可能由于组织规模的扩大等原因产生的空缺职位加以弥补的计划,旨在促进人力资源数量的增加、质量的提高和结构的改善,是企业吸收员工的依据。

企业人员补充规划主要有三种形式:内部选拔、个别补充和公开招聘。在制定补充规划时必须注明需要补充的人力资源类型、技能等级,需要补充部门、补充人数、补充方式、补充时间、补充以后增加的效益、补充以后增加的支出等。

(3)减员规划

一些可以预见的因素造成的减员,如采用新的生产设备、进行技术创新或管理创新而市场没有扩大、产品滞销等因素都会减少人力资源需求,经济不景气、人员过剩等,都需要人力资源管理部门制定减员计划。

(4)人员流动规划[①]

人员流动规划是有计划地安排人员流动,以实现企业内部人员最佳配置。主要体现为:

第一,当企业要求某种职务的人员同时具备其他职务的经验和知识时,就应使之有计划地流动,以培养高素质的复合型人才。

第二,当上层职位较少而等待提升的人较多时,通过配备计划进行人员的水平流动,可以减少他们的不满,以平和的心态等待上层职位空缺的产生。

第三,当企业人员过剩时,通过配备计划可以改变工作分配方式,对企业中不同职位的工作量进行调整,解决工作负荷不均的问题。

第四,定期安排员工在不同类型的工作岗位上工作,提高员工的工作效率。

(5)人员晋升规划

人员晋升规划,是根据企业需要和企业今后在技术层次、管理层次等层级结构上的人力资源分布情况,所制定的员工的提升规划目标、实施方案和实现方法等。企业要尽量使人和事达到最大程度的匹配,即尽量把有能力的员工放在能够发挥其最大作用的岗位上。

人员晋升规划目标在于:通过尽量将员工放在能够使其发挥作用的工作岗位上,以求调动员工的劳动积极性并以最低成本使用人力资源。

人员晋升规划主要包括晋升政策和晋升计划。晋升政策主要由晋升比率、晋升时间限制和晋升最低条件等组成。某企业专业技术人员的晋升政策如表3-1所示。

---

① 于桂兰、魏海燕:《人力资源规划》,清华大学出版社2005年版,第55页。

表 3-1 某企业专业技术人员的晋升政策表①

担任上一技术职务年资	技术员		助理工程师		工程师		高级工程师	
	晋升百分比	晋升条件	晋升百分比	晋升条件	晋升百分比	晋升条件	晋升百分比	晋升条件
1	0%		0%		0%		0%	
2	0%		0%		0%		0%	
3	1%		1%		1%		1%	
4	2%		2%		2%		2%	
5	10%		10%		10%		10%	
6	30%		30%		30%		30%	
7	20%		20%		20%		20%	
8	10%		10%		10%		10%	
9	5%		5%		5%		5%	
10	3%		3%		3%		3%	
11	1%		1%		1%		1%	
12	1%		1%		1%		1%	
13	0%		0%		0%		0%	

从表 3-1 可以看出,向上一级晋升的最低年资是 3 年,其晋升率只有 1%,3 年后随着时间的推移,其晋升率开始上升。但到了 13 年以后,如果还没有得到晋升,以后就很少再有晋升的机会。

(6)人员培训开发规划

人员培训开发规划是企业通过对员工的培训,有计划地引导员工的技能与企业发展相适应。人员培训开发规划的目的就是要设计出现有人员的培训、生理保健方案,不仅为部门的局部利益或短期利益服务,而且为企业人力资源发展战略服务,是为企业的长期、整体利益服务,为企业的经营战略服务,以更好地满足顾客和市场的需要。

培训内容一般包括技术能力培训、人际关系能力培训和创新决策能力培训三种。

【实例 3-2】

一家中外合资的航空企业,成立于 2001 年,现有 248 名员工,其中技术人员占了 66%。由于航空业技术人员专业性强,人才市场供应量少,因此公司在成立的第二年便选派了 57 名员工到外方公司总部接受为期三个月到七个月的培训,这些人占公司总人数的 23%,占技术人员的 35%,应该说公司对员工的培训非常之重视。然而,两年之后,公司在对员工的流失状况进行分析时发现,在所有因个人发展原因离职的员工中,有 72% 的员工来自这批曾接受过海外培训的员工!而且这些离职员工平均为公司服务的时间仅为 23 个月(含培训时间)!当这个分析结

① 陈京民等:《人力资源规划》,上海交通大学出版社 2006 年版,第 207 页。

果出来之后,无论是中方管理人员还是外方管理人员都无法接受这个事实。虽然大部分员工赔偿了相关的培训费用,但这些人的离职对公司来说,无疑是一次"地震"。公司对优秀人才的培养难道错了吗?为什么对员工投入的培训越多,员工的离职率越高?培训真的能够成为吸引员工、留住员工的手段吗?这些问题使公司管理层陷入了不解的漩涡。

(资料来源:张以琼:《走出企业培训资源浪费的怪圈》,载《中国人力资源开发》,2004 年第 10 期)

思考:你认为航空企业重视人员培训错了吗?为什么?怎样才能跳出这个怪圈?

(7)薪酬激励规划

对企业来说,薪酬激励规划是为了确保企业人工成本与企业经营状况保持相当的比例关系,更是为了充分发挥薪酬的激励作用。

(8)员工职业生涯规划

员工职业生涯规划是指员工对自己未来职业生涯的事先策划,设定自己的奋斗目标和计划。员工职业生涯规划不仅是员工个人获得事业成功的保证,也是企业开发人力资源的有效措施之一。企业可以通过员工职业生涯规划,设法将有发展前途的员工保留下来,使他们在工作中得到成长和发展,使其成为企业宝贵的资源。

员工职业生涯规划的目的是通过对所有员工的职业生涯进行规划和管理,充分发挥企业成员的集体潜力和效能,最终实现企业的经营战略目标。

【实例 3-3】

吕蒙蒙在大学学的是环保专业,毕业后也对口找到相应的工作。可工作后,她一点也不喜欢这行,干得越来越没劲,心里老是想逃离这份工作。机会终于来了,她跳槽到一家中型公司做文员,可是文笔不是她的专长,文员的工作杂乱无章,没几天就感到没多大意思。又想去做人力资源,可是既没有培训过又没有工作经验,找了几家,连面试机会都没有。吕蒙蒙真的很茫然:我希望能快速成长,应该选择什么样的渠道?

(资料来源:中国人力资源管理网 http://www.chinahrm.net,2006-07-12)

思考:你认为吕蒙蒙应该如何设计自己的职业生涯?

3.1.3 人力资源规划的程序

企业根据整体发展战略的目标和任务来制定人力资源规划。一般来说,企业人力资源规划的程序包括四个步骤:①分析预测阶段:主要是收集信息,分析资料,作出预测;②确立目标阶段:目标分为"硬性"与"软性"两种;③实施规划阶段:企业明确了人力资源需求以后,就要制定相应的行动计划来确保达到人力资源目标;④控制评价阶段:主要是对各项规划的实施情况进行控制和评价。图 3-1 表明企业人力资源规划的一般步骤。

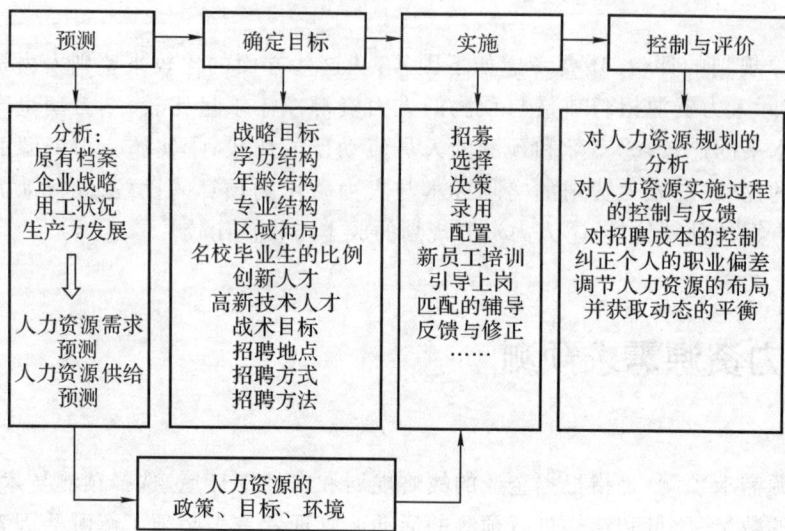

图 3-1　人力资源规划的程序[①]

1. 人力资源需求预测

人力资源规划的第一步是收集相关的信息,进行人力资源需求预测,主要任务是分析企业需要什么样的人及需要多少人。对人力资源需求预测可以根据时间的跨度、收集信息的类型等采用不同的预测方法进行。

2. 人力资源供给预测

供给预测一般包括两个方面:一是清查企业内部现有人力资源情况,二是外部供给量预测。企业在进行人力资源供给预测时应把重点放在内部人员拥有量的预测上,外部供给量的预测应侧重于关键人员。

3. 人力资源供需分析比较

人员需求和供给预测完成后,人力资源规划的第三步是把企业人力资源需求预测的结果与供给预测的结果进行对比分析,得出企业人力资源的净需求。供需分析应明确指出企业人力资源供需的结构性失衡,有时供需总体平衡,但有的部门和管理层次则供不应求。

4. 制定具体的业务计划

(1)制定人力资源短缺的政策

具体的政策措施包括从企业外部招聘、开展内部晋升和实行人员接续计划、调整人力资源结构、聘用兼职职工、把工作外包等。

(2)制定人力资源过剩的政策

具体的政策措施有:进行转岗培训,这有利于员工增加技能;从事新的工作;提前退休;工作分享,这是以降低薪金为前提的;辞退员工;减少工作时间。

5. 规划实施、评估与反馈

企业将人力资源的总规划与各项业务计划付诸实施,并对实施结果进行评估,如预测的准确度如何、专项人力资源计划间是否平衡、人力资源规划和企业的其他规划是否协

---

① 廖泉文:《人力资源管理》,高等教育出版社 2005 年版,第 73 页。

调等。

人力资源规划的评价，还要考虑如下因素，从这些方面的比较来鉴别人力资源规划的有效性：①实际人力资源招聘数量与预测的人力资源净需求量比较；②劳动生产率的实际水平和预测水平的比较；③实际和预测的人员流动率的比较；④实施人力资源的实际结果和预测目标的比较；⑤人力费用的实际成本与人力费用的预算的比较；⑥行动方案的实际成本与行动方案的预算比较；⑦人力资源规划的成本与收益比较。

3.2　人力资源需求预测

人力资源需求预测，是指根据企业的战略规划和内外部环境，选择预测技术，对企业人力资源需求的数量、质量和结构进行预测的活动。管理者首先必须了解哪些因素可能影响企业的人力资源需求，再根据这些因素的变化对企业人力资源需求状况进行预测和规划。人力资源需求预测是企业人力资源规划中一个必不可少的环节，它以企业的战略目标、发展规划和工作任务为出发点，综合考虑各种因素的影响，对企业未来人力资源的数量和质量的需求进行事前估计，是企业人力资源规划的要点，其准确性对人力资源规划的成败有决定性作用。

3.2.1　人力资源需求的影响因素

人力资源需求受多种因素的影响，主要包括企业外部环境、企业内部因素和人力资源自身状况。

1. 企业外部环境

主要包括：①经济环境的变化会极大影响企业对人员的需求。例如，2006年，杭州召开世界休闲博览会，极大地刺激了人们的旅游需求，带动相关产业的发展，由于旅游团队和旅游人数的增加，从事导游工作的人员的需求将相应增加。②社会、政治、法律因素也会影响企业人力资源需求。③技术的变革和新技术的采用也会引起人员需求的变化，技术革新带来人均劳动生产力的提高，对人员数量的需求可能会减少，同时技术变革也使需要拥有新技术的岗位出现空缺，需要招聘能掌握新技术的人员。

2. 企业内部因素

企业内部因素主要有：①企业的发展战略和经营规划，决定着企业的发展方向、速度、市场占有率等方面的水平，影响企业对人员的需求。②企业的产品或服务的社会需求。一般情况下，在生产技术和管理水平不变的条件下，企业产品需求与人力资源需求呈正比关系。③企业所拥有的财务资源对人员需求的约束。如果财务预算高，就有条件雇用较多数量的人员，可以招到更高素质的人才；如果财务预算紧缩，只能招收较少数量的人员和支付较低的工资。④组织现有的人力资源状况。

3. 人力资源自身因素

人员需求的变化也可能是由于人力资源自身的因素造成的。退休、员工辞职、合同终止解聘等方面都会产生工作岗位的空缺，需要招聘正式或临时的员工来补充。

3.2.2　人力资源需求预测步骤

预测步骤主要是：

(1)根据职位分析的结果来确定职位编制和人员配置；

(2)进行人力资源盘点，统计出人员的缺编、超编及是否符合职位资格的要求；

(3)将上述统计结论与部门管理者进行讨论，修正统计结论；

(4)该统计结论为现实人力资源需求；

(5)对预测期内退休的人员进行统计；

(6)根据历史数据，对未来可能发生的离职情况进行预测；

(7)将统计和预测结果进行汇总，得出未来流失人力资源；

(8)根据企业发展规划，如引进新产品，确定各部门的工作量；

(9)根据工作量的增长情况，确定各部门还需要增加的职位及人数，并进行汇总统计；

(10)该统计结论为未来增加的人力资源需要；

(11)将现有人力资源需求、未来流失人力资源和未来人力资源要求汇总，即得企业整体人力资源需求预测。

3.2.3　人力资源需求预测方法

1. 德尔菲法

德尔菲法又称专家意见法，是指专家们对影响企业某一领域发展的看法达成一致的一种结构性方法。该方法的显著特点是采取匿名形式进行咨询，使参与预测咨询的专家互不通气，可以消除心理因素的影响；通过几轮反复发函咨询，每一轮的统计结果都寄回给专家作为反馈，供下一轮咨询参考；对调查结果采用一定的统计处理，使之有使用价值。一般来说，经过四轮咨询，专家们的意见可以相互协调。当然，协调程度要受专家人数的制约，一般认为专家人数以 10—15 人为宜。使用德尔菲法进行企业人力资源需求预测的过程大致如下：

(1)确定人力资源预测的内容和目标；

(2)组成预测工作小组；

(3)设计调查表；

(4)组织专家组；

(5)发放调查表；

(6)处理调查表；

(7)第二轮调查；

(8)再次调查；

(9)对预测结果进行整理和分析。

【相关链接 3-2】

专家调查表　　　　编号：

预测项目：某电子企业从事家电信息产业的 X 专业与 Y 专业的合理人才结构比例。上一轮调查结论：

1. Y 专业不需要。2 人回答,占 4.4％。

主要理由是:

2. 1∶0.5(X∶Y)。10 人回答,占 22.22％。

主要理由是:

3. 1∶1(X∶Y)。15 人回答,占 33.33％。

主要理由是:

4. 1∶1.5(X∶Y)。11 人回答,占 24.44％。

主要理由是:

5. 1∶2(X∶Y)。7 人回答,占 15.56％。

主要理由是:

中位值:1∶1。四分值区间:[1∶0.5,1∶1.5]

您的新预测:X∶Y 为 _____。

您的结论:

(资料来源:陈京民等编著:《人力资源规划》,上海交通大学出版社 2006 年版,第 117 页)

采用德尔菲法应注意的方面:

(1)问卷调查一般采用匿名的形式以保证专家能够畅所欲言地表达自己的观点;

(2)给专家提供充分的信息,使之能够作出更为准确的预测;

(3)应该多轮征求专家的意见,使专家有机会修改自己的预测结果;

(4)不要求结论非常肯定、非常精确,允许专家进行粗略的估算,让他们说明预测数字的肯定程度;

(5)所提问题尽可能简单,并澄清一些特定的概念和分类方法。

2. 经验预测法

经验预测法是根据以往的经验对人力资源需求进行预测的方法,这种方法可以用来预测企业将来某段时间内对人力资源的需求。具体步骤是:先由基层管理者根据自己的经验和对未来业务量的估计,提出本部门各类人员的需求量,由上一层管理者估算平衡,再报上一级管理者,直到最高决策层作出决策,最后由人力资源管理部门制定具体的执行方案。

经验预测法受主观因素的影响较大,比较适合于短期的预测,具有方法简便易懂、成本低的优点。这种方法适用于技术稳定企业的中短期人力资源预测规划。

3. 总体需求结构分析预测法

总体需求结构分析预测法可以用下列公式表示:

$$NHR = P + C - T$$

式中,NHR——在未来一段时间内所需要的人力资源数;

P——现有的人力资源数;

C——未来一段时间内需要增减的人力资源数;

T——由于技术提高或设备改进而节省的人力资源数。

例如:某公司目前员工是 300 人,在 3 年后由于业务发展需要增加 100 人,但由于技术提高后可以节省 25 人,试预测 3 年后需要的人力资源数。

$$NHR = 300 + 100 - 25 = 375(人)$$

4. 一元线性回归分析法[①]

回归分析法是根据企业过去的情况和资料,建立数学模型并由此对未来趋势作出预测的方法。

一元线性回归分析法的典型步骤是:

(1)选择相关变量;

(2)建立一元线性方程,根据历史资料确定线性方程的系数;

(3)由一元线性方程求出目标值所对应的人力资源需求量。

例如:某医院要建立一个住院部,需要预测护士的需求量。医院聘请一个专家组,对 5 个典型的医院进行调查,发现护士的需求量与住院部的病床数存在很大的相关性,5 个医院的病床数与护士人数情况如表 3-2 所示。根据表 3-2 预测此医院建立 500 张病床的住院部需要多少护士。

表 3-2   医院病床数与护士人数情况

被调查医院	病床数(张)	护士人数(人)
甲医院	350	39
乙医院	420	41
丙医院	610	58
丁医院	470	50
戊医院	530	54

用回归分析方法找到所需护士的人数与病床数假定:

$$Y = a + bx + c$$

式中,Y——所需人数;

x——床位数;

a,b——根据其他医院经验数字假定的系数;

c——随机变量。

从以上数据得出:

$$a = 10.5060, b = 0.0796$$

线性方程为:$Y = 10.5060 + 0.0796x$

把 $x = 500$ 代入式中,得出

$$Y = 50(人)$$

即预测结果为 50 人。

【实例 3-4】

一个厨具经销公司期望在今后 3 年内,使得年销售额从 1200 万元增长到 2000 万元。公司的战略规划小组在对公司的外部环境进行分析时,发现了以下变化:

---

① 根据于桂兰、魏海燕:《人力资源规划》,清华大学出版社 2004 年版改写。

1. 有许多新员工已经进入市场领域；

2. 顾客的年龄构成正在向老龄化发展，他们的孩子都已经搬走了，这些人正在装修他们的新家，并且寻求的是更方便、更昂贵的厨房；

3. 顾客对预算越来越敏感，想要一个适合其价格承受能力的厨房；

4. 厨房的建筑价格比较稳定。

厨具经销公司的人力资源规划人员打算预测今后 3 年对安装工的需求。你觉得应该选择什么方法进行预测？还需要补充哪些信息和数据才能做出科学的预测？

（资料来源：顾英伟：《人力资源规划》，电子工业出版社 2006 年版，第 109—110 页）

3.3　人力资源供给预测

人力资源供给预测是指为满足企业实现其未来的发展目标，对未来一段时间里企业内部和外部各类人力资源的数量和质量进行预测。人力资源供给预测需要从企业的外部与内部两个方面预测企业人力资源的供给情况。只有在正确进行企业人力资源需求预测和供给预测的基础上，才能对企业所需的人力资源和能够供给的人力资源进行正确评价，才能进一步平衡人力资源需求与供给。

3.3.1　影响人力资源供给预测的因素

1. 外部人力资源供给影响因素

对人力资源外部供给进行预测时，要考虑的因素主要有：行业性因素、地域性因素、全国性因素等。

（1）行业性因素

企业所处行业的状况，行业发展前景，行业内竞争对手的数量、实力及其在吸引人才方面的因素等。

（2）地区性因素

企业所在地区的人力资源现状，企业所在地对人力资源的吸引程度，企业当地的住房、交通、生活条件等。

（3）全国性因素

今后几年国家经济发展情况的预测，科学技术发展和变化的趋势，全国人口的增长趋势，全国范围内的劳动力市场状况，处于变动中的劳动力结构和模式，预期失业率，国家的政策法规等。

（4）劳动力市场或人才市场

劳动力市场或人才市场的变化，能反映人力资源供给的数量和质量，反映求职者对职业的选择，反映当地经济发展的现状与前景等。

（5）人口发展趋势

从我国人口发展情况看，以下变化趋势必将影响人力资源供给的预测：人口绝对数增长较快,人口老龄化,男性人口的比例增加,沿海地区和城市人口的比例增加等。

(6)科学技术发展

科学技术的发展对组织人力资源供给有以下影响:掌握高科技的白领员工需求量增大,办公自动化普及使中层管理人员大规模削减,特殊人才相对短缺,第三产业人力资源需求量逐渐增加等。

2. 内部人力资源供给影响因素

企业内部人力资源供给,主要依靠管理人员和技术人员的不断接续和替补。影响企业内部人力资源供给的因素包括:企业人员年龄阶段分布、员工的自然流失、内部流动、跳槽、新进员工的情况、员工填充岗位空缺的能力等。

【实例3-5】

飞利浦公司决定在荷兰新开一家工厂,它的重要的竞争优势是在荷兰已有现成的生产设施以及该公司对荷兰劳动力的吸引力。该公司在建厂前进行了周密的战略研究,重点在于如何改进生产技术,使其与20年后的劳动力特点相适应。另一个考虑的重点是荷兰的文化特点,在职业生涯中,雇员不习惯从一个地点转移到另一个地点。鉴于这些因素,为保持其竞争优势,飞利浦公司把未来劳动力的特点纳入战略规划过程。预计未来劳动力的文化程度将更高,更加独立,他们设计出使工作转换、工作分配和工作丰富化得到改进的生产过程。这体现了公司战略规划和人力资源规划的整体性。

(资料来源:张岩松等编著:《人力资源管理案例精选精编》,经济管理出版社2005年版,第58页)

思考:你认为飞利浦公司在进行人力资源供给预测时考虑了哪些因素?有什么可取之处?

3.3.2 人力资源供给预测步骤

人力资源供给预测步骤主要是:

(1)对企业现有的人力资源进行盘点,了解企业员工状况;

(2)分析企业的职位调整政策和员工调整的历史数据,统计员工调整的比例;

(3)向各部门的人事决策者了解可能出现的人事调整情况;

(4)将步骤2和步骤3的情况汇总,得出企业内部人力资源供给预测;

(5)分析影响外部人力资源供给的地域性因素;

(6)分析影响外部人力资源供给的全国性因素;

(7)根据步骤5和步骤6的分析,得出企业外部人力资源供给预测;

(8)将企业内部人力资源供给预测和企业外部人力资源供给预测汇总,得出企业人力资源供给预测。

3.3.3 人力资源内部供给预测的方法

在人力资源供给预测中,为了简便和准确,首先要考虑企业现有的人力资源存量,然后假定人力资源管理政策不变的前提下,结合企业内外部条件,对未来的人力资源供给数量进行预测。

1. 人员核查法

通过人员核查,可以了解员工的工作经历、技能、持有的证书、绩效、晋升潜力等方面的情况,可以帮助人力资源规划人员估计员工调换工作岗位及胜任的可能性大小,决定哪些人可以补充当前的职位空缺。表 3-3 所示为员工基本情况表。

表 3-3　员工基本情况表[①]

姓名		部门		科室		职务	
到职日期		出生年月		职称		填表日期	
教育背景	类别	学校种类		毕业时间		学校	专业
	高中						
	中专						
	大专						
	大学						
	硕士						
	博士						
培训背景	培训主题	培训起始时间			培训机构		
技能	技能种类	证书			发证单位		
需要何种培训		改善目前的技能和绩效					
		提高晋升或需要的经验和能力					
目前可晋升或流动至何岗位							

人员核查法的优点是能够迅速和准确地估计组织内可用技能的信息,为企业进行人力资源管理提供便利。缺点是它是一种静态的人力资源供给预测技术,不能反映企业未来由于企业战略发展而导致对企业人力资源需求的变化,它只适用于小型静态组织短期内的人力资源供给预测。

2. 管理人员替换法

管理人员替换法是对现有管理人员的状况进行调查评价后,记录各个人员的各种绩效、晋升的可能性以及所需要的培训等内容,由此决定未来可能的管理者人选,也称为人员接替计划。该方法是对主要管理者的总的评价:主要管理人员的现有绩效和潜力、发展计

---

①　廖三余:《人力资源管理》,清华大学出版社 2006 年版,第 50 页。

划;所有接替人员的现有绩效和潜力;其他关键职位的现职人员的绩效、潜力及对其评定意见。

3. 马尔可夫法

马尔可夫法是一种定量预测方法,常运用该方法来预测各个层次或各种类型人员的未来分布情况。它假设企业中员工流动的方向与概率基本保持不变,然后收集资料,找出企业内部员工流动的规律。它是一种转换概率矩阵、使用统计技术预测未来的人力资源变化的方法。不仅可以处理员工类别简单的组织中的人力资源供给预测问题,也可以解决员工类别复杂的大型组织中的内部人力资源供给预测问题。但这种方法的精确性与可行性还需要进一步研究。

综上,可以对以上三种供给预测方法的适用范围、特点及不足进行比较,具体见表3-4。

表 3-4　三种供给预测方法比较

方法	适用范围	特点	不足
人员核查法	人员核查法是一种静态的人力资源供给预测技术,不反映组织未来人力资源的变化	对组织中现有的人力资源质量、数量、结构和在各职位上的分布状态进行核查	在大型企业的人力资源供给预测中,存在很大的局限性
管理人员替代法	直观、简单、有效	针对企业管理人员供给预测的方法	
马尔可夫预测法	是一种转换概率矩阵、使用统计技术预测未来的人力资源变化的方法。可以作为预测内部劳动力供给的基础	不仅可以处理员工类别简单的组织中的人力资源供给预测问题,也可以解决员工类别复杂的大型组织中的内部人力资源供给预测问题	该方法的精确性与可行性需要进一步研究

3.3.4　外部人力资源供给预测

企业外部人力资源供给预测主要是预测未来几年中外部劳动力市场的供给情况。它不仅要调查整个国家的、组织所在地域的人力资源供给情况,还要调查同行业或同地区其他企业对人力资源的需求情况。外部供给预测相当复杂,但是对企业制定人力资源的具体计划具有十分重要的作用。

企业外部人力资源供给的渠道主要有:大中专院校应届毕业生、复员转业军人、技校毕业生、待业人员、其他组织人员和流动人员。

企业外部人力资源供给预测常用的方法有:

(1)查阅资料。企业可以通过网络、统计部门、人力资源和社会保障部门的统计数据及时了解劳动力市场信息,及时获得国家和地区的相关政策法规的变化。

(2)直接调查相关信息。企业可以就自己所关注的人力资源状况进行调查。除了与猎头公司、人才中介机构等专门组织保持长期联系外,还可以与高校合作,便于了解毕业生情况,了解可能为企业提供目标人才的状况。

(3)对雇佣人员和应聘人员进行分析。企业通过对应聘人员和已经雇佣的人员进行分析,也会得到未来人力资源供给状况的估计。

3.3.5 人力资源需求与供给的平衡分析

完成企业人力资源需求与供给情况预测后,需要综合分析企业人力资源的供需平衡,分析的结果可以为企业人力资源规划提供设计依据。然而,在企业的发展过程中,人力资源不可能自然地处于供求平衡状态。实际上,企业始终处于人力资源的失衡状态,具体有供给不足、结构失衡和供大于求几种情况。因此,可以根据人力资源供求不平衡的状态,采用不同的调整方法。

1. 供不应求的方法

预测企业的人力资源需求大于供给时,企业通常采取内部提拔和外部招聘方法来解决。

企业人力资源失衡的内部调整方法主要有:企业人力资源的内部招聘、聘用临时工、延长工作时间、内部晋升、管理人员接替计划、技能培训、扩大工作范围、提高技术改革水平和返聘。外部招聘是根据一定的标准和程序,从企业外部的众多候选人中选拔符合空缺职位工作要求的人员。当然,企业出现职位空缺时,不论内部选拔还是外部招聘,都各有其利弊。

【相关链接 3-3】

企业人员内外部补充优劣对比

企业人员内部补充的优点是:第一,为员工提供发展机会,有利于激发员工的积极性;第二,对招聘的人员比较了解;第三,有利于保持企业内部的稳定性;第四,有利于员工迅速熟悉工作和进入角色;第五,有利于规避识人用人的失误。企业人员外部补充的优点是:第一,带来新思想、新观念、新经验、新思路,补充新鲜"血液";第二,可以更好地了解外部情况;第三,可以不用专门培训,大大节省培训费用;第四,有利于战略性人力资源目标的实现。

企业人员内部补充的缺点是:第一,容易形成近亲繁殖;第二,可能引发企业高层领导的不团结;第三,易于形成职位继承观念;第四,缺少思想碰撞,影响企业活力;第五,容易出现涟漪效应。企业人员外部补充的缺点是:第一,新员工适应期长;第二,选择合适员工比较困难;第三,影响内部人员的士气;第四,招聘成本高。

(资料来源:廖泉文著:《人力资源管理》,高等教育出版社 2005 年版,第 79—81 页)

2. 供过于求的方法

当预测企业人力资源供给大于需求时,通常采用提前退休、减少人员补充、增加无薪假期和裁员等来保持企业的人力资源供求平衡。

3. 结构失衡的调整方法

调整方法主要是:对那些富余专业、富余类型的人力资源采取供过于求的调整方法;而对那些急需专业、急需类型的人力资源采取供不应求的调整方法。

3.4 人力资源规划的运用与控制

人力资源规划的运用与控制是对人力资源规划的实施过程进行监督、控制并对规划实施结果进行评价的过程。在人力资源规划的战略选择阶段所形成的方案最终还要在方案执行阶段付诸具体实践，人力资源规划运用是检验所制定规划能否发挥作用的关键。而人力资源规划的控制是检查工作是否按预定的计划、标准和方法进行，保证预定目标的实现。

3.4.1 人力资源规划的运用

人力资源规划运用阶段的关键问题是，必须确保各项任务有专人负责既定目标的实施，落实到人，并且调整现有的组织结构，优化配置和开发利用资源，从而提高资源的利用效率。

1. 规划任务的落实

人力资源发展规划的实施成功与否取决于企业全体部门和员工参与的积极性。因此，通过规划目标和方案的分解及细化，可以使每个部门和员工明确自己在规划运用过程中的地位、任务和责任，从而争取每个部门和员工的支持而顺利实施。具体包括：第一，分解人力资源规划的阶段性任务。通过设定中长期目标，使人力资源规划目标具体到每一阶段、每一年应该完成的任务，并且必须定期形成执行过程进展情况的报告，以确保所有的方案都能够在既定的时间执行到位，使规划容易实现，有利于规划在实施过程中的监督、控制和检查。第二，人力资源规划任务分解到人，使每一个部门和员工都能了解本部门在人力资源规划中所处的地位、所承担的角色，从而积极主动地配合企业人力资源管理部门培养人力资源。

2. 组织结构的调整

组织结构是人力资源规划实施的基础和保证，人力资源规划的实施离不开组织结构的支持。在实施人力资源规划过程中，必须对企业组织结构进行调整，使其适应人力资源规划的目标和战略。企业组织结构的调整必须遵循适应性和高效精简的原则，有利于增强企业主动适应外部环境和内部条件变化的能力，快速传达信息、传递控制信号，有效处理企业各种业务。组织结构的调整主要包括：依据人力资源规划的目标、企业发展战略要求，设计能够适应外部环境和内部条件变化的组织结构模式、组织运行机制；根据责、权、利统一原则，划分适当的管理层次，使人力资源规划在具体实施中能得到组织的支持；对组织中关键岗位的人选进行评估和调整，确保人力资源规划的顺利实施。

3. 资源的优化配置

人力资源规划的顺利实施，必须确保企业人员（培训人员和被培训人员）、财力（培训费用、培训人员脱岗培训时对生产的影响）、物力（培训设备、培训场地）发挥最大效益，这就必须对不同人力资源进行合理配置，从而促进资源的开发利用，并通过规划的实施使资源能够优化配置，提高资源的使用效率。

3.4.2 人力资源规划的控制

为了能够及时应对人力资源规划实施中出现的问题,确保人力资源规划能够正确实施,有效地避免潜在劳动力短缺或劳动力过剩,就需要有序地按照规划的实施控制进程进行。

1. 确定控制目标

为了能对规划实施进行有效控制,首先需要确定控制的目标。设立控制目标时要注意:控制目标既能反映企业总体发展战略目标,又能与人力资源规划目标对接,反映企业人力资源规划实施的实际效果。在确定人力资源规划控制目标时,应该注意控制一个体系,通常由总目标、分目标和具体目标组成。

2. 制定控制标准

控制标准是一个完整的体系,包含了定性控制标准和定量控制标准两种。定性控制标准必须与规划目标相一致,能够进行具体评价,例如,人力资源的工作条件、生活待遇、培训机会、对企业战略发展的支持程度等;定量控制标准应该能够计量、比较,例如人力资源的发展规模、结构、速度等。

3. 建立控制体系

有效地实施人力资源规划控制,必须要有一个完整的、可以及时反馈的、准确评价的和及时纠正的体系。该体系能够从规划实施的具体部门和个人那里获得规划实施状况的信息,并迅速传递到规划实施管理控制部门。

4. 衡量评价实施成果

该阶段的主要任务是将处理结果与控制标准进行衡量评价。解决问题的方式主要有:一是提供、完善实现规划的条件,使规划目标得以实现。二是对规划方案进行修正。当实施结果与控制标准一致,无须采取纠正措施;当实施结果超过控制标准,提前完成人力资源规划的任务,应该采取措施防止人力资源浪费现象的发生;当实施结果低于控制标准,需要及时采取措施进行纠正。

5. 采取调整措施

当通过对规划实施结果的衡量、评价,发现结果与控制标准有偏差时,就需要采取措施进行纠正。该阶段主要的工作是找出引发规划实施问题的原因,例如规划实施的条件不够、实施规划的资源配置不力等,然后根据实际情况作出相应的调整。

☞【本章小结】

人力资源规划是指一个组织科学地预测、分析其人力资源的供给和需求状况,制定必要的政策和措施以确保组织在需要的时间和需要的岗位上,获得各种必需的人力资源的计划。人力资源规划包括总体规划和业务规划两大类。企业人力资源规划的程序大致包括分析预测、确立目标、实施规划和控制评价四个阶段。

人力资源需求预测,是指根据企业的战略规划和内外部环境,选择预测技术,对企业人力资源需求的数量、质量、结构进行预测的活动。人力资源需求预测受多种因素的影响,主要包括企业外部环境、企业内部因素和人力资源自身状况。人力资源需求预测的方法主要有德尔菲法、经验预测法、总体需求结构分析预测法、一元线性回归分析法。

人力资源供给预测是指为满足企业实现其未来的发展目标,对未来一段时间里企业内部和外部各类人力资源的数量和质量进行预测。人力资源供给预测需要从企业的外部与内部两个方面预测企业人力资源的供给情况。人力资源供给预测的方法主要是人员核查法、管理人员替代法和马尔可夫预测法。

人力资源规划的运用与控制是对人力资源规划的实施过程进行监督、控制并对规划实施结果进行评价的过程。人力资源规划运用阶段,必须确保各项任务有专人负责既定目标的实施,并且调整现有的组织结构,优化配置和开发利用资源,从而提高资源的利用效率。而人力资源规划的控制是检查工作是否按预定的计划、标准、方法进行,保证预定目标的实现。

【案例分析】

关西铝业公司的人员流动

位于西北地区的关西铝业公司是一家大型炼铝企业,它坐落在一个偏远的小地方。离最近的小城镇60公里,离最近的中型城市160公里,离最近的大城市有710公里。因其地理位置偏僻,该炼铝厂只能依靠有限的当地劳动力。

1991—1992年间,员工纷纷自动辞职,其人数超过该厂历史上任何时期。在这期间,为了满足对人员配备的要求,公司人事部匆忙招聘了大量的新雇员。由于当地劳动力的缺乏,人事部门不得不降低录用标准,使得人员配备的质量大幅度下降。另外,招聘人员的结构也不合理,如单身员工过多、易迁徙的员工过多等。经常出现很多员工只工作了几个月就辞职而去,人事部门刚招聘来一名雇员顶替前一位辞职人员的工作才几个月,就不得不再去招聘新的顶替者等情况。人事部门把工作重点放在招聘工作上,为了招聘合适的人选,人事部门常常是疲于奔命。

炼铝是一种连续作业工艺,其主要特点之一是生产技术水平要求稳定。任何一个生产技术水平稳定的企业都要求劳动力水平的相对稳定,这种稳定来源于劳动力队伍的相对稳定和企业对劳动力的质量与数量需求的满足。由于公司对人员需求的估计不准确,常常造成人力供需矛盾,影响公司的生产。

在制订某一生产计划时,管理人员大约提前10天准备人员配备表,对打算辞职和因故缺勤者进行估计。他们从人员配备表中看出人员短缺的程度,并根据该表提出本部门下周的新员工需求。

然而,对招聘某些人员的提前期(如销售人员)在处理上颇感麻烦,因为如在当地招聘,至少要两周,常常是3周;如在较远的地区招聘,则需3个月。而生产部门却要求人事部在两周之内发现并招聘到新员工。这个时间问题成为生产部门与人事部门关系紧张的主要原因。为此,公司聘请有关专家进行了调查,寻找员工离职的原因,并提出解决这一问题和消除其对组织影响的方法。

该公司始建于20世纪50年代。当时,要使公司投产并正常运转,必须攻克相当大的技术难关。随着公司的发展,纯技术观念也在各层次的管理人员中广为流行。这种传统认识在主要技术问题解决以后仍然持续了很长的一段时间,其影响之一是人事部仅仅被视为配备人员的生产辅助部门,人事管理中的问题也被认为远不如生产经营中的问题重要,只是在影响了生产时,人们才对人事管理问题有所重视。

专家调查表明,该公司的一些工作是在闷热、脏乱的工作环境下进行的;并且由于企业效益不好,员工收入较低。另外,员工的生活条件也相对较差,因历史欠债较多,住房成为一大难题;工作结束之后又缺少应有的娱乐活动,使生活枯燥乏味。这些都使员工感到不满而人心不稳。

要提高工人对工作的满足感,其手段之一是提高居住区社会生活方面的吸引力。在这方面,公司管理者所做的却很少。对公司内部的工作环境,他们也难做多大的改善。他们认为,在短期内,工作条件是变不了的,只有经过较长时期,并通过昂贵的技术革新,才可能改变工作条件。实际上,公司在清扫、更新休息和保健设施,发放娱乐费,改善居住条件和公司交通条件等方面都做过一些努力。这些变化虽然减少了员工对工作的不满情绪,但却没有提高对工作的满足感;尽管离职率有所下降,但仍然居高不下。因此,公司决定寻找一些适应这种高离职率状况的方法,把解决高离职率问题作为公司战略的一部分来考虑。

在专家的帮助下,公司建立了一个预测全厂离职人数的模型。该模型通过对过去离职人员的研究,推测将来的离职人数。然后,将上个月的实际离职人数与前两个月预测的离职人数进行比较,依此调整所做的预测。也就是说,该模型是根据近期所做的预测准确度来调整预测的。

该公司利用离职预测模型对 1993 年离职人数做了初步预测,然后,根据这个预测来制订 1993 年前四个月的招聘计划。结果,预测值与实际情况相当吻合。至此,人事和经营管理人员之间的问题才有了统一的认识。这有利于他们共同对待今后几年可能出现的离职问题。此外,公司领导开始重视人事管理问题,对人事部给予了更大的信任,批准实施人事部提出的降低离职率,但会增加劳动成本的实验方案——"稳定性奖金"实验。

根据"稳定性奖金",员工若愿意留在企业,一年后工资增加 12%,两年后则增加 9%。然而,由于那个阶段该地区的通货膨胀较严重,公司在认真考虑了下半年预计的辞职费用后决定,改变原定在 1993 年 10 月实施的第二年工资提升方案的计划,将工资提升提前到 1993 年 5 月,但提薪对象是到 1993 年 10 月 24 日仍然在册的员工。工会则同意这个"稳定性奖金"的条件。尽管 1993 年夏季的辞职率仍然较高,但却低于实行"稳定性奖金"以前的预计水平。

公司在 1993 年 11 月对未辞职员工发放了"稳定性奖金",公司高层管理人员最关注的是"稳定性奖金"是否有效地降低了辞职率,其收益是否大于成本。事实上,由于实行了"稳定性奖金",减少了 170 名员工的辞职,节约了相当于"稳定性奖金"总额 50% 的辞职费用。

（资料来源：于秀芝：《人力资源管理》,中国社会科学出版社 2009 年版）

问题

1. 关西铝业公司是如何解决人才流动率高的问题的?

2. 假如你是该公司的一名员工,你对该公司的一系列措施有何看法?

3. 过去的人力资源规划注重供给与需求分析,通常都是对现有的需要列出清单,随着知识经济的到来和国外大企业的进入,稀缺人才的储备也应列入人力资源规划中。请你就稀缺人才的储备方法谈一点个人的看法,并分析这些方法的优缺点。

⇨【思考练习】

1.什么是人力资源规划?

2.什么叫人力资源需求预测、人力资源供给预测?

3.人力资源需求预测和供给预测的方法各有哪几种?

4.怎样运用德尔菲法预测企业的人力资源需求?

5.运用马尔可夫法预测企业的人力资源供给。

6.简述人力资源规划运用与控制的程序。

第4章

职位分析

>>> >

引 言

通过职位分析考察新员工

美国的 AMCO 钢铁公司，以往在聘用新的钢铁工人后，通常在从事永久性的职位前，会把这些新进人员暂时放在一般的劳工群中。由于新聘用的可能会被安排从事一般劳工群中的任何一项工作，所以每个求职者在被雇用时必须符合各种工作的要求。

这种做法为 AMCO 公司带来了一个难题，因为公司并不晓得一般劳工群中每项工作的特定资格，所以也就无法评估工作申请者是否能符合刚开始进来后第一份暂时性工作的专业要求。万一雇用不适合的人员担任此职位，AMCO 就会面临生产率下降或意外灾害增加的可能。

为了解决这个问题，AMCO 于是制定了一般劳工群中，每一项工作需要的必备条件，再依据这些条件对工作申请者进行筛选。只有那些通过每一项考试的申请者，才会被视为完全合格而被录用。

职位分析在这个选取的过程中扮演着关键性的角色，每一项在一般的劳工群中的工作，都经由公司人力资源专业人员的分析，目的在于分析与每项工作有关的活动和任务，以便决定能够胜任该项工作的人员所需要的条件（例如力气、平衡感、灵活度等）。人力资源专业人员首先是藉由观察工人的执行工作，再征询其督导者来获得这些所需要的资讯，最后经筛选确定需要施行哪些测验以便测量这些工作技巧。

为了确定这些测验的价值或结果，AMCO 把这些测验项目先在现有的员工中施行，然后将测验高分者与低分者与其工作绩效进行比较。AMCO 发现测试成绩好的人，其实际的工作绩效要比测验成绩差的人好很多，测验成绩高者完成的工作几乎是成绩差者的两倍。这个发现让 AMCO 公司能够在测验的过程中，评估工作申请者未来能够提供的生产力。后来该公司的实践表明，通过测验的每位员工每年可以为公司增加 4900 美元的价值，也就是说，一个经由测验挑选出来的工人,可以预期比没有经过考试的人每年多生产 4900 美元的产品。而 AMCO 公司每年大约要雇用 2000 人的新进钢铁工人,或者可以这样说,因为经由这项测验,每年为公司增加了约 1000 万美元的产品价值。

　　(资料来源:《工作分析的意义》,www.hr.com.cn,2004-04-15)

　　从人力资源管理工作的整个流程来看,职位分析工作不仅是人员招聘的依据,也是人才测评、员工培训,乃至绩效考核、薪酬设计的客观依据。因此,职位分析作为企业人力资源的一项基本工具,在整个人力资源管理体系中占有重要的地位。

学习要点 ··

　　1. 工作分析的概念与工作分析的任务;

　　2. 工作分析的类型;

　　3. 与工作分析相关的概念;

　　4. 工作分析的程序和方法;

　　5. 工作描述、职位规范的内容及编写格式。

4.1　职位分析概述

　　自 20 世纪 20 年代起,美国联邦政府一些机构特别是劳工部,出于社会职业与劳动力市场调控与保障就业公平、内部组织人员管理与薪酬管理的需要,开展了大量职位分析研究与实践;美国军方出于提高军队职位与薪酬设置合理性与工作效率的需要,成立专门研究小组,拨款资助相关研究;各类行业协会也制定了行业性工作分析与工作评价方案。20 世纪 60 年代末,工作分析在美国企业以及行业协会、政府、军队、大学管理实践中已经得到普遍应用。现在,越来越多的组织认识到工作分析对组织管理的作用和意义,工作分析也受到越来越多的组织的重视。

　　为了高效率地实现组织目标,有效地进行人力资源开发与管理,企业要做的第一件事就是了解企业中各种工作的特点以及能胜任各种工作的各类人员的特点,以便为各项人力资源决策提供科学、客观的依据。所以,工作分析是人力资源开发与管理的前提条件。

4.1.1　职位分析概念

1. 职位分析的定义

　　职位分析又称工作分析 (Job analysis),是指了解组织内的一种职位并以一种格式把与这种职位有关的信息描述出来,从而使其他人能了解这种职位的过程。具体来说,职位分析就是对职位设置目的、汇报关系、任职要求、主要职责、衡量标准、工作权限、工作方式、主要流程及制度等方面作充分的、详细的分析及说明,最终根据组织中某个特定职位的工作内容和工作规范(任职资格)制定职位说明和职位规范的系统过程。

通过职位分析,使根本不了解该职位的人通过阅读职位说明书,便可很快了解该职位设置的目的、上下左右工作关系、工作范围、职责、工作权限、工作依据及任职条件。这是人力资源管理的基础工作,也可以说是企业管理的基础。

【实例 4-1】

张莉是某名牌大学经济管理系学生,毕业后进入了一家民营食品公司从事管理工作。在上班的最初几周内,她多次发现下属食品店的管理混乱,管理人员随心所欲地安排工作,有很多事务未能得到及时妥善处理。当她向食品店的管理人员询问是什么原因时,他们总是回答:"我不知道这是我分内的事",或者"我不知道应该怎么做"。

(资料来源:戴恩民,《民营企业人力资源管理》,www.86ui.com,2005-08-11)

思考:你认为张莉应该做些什么,如何去做,才能使这一类问题从根本上得到解决,使食品店运转秩序趋于正常。

2. 职位分析相关术语

职位分析时,要用到很多相关的名词术语。规范这些术语的概念并加以解释,有利于职位分析的开展。

(1)任务(Task)

指为了达到某种目的所从事的一系列活动。它可以由一个或多个动作要素组成。如打字员为了将文件打成正规的文件,需要打开计算机、输入文字、调整版面布局、从打印机中输出文件。

(2)职责(Responsibility)

指工作个体所从事工作的特定范围,通常代表这一特定范围内的几项主要活动,它一般由几个可能不相关的任务组成。举例:招聘专员工作职责中包括"负责招聘工作",其中可能包括如下内容:负责应届大学毕业生的招聘工作,或根据公司需要,聘用离退休人员和资深人士作为固定时间或弹性时间的顾问等此类任务。而第一类任务又可分为:A.分析各部门对应届大学毕业生的需求,制定应届大学生招聘计划;B.组织实施应届大学毕业生招聘工作;C.办理应届大学毕业生接收工作等数项工作任务。

(3)职位(Position)

在一定时期,组织要求个体完成的一项或多项责任。一般来说,职位与个体是一一匹配的,有多少个员工就有多少个职位。

(4)职务(Headship)

一般指工作岗位上具有的职责和权限的有机统一体。习惯上更多地体现为职位承担者所拥有权力的大小,分为行政职务和技术职务两种类型。如职务为总经理的人,就负有对企业的全部管理权力。职务应充分体现权责对等的原则。

(5)工作(Job)

指一个或一组职责类似的职位所形成的组合。一项工作可能只涉及一个职位,也可能涉及多个职位。例如在商店中,销售是一项工作,它是由柜台销售员、团购推销员、销售经理等职位共同完成的工作。

（6）职业（Profession）

指由不同组织中的相似工作组成的跨组织工作集合。例如，会计师、工程师、教师、医生、接待员等，无论他们在哪里工作，都需要类似的知识、技能、努力和责任。只要从事这一活动，就属于同一职业。

（7）职系、职组、职级和职等

职系（Series）：指工作性质大体相似，但工作责任、难易程度不同的一系列职位。如人力资源助理、人力资源专员、人力资源经理、人力资源总监就是一个职系。

职组（Group）：若干工作性质相似的职系组成的集合。如小学教师、中学教师、大学教师就组成了教师这个职组。

职级（Class）：指将工作内容、难易程度、责任大小、所需资格皆很相似的职位划为同一职级，实行同样的管理、使用与报酬。

职等（Grade）：职级的归纳称为职等。同一职等的所有职位，不管它们属于哪一个职级，其薪金相同。如美国 3 级看护为第五职等，1 级内科医生也属于第五职等。

（8）工作关系（Work relationship）

指在工作中，上下级之间以及同级别的工作者之间的关系。包括监督关系、汇报关系以及同事之间的关系。

4.1.2 职位分析的作用

职位分析是人力资源开发和管理的基础与核心，是企业人力资源规划、招聘、培训、薪酬制定、绩效评估、考核激励等各项人力资源管理工作的依据。大量实践证明，科学的工作分析可以最大限度地提高人力资源使用效率、挖掘人力资源潜能、降低人力资源使用成本，促进人力资源开发与管理工作的规范化、科学化，有效改善组织整体绩效。

如图 4-1 职位分析的系统模型所示，工作分析将对人力资源开发与管理产生全方位的影响。其作用主要体现在以下几个方面。

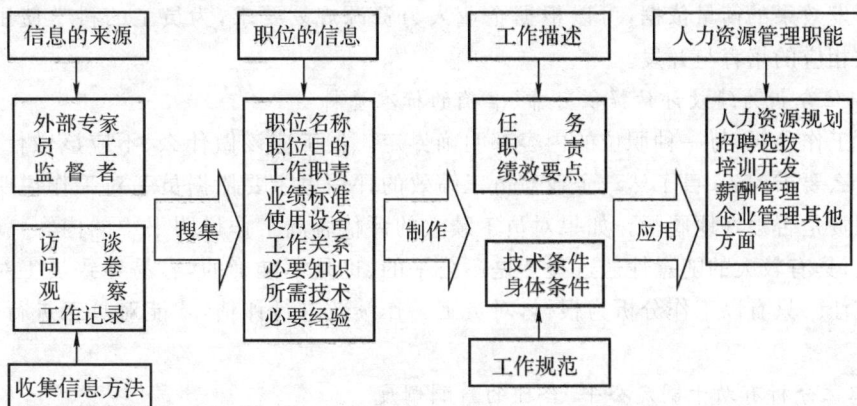

图 4-1　职位分析的系统模型

1. 职位分析是制定人力资源规划的基础

工作分析是对组织中各种工作职位的内容、要求、流程以及完成此工作员工的素质、知识、技能等信息收集、分析、整理和描述的过程。全面而深入的工作分析有助于制定与组织战略目标、内外环境相一致的人力资源规划。特别是在科学技术快速发展、市场竞争日趋激烈的时代,产品寿命日趋缩短,管理方式不断变化。企业在生产经营过程中,产品或服务不断更新,组织结构与管理模式也不断变化,对企业人力资源不论是数量上还是质量上都有新的要求。所以,企业人力资源必须适应企业内外环境条件的变化,企业才具有生命力和竞争力。调整和配备合适的人力资源,就必须知道新的环境条件下的工作内容与相应职责,以及每项工作需要哪些不同的知识、技能、经验和个人特性。只有通过工作分析才能取得这方面的数据资料,制定的人力资源规划才是可行的、有效的。

2. 职位分析可以为员工招聘提供基本标准

工作分析可以使组织充分了解组织各项工作的具体内容及对工作人员的具体要求。为确定招聘人员的类型及对其学历、经验、技能、年龄、性别及个性特征等方面的要求提供了基本标准。如果招聘人员不知道胜任某项工作必须具备的资格条件,则员工的招聘将是无目标的"随心所欲",招聘后的员工就有可能造成大材小用或小材大用,造成员工的大量跳槽或辞退,增加招聘成本,影响工作的顺利开展。

工作分析还能为企业是否需要招聘员工提供依据。通过工作分析可以了解企业是否拥有足够的员工,是否合理利用了现有员工,现有员工是否能够满足企业未来发展的需要,人力资源规划是否符合企业发展战略和内外环境的要求等,从而确定企业是否需要招聘员工。

3. 职位分析的内容为人力资源开发提供了基本依据

通过工作分析而编制的工作说明和职位规范,就是人力资源开发的方向和人力资源培训、教育的目标,它向员工表明了企业每项工作对员工的期望和要求,也为员工职业生涯设计指出了明确方向。从员工的角度看,如果某工作岗位上的员工和职位规范中的标准要求存在差异,说明该员工不具备该项工作所要求的任职条件,就需要培育与开发,使这些员工能够更好地履行工作说明中所要求的职责。从企业的角度看,工作说明和职位规范是企业培育与开发效果的衡量依据,可以根据企业人力资源规划要求,为员工的科学使用与晋升提拔提供相应的培育与开发。

4. 职位分析为绩效评估提供可靠、准确的标准资料

通过工作分析,每一种职位的内容都明确界定。员工应该做什么、不应该做什么、工作应达到什么要求,都一目了然。企业对员工绩效的评估也主要依据员工对工作说明书中所规定的职责是否很好地履行。如果对员工绩效的评估脱离工作说明书中的内容,就会渗入人为因素,具有较大的随意性。这显然是不公平的、也是不准确的,容易导致员工对评价结果失去信任。只有以工作分析为根据,对员工工作绩效进行评估,才能对员工进行公平、合理的评价。

5. 职位分析有助于制定公平、合理的薪酬制度

薪酬制度是对工作相对价值大小的一种体现。一般而言,从事的工作难度越大、岗位职责越重要、对员工的要求越高、工作条件越艰苦,该工作就具有相对较高的价值,报酬也就越高。通过职位分析所制定的工作描述与职务规范为评价工作价值的大小提供了参考标准。薪酬制度的公平、合理性不仅体现在绝对报酬上,还体现在相对报酬上,即所得与付出的比值或同他人或同历史的比较。例如我国根据工作的难易程度和复杂程度,对一些有

一定技能要求的工作制定了初级工、中级工、高级工、技师、高级技师的工作标准。

【相关链接 4-1】

职位分析的发展趋势

1. 战略性工作分析

急剧变化的环境要求工作分析不仅能体现大背景下工作内容和性质的发展趋势，而且还能够跟组织的具体特性及发展目标相结合。战略性工作分析的主要思想就是将环境变化因素、企业战略，以及特定工作的未来发展趋势纳入传统的工作分析中，以期充分预测企业的未来需求。

2. 工作分析方法多样化

传统的工作分析方法主要是基于人和基于工作进行分析。但是，随着信息技术和知识经济的迅速发展，创新在工作中越来越重要，人员、职位、组织三者的匹配关系越来越趋向动态化，这就需要有新的工作分析方法来帮助企业获取竞争优势。于是，基于胜任力的工作分析方法应运而生。

3. 弹性工作说明书

环境的高度不确定性使得企业不得不通过组织重构、流程再造等形式不断调整组织结构，工作的广度和深度相应增加，工作责任的具体确定更加困难，传统的、稳定的、强调具体职务描述的工作说明书已经不能适应现实中变化的岗位，这就要求弹性工作说明书的出现来提高人力资源管理效率。弹性工作说明书淡化了岗位工作任务的确认，将重心转向任职者能力和技术等方面，从而更好地在组织的工作方向发生变化时保持灵活性。

4. 组织公民行为的渗透

传统的工作分析所包含的因素只是对任务绩效的界定，强调的是职务内的行为。工作绩效的提高需要任务绩效和关系绩效的共同作用，所以，只强调职务内行为的传统工作分析带有明显的片面性，把对组织公民行为的分析融入传统的工作分析是工作分析的必然趋势。

（资料来源：袁媛："工作分析发展动态研究"，《商场现代化》2009 年第 2 期）

【实例 4-2】

天津一家上市公司在 2000 年高薪招聘 70 名具有大学本科以上学历的技术型人才。然而工作不到一年，各类问题接踵而至，有人抱怨专业不对口，技术优势无法发挥；有人认为自己的才能远远超过岗位工作的要求；有人反映工作条件并不能满足岗位工作的需要，而其他资源条件却没有被充分利用。更有甚者，在一次偶然的技术事故中，当事人以岗位说明书未注明工作风险的可能性为由，推脱责任。不满情绪和换岗要求搞得 HR 经理非常困惑，几位出类拔萃的优秀员工离开了公司。后来经调查发现以下三个方面的问题：(1)招聘时没有进行以工作分析为基础的人才测试，仅仅注重学历要求和技术背景；(2)安排工作时未充分考虑任职者的现实能力和岗位要求；(3)工作过程中没有实施以工作分析为基础的培训和绩效评估。

（资料来源：王玺主编：《最新职位分析与职位评价实务》，中国纺织出版社 2004 年版，第 14 页）

思考：根据此案例，谈谈职位分析工作不到位对企业人力资源管理有哪些危害。

4.2 职位分析的流程

职位分析是对组织内部各项工作系统分析的过程，这个过程可分为准备阶段、调查阶段、分析阶段和完成阶段等四个环节。各阶段环环相接、相互制约。见图 4-2。

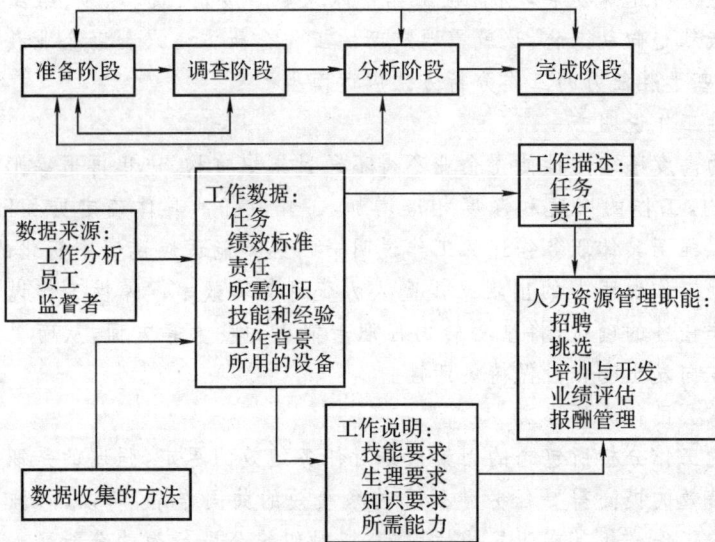

图 4-2　职位分析流程图

4.2.1　准备阶段

准备阶段的主要任务是明确工作分析的目的、界定工作分析的范围、成立工作分析小组，为后续工作做好准备。具体包括以下几项工作：

（1）明确工作分析的意义、目的、方法和程序。

（2）界定工作分析的范围。

（3）确定调查和分析对象的样本，同时考虑样本的代表性，其代表性体现在纵横关系上。以销售经理为例：纵向关系中，上下级人员对销售经理的工作内涵比较了解，容易发表意见；而横向关系中，被调查者具有相同的职位，存在竞争关系，容易得到真实数据。那么通过纵横两方面衡量、比较，就易确定该销售经理在企业内工作分析的具体参数。

（4）确定工作的难易程度、复杂程度。工作难度的系数要根据该职位的公司定位以及业绩与目标资料、外界变革情形等动静态因素而定。

（5）成立工作分析小组，确定分工与协作关系，制定工作进度表。

（6）利用现有文件与资料及环境条件对工作任务、工作责任、工作流程等进行分析总结。

（7）提出原工作说明书主要条款存在的不清楚、模棱两可的问题，或针对新岗位工作说明书提出需解决的主要问题。

表 4-1　某公司职位分析计划

为了提高企业人力资源管理工作的有效性和可靠性，为了有效地在下季度实施企业招聘计划，同时为了能够圆满完成今年的薪酬政策、激励政策和培训政策的调整工作，使人力资源管理职务适应企业的发展趋势，特计划在 2000 年 3 月份重新对企业某些部门进行职位分析。具体计划如下：

1. 进行职位分析的职务

行政部行政文员

市场部销售经理

企业发展部公共关系经理

2. 职位分析样本

出于职位经验、职位完整性及其他相关因素的考虑，计划选取各部门以下员工的职位作为职位分析样本：

行政部行政文员王亮

市场部销售经理李东

企业发展部公共关系经理周强

3. 职位分析方法的选择

由于各样本的职位性质不同，特采用不同的职位分析方法：

行政部行政文员：以问卷调查法、观察法、参与法相结合

市场部销售经理：以问卷调查法、面谈法相结合

企业发展部公共关系经理：以问卷调查法、面谈法、职位表演法相结合

4. 职位分析的步骤及时间安排

3 月 10 日：召集相关人员进行座谈，宣传并解释职位分析的目的、意义、作用及注意事项

3 月 11 日至 3 月 12 日：职位分析小组成员分别进行职位分析设计

3 月 13 日：小组成员对职位分析设计方案进行充分讨论和修改

3 月 14 日至 3 月 15 日：小组成员分别具体实施职位分析方案，收集职位信息

3 月 16 日：小组成员分别进行职位信息分析

3 月 17 日：小组成员分别编写职位描述和职位资格要求初稿

3 月 18 日：小组成员对信息分析和编写的文件初稿进行相互讨论

3 月 19 日：将职位描述和职位资格要求与相关部门经理进行讨论

3 月 20 日：召集相关人员进行座谈，对职位描述和职位资格要求进行最终定稿

5. 职位分析小组构成

组长：副总经理

副组长：人力资源部经理

成员：人力资源部招聘专员

　　　人力资源部薪酬专员

人力资源部

2000 年 2 月 25 日

4.2.2 调查阶段

调查阶段的主要任务是通过对工作过程、工作环境、工作内容和工作人员等方面的全面调查,搜集工作分析的背景材料。具体包括以下几项工作:

(1)编制工作分析调查提纲和问卷,设计相关的调查表格。

(2)运用各种调查方法实施调查,如观察法、面谈法、工作日记法、关键事件法等。

(3)搜集工作分析所需要的各种信息资料,包括工作特征、工作人员特征、工作环境、工作人员对工作的态度等。

【实例 4-3】

Dean 进入某公司后有点找不到北。有事,A 部门说"归 B 部门管",B 部门称不知道,让他找 C 部门。Dean 觉得有必要对岗位和责任进行梳理,建议 HR 部门进行工作分析。HR 经理却摇摇头告诉他,员工对此发怵,不配合,工作分析很难进行。这种情况通常被称为员工恐惧。它是指由于员工害怕工作分析会对其已熟悉的工作环境带来变化或者会引起自身利益的损失,而对工作分析小组成员及其工作采取不合作甚至敌视的态度。

(资料来源:《如何消除工作分析中员工恐惧心理?》,http://www.hr.com.cn,2005-12-19)

思考:你认为应该如何消除员工恐惧?

4.2.3 分析阶段

分析阶段的主要任务是在全面调查、搜集信息的基础上,运用各种工作分析的方法,对研究对象进行深入全面的分析。具体包括以下几项工作:

(1)整理、汇总、归类、审核所获得的各种信息,对失真、无效的信息加以剔除。

(2)寻找并发现工作本质规律,总结工作承担者应具有的特征,为工作描述、职位规范提供最基本的信息资料。

(3)对工作特征、工作人员特征的重要性和发生频率做出等级评定。例如服务行业,在大量调查信息的基础上,评价出特征要素和特征要素的权数。如年龄占 15%,相貌占 18%,态度占 28%,学历占 40% 等。

分析阶段的具体项目有:工作名称、雇用人员数目、工作单位、职责、工作知识、智力要求、熟练及精确度、机械设备工具、经验、教育与训练、身体要求、工作环境、与其他工作的联系、工作时间与轮班、工作人员特性、选任方法。

4.2.4 完成阶段

本阶段是工作分析的最后阶段,主要任务是编制工作描述与职位规范,最后根据企业实际编制出工作说明书。具体包括以下几项工作:

(1)在前面三个阶段的基础上,草拟工作描述和职位规范。

(2)将草拟的工作描述、职位规范与实际工作对比。

(3)根据对比结果决定是否需要进行再次调查研究。

(4)修改、完善工作描述与职位规范。

（5）若需要，可重复第2—4项的工作。对特别重要的岗位，工作描述和职位规范就应多次修订。

（6）形成最终的工作描述与职位规范，并结合企业实际编制出综合性的工作说明书（工作描述、职位规范也可作为两个单独的文件独立存在）。

（7）将工作说明书应用于实际工作中，并注意搜集反馈信息，不断完善工作说明书。

（8）对工作分析本身进行总结评估，有关文件归档保存，为今后的工作分析提供经验和信息基础。

【相关链接 4-2】

完成阶段存在的问题

问题一：为编写而编写。我们往往过多地关注工作说明书的结果或形式，没有侧重于工作分析的过程，没有把工作说明书的重新编写工作作为企业现有工作的一次大盘点。工作分析的真正目的应该是规范工作流程，明确岗位职责与权限。

问题二：缺乏专业的技术或培训。由于缺乏工作说明书编写的专业技能，所以编写的工作说明书往往用语不够准确，描述不够规范。

（资料来源：罗争丹：《工作分析常见问题研究》，http://www.hr.com.cn，2005-10-31）

4.2.5 职位分析的检验与控制

职位分析是否有效、是否正确，可以从以下八个要素（6W2H）着手进行检验。

WHO：谁从事此项工作，责任人是谁，对人员的学历及文化程度、专业知识与技能、经验以及职业化素质等资格有何要求。

WHAT：做什么，即本职工作或工作内容是什么，负什么责任。

WHOM：为谁做，即顾客是谁。这里的顾客不仅指外部顾客，也指企业内部顾客，包括与从事该职位的人有直接关系的人：直接上级、下级、同事、客户。

WHY：为什么做，即职位对其从事者的意义所在。

WHEN：工作的时间要求。

WHERE：工作的地点、环境等。

HOW：如何从事此项工作，即工作的程序、规范以及为从事该职位所需的权力。

HOW MUCH：为此项职位所需支付的费用、报酬。

4.3 职位分析的方法

4.3.1 观察法

根据工作分析时侧重点的不同，工作分析的方法有三种基本类型：岗位导向型是指从岗位工作任务调查入手进行的工作分析活动;人员导向型是指从人员工作行为调查入手进行的工作分析活动;过程导向型是从产品或服务的生产环节调查入手进行的工作分析活动。由此,在实践中产生了诸多具体的操作方法。

1. 观察法类型

(1)直接观察法

职位分析人员直接对员工工作的全过程进行观察。直接观察适用于工作周期很短的职位。如保洁员,他的工作基本上是以一天为一个周期,职位分析人员可以一整天跟随着保洁员进行直接工作观察。

(2)阶段观察法

有些员工的工作具有较长的周期性,为了能完整地观察到员工的所有工作,必须分阶段进行观察。比如行政文员,他需要在每年年终时筹备企业总结表彰大会。职位分析人员就必须在年终时对该职位进行观察。有时由于阶段跨度太大,职位分析工作无法拖延很长时间,这时采用"工作表演法"更为合适。

(3)工作表演法

对于工作周期很长和突发性事件较多的工作比较适合。如保安工作,除了有正常的工作程序以外,还有很多突发事件需要处理,如盘问可疑人员等。职位分析人员可以让保安人员表演盘问的过程,来进行该项工作的观察。

在使用观察法时,职位分析人员应事先准备好观察表格,以便随时进行记录。条件好的企业,可以使用摄像机等设备,将员工的工作内容记录下来,以便进行分析。另外要注意的是,有些观察的工作行为要有代表性,并且尽量不要引起被观察者的注意,更不能干扰被观察者的工作。

2. 观察法的优缺点

(1)优点

根据工作者自己陈述的内容,直接至工作现场深入了解状况。

(2)缺点

干扰工作正常行为或工作者心智活动;无法感受或观察到特殊事故;如果工作本质上偏重心理活动,则成效有限。

4.3.2　问卷调查法

职位分析人员首先要拟订一套切实可行、内容丰富的问卷,然后由员工进行填写。问卷法适用于脑力工作者、管理工作者或工作不确定因素很大的员工,比如软件设计人员、行政经理等。问卷法比观察法更便于统计和分析。要注意的是,调查问卷的设计直接关系着问卷调查的成败,所以问卷一定要设计得完整、科学和合理。

1. 问卷调查法类型

国外的组织行为专家和人力资源管理专家研究出了多种科学的、庞大的问卷调查方法。其中比较著名的有:

(1)职位分析调查问卷 PAQ(Position Analysis Questionnaire)

职位分析调查问卷是美国普渡大学(Purdue University)研究员麦考米克等人研究出的一套数量化的工作说明法。PAQ 是通过标准化、结构化的问卷形式来搜集工作信息的,因此它表现了一般的工作行为、工作条件或者职位特征,虽然它的格式已定,但可用分析许多不同类型的职位。PAQ 有 194 个问题,分为六个部分:资料投入、用脑过程、工作产出、人际关系、工作范围和其他工作特征。

PAQ 为搜集职位诸多方面的量化资料提供了一种标准化工具,由于 PAQ 能够提供可靠、有效的职位资料,因此已经成为少数几个拥有广泛信度和效度的工作分析工具之一。这一方法操作性强,花费成本较小,所需时间较少,使用面相当广泛。

(2)阈值特质分析方法 TTA

劳普兹(Lopez)等人在 1981 年设计了"阈值特质分析"TTA 问卷。特质取向的研究角度是试图确定那些能够预测个体工作成绩出色的个性特点。TTA 方法的依据是:具有某种人格特性的个体,如果职位绩效优于不具有该种特质者,并且特质的差异能够通过标准化的心理测验反映出来,那么就可以确定该特质为完成这一工作所需的个体特质之一。

(3)职业分析问卷 OAQ

美国控制数据经营咨询企业在 1985 年设计了职业分析问卷,对职位进行定量的描述。OAQ 是一个包括各种职业的任务、责任、知识技能、能力以及其他个性特点的多项选择问卷。例如,在 OAQ 中,软件职位被规划分为 19 种责任、310 个任务和 105 个个性特点。

然而,我们的企业尤其是中小企业很难利用这些研究成果来进行问卷调查。我们可以根据企业的实际情况,来自制职位分析问卷。表 4-2 是工作分析问卷调查表范本。

表 4-2　工作分析问卷调查表范本

＊＊＊＊公司工作分析问卷

姓名_____
职位名称_____
部门/组/单位_____
直接领导_____

总体说明:

这份问卷是为了提供你目前职位的有关信息而设计的,其目的不是衡量你的业绩和生产率,它只是分析和描述你工作的一个工具。

由于这份问卷涉及的机构和工作范围较广,因此许多问题可能不适用于你现在的岗位。如果你所完成的任务不在问卷涉及的范围内,请将内容填在预留的空白处。你承担任务的多少并不重要,重要的是你应回答问卷提出的所有问题(例如,你可能从事某种财务管理工作,但却在营销部门任职),并且以一种最能体现你岗位特点的方式来回答这些问题。

请按照每部分开头列出的说明,在填写问卷之前阅读全部内容,以保证回答尽可能准确。这份表格的回答将是保密的,非常感谢你对这项研究的参与。

第一,若工作不属于你工作的一部分,请在第一方格里填"×"

第二,若工作属于你工作的一部分,请评出等级

相对时间占用:

1＝很少量　2＝少量　3＝中等　4＝大量　5＝极大量

相对重要性:

A＝不重要　B＝不太重要　C＝重要　D＝很重要　E＝至关重要

第一部分：计划

		不属于你工作 的一部分	相对 时间占用	相对 重要性
1	开发企业计划活动			
2	指导企业计划活动			
3	制定年度单位目标			
4	批准年度单位目标			
5	制定长期战略目标			
6	批准长期战略目标			
7	为单位制定具体的方略和行动计划			
8	批准单位具体的方略和行动计划			
9	审阅、批准和指挥企业计划			
10	准备利润计划和更新计划			
11	批准利润计划和更新计划			
12	准备经营预算			
13	批准经营预算			
14	批准非预算项目和要求			
15	制定提高管理效率的计划			
16	批准提高管理效率的计划			
17	综合组织中的其他单位的计划			
18	与其他单位协调,满足预定时间计划要求			
19	提出新的计划、服务、产品和研究			
20	批准新的计划、服务、产品和研究			
21	确认外部条件对单位的影响			
22	在计划和项目开发中协调各单位的行动			
23	指挥具体项目进展			
24	对单一组织结构提出修正计划			
25	批准对单一组织结构提出修正计划			
26	评价和建议批准附属设施项目			
27	建议有可能的合并、兼并和再定位			
28	批准有可能的合并、兼并和再定位			
29	请列出其他的任务并填写方格			

根据上述计划任务,请依次列出三项最重要的任务

①_____

②_____

③_____

第二部分:原则和程序

		不属于你工作的一部分	相对时间占用	相对重要性
30	制定和建议其他应遵守的原则和程序			
31	批准其他应遵守的原则和程序			
32	检查协议和文件是否与适用的原则和标准相符			
33	指导建立检查和控制程序			
34	评价与所期望目标不一致的经营原则和步骤			
35	制定或保持服务标准			
36	制定质量控制计划和步骤			
37	批准制定质量控制计划和步骤			
38	制定定价策略			
39	批准定价策略			
40	开发评价企业战略的方法和程序			
41	建立计划指导准则和程序			
42	指导正式记录的创立和处理			
43	指挥记录和文件保护工作			
44	批准现有人工系统自动化的程序			
45	请列出其他的任务并填写方格			

根据上述计划任务,请依次列出三项最重要的任务

①_____

②_____

③_____

第三部分:职位技能与知识

这部分着重分析:①完成你的工作所必需的;②你自身所具备的技能和知识的种类及程度。

对于列出的每项技能,请你对下面两项内容做出评价:所要求的水平和你具备的水平。根据下列等级,在相应的方格中填上最能反映你的知识和技能水平的数字符号:

0=工作不要求,我也不具备的技能/知识,1=熟悉的技能/知识,2=一般性工作技能/知识,3=高级的技能/知识,4=特别擅长的技能/知识

在第一栏里,确认你能成功完成目前工作所必需的技能/知识水平。

在第二栏方格中,确认无论工作是否需要,你本身已具备的技能/知识水平。

在第三栏中,确认技能/知识的来源,说明你在什么地方获得了完成目前工作所需的各项技能/知识,所确认的来源不得超过两个。在方框中标出"1"代表最初来源,"2"代表第二来源。

		职位要求水平	你所具备的水平	在职培训	学院/大学	正式银行项目	内部培训项目	外部培训项目
A	计划、政策、程序							
1	组织设计							
2	短期计划（制定预算、目标等）							
3	战略计划							
4	定价							
B	企业开发、市场营销							
5	市场研究（市场识别、竞争分析和市场评价）							
6	市场分析（客户需求、趋势、战略等）							
7	营销手段（广告、促销）							
8	产品/服务（银行单一服务、系统等）							
9	营销/销售							
C	顾客关系							
10	顾客行业（目标、经济、趋势等）							
11	顾客意见、解决问题							
12	账目管理							
13	利润分析							

2. 问卷调查法的优缺点

（1）优点

最便宜及迅速；容易进行，且可同时分析大量员工；员工有参与感，有助于双方计划的了解。

（2）缺点

很难设计出一个能够搜集完整资料之问卷表；一般员工不愿意花时间在正确地填写问卷表上。

4.3.3 面谈法

面谈法也称采访法，它是通过职位分析人员与员工面对面的谈话来搜集职位信息资料的方法。在面谈之前，职位分析人员应该准备好面谈问题提纲，一般在面谈时能够按照预定的计划进行。面谈法对职位分析人员的语言表达能力和逻辑思维能力有较高的要求。职位分析人员要能够控制住谈话的局面，既要防止谈话跑题，又要使谈话对象能够无所顾忌地侃侃而谈。职位分析人员要及时准确地做好谈话记录，并且避免使谈话对象对记录产生顾及。面谈法适合于脑力职位者，如开发人员、设计人员和高层管理人员等。

表 4-3　职位分析面谈问题样本

> 1. 请问你的姓名、职位名称、职位编号是什么?
>
> 2. 请问你在哪个部门工作?你的部门经理是谁?你的直接上级是谁?
>
> 3. 请问你主要做哪些工作?可以举一些实例。
>
> 4. 请你尽可能详细地讲讲你昨天一天的工作内容。
>
> 5. 请问你对哪些事情有决策权,哪些事情没有决策权?
>
> 6. 请讲讲你在工作中需要接触哪些人。
>
> 7. 请问你需要哪些设备和工具来开展你的业务?其中哪些是常用的,哪些是偶尔使用?你对目前的设备状况满意吗?
>
> 8. 请问你在人事审批权和财务审批权方面有哪些职责?可以举些实例。
>
> 9. 请问你做好这项职位需要什么样的文化水平?需要哪些知识?需要什么样的心理素质?
>
> 10. 如果对一个大专学历的新员工进行培训,你认为需要培训多长时间才能正式上岗?
>
> 11. 你觉得目前的工作环境如何,是否还需要更好的环境?你希望哪些方面得到改善?
>
> 12. 你觉得该工作的价值和意义有多大?
>
> 13. 你认为怎样做才能更好地完成工作?
>
> 14. 你还有什么要补充的?
>
> 15. 你确保你回答的内容都是真实的吗?

面谈法的优缺点

(1)优点

可获得完全的工作资料以免去员工填写工作说明书之麻烦;可进一步使员工和管理者沟通观念,以获取谅解和信任;可以不拘形式,问题内容较有弹性,又可随时补充和反问,这是填表法所不能办到的;搜集方式简单。

(2)缺点

信息可能受到扭曲——因受访者怀疑分析者的动机、无意误解或分析者访谈技巧不佳等因素而造成信息的扭曲;分析项目繁杂时,费时又费钱;占去员工工作时间,妨碍生产。

4.3.4　工作日志法

工作日志法是由员工本人自行进行的一种职位分析方法。事先应该由职位分析人员设计好详细的工作日志单,让员工按照要求及时地填写职位内容,从而搜集工作信息。须注意的是,工作日志应该随时填写,比如以 10 分钟、15 分钟为一个周期,而不应该在下班前一次性填写,这是为了保证填写内容的真实性和有效性。工作日志法最大的问题可能是工作日志内容的真实性问题。

1. 工作日志法步骤

实施工作日志方法包括七个步骤:

(1)设计工作日志记录表格;

(2)完成对工作日志的记录;

(3)对工作日志的整理、分析;

(4)编制工作日志汇总表;

(5)计算各类活动的工时消耗,并计算占全部工作时间的比重;

（6）拟订改进措施，提高劳动生产率；

（7）写工作日志总结报告。

2. 工作日志法的优缺点

（1）优点

对工作可充分地了解，有助于主管对员工的面谈；采用逐日或在工作活动后及时记录，可以避免遗漏；可以搜集到最详尽的资料。

（2）缺点

员工可能会夸大或隐藏某些活动，同时掩饰或张扬其他行为；费时、费成本，且干扰员工工作。

表 4-4　工作日志填写实例

年　　月　　日

工作开始时间：8：30

工作结束时间：17：30

序号	工作活动名称	工作活动内容	工作活动结果	时间消耗	备注
1	复印	协议文件	5 页	10 分钟	存档
2	起草公文	船运合同	8 页	80 分钟	报批
3	贸易洽谈	服装出口	1 次	40 分钟	承办
4	布置工作	对美进口业务	1 次	30 分钟	指示
5	会议	讨论对日贸易	1 次	50 分钟	参与
...	—	—	—	—	—
16	请示	贷款数额	1 次	50 分钟	报批

4.3.5　关键事件法

关键事件是指在工作过程中，对工作成效起关键、决定作用的工作活动。掌握与控制关键事件，有利于工作的开展和工作绩效的提高。关键事件法是由 J. C. Flannagan 在 1954 年发展起来的，是一种重要的工作分析方法，是指工作分析人员、本岗位人员、与本岗位有关的人员对工作过程中的关键事件进行详细记录，收集相关信息并加以整理、归纳、分析获取工作信息，对岗位的特征和要求进行分析、研究的方法。关键事件法的关键在于确定关键事件。首先，从本岗位人员、熟悉本岗位的人员、管理人员那里收集一系列职位行为的事件；然后，分析"特别好"或"特别坏"的职位绩效。具体分析时既要考虑职位行为的静态特点，又要考虑职位行为的动态特点。

关键事件法的优点是：有利于抓住工作的关键，通过关键事件的解决获得工作的成功；研究与分析的焦点是可观察、可测量的职位行为，有利于信息的收集和问题的解决；有利于调动工作人员的积极性，集中精力解决对工作结果起决定性影响的关键工作。

这种方法的缺点主要是：寻找关键事件比较麻烦，需花费大量的时间和精力；关键事件是显著对工作绩效有效或无效的事件，忽略了绩效的平均水平。利用关键事件法，对中等绩效的员工就难以涉及，因此，这种方法不能完整地、全面地获得工作特性的信息，全面的职位分析工作也就不能完成。

4.3.6　职能工作分析法（function job analysis，FJA）

职能工作分析法最早起源于美国培训与职业服务中心的职业分类系统，是一种以工作为导向的工作分析方法。FJA以工作者应发挥的职能为核心，对工作的每项任务要求进行详细分析，对工作内容的描述十分全面具体，一般要求能覆盖全部工作内容的95%以上。FJA是以员工所需发挥的功能与应尽的职责为核心，列出加以收集与分析的信息类别，分析完整意义上的工作者在完成这一任务的过程中应当承担的职能，以获得工作者通用技能、特定工作技能和适应环境能力等相关技能信息，并使用标准化的陈述和术语来描述工作内容。

FJA法认为，任何工作都涉及与数据、人、物3种要素关系，此外任何工作都要求胜任者具有理解、数学、语言、工作指导等4个方面的能力，一共有7个分析维度。FJA方法将与数据发生工作关系的行为根据复杂度由高到低分为7级，包括综合、协调、分析、编辑、计算、复制、比较等。与人发生工作关系的行为由高到低分为12级。与物发生工作关系的行为由高到低分为11级。理解能力分为6级、数学能力分为5级、工作指导能力与语言能力分为6级。分数越低表明工作越简单。因此，FJA方法使用了7个工作分析要素，要素分级标度最大为12级，由此形成了一个7×12的工作分析矩阵。

FJA是用于分析非管理性工作最常使用的一种方法，它既适用于对简单工作的分析，也适用于对复杂性工作的分析。这种方法的关键之处在于其系统性，从而为培训项目的设计提供充分的资源依据。

4.3.7　其他方法

除上述六种主要的工作分析方法之外，还有参与法、典型事件法、材料分析法和专家讨论法等工作分析的有效工具。

1. 参与法

也称职位实践法。顾名思义，就是职位分析人员直接参与到员工的工作中去，扮演员工的工作角色，体会其中的工作信息。参与法适用于专业性不是很强的职位。参与法与观察法、问卷法相比较，获得的信息更加准确。要注意的是，职位分析人员需要真正地参与到工作中去，去体会工作，而不是仅仅模仿一些工作行为。其优点在于：可于短时间内由生理、环境、社会层面充分了解工作。如果工作能够在短期内学会，则不失为好方法。而缺点是：不适合需长期训练者及高危险工作。

2. 典型事件法

如果员工太多，或者职位工作内容过于繁杂，应该挑选具有代表性的员工和典型的时间进行观察，从而提高职位分析的效率。

3. 材料分析法

如果职位分析人员手头有大量的职位分析资料，比如类似的企业已经做过相应的职位分析，比较适合采用本办法。这种办法最适合于新创办的企业。

4. 专家讨论法

专家讨论法是指请一些相关领域的专家或者经验丰富的员工进行讨论，来进行职位分析的一种方法。这种方法适合于发展变化较快或职位职责还未定型的企业。由于企业没有现成的观察样本,所以只能借助专家的经验来规划未来希望看到的职位状态。

上述职位分析方法既可单独使用,也可结合使用。由于每种方法都有自身的优点和缺点,所以每个企业应该根据本企业的具体情况进行选择。最终的目的是一致的:为了得到尽可能详尽、真实的职位信息。

【相关链接 4-3】

O* NET 工作分析方法

O* NET(Occupational Information Network)是一项由美国劳工部发起开发的工作分析系统,目前已经成为美国广泛应用的工作分析工具。O* NET 工作分析系统在吸收了多种工作分析问卷(例如 PAQ、MPDQ)优点的同时,还将组织情境对工作分析的影响纳入考虑范畴,能够将工作信息和工作者特征统合在一起,消除了由社会因素和认知两方面造成的工作分析的不准确性,提高了工作分析的信度和效度。O* NET 工作分析系统设计遵循三项原则:多重描述、共同语言、职业描述的层级分类。可以说,在经济和市场急剧变化的现代社会,O* NET 是工作分析研究方法领域中的一大进步。

(资料来源:根据刘玲、燕良轼:"工作分析发展动态研究",《社会心理科学》2010 年第 3 期,第 272—278 页改写)

4.4 职位说明书的编写

职位说明书也称工作说明书,是用文件形式来表达的工作分析的结果,全面、详细地说明一种工作的内容和职责。它的基本内容包括工作描述和职位规范两部分。

4.4.1 工作描述

工作描述(Job description)是对工作内容本身进行的书面说明,主要解决的是职位操作者做什么、怎么做和为什么做等问题。工作描述有利于人力资源的招聘、考核、培训等职能工作。工作描述具体包括以下 4 个要素。

1. 基本资料

包括:职位名称、直接上级职位、所属部门、所辖人员、定员人数、工作性质。

2. 工作内容

(1)工作概要。用简练的语言说明工作的性质、中心任务和责任。

(2)工作活动内容。包括各工作活动基本内容;各活动内容占工作时间的百分比;权限;执行依据等。

(3)工作职责。逐项列出任职者的工作职责。

(4)工作结果。说明任职者执行工作应产生的结果,以定量化为好。

(5)工作关系。工作关系描述包括工作受谁领导、工作的下属、职位的晋升与转换关系、常与哪些职位发生联系。

(6)工作人员运用的设备和信息说明。主要指所使用的设备名称和信息资料的形式。

3.工作环境

(1)工作场所。指在室内、室外还是其他特殊场所。

(2)工作环境的危险性说明。指危险存在的概率大小、对人员可能造成伤害的程度、具体部位、已发生的记录、危险性造成原因等。

(3)职业病。即从事本工作可能患上的职业病的性质说明及轻重程度表述。

(4)工作环境的舒适程度。是否在恶劣的环境下工作,工作环境给人带来的愉悦感如何。

(5)工作场所的物理条件。包括工作环境的温度、湿度、采光、照明、通风等设施条件。

(6)社会环境。包括工作团队的情况、同事的特征及相互关系、各部门之间的关系等。

4.聘用条件

主要包括工资报酬、工作时间、该工作在本组织中的地位以及所享受的待遇等。

【相关链接 4-4】

注册护士的工作描述

1. 工作名称:注册护士

2. 工作概述:

负责病人从入院到转院或出院的全部护理工作。护理包括病情检测、治疗计划实施、治疗效果的评估。每个注册护士对值班期间的护理负责,并能预见患者未来的需求。在保证专业护理标准的前提下指导助手的工作。

3. 工作关系:

报告给:护士长

监督下列人员的护理:注册见习护士、助理护士、勤杂工

合作者:协助护理部

外部关系:医生、患者和患者家属

4. 资格:

教育:授权护士学校毕业生

工作经历:关键护理要求一年的医疗/外科护理经验(有特殊护理经验者优先),医疗、外科护理经验(应届毕业生可以考虑非重要职位)

证书要求:持有注册护士证书或被州政府许可

5. 身体要求:

(1)能够屈体、运动或帮助运转 50 磅以上的重物。

(2)能够在 8 小时值班中站立或行走 80% 以上的时间。

(3)视力和听力敏锐。

6. 责任:

(1)评估患者的体力、感情和心理状况。标准:在患者入院 1 小时之内或者至少每次值班时出具一份书面诊断。按照医院规定把这份诊断交给该患者的其他医护人员。

（2）撰写患者从入院到出院的护理书面计划。标准：在患者入院 24 小时之内设计出短期和长期的目标。然后每次值班时，根据新的诊断，检查和修改护理计划。

（3）实施护理计划。标准：在日常护理中，按照但不局限于书面的《注册护士技能手册》在指定的护理区域应用这些技能。以一种系统和及时的方式完成患者护理活动，并恰当地重新判定轻重缓急。

（资料来源：George T. Milkovich and John W. Boudreau,《Human Resource Management》，1994,145 页)

4.4.2　职位规范

职位规范，又称工作规范或任职资格，是指任职者要胜任该项工作必须具备的资格与条件。通常包括以下 5 个要素。

1. 知识要求

包括文化程度，能体现专业知识水平的证明。

2. 能力要求

包括有关工作程序、操作技能和各种工作能力的要求。

3. 心理要求

包括个性以及工作态度、工作情感、意志力等心理素质。

4. 经验要求

指具有的工作经验和生活经验。

5. 体能要求

指健康状况要求。

【相关链接 4-5】

销售经理任职资格

职位名称：销售部经理

年龄：26—40 岁

性别：男女不限

学历：大学本科以上

工作经验：从事销售工作 4 年以上

生理要求：无严重疾病，无传染病；能胜任办公室工作，举重 5 公斤，有时需要走动和站立；平时以说、听、写、看为主

心理要求标准：A——员工中最优秀的在 10% 之内，即 91—100 分　B——70—90 分　C——30—69 分　D——10—29 分　E——10 分以下

心理要求：

一般智力：A

观察能力：B

记忆能力：B

理解能力：A

学习能力：A

解决问题能力：A

创造力：A

知识域：A

数字计算能力：A

语言表达能力：A

性格：外向

气质：多血质或胆汁质

兴趣爱好：喜欢与人交往，爱好广泛

态度：积极、乐观

事业心：十分强烈

合作性：优秀

领导能力：卓越

（资料来源：改编自营销中心岗位任职资格标准 http://www.cn21.com.cn 2006-05-10）

【实例 4-4】

美国州政府公务员的任职资格条件

山东省临沂市市长李群，2000 年赴美国康狄格州纽海文大学攻读 MPA。期间，曾担任过一段时间的纽海文市市长助理。在他市长助理任期结束时，纽海文市市长说："按照中国的礼仪，我要请你吃顿饭。可按规定，在外公款请客超过 9 美元视为行贿。所以，还是到我家里吃饭吧。"

席间，谈到官员的专业素质，市长介绍了纽海文市政府官员的选用情况："我们对政府组织人员有严格的任职资格规定，特别是业务技能方面。"市卫生局由 7 人组成，其中至少两位成员必须是医学博士，而且要有 5 年从事公关卫生或临床医疗的经历。市卫生局长必须是注册医生或拥有公共卫生硕士学位，并有 60 小时公共卫生管理的训练记录。至于警察局局长的人选，必须具备专业教育素质，拥有大学学士以上学位，并管理过 200 名警员以上，有在为 10 万居民服务的警务部门工作 5 年以上的经历。

（资料来源：刘昕：《现代人力资源管理教程》，中国人事出版社 2009 年版，第 141 页）

思考：1. 中国和美国在公务员的职位分析方面存在怎样的不同？美国的做法对于我们有什么启示？2. 在缺乏对职位的明确职责描述和任职资格条件界定的情况下，在公务员管理方面可能会遇到哪些问题或产生哪些弊端？

【相关链接 4-6】

办公室主任职位说明书

岗位名称：办公室主任

直接上级：总经理

直接下级：文秘部、物资采购部

本职工作:负责主持办公室所有的管理工作

工作责任:

1. 在总经理的领导下,负责主持本室的全面工作,组织并督促全室人员全面完成本室职责范围内的各项工作任务;

2. 贯彻落实本室岗位责任制和工作标准,密切各部门工作关系,加强协作,配合做好衔接协调工作;

3. 组织汇总公司年度综合性资料,草拟公司年度总结、工作计划和其他综合性文稿,及时编写总经理的发言稿和其他以公司名义发言的文稿审核工作,严格按行文程序办理,保证文稿质量;

4. 组织收集和了解各部门的工作动态,协助总经理及公司领导协调各部门之间有关的业务工作,掌握公司主要活动情况,为公司领导决策提供意见和建议,负责编写公司年度大事记;

5. 负责召集公司办公会议,检查督促办公会议和公司领导布置的主要工作任务的贯彻落实情况;

6. 负责监督公司印章的使用;

7. 参与公司发展规划、年度经营计划的编制和公司重大决策事项的讨论;

8. 负责组织公司通用管理标准及规章制度的拟定、修改和编写工作,协助参与专用管理标准及管理制度的拟定讲座和修改工作;

9. 负责组织公司投资项目的洽谈、调研、立项、报批、工程投标、开工、竣工、预决算等有关基建项目管理工作,及时组织编制项目计划和项目进度统计报表,认真做好项目的监督管理工作;

10. 负责组织物资的供应计划,组织物品的供应、采购工作,做好物品进、出、存统计核算工作;

11. 负责组织全公司员工大会工作,开展年度总结评比和表彰工作;

12. 负责做好公司来宾的接待安排,统一负责对上级主管部门的联系、有关的法律咨询等工作;

13. 有权向直属领导提议下属人选,并对其工作进行考核评价;

14. 完成公司领导交办的其他工作任务。

管理责任:

1. 参加公司年度总结会、计划平衡协调会及其他重大会议;

2. 参加季、月度总经理办公会、经济活动分析会、考核评比等会议;

3. 参加临时紧急会议与总经理参加的有关专题会议;

4. 参加本部门召开的有关工作会议;

5. 对分管的工作全面负责。

岗位要求:

1. 具有大专以上文化程度和较强的文字组织能力;

2. 热爱本公司,有较强的工作能力和综合管理协调能力;

3. 努力学习,积极进取,有较强的工作责任感和事业心。

(资料来源:《办公室主任职位说明书》,www.hc360.com,2005-01-07)

☞【本章小结】

　　职位分析又称工作分析（Job analysis），是指全面了解、获取与工作有关的详细信息的过程。它是人力资源开发和管理的基础与核心，是企业人力资源规划、招聘、培训、薪酬制定、绩效评估、考核激励等各项人力资源管理工作的依据。

　　职位分析流程可分为准备阶段、调查阶段、分析阶段和完成阶段等四个环节。准备阶段的主要任务是明确工作分析的目的、界定工作分析的范围、成立工作分析小组，为后续工作做好准备。调查阶段的主要任务是通过对工作过程、工作环境、工作内容、工作人员等方面的全面调查，搜集工作分析的背景材料。分析阶段的主要任务是在全面调查、收集信息的基础上，运用各种工作分析的方法，对研究对象进行深入全面的分析。结果阶段是工作分析的最后阶段，主要任务是编制工作描述与职位规范，最后根据企业实际编制出工作说明书。

　　职位分析的主要方法有：观察法、问卷法、面谈法、工作日志法、关键事件法、职位实践法、典型事件法、材料分析法、专家讨论法等。

　　职位说明书也称工作说明书，是用文件形式来表达的工作分析的结果，全面、详细地说明一种工作的内容和职责。它的基本内容包括工作描述和职位规范两部分。工作描述具体包括基本资料、工作内容、工作环境、聘用条件等四要素。职位规范，又称工作规范或任职资格，包括知识、能力、心理、经验、体能等五方面要求。

☞【案例分析】

房地产公司职位分析失败的启示

　　A 公司是我国中部省份的一家房地产开发公司。近年来，随着当地经济的迅速增长，房产需求强劲，公司有了飞速的发展，规模持续扩大，逐步发展为一家中型房地产开发公司。随着公司的发展和壮大，员工人数大量增加，众多的组织和人力资源管理问题逐步凸显出来。部门之间、职位之间的职责与权限缺乏明确的界定，扯皮推诿的现象不断发生；有的部门抱怨事情太多，人手不够，任务不能按时、按质、按量完成；有的部门又觉得人员冗杂，人浮于事，效率低下。

　　面对这样严峻的形势，人力资源部开始着手进行人力资源管理的变革。变革首先从进行职位分析、确定职位价值开始。职位分析、职位评价究竟如何开展，如何抓住职位分析、职位评价过程中的关键点，为公司本次组织变革提供有效的信息支持和基础保证，是摆在 A 公司面前的重要问题。

　　首先，他们开始寻找进行职位分析的工具与技术。在阅读了国内目前流行的基本职位分析书籍之后，他们从其中选取了一份职位分析问卷，作为收集职位信息的工具。然后，人力资源部将问卷发放到了各个部门经理手中，同时他们还在公司的内部网上发了一份关于开展问卷调查的通知，要求各部门配合人力资源部的问卷调查。

　　据反映，问卷在下发到各部门之后，却一直搁置在各部门经理手中，而没有发下去。很多部门是直到人力资源部开始催收时才把问卷发放到每个人手中。同时,由于大家都很忙,很多人在拿到问卷之后,都没有时间仔细思考,草草填写完事。还有很多人在外地出差,或者任务缠身,自己无法填写,而由同事代笔。此外,据一些较为重视这次调查的员工反映,大家都不了解这次问卷调查的意图,也不理解问卷中那些陌生的管理术语,何谓职责,何谓工作目的,许多人对此并不理解。很多人想就疑难问题向人力资源部进行询问,可是也不知道具体该找谁。因此,回答问卷只能凭借自己个人的理解来进行填写,无法把握填写的规范和标准。

一个星期之后,人力资源部收回了问卷。但他们发现,问卷填写的效果不太理想,有一部分问卷填写不全,一部分问卷答非所问,还有一部分问卷根本没有收上来。辛苦调查的结果却没有发挥它应有的价值。

与此同时,人力资源部也着手选取一些职位进行访谈。但在试着谈了几个职位之后,发现访谈的效果并不好。因为,在人力资源部,能够对部门经理访谈的人只有人力资源部经理一人,主管和一般员工都无法与其他部门经理进行沟通。同时,由于经理们都很忙,能够把双方的时间凑一块,实在不容易。因此,两个星期过去之后,只访谈了两位部门经理。

人力资源部的几位主管负责对经理级以下的人员进行访谈,但在访谈中,发生的情况却出乎意料。大部分时间都是被访谈的人在发牢骚,指责公司的管理问题,抱怨自己的待遇不公等。而在谈到与职位分析相关的内容时,被访谈人往往又言辞闪烁,顾左右而言他,似乎对人力资源部这次访谈不太信任。访谈结束之后,访谈人都反映对该职位的认识还是停留在模糊的阶段。这样持续了两个星期,访谈了大概1/3的职位。经理认为时间不能拖下去了,因此决定开始进入项目的下一个阶段——撰写职位说明书。

可这时,各职位的信息收集却还不完全。怎么办呢?人力资源部在无奈之中,不得不另觅他途。于是,他们通过各种途径从其他公司中收集了许多职位说明书,试图以此作为参照,结合问卷和访谈收集到的一些信息来撰写职位说明书。

在撰写阶段,人力资源部还成立了几个小组,每个小组专门负责起草某一部门的职位说明,并且要求各组在两个星期内完成任务。在起草职位说明书的过程中,人力资源部的员工颇感为难,一方面不了解别的部门的工作,问卷和访谈提供的信息又不准确;另一方面,大家缺乏写职位说明书的经验,因此,写起来都感觉很费劲。规定的时间快到了,很多人为了交稿,不得不急急忙忙东拼西凑了一些材料,再结合自己的判断,最后成稿。

最后,职位说明书终于出台了。然后,人力资源部将成稿的职位说明书下发到了各部门,同时,还下发了一份文件,要求各部门按照新的职位说明书来界定工作范围,并按照其中规定的任职条件来进行人员的招聘、选拔和任用。但这引起了其他部门的强烈反对,很多一线部门的管理人员甚至公开指责人力资源部,说人力资源部的职位说明书是一堆垃圾文件,完全不符合实际情况。

于是,人力资源部专门与相关部门召开了一次会议来推动职位说明书的应用。人力资源部经理本来想通过这次会议来说服各部门支持这次项目。但结果却恰恰相反,在会上,人力资源部遭到了各部门的一致批评。同时,人力资源部由于对其他部门不了解,对于其他部门所提的很多问题,也无法进行解释和反驳。

因此,会议的最终结论是,让人力资源部重新编写职位说明书。后来,经过多次重写与修改,职位说明书始终无法令人满意。最后,职位分析项目不了了之。

人力资源部的员工在经历了这次失败的项目后,对职位分析彻底丧失了信心。他们开始认为,职位分析只不过是"雾里看花,水中望月"的东西,说起来挺好,实际上却没有什么大用处,而且认为职位分析只能针对西方国家那些管理先进的大公司,拿到中国的企业来,根本就行不通。原来雄心勃勃的人力资源部经理也变得灰心丧气,但他一直对这次失败耿耿于怀,对项目失败的原因也是百思不得其解。

（资料来源:彭剑峰:《人力资源概论》,http://www.xici.net/biz/hr/b213454/board.asp,2006-05-16）

问题

1. 试分析该公司为什么决定从职位分析入手来实施变革? 这样的决定正确吗? 为什么?

2. 分析在职位分析项目的整个组织与实施过程中,该公司存在着哪些问题。

3. 该公司所采用的职位分析工具和方法主要存在着哪些问题?

【思考练习】

1. 工作分析应从哪几个方面着手进行?

2. 职位分析的含义是什么? 对人力资源管理有什么意义?

3. 请简述职位分析流程的四个阶段。

4. 请比较多种职位分析方法各自的优缺点。

5. 根据你从本章所学的知识,为企业的某一岗位设计一份职位说明书。

第5章

员工招聘

> > > >   >

引　言

西门子(中国)的招聘方略

西门子(中国)有限公司是西门子股份公司在华设立的独资企业。西门子股份公司是一家在电子电气领域拥有150多年发展历史的跨国公司,总部设在德国柏林和慕尼黑。其主要业务领域包括:信息与通信,自动化与控制,电力,交通,医疗,照明和家用电器等。西门子在全球190多个国家建有分支机构,员工总数达到44.7万。自1992年在北京成立中国有限公司以来,西门子在全球的各项业务领域都与中国开展了广泛深入的合作。截至2002年9月底,西门子在全国各地设有40多家公司和26个地区办事处,为21000多人提供了就业机会。

招聘流程——西门子的招聘流程与其他大公司大致一样:发布招聘信息→筛选简历→面试→进入试用期。西门子早期多在覆盖面较广的报纸上发布招聘信息,现在则通过ATS软件系统进行招聘。西门子公司的人力资源部可以通过这一系统在网上发布招聘信息,所有的求职者都可以在线申请职位。该系统有一个跟踪软件,对于什么时候进来简历、什么时间筛选、筛选结论是什么等情况都会进行跟踪记录。

人力资源部可以根据不同职位采取不同的招聘流程。如招聘研发工程师这种技术性较强的职位时,一般先由业务部门进行面试,因为他们更了解技术要求和业务状况。个别时候会有笔试。如果招聘的是适用面较广的职位,如秘书,申请的人很多,一个职位有成百上千的应聘者,就会先由人力资源部筛选简历,然后通过电话面试了解他们的英文能力、交际能力等,选择比较适合的人参加面试。筛选简历的标准主要根据职位要求来决定,如学习背景、学历、专业、工作经验等,筛选简历时主要看应聘者的情况是否符合这些要求。

由于面试很难了解一位新员工真正的实力,因此,西门子一般和员工签订3年的劳动合同,6个月的试用期,在试用期内对新员工进行进一步的考察。直到试用期结束,招聘工作才算是完成。

招聘计划——西门子公司每年都有一个预算，每年的五六月份，各个业务部门根据上一年的业务状况和第二年的业务发展的需要开始考虑预算。考虑的内容包括需要拓展哪些方面的业务、组织结构有什么样的调整、某一业务需要多少人等。然后各部门把下一年需哪些方面的人、多少人统计到人力资源部。接着根据实际业务的发展，业务量的增长，工作的分配情况，分时段地把需要的人分批招聘进来。如果超出计划外进行招聘，需要上级部门批准。

招聘前，人力资源部会根据每一个职位定出职位的关键能力和相关的要求，以明确招聘时的主要关注点。在能力方面，西门子（全球）公司建立了一个能力模型，定义了17种能力，如主动性、学习能力、战略导向、创造性、沟通技巧、变革导向等等。所有职位的能力定义都以这17种能力定义为基础。

面试——西门子公司对应聘者的考察基本上以面试为主。通常面试需要进行2—3次，甚至更多。在面试中，人力资源部重点考察能力部分，业务部门考察经验和知识部分。西门子强调多侧面、多角度地了解应聘者，面试人员在面试之后会进行交流，谈谈对这个人的感觉，什么地方比较不错，什么地方有待提高。

一般来说，面试形式以面谈为主，在应聘者比较多的时候，可能会采用多样化的形式面试。例如有一次给一个业务部门招聘销售人员，一共24个应聘者，人力资源部门分两组进行了两场招聘活动，一组12人。活动包括向他们介绍西门子公司，做一份问卷调查，英文演讲，小组讨论，角色扮演，最后是和每一个应聘者进行单独交流。

招聘活动的设计主要是依据对销售职位的要求，比如主动性，沟通能力，是否具备成果导向的思维和团队协作的精神等。

英文演讲主要考察应聘者的英文流利程度和表达自己观点的能力，同时，演讲还能体现一个人的综合能力。在演讲中，招聘人员可以观察应聘者是否过于紧张，英文是否流畅，能否更好地表达自己，是否善于借助表情、眼神、身体语言，并运用当时会议室里的工具等。

角色扮演主要是看应聘者如何跟客户打交道，与客户沟通，怎么解决客户的问题。通过角色扮演，可以了解应聘者的销售经验是否丰富，更重要的是看应聘者是否有销售的感觉。如是否知道如何跟客户接近，了解客户的需求。经验可以积累，技巧可以学习，但是感觉却很难凭借外部获取。

在以上的每个环节中都有观察者给应聘者打分。之后面试小组进行讨论，最后选择了在所有环节中表现都比较好的，综合素质较高，得到所有观察者一致认可的6位应聘者。

在如何识别应聘者的实际能力方面，西门子公司主要从三个方面入手。一是招聘人员都经过专业训练，包括业务经理，都经过面试培训。比如说，要了解应聘者的学习能力如何，可以具体问他，你是怎么学习的，学过哪些东西……这样，细节的东西就展现出来了。二是对一些理念性的东西，从应聘者过去的经验和行为推测将来在类似的环境下会怎么做。西门子公司在面试时常问应聘者过去实实在在做过的事情，当时的情形，有哪些环节，当时怎么想，怎么做的……三是对一个应聘者有几轮面试，从不同侧面进行考察。比如，一个人在不同面试人员面前都夸大自己,但在不同的人面前说的话会有所变化。等面试人员在一起讨论时,就会发现问题。

(资料来源:CHIMG HRD,中人网,2003-10-14)

以上案例不仅说明招聘工作在组织人力资源管理中的重要性,而且明确了组织如何把好招聘的每一关,如何吸引优秀的人才到组织中工作及怎样对应聘者进行选择。

学习要点 ··

    1. 掌握招聘概念与招聘程序;

    2. 熟悉招聘的方式;

    3. 了解求职信与简历表的筛选及背景调查;

    4. 熟悉面试及录用决策。

5.1 员工招聘的概念与招聘程序

招聘是企业整个人力资源管理活动的基础。有效的招聘工作不仅可以提高员工素质、改善人员结构,也可以为组织注入新的管理思想,为组织增添新的活力,甚至可能给企业带来技术、管理上的重大革新。

5.1.1 招聘的概念

员工招聘是指根据企业人力资源规划所确定的人员需求,来寻找、吸引有能力的申请者的活动过程。

员工招聘由两个相对独立的过程组成,一是招募,二是选拔聘用。招募是聘用的基础和前提,聘用是招募的目的。招募主要是以宣传来影响,达到吸引人应聘的目的;而聘用则是使用各种选择方法和技术挑选合格员工的过程。

员工招聘是为了确保企业发展所必需的高质量人力资源而进行的一项重要工作。就招聘者而言,其使命就在于"让最适合的人在最恰当的时间位于最合适的位置,为企业做出最大的贡献"。因此,所谓的有效招聘实际是指企业或招聘者在适宜的时间范围内采取适宜的方式实现人、职位、企业的最佳匹配,以达到因事任人、人尽其才、才尽其用的共同目标。

【实例 5-1】

麦当劳招聘 6.2 万名员工

美国快餐业巨头麦当劳 28 日宣布在 4 月 19 日举行的"全国招聘日"活动中共招募了 6.2 万名员工,超过原计划 5 万人的招聘目标。麦当劳公司表示,该公司及其加盟店共招募 6.2 万名全职及兼职员工,其中 1000 余人将就职于管理岗位,该公司收到的求职申请超过一百万份。

美国劳工部 28 日发布的数据显示,截至 4 月 23 日前的一周,美国首次申请失业救济人数意外反弹,较前一周增加 2.5 万人,创 3 个月以来的新高,意味着美国就业市场复苏非常缓慢且不平稳。

(资料来源:新华网,http://www.xinhuanet.com/2011-04-29)

思考:为什么麦当劳会举办历史上首次"全国招聘会"?结合经济和社会形势分析麦当劳招聘这么多员工的原因。

5.1.2 招聘的原则

1. 公开原则

是指把招聘单位、职位名称、数量、入职资格、测评的方法、内容和时间等信息向可能应聘的人群或社会公告告知,公开进行。

公开原则不仅便于监督,有利于防止不正之风,而且有利于给所有应聘者提供公平竞争的机会,达到广纳贤才之目的。

1986 年 7 月 12 日,国务院发布了《国营企业招用工人暂行规定》,废止了"内招"和"子女顶替"的办法,并强调指出:"企业招用工人,必须在国家劳动工资计划指标之内,贯彻先培训后就业的原则,面向社会、公开招收、全面考核、择优录用。"

2. 竞争原则

是指通过履(简)历分析、结构化面试、心理和行为测验、业绩考核、资信调查等一系列方法手段来确定申请者的优劣和决定人员的取舍,而不是靠招聘主管的直觉、印象、私人关系来选人。

3. 公平原则

是指一视同仁,不人为地制造各种不平等的限制或条件和各种不平等的优惠政策,竭力为所有应聘者提供平等的竞争机会,从而为企业选用到合适的人才。

4. 全面原则

是指尽可能地采取系统、合理、科学的评价方法,通过对申请者上级、下级、平级同事以及其直接或间接服务的客户进行德、能、勤、绩等方面实事求是的调查,客观地衡量申请者的竞争优势与劣势以及其与职位、企业间的适宜性。

5. 能级原则

是指在企业人力资源开发与管理中,应将人的能级与管理所要求的能级对应起来,实现"人岗匹配"。

要实现能级原则应从以下几个方面着手:(1)管理能级必须分序列、按层次设置,不同的级次有不同的规范与标准;(2)不同能级应表现出不同的权力、责任与利益;(3)人的能级不是固定不变的,能级本身具有动态性、可变性和开放性;(4)各类能级必须动态地对应,保证人员在各个能级中能够自由地流动。

能级原则揭示了人力资源开发的有效性、管理的科学性与人力资源组织结构的稳定性之间的关系,而管理级次分层合理,且能与人的能级行动动态对应,是实现组织结构稳定的重要保障。

6. 择优原则

是指好中取好、差中取优,这是招考录用的核心。

目前,人们越来越清醒地意识到:企业最根本、也最具活力的竞争源泉就是人。员工如果缺乏内在竞争力,企业的生命力也不可能长远。因此,在员工选择录用过程中,应该深入了解、全面考核、认真比较、谨慎筛选,确保真正实践"择优"原则。

7. 效率原则

是指竭力用尽可能少的费用,在尽可能短的时间内(或以尽可能低的成本),录取到高素质、适应企业需要的人员。

5.1.3 员工招聘的程序

招聘的流程是指企业在为工作而选拔员工时制定的关于工作进程的一套完整指示,它具体说明了选择什么、何时选择、由谁来选择、用什么进行选择以及如何选择等问题。

员工招聘的程序一般包括以下环节:

(1)根据企业人力资源规划,开展人员的需求预测和供给预测,确定人员的净需求量,并制定人员选拔、录用政策,在企业的中期经营规划和年度经营计划指导下制定出不同时期不同人员的补充计划、调配计划和晋升计划。

(2)依据职务说明书,确认职缺的任职资格及招聘选拔的内容和标准,据此确定选择技术。

(3)拟订具体招聘计划,上报企业领导批准。

(4)人力资源管理部门开展招聘的宣传广告及其他准备工作。

(5)审查求职申请表,进行初次筛选。

(6)面试或笔试。

(7)测验。

(8)录用人员体检及背景调查。

(9)试用。

(10)录用决定,签订劳动合同。

【相关链接 5-1】

微软的招聘流程和特点

在微软公司,对大学应届毕业生和业界已在职人员的招聘流程是不同的,技术人员和其他专业人士的招聘流程也不尽相同。流程如下:

（1）简历收集与初次筛选

微软的网站一直都会有工作招聘的广告并接受简历。但是对于应届毕业生来说，在校园招聘中投递简历会更有效。对计算机相关专业排名比较好的学校，微软的人力资源部门会有专人负责追踪。对于微软不去开招聘会的学校，求职者也可以参加附近城市的招聘活动或直接向网上发送简历。微软拿到简历后，人力资源部门会对简历进行初次筛选，通过筛选的学生将进入第一轮面试：校园面试或者电话面试。

（2）第一轮面试

对于那些计算机名校的学生来说，微软的第一轮面试往往是校园面试。这种面试通常采用一对一的形式，每个学生要分别和3～5名面试官进行1小时左右的面试。每个面试官在面试后都要做记录和写出评语，每天面试结束后面试官们会综合意见，决定哪个求职者可以进入下一轮面试。对于那些微软公司不去举行招聘活动的学校的求职者，第一轮的面试一般是通过电话进行的。

（3）微软公司面试

通过第一轮面试的求职者将获得到微软公司进行面试的机会。通常求职者需要到微软公司进行为时一天的面试。非学生的求职者也要先通过电话或远程通信等方式的第一轮筛选后，才会有机会被请到公司面试。面试当天中一名求职者通常要和3～7名微软员工分别进行一小时左右的面试，其中包括一个小时的午饭时间。一般在面试结束的2周以内，微软的人力资源部门会通知所有求职者面试的最终结果。如果你被录用，那么就可以和人力资源部门讨论工资待遇等问题了。

微软的面试，在全世界的跨国企业间都以开放性著称，其面试题目被很多公司和求职者津津乐道，因为微软的很多面试题目几乎都是智力题，而且大部分没有标准答案。微软更注重的是求职者的思维的创造性和多元性，他们会根据求职者回答问题时的具体表现来判定求职者是否适合应聘的岗位。

（资料来源：郭晓博等编著：《著名企业求职面试指南》，电子工业出版社2011年版）

5.2　员工招聘的方式

5.2.1　内部选拔

1. 内部选拔的途径

内部选拔的途径主要有内部提升、调动、工作轮换、返聘和员工推荐五种。

（1）内部提升

指一种用现有员工来填补高于他（她）原级别职位空缺的政策。组织若强调内部提升，其员工就有为提升而拼搏的积极性，故这种政策常能提高员工的士气。组织要实现内部提升，必须有几个前提：

①组织雇用的人员必须有发展的潜力。

②他们应该认同组织的价值观。

③组织已建立完善的培训体系,以提升组织雇员的潜力。

④组织的提升制度必须透明化。

(2)调动

在平级的岗位中调换员工的工作。通过调动向员工提供全面了解组织中不同机构、不同职位的机会,为将来的提升做准备或为不适合职位的员工寻找最恰当的位置。

(3)工作轮换

暂时的工作岗位变动。它以实习或培训的方式使管理职位的受训者广泛和深入地了解组织的工作流程和各部门的工作特点等情况,使他们在工作变换中得到全面锻炼的机会,有利于今后的管理工作和缓解工作压力。

(4)返聘

是指将解雇、提前退休、已退休或下岗待业的员工再召回组织来工作。这些人大多熟悉组织工作,无需过多地培训,且往往十分珍惜再次就业的机会。

(5)员工推荐

当一个工作岗位出现空缺时,可由员工推荐,经过竞争和测试合格后录用。

2. 内部选拔的方法

在进行内部选拔时,一般是先列出各职位所需要的管理和技能明细表,接着在组织内部公告所出现的职位空缺,然后由愿意填补空缺职位的内部人员通过公开竞标的方式来进行的。

(1)管理和技能明细表

各职位所需的管理和技能明细表可以帮助一个组织确定组织目前现有的工作人员是否拥有填补职位空缺的任职资格。这种明细表在维系组织的持续运转中被证明是极其重要的,而且它在从组织内部确定哪些人员是有才能的和支持从内部晋升的观点中发挥着更大的价值。

(2)工作报告

工作报告是一种向员工通报现有工作空缺的方法。通常要求列出工作职称和部门工作职责、资格要求、工作日程、薪资等级、申请程序等内容,使有意向的员工对自己成功的可能性有一个初步的估计,然后知道如何去做。表5-1是一份工作公告表示例。

表 5-1 工作公告表示例

工作公告	编号 0105080011

公告日期：2001 年 5 月 8 日

结束日期：2001 年 5 月 22 日

在人力资源部门中有一全日制职位人力资源助理可供申请。此职位对/不对外部申请者开放。

薪资支付水平：　　最低　　　　中间　　　　最高

　　　　　　　　3000 元　　　4000 元　　　5000 元

职责：

1. 一旦接到人力资源申请表,向每一位合适的基层主管起草一份通知书,说明现在的工作空缺。通知书应包括工作的名称、工作编号、报酬级别、工作范围、履行的基本职责和需要的资格(从工作说明/规范中获取资料)。
2. 确保这份通知书张贴在公司的所有布告栏里。
3. 确保每一位胜任该职位的员工能清楚地了解空缺的工作。
4. 与人力资源部门联系。

所需要的技术和能力：

1. 在现在/过去的工作岗位上表现出良好的工作绩效,其中包括：
   (1)有能力完整、准确地完成任务
   (2)能够及时地完成工作并能够坚持到底
   (3)有良好的合作精神
   (4)能进行有效的沟通
   (5)可信,良好的出勤率
   (6)解决问题的态度与方法
   (7)积极的工作态度；热心,自信,开放,乐于助人和献身精神
2. 可优先考虑的技术和能力：
   (1)具有人力资源管理教育背景或曾接受人力资源管理课程培训
   (2)具有招聘经验或协助招聘的经验

员工申请程序如下：

   (1)电话申请可打号码××××××××,每天下午 5:30 之前,节假日除外。
   (2)确保在同一天将填好的内部工作申请表连同最新履历表寄至人力资源部。
   (3)对于所有申请人将首先根据上面的资格要求进行初步审查。
   (4)选拔工作由人力资源部经理张××负责。
   (5)机会对每个人来说都是均等的。

(资料来源:杨杰:《有效的招聘》,中国纺织出版社 2003 年版,第 122 页)

5.2.2　外部招聘

1. 招聘广告与发布渠道

(1)招聘广告定义与特征

①招聘广告定义。招聘广告是指能把企业的招聘信息传达给那些具备最有效地完成工作所必需的才能的人,并促使其采取最强烈的响应行动的广告。

尽管关于如何写作一则有效的招聘广告的研究很少,但专家们就企业如何写作一则优秀的广告提出了许多中肯的建议。表 5-2 就是有关专家建议的一个汇总。

表 5-2　专家关于招聘广告写作的建议

提出者	建议
Bucalo（1983）	广告应创新；应使用申请者熟悉的语言；应强调职位的"卖点"
Fyock（1988）	企业招聘广告应置于报纸中能吸引更多申请者的部分；广告设计人员应与企业营销部或广告部通力协作以设计出独特的、与众不同的广告
Ilaw（1985）	片面使用"吸引眼球"的词语的广告会迷惑和误导申请者
N. A. Mason & Belt（1986）	单纯说明工作资格的广告会使那些不合格的申请者知难而退
Rawlinson（1998）	招聘广告应展现企业需要的形象

　　②企业招聘广告的特征。Kaplan、Aamodt 和 Wilk 在 1991 年对一些专家建议进行了更进一步的研究。他们首先找出企业招聘广告的特点，然后将之与在十份报纸上刊登的实际招聘广告进行对比，看看在获得响应的求职者数量和质量上是否存在差异。在仔细研究了成千上万份广告后，Kaplan 等人发现了表 5-3 所示的 5 大类 20 项广告特征。

表 5-3　招聘广告的重要特征

特　征	具有该特征的广告百分比（％）
广告设计	
包含企业标志	21
运用创造性的表现手法	26
标新立异的词汇	8
广告周边留空	5
加重或增大企业职位名称	74
法律信息	
企业刊登广告的批准声明	38
企业平等就业机会声明（EEO）	41
工作有关信息	
企业一揽子福利	38
企业职务名称	96
企业薪酬描述	36
同一广告中多份工作	75
企业信息	
企业地址	83
企业描述	63
企业名字	59
企业电话号码	40
申请者资格	
教育要求	19

特 征	具有该特征的广告百分比（%）
需要的个性特征	30
工作经验要求	64
申请者技能要求	50
以前的薪资历史	21

在比较具有这些特征和不具有这些特征的招聘广告所获得的申请者数量和质量后，Kaplan 等人发现：展现企业标志和使用创造性表现手法的广告可以吸引到最多的申请者；包含薪水范围和企业电话号码的广告可以吸引到最高素质的申请者。

③招聘广告的内容

● 组织简介

主要是阐述组织的性质、业务范围与使命。贵在言简意赅，特色鲜明。

● 批准信息

主要是注明经何单位何部门批准，如"经上海市人事局人才市场管理办公室批准"。其目的是向求职者传达招聘的合法性信息。

● 职位信息

主要包括职位名称、所属部门、招募数量等。必须真实准确。

● 职责

主要是说明职位所负责的工作范围。宜采用具体行为描述的方式来说明，而不是用抽象空洞的形容词来勾勒，如"负责某某部门正常营业运转"。

● 入职要求

主要是说明适宜申请者应具备的基本条件，包括知识、技能、能力和动力等因素。宜明确、具体、可度量和一目了然，最忌抽象、空洞，如"口才好"、"有拼搏精神"、"办事认真"、"责任心强"、"能吃苦耐劳"等。

● 应聘方法

目的是给有意向者提供行动指导，包括准备哪些资料，应征期限多长，如何与组织联系等信息。

(2)招聘广告信息发布渠道

招聘广告的作用一方面是将有关工作的性质、要求，雇员应具备的资格等信息提供给潜在的申请人；另一方面则是向申请人"兜售"企业的优势。因此，信息发布渠道的选择对上述信息的传达就十分关键。

招聘广告的常规信息发布渠道是：①报纸；②杂志；③广播电视；④互联网；⑤印刷品。表 5-4 比较了上述五种信息发布渠道各自的优劣。

表 5-4　五种招聘信息发布渠道的优缺点比较

媒介种类	优势	不足
报纸	1.发行量大 2.广告大小机动灵活 3.信息传达迅速,周期短 4.可限定特定的招募区域 5.分类广告为求、供职者提供方便 6.有专门的人才市场报	1.读者群不固定,针对性差 2.保留时间短,易被人忽略或错过 3.印刷质量与纸质可能会限制广告设计
杂志	1.印刷质量好 2.保存期长,可不断重读 3.广告大小弹性可变 4.接触目标群体的概率比较大,针对性强	1.传播周期较长 2.短时间里难见成效 3.发行的地域可能较为分散 4.广告的预约期长
广播电视	1.招募信息让人难以忽略 2.受众面广,可吸引潜在申请者 3.创造的余地大,可产生较强的视听冲击力,从而有利于增强吸引力 4.利于自我形象宣传	1.昂贵 2.只能传送简短的信息 3.缺乏持久性 4.为无用的传播付费
互联网	1.覆盖面广,选择余地大 2.方便快捷,不受时间、空间限制 3.便于统计浏览人数 4.方式灵活,可单独发布招募信息,也可集中发布 5.广告设计、制作灵活,可充分运用多媒体的传播优势 6.成本较低	1.信息过多容易被忽视 2.须具备上网条件和计算机使用能力
印刷品	制作精美,容易引起求职者的兴趣和诱发行动	1.宣传力度有限 2.如无保存价值,容易被随手抛弃

2.职业介绍机构

职业介绍机构的作用是帮助企业选拔人员,节省企业的时间。如果需要长期借助职业介绍机构时,企业应该把职务说明书和相关要求告知职业介绍机构,并委派专人同几家机构保持稳定的联系。

3.猎头公司

猎头公司是与职业介绍机构类似的就业中介机构,但由于它特殊的运作方式和服务对象的特殊性,经常被看作是一种独立的招聘渠道。由于优秀的人才往往已处于就业状态,对于企业急需的高级管理人才、高级技术人才、营销精英等往往通过猎头公司获取其信息并进行接触,最终设法吸引他们离开原单位而为其工作。企业如果借助猎头公司提供的人才信息而得到了所需的高级人才,将支付给猎头公司较高的费用,一般为所推荐人才年薪的 1/4 到 1/3。

4.通过"熟人"介绍

(1)优点

①应聘者已从熟人那里对企业有所了解,既然愿意应聘,说明企业对他有吸引力;同时,企业也可从熟人那里了解有关应聘者的许多情况,从而节省了部分招聘程序和费用。

②有些较难找的专业技术人员,通过别的渠道可能收获不大,通过熟人介绍反倒是常用方法。

③熟人介绍的应聘者一旦被录用,碍于熟人的面子,一般不会表现太差。

(2)缺点

①造成各方心理压力,引荐者怕丢面子,应聘者也怕丢面子。人力资源管理部门怕影响关系,尤其是来自上级引荐或有背景的应聘者若不录用,怕影响自己的前途,从而影响选择的公平性。

②引荐录用的人多了,容易形成帮派、小团体或裙带关系网,造成管理上的困难。

5.2.3 校园招聘

校园招聘(Campus recruitment)指企业直接从本科生(包括专科生)、硕士研究生、博士研究生中招聘企业所需的人才。作为储备和培训人才的重要手段,校园招聘越来越受到企业特别是实施投资型人力资源战略的企业的重视。

1. 校园招聘的方式

(1)企业直接派出招聘人员到校园公开招聘。这种招聘通常在每年的11月至次年的4月进行。派出的招聘人员一般要对校园生活、校园环境及大学生的心理状态有相当的了解,便于直接联系与沟通。

(2)企业有针对性地邀请部分大学生在毕业前(大约前半年的时间)到企业实习以物色人才。学生实习中参加企业的部分工作,企业的部门主管直接进行考察,了解学生的能力、素质、实际操作能力等。由于这种考察实地进行,收集的信息较全面。

(3)由企业和学校联手培训人才。这些联手培训的人才从学校毕业后全部去参与培养的企业工作,这种方式通常用于某些特殊企业的专门人才。如厦门大学和美国太古集团公司联手培养"飞机维修专业"的学生,学生在校期间所学科目主要由厦门大学确定,由厦门大学的老师授课,但学生每年有两个月时间到太古公司实习,毕业后全部学生进入太谷公司工作。

2. 校园招聘的流程

以上三种方式中第一种应用最为广泛,因此我们以第一种为例介绍校园招聘的流程。

(1)准备工作。到校园招聘应做好下列准备工作:

①准备好介绍公司概况的小册子和现场演示所需的资料、电子文件和相关设备(设备也可利用学校的)。

②选择进入招聘的学校和专业。根据企业自身的规模、发展阶段、薪酬水平、需求专业、需求的人才层次、企业社会形象等因素,选择进入什么层次或什么类型的高校。

③组成招聘小组。由于企业选择进入的学校通常不止一所,而是国内若干所大学,因此企业可能会采取两种形式组织招聘小组。一种是只组织一个招聘小组,这个招聘小组在国内若干所不同的大学流动招聘。这种方式的好处是有较统一的标准,同时能对比不同大学的优缺点,为今后的校园招聘累积更丰富的资料和信息。还有一种方式是组织若干个招聘小组,在基本相同的时间里去不同的大学招聘。这种方式的优点是可以通过快速的通讯方式把各个小组招聘的信息组合起来,将各学校的生源进行对比,从而可以做出招聘人数的比例分配;缺点是由于招聘面试的专家系统不同,标准就不能统一,或面试考官不同造成

判断上的误差。招聘中可能会出许多误差,如这个学校的尖子生比不上另一所学校的二流学生。

④招聘小组人员的组成。招聘小组应由三类人组成:人力资源部人员、用人部门主管和了解学校情况的人。如果要招聘硕士研究生和博士研究生,招聘小组中应有高学历的人参加,才能对人才做出较准确的判断。在招聘小组人员的选择方面,要尽量选择高素质的成员,如各部门的精英或善于调动现场气氛的人。另外,招聘人员需要熟悉和胜任校园招聘面试,因为校园招聘有其独特之处,招聘人员必须在短时间内与大量的毕业生进行面谈,而这些学生在资历方面都差不多,要从中鉴别出有利于企业发展的人才是比较困难的。

(2)准备面试题。校园招聘通常只有面试,不做其他的测试。因此在进入校园招聘时,应准备好几组面试题。面试通常要达到的目标也比较简单,只是测试学生的知识面、应变能力、素质和潜力。

(3)与校方联系,确定校园招聘的时间和地点。

(4)在校园内提前进行企业招聘的宣传,尽量吸引优秀的毕业生到招聘现场。

(5)进行现场演示。介绍公司的历史、文化、发展前景、人力资源管理的概况,特别是员工薪资福利概况和培训发展概况。

(6)请应聘者递交简历,或填写求职申请表。

(7)对简历进行初步筛选,并同时组织面试。

(8)向学校相关部门和老师了解应聘学生的在校表现。

(9)初步决策。如果招聘小组中有有权决定录用的主管,也可以与特别优秀的学生签约,以免他们被别的企业挖走。如果招聘小组中没有人有权决定录用,可以与学生签订意向性协议,待进一步考察和报批后再签订正式合同。

【相关链接 5-2】

宝洁公司的校园招聘与选择

一、宝洁的校园招聘程序

1. 前期的广告宣传

派送招聘手册,招聘手册基本覆盖所有的应届毕业生,以达到吸引应届毕业生参加其校园招聘会的目的。

2. 邀请大学生参加其校园招聘介绍会

宝洁的校园招聘介绍会程序一般如下:校领导讲话,播放招聘专题片,宝洁公司招聘负责人详细介绍公司情况,招聘负责人答学生问,发放宝洁招聘介绍公司有关材料。

3. 网上申请

从 2002 年开始,宝洁将原来的填写邮寄申请表改为网上申请。毕业生通过访问宝洁中国的网站,点击"网上申请"来填写自传式申请表及回答相关问题。这实际上是宝洁的一次筛选考试。

因为每年参加宝洁应聘的同学很多,一般一个学校就有 1000 多人申请,宝洁不可能直接去和上千名应聘者面谈,而借助于自传式申请表可以帮助其完成高质高效的招聘工作。自传式申请表用电脑扫描来进行自动筛选，一天可以检查上千份申请表。宝洁公司在中国曾做过这样一个测试，在公司的校园招聘过程中，公司让几十名并未通过履历申请表这一关的学生进入到了下一轮面试，面试经理也被告知"他们都已通过了申请表筛选这关"。结果，这几十名同学无人通过之后的面试，没有一个被公司录用。

4. 笔试

笔试主要包括三部分：解难能力测试、英文测试和专业技能测试。

（1）解难能力测试。这是宝洁对人才素质考察的最基本的一关。在中国，使用的是宝洁全球通用试题的中文版本。试题分为5个部分，共50小题，限时65分钟，全为选择题，每题5个选项。第一部分：读图题（约12题）；第二和第五部分：阅读理解（约15题）；第三部分：计算题（约12题）；第四部分：读表题（约12题）。整套题主要考核申请者以下素质：自信心（对每个做过的题目有绝对的信心，几乎没有时间检查改正）；效率（题多时间少）；思维灵活（题目种类繁多，需立即转换思维）；承压能力（解题强度较大，65分钟内不可有丝毫松懈）；迅速进入状态（考前无读题时间）；成功率（凡事可能只有一次机会）。考试结果采用电脑计分，如果没通过就被淘汰了。

（2）英文测试。这个测试主要用于考核母语不是英语的人的英文能力。考试时间为3小时。45分钟的100道听力题，75分钟的阅读题，以及用1个小时回答3道题，都是要用英文描述以往某个经历或者个人思想的变化。

（3）专业技能测试。专业技能测试并不是申请任何部门的申请者都需经过该项测试，它主要是考核申请公司一些有专业限制的部门的同学。这些部门如研究开发部、信息技术部和财务部等。宝洁公司的研发部门招聘的程序之一是要求应聘者就某些专题进行学术报告，并请公司资深科研人员加以评审，用以考察其专业功底。对于申请公司其他部门的同学，则无须进行该项测试，如市场部、人力资源部等。

5. 面试

宝洁的面试分两轮。第一轮为初试，一位面试经理对一个求职者面试，一般都用中文进行。面试人通常是有一定经验并受过专门面试技能培训的公司部门高级经理。一般这个经理是被面试者所报部门的经理，面试时间大概在30—45分钟。

二、宝洁的面试过程

第一，相互介绍并创造轻松交流气氛，为面试的实质阶段进行铺垫。

第二，交流信息。这是面试中的核心部分。一般面试人会按照既定8个问题提问，要求每一位应试者能够对他们所提出的问题作出一个实例的分析，而实例必须是在过去亲自经历过的。这8个题由宝洁公司的高级人力资源专家设计，无论您如实或编造回答，都能反映您某一方面的能力，说明你是如何设定一个目标然后达到它。

第三，请举例说明能力。宝洁希望得到每个问题回答的细节，高度的细节要求让个别应聘者感到不能适应，没有丰富实践经验的应聘者很难很好地回答这些问题。

第四,讨论的问题逐步减少或合适的时间一到,面试就引向结尾。这时面试官会给应聘者一定时间,由应聘者向主考人员提几个自己关心的问题。

第五,面试评价。面试结束后,面试人立即整理记录,根据求职者回答问题的情况及总体印象作评定。

三、宝洁的面试评价体系

宝洁公司在中国高校招聘采用的面试评价测试方法主要是经历背景面谈法,即根据一些既定考察方面和问题来收集应聘者所提供的事例,从而来考核该应聘者的综合素质和能力。

宝洁的面试由下面几个核心问题组成:

第一,请你举一个具体的例子说明你在一项团队活动中如何采取主动性,并且起到领导者的作用,最终获得你所希望的结果。

第二,请你描述一种情形,在这种情形中你必须去寻找相关的信息,发现关键的问题并且自己决定依照一些步骤来获得期望的结果。

第三,请你举一个例子说明你是怎样通过事实来履行你对他人的承诺的。

第四,请你举一个例子,说明在完成一项重要任务时,你是怎样和他人进行有效合作的。

第五,请你举一个例子,说明你的一个有创意的建议曾经对一项计划的成功起到了重要的作用。

第六,请你举一个具体的例子,说明你是怎样对你所处的环境进行评估,并且能将注意力集中于最重要的事情上以便获得你所期望的结果。

第七,请举一个具体的例子,说明你是怎样学习一门技术并且怎样将它用于实际工作中。根据以上几个问题,面试时每一位面试官当场在各自的"面试评估表"上打分。分数分为三等:1—2(能力不足,不符合职位要求;缺乏技巧、能力及知识),3—5(普通至超乎一般水准;符合职位要求;技巧、能力及知识水平良好),6—8(杰出应聘者,超乎职位要求;技巧、能力及知识水平出众)。具体项目评分包括说服力/毅力评分、组织/计划能力评分、群体合作能力评分等。在"面试评估表"的最后一页有一项"是否推荐栏",有3个结论供面试官选择:拒绝、待选和接纳。在宝洁公司的招聘体制下,聘用一个人,须经所有面试经理一致通过方可。若是几位面试经理一起面试应聘人,在集体讨论之后,最后的评估多采取1票否决制。任何一位面试官选择了"拒绝",该生都将从面试程序中被淘汰。

四、对宝洁公司招聘的评价

1. 宝洁公司招聘的特点

(1)大多数公司只是指派人力资源部的人去招聘,但宝洁是人力资源部配合别的部门招聘。用人部门亲自来选人,而非人力资源部作为代理来选人才。让用人单位参与到挑选应聘者的过程中去,避免了"不要人的选人,而用人的不参与"的怪圈。

(2)科学的评估体系。与一般的国营企业不同,宝洁的招聘评估体系趋向全面深入,更为科学和更有针对性。改变了招人看证书,凭印象来判断的表面考核制度,从深层次、多方位考核应聘人,以事实为依据来考核应聘者的综合素质和能力。

(3)富有温情的"招聘后期沟通",使应聘学生从"良禽择木而栖"的彷徨状态迅速转变为"非他不嫁"的心态,这也是宝洁的过人之处。它扩展了传统意义上的招聘过程,使其不仅限于将合适的人招到公司,而且在招聘过程中迅速地使录取者建立了极强的认同感,使他们更好地融入公司文化。

2. 宝洁公司的招聘中值得商榷的方面

(1)宝洁公司招聘程序多,历时较长,最短也需要1个月。普遍来看,在学生有很多选择机会,又有尽快落实用人单位倾向的情况下,用人单位很容易因为决策缓慢而导致一些优秀的人才转投其他用人单位。

(2)宝洁坚持每年只在中国少数几所最著名的大学招聘毕业生,但最著名的学校并不总是宝洁公司最理想的招聘学校。这些学校的毕业生自视颇高,签约后出国留学毁约事件经常发生;在进入公司后,又不愿承担具体繁琐的日常工作。这有碍于他们对基层工作的掌握和管理能力的进步,而且这些员工的流失率相比之下也颇高。

(资料来源:杨莹、魏国波:《经济管理》,chinahrd. Cn,2003-12-12)

3. 校园招聘的优点

(1)针对性强。可以根据企业的需要,选择学校、企业、特殊的专长等。

(2)选择面大。学校是培养人才的基地,可供选择的人数多,具备各种专长的也大有人在,因此,选择的机会要比校园外多得多。

(3)选择层次是立体的。校园招聘有较低层次的中专、大专,也有中等层次的本科,还有较高层次的硕士和博士,这种选择的立体性只有校园招聘具备。

(4)适宜进行战略性人才选择和储备部分优秀人才。由于校园人才的层次多、人数多,可供选择的机会多,便于企业进行战略性人才选择,各种优秀人才均可根据企业的需要,按图索骥。

(5)校园招聘的人才比较单纯。像一块璞玉,可以雕琢成各种精美的玉器。由于学生社会阅历浅,思想单纯,因此接受能力和可塑性均强于其他来源的人才,如果培养、任用得当,人才对企业的认可度高,忠诚度也较高。

4. 校园招聘的缺点

(1)学生缺乏工作经验。由于没有任何工作经历,企业对应聘者今后可能的表现和绩效缺少充分的把握。

(2)学生频繁跳槽。由于学生常有眼高手低、对工作期望值过高的缺点,因此一年内跳槽的概率高,造成招聘成本高。由于学生缺乏经验,企业投入的培训成本高。很多企业不喜欢招聘刚出校门的学生,主要原因是想节约培训成本,让别的企业培训3—5年,再想办法把较成熟的人员挖到自己企业来。

(3)学生较难融于团队。如果培养、任用不当,学生可能会不认可企业的文化和价值观,影响企业团队建设。

【实例 5-2】

目前企业进行招聘采用多种方法,而各种招聘渠道的选择都有道理。我们看一组数据：

招聘渠道	每次发布(联系)成本(元)	次数	第一年跳槽率
电视广告	20000	6	28%
报纸分类广告	500	12	30%
职业介绍所	6000	5	12%
校园招聘	2500	3	20%
熟人介绍	300	1.2	6%
网上招聘	500	1000	35%

(资料来源：曾晖等《第一次做人力资源经理》,中国经济出版社 2003 年版,第 116 页)

思考：从表中看到,不同的招聘渠道将带来新招员工的流动性不同,请谈谈你的看法？

【相关链接 5-3】

应聘建议

合资基金公司 HR：早实习,早规划,选择适合的岗位,切莫过于学生气或太世故；避免娇骄二气和以自我为中心,注意培养表达沟通能力和条理性。

证券公司 HR：面试时一定要注意形象及基本社交礼仪；要树立自信心,表达要流畅,不要过分渲染实习经历,我公司一般很少将实习看成工作经验；要对应聘公司及岗位有必要了解。

上市银行部门经理：做好从底层干起的准备,做好职业规划,注意自我修养的提升；了解金融市场的用人需求,并适当调低个人期望值。

大型国企战略发展部经理：要客观认识自己,提高专业技能和基本素养,要明确应聘岗位基本条件与专业要求,要让面试官感到你的诚信度(具有做出承诺的能力),对自身发展要有长远规划。

美国某软件巨头公司 HR：要更多了解企业和行业本身,侧重于职业发展而不是过分关注薪资待遇；专业技能与英语一定要过硬；切莫眼高手低,盲目求职。

民营企业 HR 总监：建议看看华为的"写给新员工的信",要踏实认真、不断追求进步；不轻易走捷径,不走旁门左道；多沟通总结学习,虚心向前辈请教,不骄不躁；不触犯职业道德原则性问题。

国际药企 HR 总监：锲而不舍,有积极进取心和责任心,并保持平和心态；大胆好学,耐心实践；认清自己,定位准确。

五星级酒店 HR 经理：忘掉大学生身份,真正从心底认可"从基层做起",将学习方法由多年习惯的听课式转化为观察与自我总结式；要注意面试时的精神状态,切莫给人留下爱钻营的印象；了解职场待人接物基本原则,尽可能迅速地转换学生与职业人的角色。

美国知名公关公司中国部 HR 总监:在面试前要充分了解应聘企业及相关职位,学习必要的面试方法,注意面试时的仪态仪表;学会脚踏实地,不眼高手低,提高英语能力。

房地产外企 HR 总监:对应聘行业要有必要了解,并对自身情况有正确认识,求职态度要明确,不能自卑,更不可过于自信。

某上市金融集团 HR:提前规划,及早行动;有明确求职方向,比如可从行业、公司排名考虑选择应聘企业;要对自身有客观认识和定位,不能定位过高,要甘愿从基层做起。切莫以消极心态求职,对职业或公司选择盲目无标准。

(资料来源:红石:《面试官手记(聪明的求职者必读)》,机械工业出版社 2010 年版)

5.2.4　网络招聘

网络招聘的方式在美国等国家已经深入人心,成为大学毕业生和职员求职的首选方式。在美国,上网找工作已经成为家常便饭,反而很少有人在翻报纸寻觅就业机会。

(1)网络招聘的概念

网络招聘(Online Recruitment),也被称为电子招聘(e-recruitment),是指通过技术手段的运用,帮助用人单位完成招聘的过程。即企业通过公司自己的网站、第三方招聘网站等机构,使用简历数据库或搜索引擎等工具来完成招聘过程。

(2)网络招聘的形式

网络招聘有两种主要方式:

自行在线招聘:企业在网站上建立一个招聘渠道,自己来进行求职者资料的获取和筛选。

招聘网站:注册成为专门招聘网站的会员,在招聘网站上发布招聘信息,收集求职者资料,查询合适人才,委托专业的招聘网站进行招聘,最后进行验证测试。招聘网站是一种新型的网上职业中介机构,通过计算机技术,在求职者和企业之间建立一种方便沟通的桥梁。

(3)网络招聘的优势

①覆盖面广。互联网的覆盖是以往任何媒介都无法比拟的,它的触角可以轻易地延伸到世界的每一个角落,达到了传统招聘方式无法获得的效果。

②方便、快捷、时效性强。网络招聘的双方通过交互式的网上登陆和查询完成信息的交流。这种方式与传统招聘方式不同,它不强求时间和空间上的绝对一致,方便了双方时间的选择。它不仅可以迅速、快捷地传递信息,而且还可以瞬间更新信息。

③成本低。网络招聘在节约费用上有很大的优势。应聘者通过轻点鼠标即可完成个人简历的传递,原本一个月才能完成的信息整理、发布工作,现在可能只要半天就能够完成。这既节约了复印、打印费用,还省却了一番鞍马劳顿。对用人单位来讲,网络招聘的成本更低。

④针对性强。网络招聘是一个跨时空的互动过程,对供求双方而言都是主动行为,无论是用人单位还是个人都能根据自己的条件在网上进行选择。这种积极的互动,减少了招聘和应聘过程中的盲目行为。

⑤具有初步筛选功能。通过上网,招聘者就已经对应聘者的基本素质有了初步的了解,相当于已经对他们进行了一次小型的计算机和英文的测试,对应聘者作了一次初步筛选。

5.3 申请表与履历表的筛选及背景调查

5.3.1 申请表与履历表概述

1. 申请表的定义

申请表亦称为工作申请表或入职申请表,它是企业为收集申请人的与应聘岗位有关的全部信息而专门设计的一种规范化表格,它可使企业比较精确地了解到申请者的历史资料。一张设计合理并填写完整的申请表可使企业了解到四个方面的信息:

(1)可以对一些客观的问题加以判断,如"该申请人是否具备工作/岗位所要求的教育及工作经验要求"。

(2)可对申请人过去的成长情况加以评价。

(3)可从申请人的过去工作经历中了解到他的工作稳定性。

(4)可以初步做出该申请人是否适宜某工作/岗位及工作能否出色的预测。

值得指出的是,随着互联网的迅速兴起和电子计算机的普及,越来越多的企业都制作了电子版的申请表,供感兴趣的求职者从网络上下载后自己填写。这样极大地缩短了彼此交流的时空距离。表5-5是企业求职申请表的实例。

2. 履历表的定义

履历表又称为传记资料清单、个人履历或简历。它是申请者职业经历、教育背景、成就和知识技能的总结。它既是个人一段生命历程的写照,也是个体的自我宣传广告。

个人履历表通常以风格为分类标志划分为两种类型,即:时间顺序型履历和职能型履历。

(1)时间顺序型履历。是指按由近及远的方式书写以往的工作经历。一般比较长,包含每一段工作经历、个人信息,诸如兴趣爱好、婚姻状况和个人健康状况等内容。这种类型比较适合于申请者以前的工作经历与将来的计划有关和工作历史不间断的申请者。

(2)职能型履历。是指将工作按其完成所需的技能加以组织,而不是时间顺序。

职能型履历与时间顺序型履历相比,在篇幅上往往要短一些,它比较适合于不断变换职业的申请者或工作历史有间断的申请者。

这种类型履历的问题在于招聘者阅读起来费时较长,理解起来也困难些。因为招聘者在看了这样的履历后,也许还不知道申请者是从哪里以及如何取得这个经历的,也不清楚是否有刻意隐瞒的情形,至于如何去核实则更是一头雾水。

表 5-5　企业求职申请表

姓名		性别		出生年月		政治面貌		
学历		毕业学校				专业		照片
职称		现从事的专业/工作						
现在工作单位			联系电话					
通信地址			邮编					
家庭地址			身份证号码					
掌握哪种语言			程度如何、有无证书					
技能与特长			技能等级					
个人兴趣		身高	米	体重	公斤	健康状况		

个人简历	

准备离开单位的原因		现在的工资	
准备加入单位的主要原因			
收入期望值	元/年	可开始的工作日期	

晋升期望(职位、时间)	
培训的期望(内容、日期、时间)	
其他期望	
家庭成员情况	
备注	

自愿保证:本人保证表内所填写内容真实,如有虚假,愿受解职处分。

申请人签名:　　　　　日期:

【相关链接 5-4】

HR 最喜欢这样的简历

在初次筛选时,一份简历如果不能在 30 秒甚至更短的时间内引起招聘人员的注意,基本上你就出局了。好的简历应该具有下面的特点:

1. 内容真实。这是制作简历的基本守则,也是招聘单位最重视的。用人单位在筛选简历时,会注意查看简历内容的完整性、真实性,并密切关注求职者简历细节的描述是否冲突。一旦发现求职者的简历有造假现象,那么,求职者的人品和职业道德就会受到质疑,即使你再优秀,用人单位也会考虑将你淘汰。

2. 言简意赅。简洁是最有用的利器。一般来说,简历最好一页,不要超过两页,重要的内容要放在第一页。在力求简洁的同时,简历的内容要丰富,要把自己的教育背景、工作经验和能力优势都一一表达清楚。

3. 不枯燥。有些求职者为了压缩篇幅,结果把简历变成了一份枯燥乏味的职责责任清单,这样的简历是失败的。你不仅要叙述必需的信息,还要说明你在每个公司的不同经历,要提供具体例子。比如,你是怎样比别人更好地完成工作的?你是怎么克服困难的?你努力的结果怎样?你是否因为自己的表现而受到奖励、赞誉或者晋升?

4. 突出重点。简历必须重点突出。你必须在简历中设置一个高度吸引 HR 注意力的部分,这部分就是你认为对获取面试机会至关重要的信息,比如过去做出过什么业绩,现在又掌握了什么等。这样做的目的就是最大程度地利用 HR 筛选材料的 30 秒时间,最大限度地争取与招聘人员"一见钟情"。

5. 不空洞,用数字和事实说话。一份有用的简历只要充分准确地表达出你的才能即可,不要过分浮夸,更不需要写得像散文或志向书。给大家的建议是,多用数字和事实说话。如果想突出你的能力,可以用头衔、数字和名字来表现你过去所取得的成就。比如"项目总监"、"管理 150 名技术设计人员"比"成为技术骨干"更能证明你的能力。

6. 从招聘方的角度考虑问题。求职者递送简历的目的就是让招聘方了解你,继而聘用你。所以,在撰写简历时,求职者不要只关注抒发自己的兴趣和志向,而是要从未来雇主的需求上考虑,用你的长处去迎合对方需求,让对方看到你对他们的价值所在。

7. 传递积极态度。你之前离职的原因和过去的挫折都不该出现在简历上。雇主们要找的是过去表现成功、能作出贡献的人。集中精力传递这些信息,回避任何转移注意力的信息。一定要把自己最突出的特点放在简历最显眼的位置,不要指望筛选简历的人去总结、提炼你的特质。

(资料来源:朱凌玲:《轻松应聘好工作:资深招聘主管的求职忠告》,北京航空航天大学出版社 2010 年版)

5.3.2 个人履历筛选

由于个人履历在格式和风格上是千差万别的,因此,筛选时比标准化的申请表要费时、费力得多。以下是一些可以借鉴的秘诀。

1. 注意与工作有关

招聘的基本原则之一就是匹配与契合。要想做到职得其人,招聘者就必须把主要注意力集中在与工作有关的东西上。工作的要求是什么?工作出色需要具备哪些必要条件?个人履历中"学历与学位"、"学术成就"、"工作成就"、"工作职责范围"以及"特殊专业培训"等是一些比较重要的关键项目。

此外,还要考虑新旧工作岗位的相似程度以及时间上是否接近。例如,如果招聘的对象是五星级酒店的总经理,那么求职者最好有多年五星级酒店运作管理的经验。如果某求职者有两三年的五星级酒店管理经验,但最近几年主要负责的是餐饮管理,那他的竞争优势就要大打折扣。

2. 注意风格的契合

这一条实际是就求职者的个性和动机而言,该求职者适合本组织本岗位的程度怎样,求职者将干什么,和谁共事。如果该求职者的上级是个独裁专断型的铁腕人物,而某求职者在个人履历中又突出强调自我,那么,该人就未必能与其新上司和谐共事。

3. 注意有无应警惕的东西

求职者在撰写个人履历时,并不会如"竹筒倒豆子"一般,一五一十地细数其优劣,对其求职有利的信息他们会浓墨重彩,对其不利的信息则会轻描淡写。因此,招聘者对个人履历中可能出现的"时间不吻合"、"怪异的表现手法"等需保持高度警惕。

4. 略去有歧视的信息

个人履历表中的有些信息,如年龄、婚姻、子女数等有时并不适宜用作选人的标准,因此对这类信息应一带而过。否则,极有可能引发不必要的法律纠纷。这一点,是在中国从事人力资源管理工作的有关人士必须引起高度重视的。

5. 要合情合理

招聘者在审查个人履历的过程中要保持公平、公正和客观。不能凭个人的好恶和一时的冲动去决定申请者的命运。事实上,每个申请者都有其可取之处,只是这些可取之处未必与工作岗位相契合而已。因此,取舍的标准仍是看"是否与工作相关"。

总的来看,无论求职者递交的是何种类型的履历,无论其写作手法是否娴熟,作为一个有效的招聘者,一定要牢记的是:筛选的主要目的是把个人履历所反映的申请者概况与工作有关的要求进行比较,要把主要注意力集中在与工作有关的事件上,而且要保持清醒的头脑,不要为别出心裁的求职信和"光彩照人"的履历所迷惑。

5.3.3 背景调查

1. 进行背景调查的原因

在现实生活中,要想核实个体以前的雇用经历并不是一件难事,困难在于核实其以前的工作绩效究竟如何。由于招聘者不像"星探"、"球探"可以借助"比赛录像"或"演出录像"来独立、仔细地观察分析"球星"、"歌星"的每一个细节,所以在进行背景调查时应慎之又慎。对招聘者而言,使用背景调查的具体原因在于:(1) 证实个人履历中的细节;(2) 核查个体有无违纪(或违法)问题;(3) 发现关于申请者的新的信息;(4) 预测将来的绩效。

总之,不管采用哪种选拔体系,背景调查都是很有必要的。因为它有助于组织雇用到合适的人,并淘汰那些不合适者。

2. 背景调查的内容

有些人认为个人履历或申请表的所有内容都需要核实,因为任何伪造行为都反映了申请者的品行。但是这种做法往往是既费时又费钱,而且如果调查的事情与其所应聘的工作无必然的直接联系,势必会引起人们对这种行为公正性的质疑。

做好背景调查的第一步是将你需要核实的与工作相关的信息列成一张表。为了保证连贯性和准确性,建议招聘者根据工作岗位分析、申请表分析和个人履历分析的有关内容,来制作背景调查表。而且,最好挑出那些最关键的淘汰因素,并置于调查表的最前端。因为这样做不仅便于相关内容的记录,而且也有利于确保程序公平和结果公平,同时便于及时淘汰不合格者。

5.4 企业面试及录用决策

由于人员资格审查与初选不能反映应聘者的全部信息,企业人力资源部不能对应聘者进行深层次的了解,应聘人员也无法得到关于企业的更为全面的信息,因此需要通过面试使组织与应聘人员各自得到所需要的信息,以便企业进行录用决策,应聘人员进行是否加入企业的决策。面试是双向选择的一个重要手段。

5.4.1 面试

1. 面试的概念

面试是一种面试人通过与求职者相互交流信息达到确定其是否是组织中某岗位的合适人选的过程。

面试是面试双方在非正常的社会动力的驱动下人为建立起来的环境。面试的顺利进行需要五大要素:面试官、应试者、面试内容、实施程序和面试结果。

(1)面试官(interviewer)。亦称作评委、面试者、考官,即企业选派的主持和参加面试的人。

(2)应试者(interviewee)。亦称作被面试者、应聘人员、被试者,即参加面试的申请者。

(3)面试内容。包括所提问题及评分标准等。

(4)实施程序。通常分为五个阶段,即初始→引入→正题→变换→结束。

(5)面试结果。决定是否进入下一轮面试。

初始阶段的主要任务是建立良好的面试气氛,消除申请者的紧张戒备心理。引入阶段的主要任务有两项:一是恰到好处地介绍企业情况和工作/岗位需求;二是围绕申请者的基本情况提问,为过渡到正题阶段作铺垫。正题阶段的主要任务是围绕工作/岗位及组织需求对申请者进行全面的评价考察。变换阶段主要是通过一些比较尖锐、敏感的问题来深入挖掘申请者的深层心理特点。结束阶段通常会谈一些比较轻松的话题,并允许申请者提一些他们感兴趣或关心的问题,从而自然而然地将面试引向结束阶段。

2. 面试的内容

面试的内容依企业及岗位的不同而有很大差异。但是下列内容是所有面试都要包含的：专业技术能力（通常通过学术成就和工作经历表现出来）、个人特点（如人际关系能力）及个人潜力（包括求职意向）。

（1）学术成就。在缺乏足够的工作经历时，一个人的学术背景更为重要。但是对这一点不应只看表面。面试者要努力发现与学术成就相关的潜在因素。例如，一个每门课程都只是良好的大学生，却可能是一个非常聪明的人，而另一个全优生，可能并不是该职位的最强有力的竞争者。

（2）工作经历。了解了一个人的工作经历之后，需要确定其技能、能力及工作责任心。但需要注意的是，相同的工作名称在不同组织内的工作内容可能并不相同。如经理助理，在某企业可能是有权做出决策的高级管理人员，而在另一企业可能仅指一般文秘人员。因此，在某企业相同名称岗位上获得成功的人并不能保证一定能胜任本企业的工作。另外，过去的业绩也不能表明求职者现在从事某项工作的能力与意愿。

（3）个人素质。在面试期间通常观察到的个人素质包括外表、谈吐能力、词汇量、沉着冷静、适应能力及是否自信。尽管有个人倾向问题，但面试者在选择过程中一定要排除与工作无关的个人偏见。

（4）人际关系能力。面试在某种程度上可以观察出求职者的人际关系能力。大多数工作都不是在孤立的环境中完成的，相互影响是必然的。实际上，工作中的大多问题不是由于缺乏技术能力，而是由于缺乏人际交往能力造成的。一位熟练的工人如果不懂得与他人合作，其成功的机会也很小。在当今不断强调团队合作精神的环境下，更是如此。有鉴于此，面试者应询问一些有关求职者在某些情况下如何处理人际关系的问题。

（5）求职意向。询问候选人的职业目标可以帮助面试者确定其志向是否现实。如果一个刚毕业的大学生希望在半年内成为企业的高级管理人员，那么他很快就会失望，因为这之间的差距实在太大了。除了确定求职者的职业目标外，面试者还应诚实、准确地告诉对方在企业中的职业发展前景。欺骗的结果只能是适得其反，当求职者被录用，真相大白时，他就会失望。企业以招聘选择和培训形式的大笔投入就很可能损失掉。

【实例 5-3】

2010 年 3 月 26 日浙江省公务员面试真题

材料：今后浙江的发展空间往哪里拓展？

我省是多山省份，也是个海洋大省。发展山区经济、海洋经济，建设"山上浙江"、"海上浙江"，"山海经济"相互优势互补，无疑能够帮助我省拓展发展空间，是实现我省可持续发展的潜力所在、后劲所在和希望所在。

浙江的"山"，主要是指浙西南的衢州、丽水等山区为主的欠发达地区和舟山；"海"则指沿海经济发达地区如宁波、绍兴、温州等市。我省东南沿海地区经济发达，但西南山区和舟山海岛经济发展缓慢。为推进发达地区与欠发达地区的协调发展，从 2002 年起，我省推出了"山海协作工程"，主要是依托浙江东南沿海的发达地区与西南山区一些欠发达地区之间的比较优势和经济互补性，开展多领域、全方位的经济技术合作。重点由杭州、宁波、温州等8个发达地区与衢州、丽水、舟山等3个欠发达地区及25个县(市、区)结成帮扶关系,同时还有106个欠发达乡镇与发达地区的106个经济强镇结成"友好乡镇"。山海协作工程以项目合作为中心,以产业梯度转移和要素合理配置为主线,推进发达地区的产业向欠发达地区梯度转移,实现全省区域协调发展。

当前,全球经济正步入新一轮调整期,我省经济发展也受到强烈冲击。对我省民营经济来说,这是危机,也是机遇。在"山海经济"的刺激下,丽水等山区欠发达地区的经济增长量仍在10%以上。伴随着省政府深入开展新一轮"山海协作"工程和结对帮扶工作,企业要同政府一起,促进产业转移、劳务对接和异地开发。实现浙江经济的再次飞跃。

问题1:对于省委省政府的"山海协作"政策你怎么看?

问题2:台州一企业要整体搬迁到丽水,可该企业的同类项目在其他地区安全事故比较多。领导要你对此做个调研,调研工作完成后,你如何把结果向领导汇报(假设考官就是该领导)?

问题3:某省一单位要组织考察团到浙江考察"山海协作"政策,其负责人是小张。领导让你负责接待,需要先向小张了解情况。你会事先了解什么内容?

(资料来源:华图教育网,http://www.htexam.com/a/ziliao/gwy/mszt/2010/0406/40993.html)

思考:上述三个面试题你会从哪些角度去分析?针对这样的公务员面试题,你觉得平时应该注重哪些方面知识的积累?

3. 面试的目标

(1)面试官的面试目标

由于在面试活动中,面试官始终处于主动状态,所以面试官在进行面试安排和进行面试时,除了要考虑达成自己的面试目标之外,还要帮助应聘者达成应聘者自身的面试目标。具体来说,面试官招聘的面试目标有以下四方面:

①创造一个融洽的会谈气氛,使应聘者能够正常展现自己的实际水平;

②让应聘者更加清楚地了解企业发展状况、应聘岗位信息和企业人力资源政策等;

③了解应聘者的专业知识、岗位技能和非智力素质;

④决定是否通过本次面试。

【相关链接5-5】

面试官有三个基本心理特征

1. 最初印象和负面加重倾向

国外有学者研究后得出结论,至少有85%的考官在面试真正开始前,已根据应聘者的应聘资料对其产生了最初的印象。最初印象对面试的过程和结果有着十分重要的作用。根据心理学的原理,如你给人留下的最初印象不好,那么要改变这种印象将是很困难的,这就是负面加重倾向的作用。了解了考官的这一心理特征,我们就应当认真准备自己的应聘资料,尽可能让自己的缺点和不足被优点和特长所掩盖。当然更不要因为自己的穿着打扮、面试开始时的一举一动而给考官留下糟糕的印象。

2.雇佣压力和暗示

这里所说的雇佣压力，是指考官面临完成招聘任务的压力。考官的雇佣压力对应聘者来说是个机会。有人曾作过实验：将人力资源经理分成两组，告诉其中的一组，他们离完成招聘任务的指标还相差很远；而对另一组的人说，他们已快完成招聘任务了。结果，被告知离招聘任务相差甚远的那组，对应聘者面试的评价，要远高于另外一组。当然，应聘者较难知道考官的雇佣压力，但是，在面试中，考官完全可能无意识地流露出这种情绪。

由于急于完成某岗位的招聘任务，考官可能无意识地用暗示来表现这种情绪，甚至主动引导应聘者正确回答问题。比如，他们会说："在外语上，你应该没有什么问题吧"，"根据你的经历，对某技术问题可能不成问题吧"等等。在大部分情况下，暗示不会这么赤裸裸，而是会有点隐晦。比如，考官认为你的回答是正确时，他会面露微笑，或轻轻地点头。不失时机地把握考官的雇佣压力，及时地接住暗示，并沿着这条路走下去，你就可能达到目的。

3.赏心悦目

这里所说的赏心悦目不仅是指应聘者的穿着打扮，而更强调的是求职者在应聘时的眼睛、面部表情。有研究表明，那些善于用眼睛、面部表情，甚至简单的小动作来表现自己情绪的应聘者的成功率，远高于那些目不斜视、笑不露齿的人。

有一项对52名人力资源专家进行的实验：让这些专家通过观看以前进行过的面试录像决定请谁来参加第二轮面试。这些专家被分成两组，一组观看的是一个有许多眼神交流、显得精力旺盛的应聘者的录像，结果，26个专家中有23人邀请这个应聘者再次参加面试；另一组专家观看的是一个很少有眼神交流动作，表现得没有多少活力的应聘者的录像，结果26个专家中没有一个人请他参加下一轮面试。

资料来源：《掌握3个心理特征 看透面试官》，人民网，http://www.people.com.cn/，2011-07-11）

（2）应聘者的面试目标
应聘者的面试目标显然和招聘考官的面试目的有很大区别，具体而言有以下五方面：
①创造一个融洽的会谈气氛，尽量展现出自己的实际水平；
②有充分的时间向面试人员说明自己具备的条件；
③被理解、被尊重，并得到公平对待；
④充分地了解自己关心的问题；
⑤决定是否愿意来该企业工作。

【相关链接 5-6】

工作经验面试的范例

工作经验的考察几乎是所有面试中必不可少的项目，下面列举几个实例供大家参考。

1.请你谈一下和本工作有关的工作经验?

解析:此类问题主要是用来判断求职者能否胜任这份工作。如果你有相关的工作经验,应该以具体的事例来说明你的工作成绩,避免用空洞的词语。如果你没有这方面的工作经验,就应强调你有能力来做好这个工作,要表明你非常喜欢这份工作,也非常想学习新东西。尽可能地把你过去经历中和这个工作有联系的内容提出来,尽可能将你具有的与这个工作有关联的技能提出来。

参考答案:我曾经在一家事业单位实习过,负责的就是办公室工作,相当于我应聘的行政。当时,办公室人员比较紧张,每个人的工作量都很大,我主要负责员工出勤、考核还有一些福利发放之类的工作。在此期间,我制定了新的绩效考核章程,受到了领导的好评,并应用到了实际工作中。从那时候开始我就喜欢上了这个职业,后来我自己也自学了一些人力资源和行政办公方面的书籍,现在正在考人力资源师。

2.你如何看自己缺少工作经验的问题?

解析:这一类问题一般是企业针对毕业生的问题,主要是考查求职者如何正确理解、正确解释缺少经验这个问题。缺少经验并不是没有经验,一个在同一个职位干了五年的人,并不意味着他就一定具备了五年的经验,他极有可能只是将一年经验重复了五次而已。回答这类问题,切忌给出"本人想到贵公司,也是为了多多学习,取得工作经验"等之类的答案。

参考答案:我确实缺乏工作经验,在读书时就注意这个问题。作为学生,只能利用假期进行社会实践,到公司去打工锻炼,平时勤工俭学。我曾在某某公司工作过,这是某某公司对我的评价。

3.你大学刚毕业,在相关工作经验方面较为欠缺,对这一点你怎么看?

解析:许多毕业生都遇到过这类问题,一般他们会回答:"不见得吧!""我看未必""不会!""完全不是这么回事!"等。这样的回答方式虽然求职者也能表达清楚个人的想法并对主面试官的设问进行反驳或申诉,但语气太过生硬,否定太过直接,可能会引起主面试官的不悦。其实求职者可以尝试这样回答:"这样的说法未必全对""这样的看法值得探讨"等。这样在表达的过程中较为委婉地表示出自己的不同意见,可以避免影响到面试官的情绪。

参考答案:这样的说法有一定的道理,但恐怕我不能完全认同。在人们的印象中在学校学到的都是书本知识,开展工作还得从头积累。但是,我觉得在我学校里学到的专业知识都是前人对工作的总结,是前人凝练后的工作经验,我们把这些学好了,再加上大学时期的一些实习,也应该算是有一定工作经验的基础了。

4.你没有营销方面的经验,不是吗?

解析:此类问题其实是个陷阱,要记住如果这真的是一个问题,企业就不会请你来面试了。因此,不能回答"是啊,我确实没有这方面的经验。"要在回答中显示出你的热忱和自信,这样无形中就多了一些成功的可能。要懂得化缺点为优点,变劣势为优势。

　　参考答案:我很喜欢营销方面的挑战,我会达到你们的要求,而且我也期望能提高我的相关经验。营销这个行业很吸引我,我的适应能力很强,接受新知识能力又较快,我相信我可以干好营销工作。

5.你为什么要离开前一家单位?

解析:这又是一道很常见的面试题,当求职者在炫耀自己丰富的工作经验、多家公司任职阅历时,往往被面试官的这个问题打倒。这个问题看起来较为简单,但回答时要注意。你回答的如果不合适,对方可能会产生这样的想法:离开前一个单位是不是你不得已而为之?问题在你个人还是在公司?你会不会因为同样或者类似的原因离开我们?因此,要避免过多地抱怨前一家公司。要强调自己个人发展需要的原因,不要归咎于别人。要让招聘单位相信,你在原来公司工作出色,人际关系也很好,但是为了个人的某种理想和追求,你愿意到新公司工作。

参考答案:实际上,离开原来的公司对我来说是比较痛苦的选择,因为我在那里工作了×年之后(一段时间),与那里的领导和同事相处得非常好,同时通过我的努力,也取得了大家的信任,大家不愿我离开。但是我心中一直希望自己在某某领域内有所发展,由于客观原因在前面的公司里一直没能实现这个愿望,所以我不得不做出了这个选择,离开前一个公司。

(资料来源:郭晓博等编著:《著名企业求职面试指南》,电子工业出版社 2011 年版)

5.4.2 录用决策与人员录用原则

1. 选择决策

选择决策指在获取及评价了最终候选人的资料后,假设体检未检出任何使候选人被取消资格的身体疾病,管理者就要采取最关键的一步,即做出实际录用决策。开始工作的日期根据企业要求或双方共同商定。如果候选人目前仍在另一家企业就职,他会按惯例递交一份2—4周时间交接工作的辞职通知。如果新工作要求到另一城市,则这段过渡期更为漫长。因此一个人加入新企业之前的这段时间可能会比较长,但是通常是必要的。

2. 人员录用原则

(1)以岗定人与人岗匹配相结合

以岗定人强调人员录用必须要依据岗位的特性,根据工作的具体需要来进行。同时,也要考虑每个人的能力、素质等方面的差异来安排适当的岗位。这样的原则可以充分调动人的主观能动性,大大提高人力资源的利用率。

(2)平等竞争原则

对所有的应聘者应当一视同仁,不要人为地制造一些特殊情况,对某些人有什么优惠政策或照顾,这样会打击应聘者的积极性,并且对企业的形象也有影响。对面试合格的人员应采取平等竞争的原则,择优录用。

(3)谨慎录用过分超过应聘条件的人

一般认为,录用高学历、高水平的人对企业是有利的,能够提高企业的整体水平。但是如果一个有着硕士文凭的人应聘保安,你会接受吗?一般来说,如果一个人的知识、能力和素质水平明显高于他所从事的岗位要求,这未必是一件好事,因为他被录用后会要求与其自身条件相应的待遇,如果不能满足,则不利于工作的顺利开展。

（4）注重工作能力与人品的结合

在合格人选的基本条件差不多时，以往的工作经验和工作绩效应是最后决策的主要依据。但是，不能忽视人品的要求，如果一个人的能力很强，但人品有问题，则可能会给企业带来难以估量的损失。

【实例5-4】

耐顿公司决定在生产部门设立一个处理人事事务的新职位，主要负责生产部与人力资源部的协调工作。人力资源部经过分析决定采用在大众媒体上做广告的形式进行招聘。广告发布后的一周里收到了800多封简历，人力资源部从中筛选出70封候选简历，经再次筛选后，确定5名候选的应聘人员，并将这5个候选人的资料交给了生产部门的负责人。经过与人力资源部的协商，生产部最后决定选出两人进行面试：李楚和王智勇。人力资源部获得的李楚和王智勇的基本资料相当。但值得注意的是：王智勇在招聘过程中，没有上一个公司主管的评价。公司通知两人，一周后等待通知。在此期间，李楚在静待佳音；而王智勇打过几次电话给人力资源部经理，第一次表示感谢，第二次表示非常想得到这份工作。

人力资源部和生产部门的负责人对两位候选人的情况都比较满意，虽然王智勇的简历中没有前公司主管的评价，但是生产部门负责人认为这并不能说明他一定有什么不好的背景。虽然感觉他有些圆滑，但还是相信可以管理好他，再加上他在面试后一直与公司联系，生产部门负责人认为其工作积极主动，所以最终决定录用王智勇。

王智勇来到公司工作了六个月，公司观察发现，王智勇的工作不如预期的好，指定的工作经常不能按时完成，有时甚至表现出不胜任其工作的行为。王智勇也很委屈，工作一段时间之后，他发现招聘时所描述的公司环境和各方面情况与实际情况并不一样；原来谈好的薪酬待遇在进入公司后有所减少；工作的性质和面试时所描述的也有所不同；没有正规的工作说明书作为岗位工作的基础依据。

（资料来源：吴冬梅.《人力资源管理案例分析》，机械工业出版社2011年版，第231—232页）

思考：分析该公司招聘不成功的主要原因是什么？你觉得该公司在人员录用中违背了哪些录用原则？

⟾【本章小结】

招聘是企业中最常见的人力资源管理工作。本章论述了招聘概念与招聘程序、招聘的方式、求职信与简历表的筛选及背景调查、面试及录用决策。重点掌握招聘的程序、招聘广告的内容及发布渠道、几种常用的外部招聘方法、设计适合企业需要的个人求职申请表、面试的内容。

⮑【案例分析】

比尔·盖茨:潜质更有价值

美国微软公司从最初的两个人发展到现在的 3 万多人,并一跃成为世界巨富,与比尔·盖茨高超的用人制度是分不开的。比尔·盖茨经常讲,他的主要工作就是迅速发觉和雇用最优秀的人才。今天,招聘到真正有才华的管理和创新人才变得越来越重要。在《财富》杂志最受赞赏的公司排行榜上,微软公司吸引、培训和留住有才华的雇员的能力最高。

在当今这个盛行"跳槽"的时代,为什么微软能够"生产"数以千计的百万富翁,而且这些富翁还对微软忠心耿耿?原因就是微软建立了一套网罗顶尖人才、珍惜顶尖人才的机制,建立了一种"宁缺毋滥,人尽其才"的选人用人模式。

☆不惜代价

根据微软的统计,公司每年接到来自全世界各地的求职申请达 12 万份。面对如此众多的求职者,比尔·盖茨并不满足,他认为许多令人满意的人才没有注意到微软,因而会使微软漏掉一些最优秀的人。为了找到这些人,微软公司主要是依靠现有雇员的推荐。因此,微软的雇员当中,有近 40% 是内部推荐来的。

现在微软公司有 220 多名专职招聘的人员,他们每年要访问 130 多所大学,举行 7400 多次面谈,而这一切仅仅是为了招聘 2000 名新雇员。

微软公司的执行副总监兼首席业务官鲍勃·赫博尔德说:"招聘是微软的拿手好戏。我们寻求对通过软件改善人们生活充满激情的精明人,不管他们在哪里。"不论世界上哪个角落有令他满意的人才,比尔·盖茨都不惜代价地将其弄到微软公司。他安排的很多面试,不像在"考"人家,倒像是在"求"人家。用微软研究院副院长杰克·马利斯的话说,这叫做"推销式面试"。考官们"求"人家的时候,往往表现得十分兴奋,其"求"人的方式也常常出人预料。在西方记者编写的一本书中,记载着这样一件事:硅谷的两位计算机奇才——吉姆·格雷和戈登·贝尔在微软千方百计的说服下终于同意为微软工作,但他们不喜欢微软总部雷德蒙冬季的霏霏阴雨。比尔·盖茨说,这好办,于是就在硅谷为他们建立了一个研究院。

微软公司的人力资源观是三个字母"ADK":A——吸引最好的人;D——发展最好的人;K——保留最好的人。比尔·盖茨说:"只要他真是我们需要的人,要什么给什么。"

面试的目的,在于检验应试者书本知识之外的能力。一些到微软进行过面试的人说,学过的书本知识都用不上。面试时,采取的是"一对一"的考官轮流会见方式。因为微软文化讲究公平和对等,所以不让一个应试者同时面对一大堆考官。然而,如果没有过五关斩六将的能力,根本就过不了这一道又一道的选人关。通常,面试时的考官由招聘经理、人事经理和应聘者所应聘岗位的部门经理及员工等五六人组成。他们均要经过专门的招聘训练,以保证人才选择的客观性。一般说来,你见到的考官越多,考你的时间越长,你的希望也就越大。

当然,在面试过程中,并不全是单向的问与答,应试者还可以有足够的时间向考官提问。大多数应试者都会利用这个机会更多地了解微软。如果你问了"我来了以后干什么"或"我将来的发展怎么样"一类的问题,考官也会非常认真地给予回答。这在微软的文化上属于一种平等的默契,没有人因为是后来者而受到别人的歧视。

主考官分别是某个方面的专家,每一个人都有一套问题,考题通常并不经过集体商量,但有4个问题是考官们共同关心的:是否足够聪明,是否有创新的激情,是否有团队精神,专业基础怎么样。

微软认为,大学考试成绩并不是衡量一个人的最重要的标准,一个人的大学考试成绩只要没有差到"平均线以下",就有资格走进微软进行面试。大学时分数第一,而在微软通不过面试的大有人在。学校导师极力推荐的学生,不一定能被微软接受;导师竭力说"不"的学生,也不一定会被微软拒绝。比尔·盖茨说:"我更愿意雇用有潜质的人,而不是那些有经验的人,因为从长远来看,潜质更有价值。"

微软的笔试更是特别。笔者曾亲历微软在复旦的招聘会,让笔者大开眼界。笔者以一名应聘者的身份走进考场。考卷到手,不禁吓一跳,第一道题是:"给你两个8,两个3,只用加减乘除和括号运算,如何得出25?"再看其他题目,也都是"稀奇古怪":有的是判断时钟打点所需的时间,有的是判断一个人所戴帽子的颜色……不仅和计算机毫不搭界,而且没有一点科技含量。

招聘人才时,微软还注重人才的情商因素,即除了考虑人才的专业背景外,还要考虑其心理和情感因素,其中包括应变能力、适应能力、再学习能力、竞争能力、承受能力等。

面试的问题有可能是:"你认为自己在过去的工作中哪件事最值得骄傲?"或者是"你来微软的目的是什么?"等等。微软公司认为,对这些问题的回答会体现出应聘者的心理特征和思维模式。两个学历背景非常相似的人,往往会因其性格和心理特点不同而在工作中表现得截然不同。

要在激烈的市场中站住脚,必须不断超越自己,超越竞争对手,所以微软非常重视人才的心理素质。在微软,优秀人才的标准是不仅要有很高的专业技能,还要能承受巨大的工作压力,并勇于接受新的知识,不断创新。

☆考试本身存有缺陷

唐总坦言,"微软的考题是存在缺陷的。"他进一步分析说,有些考题可以反映实际水平,比如英语;有些考题则不一定,比如逻辑题,回答不出来,不表示考生不具有逻辑性思维。面试共有六七轮,只要有一轮失手,就会遭到淘汰。微软的考试模式会导致"最优秀的没进来,不过,进来的一定是优秀的"。"其实任何一家企业的招聘方式都有漏洞,只是微软敢于承认并且还在不断发展,以求更完善。"

(资料来源:白木等:《比尔·盖茨说:潜质更有价值——微软选用人才方式独到》,载《中外企业文化》2002年第10期;白木等:《解密微软招聘攻略》,载《网迷》2002年第10期)

问题

1. 微软公司的招聘程序有何特点？

2. 微软公司招聘的人才应具备哪些方面的知识与能力？

3. 对于微软公司的人力资源观的三个字母"ADK"，你是怎样理解的？

⤷【思考练习】

1. 企业从内部选拔员工的概念是什么？其利与弊各有哪些？

2. 结合表 5-3"招聘广告的重要性"，谈谈企业招聘广告需重点突出的内容。

3. 为什么说，宝洁公司的校园招聘值得借鉴？

4. 刚毕业的大学生应如何填写自己的履历表，以赢得用人单位的青睐？

5. 根据企业面试的内容，谈谈应聘者在面试前应该做哪些准备。

第 6 章

员工激励

>>> >

引 言

西门子中国本土化员工的激励

西门子(中国)公司在开发本土化人才的战略中充分运用多种激励方式激励本土员工,为其在中国的良好运营奠定了坚实的基础。

西门子中国本土化的员工激励主要包括以下几个方面。

首先,西门子为员工提供富有挑战性的工作机会,既可以保持本公司的技术领先性,员工也得到了锻炼,公司的凝聚力也得到了增强。西门子的人力资源部门致力于根据员工兴趣与特长为员工设计工作岗位,帮助企业员工实现自身的价值,适当增加压力,使其工作更具挑战性,激发员工的潜力。当员工觉得现有工作已不再具有挑战性时,管理者可以通过工作轮换的方式把他轮换到同一水平、技术相近的另一个更具挑战性的岗位上去,并在工作中积极引导员工开拓创新。这样,由工作轮换所带来的丰富工作内容,富有挑战感,从而提高员工的工作积极性和对企业的忠诚度。

其次,西门子采用业绩、市场导向的薪酬制度。西门子全球总部人事副总裁说:"我们西门子这么大的公司能在中国大地上凝聚在一起,其中一个重要的原因就是诱人的薪酬。"公司的薪酬具有市场竞争力,确保其薪酬水平与员工创造的价值相应,甚至不能低于意欲挖角的竞争对手的出价。公司严格根据员工业绩表现"按劳取酬","不能致功,虽有贤名,不予之赏"。他们坚信只有支付了具有绝对竞争力的薪酬,核心人才才不可能不被竞争对手挖走。

再次,卓越领导为员工提供愉快和谐的工作环境。西门子认为:企业要想从根本上具备留住优秀人才的优势,必须要有一个非常好的领导机制和愉快和谐的工作环境,他们深信一个企业中的领导层的素质已经成为了一个企业最具有竞争力的因素。西门子公司的管理者大多具备技术背景或具有超脱于技术之外的才能。他们具有敏锐的商业嗅觉,并且能在企业内部营造一种冒险和创新的氛围,激发员工的工作热情。此外,西门子公司通过 CPD 圆桌会议及 CPD 员工对话等讨论并帮助员工制订职业生涯规划,同时管理阶层积极给员工营造一种宽松和谐的工作环境,如上班穿便装、优良的办公设备、舒适的就餐和体育锻炼空间等。他们深信和谐的工作环境有助于激发员工的创造性,有助于消除员工的工作压力和工作枯燥感。

最后,西门子为员工提供众多的发展机会和量身定做的职业发展规划。西门子认为公司不仅仅依赖于用高薪留住人才。对于员工,发展机会才是最重要的,为此,公司为本土员工提供了尽可能多的领域及性质各异的发展机会,帮助员工实现职业目标。为了确保每位员工都拥有公平的发展机会,西门子每年对全体员工进行一次员工发展评估,人力资源部门致力于根据员工兴趣与特长为每一位员工设计工作岗位与良好的职业发展前景。员工可不受限制地扩大自己的知识面,在不断学习专业知识的同时,完善自身的气质。西门子雇佣本土员工更多考虑他们的长期规划,给予他们更多的发展机会和空间,希望员工与公司一起成长。

除了共有的激励形式外,西门子(中国)公司还针对不同的部门制定适合本部门的激励措施。例如,在销售部门要使销售人员充分意识到工作业绩突出便有受到奖励的机会。在研发部门,西门子根据研发人员工作性质的不同,激励措施重在给研发人员提供更多的成长空间,如公司常常采取提供高级技术培训、参加高级技术论坛的机会来奖励员工,以激起他们的工作热情。

西门子公平的考核制度保证奖励的公平性。其设计激励制度的基本目的是为了提高本土员工的生产效率,从而获得更有竞争力的优势。为了这个目标,西门子公司在设计奖励制度时以本土员工的需要和公司的经营目标为中心,双方共赢。公司的考核部门根据员工上一年度的出色业绩确定晋资人员名单,并予以及时的奖励。奖励内容包括晋资、奖金和福利待遇。

西门子为员工提供多样的职业晋升途径。公司规定企业内部员工晋升采用行政管理职位系列和专业技术职位系列。有晋升意愿的员工可根据自己的兴趣与特长选择晋升岗位。如可申请行政管理职位的员工包括:高级管理人员、各级经理、市场研究人员、销售人员、财务人员、物资采购人员、质量检验人员、行政管理及支持人员等。

西门子鼓励员工参与企业的管理。西门子公司积极主张吸纳员工对公司发展有利的建议,让员工参与企业的管理和发展规划设计。为此,公司经常采取组织员工会谈等方式鼓励员工参与决策过程。对员工提出的管理建议,由公司、部门经理或战略研究中心主任直接确认并给予奖励。为保证提议渠道的畅通性,每位员工都可以书面或 E-mail 形式直接向战略研究中心提交合理化建议方案。总经理对上述每一个提案有追加奖励权。对于技术(产品)开发类的建议,能被量化评估其价值的,公司将成立专门的创新评估小组,对其价值评估并实施奖励。

(资料来源:贺秋硕、喻靖文:《人力资源管理 案例引导教程》,人民邮电出版社 2010 年版,第 174—175 页)

通过这个案例我们可以看出,对企业员工的激励,在企业发展进程中具有非常重要和不可替代的作用。因此,任何企业管理者都要结合本企业发展的实际情况,因地制宜地搞好对企业员工的激励工作。要将企业的各项工作做好,企业的管理者就要学习有关激励的内涵、原理、理论及有效的方法,提高企业的工作效率。尤其在今天建立创新社会、提高企业自主创新能力的发展期,做好企业激励工作更有其非常重要的意义。

  1. 正确了解与激励相关的有关概念,并对其中的部分概念进行比较学习,了解这些概念的真谛;

  2. 掌握激励模式、人的行为模式和两模式之间的内在关联性;

  3. 掌握影响员工积极性的因素,并能在工作中加以应用;

  4. 了解激励理论体系;

  5. 认真学习并掌握马斯洛理论、赫茨伯格理论、亚当斯理论和弗洛姆理论;

  6. 深入了解激励理论中相关应用方法。

6.1   激励的内涵

  激励有激发和鼓励的意思。《六韬·王翼》:"主扬威武,激励三军。"《英烈传》第十四回:"太祖又说:'此举非独崇奖常将军,正以激励诸将。'"激励在现代企业管理中,具有十分重要的意义。随着我国改革开放的不断深入,企业管理水平迅速提高,社会的市场化水平有了长足的发展。国有企业、股份制企业和民营企业等多种类别企业所有制并行,对我国社会主义市场经济的发展,产生了极大的推动作用。

  众所周知,在企业管理中,人力资源是企业最主要和最重要的资源。如何调动人力资源的工作积极性,直接反映了企业的管理水平。由于在我国目前经济发展的现实状态,多种类别企业所有制并存。不同所有制的企业管理者对如何激励企业员工和有效地调动员工积极性,在策略、原则和方法上还有相当大的差异性。了解激励的内涵,对制定有效的人力资源激励政策有着十分重要的作用。

6.1.1   与激励有关的基本概念

  学习有关激励理论,要事先对与激励有关的基本概念有一定的了解。而了解这些概念,正是从激励工作的源头抓起,对正确地理解员工有十分明显的功效。

  1. 需要

  需要是指人们感知某种(些)必要的生活与发展条件匮乏时的心理状态。有了需要,人们就要努力地去满足需要。这在一定程度上反映了人类创造和改造世界和历史的最基本的动力所在。需要不会因暂时的满足而截止,需要带有极大的动力性。有的需要具有周期性,包括睡眠和饮食等;有的需要满足后会产生新的需要,新的需要又进一步推动人们选择新的活动并再争取获得新的满足,进而使人们在不断追求新的满足的过程中推动社会向前发展。比如学习各种科学文化知识,导致人们最后发展到进行一系列的创造和创新。

按照需要的起源进行分类,需要可以分为生理需要和社会需要。生理需要是人脑对生理要求的反映,包括饮食、睡眠、休息、运动、排泄、一定热量和性的需要。社会需要是人脑对社会需求的反映,如对劳动、交往、求知、美、道德、尊重和成就的需要等等。按照需要对象的性质进行分类,需要可以分为物质需要和精神需要。物质需要一方面是指对衣、食、住、行等有关物品的需要,另一方面还包括对劳动、学习、科学研究等有关物品的需要。在物质需要中,既包括生理需要,又包括社会需要。物质需要主要指向对相关物品的需要。精神需要是人类所特有的需要,包括交往的需要、道德的需要、认识的需要、美的需要和创造的需要等等。精神需要是来自人内心的需要。

需要具有以下特征:[1]

(1)需要内容与对象的复杂性

需要是有一定的指向性的,包括物质的和精神的,社会生活和社会活动及这些活动的结果,追求某种意念或事物及规避某种活动或意念的风险。人的需要是十分复杂的。

(2)需要与个体生存发展的相关性

需要与人个体发展的不同阶段有关,每个不同年龄时段有不同的优势需要和需要特点。儿童喜欢游戏,青少年需要学习,成年人以劳动工作为主,老年人以养老长寿为追求。在年龄发展的过程中,人需要的变化符合马斯洛的需要层次理论的发展过程,即由低级需要向高级需要的发展过程。

(3)人类需要的共同性与个别差异性

由于人的个体属性和所生存环境不相同,其需要虽然有共同的需要,如生理需要、精神需要和社会需要,但也有不同的个别差异和自我属性的优势需要。这也显现了人本身的复杂性和人类社会的多样性。

(4)人类需要的社会历史制约性

人的需要与历史发展是紧密相关的。随着社会生产力的发展,人的需要在满足范围和满足方式上都有相应的变化。历史越早,人们对基本需要要求得越多;到了现在,人们不仅对物质和精神都有需要,而且人类的需要更加复杂化和多元化。

【实例 6-1】

老板问年轻的售货员:"你今天做了几单生意?"

"一单。"年轻人回答说。

"只有一单?"老板很吃惊地说:"我们这儿的售货员一天基本上可以完成20到30单生意呢。你卖了多少钱?""300,000 美元。"年轻人回答道。

"你怎么卖到那么多钱的?"目瞪口呆,半晌才回过神来的老板问道。

"是这样的,"年轻人说,"一个男士进来买东西,我先卖给他一个小号的鱼钩,然后中号的鱼钩,最后大号的鱼钩。接着,我卖给他小号的鱼线,中号的鱼线,最后是大号的鱼线。我问他上哪儿钓鱼,他说海边。我建议他买条船,所以我带他到卖船的专柜,卖给他长 20 英尺有两个发动机的纵帆船。然后他说他的大众牌汽

---

① 程正方:《管理心理学(第二版)》,北京师范大学出版社 2002 年版,第 144 页。

车可能拖不动这么大的船。我于是带他去汽车销售区,卖给他一辆丰田新款豪华型'巡洋舰'。"

老板后退两步,几乎难以置信地问道:"一个顾客仅仅来买个鱼钩,你就能卖给他这么多东西?"

"不是的,"年轻的售货员回答道,"他是来给他妻子买发卡的。我就告诉他'你的周末算是毁了,干吗不去钓鱼呢?'"

思考:这是一个成功营销的知名案例,你觉得这个年轻的售货员为什么能做成这单大生意?

2. 动机

动机是需要使人的内心产生行为的驱动力。动机是在需要基础上产生的。此外,诱因也是产生动机的另一个重要因素。人的行为往往取决于需要和诱因的相互作用,只有需要和诱因相结合才能成为实际活动的动机。

动机对人的行为具有引发、指引和激励的功能。

首先,动机对人的行为具有引发功能。人的行为都是由一定的动机引起的。动机是引起人的行为的原动力,对人的活动起着始动作用。其次,动机对人的行为具有指引功能,指引人的行为朝着预定方向前进。再次,动机对人的行为具有激励功能,对人的行为有维持和加强作用,强化人的行为努力达到预定的目的。

动机与需要的区别:需要与动机既有相似的含义,又有严格的区别。需要是一种心理上的欠缺感,而动机则是一种深化了的需要,它具有对行为的某种程度的规定性和导向性。由此可见,需要是人的积极性的基础和源泉,动机则是推动人行动的直接原因。

动机与行为的关系是非一对一的关系,即同一动机可以产生不同的行为,同一行为也可以由不同的动机所引起。此外,动机和行为还具有相互作用的关系。动机推动行动、引起行为,而行为的结果又反过来作用于动机,使原来的动机得到加强或消失。

【相关链接6-1】

耶基斯-多德森定律

这是一个反映动机水平与工作效率关系的定律。在一定限度内,随着动机水平的提高,工作效率也随之提高,超过这个限度,工作效率随之降低。最佳工作效率的动机水平为中等,但因工作复杂的程度而略有差异。研究发现,动机的最佳水平随任务性质不同而不同。随任务难度的增加,动机的最佳水平有逐渐下降的趋势。也就是说,在难度大的任务中,较低的动机水平容易完成任务。适度的动机水平,易于维持个人对工作的兴趣和警觉,同时减少焦虑对工作的不利影响。

(资料来源:百度百科,http://baike.baidu.com/view/1331302.htm)

3. 目标

目标是指人们的行为指向一定的、能够满足人需要的资源。由动机引发的人的行为,往往都是具有一定的指向的,即人的行为最后要达到的目的。而最后要达到的目的,也就是能够满足人该行为的资源。

就动机和目标的关联性来看,两者有时是一致的,有时又是不一致的。比如烤火取暖既是行为的动机,又是行为的目的。这时动机和目标就是一致的。再比如医护人员救死扶伤的行为本身作为一种行为目标,是行动所要达到的结果,而行为的动机则反映着人为什么要达到这一结果的主观原因,那就是舍己为人的道德信念。此时,动机和目标就不一致了。[①]

此外,不同的需要可能产生相同的动机,而相同的需要也可能产生不同的动机。比如,上大学的动机,可能是来自建设祖国、鲤鱼跳"农"门、出人头地、完成父母的愿望等等,不同的需要产生了同一动机。再比如想得到更多的钱是人的正常需要,人们可能是通过劳动致富,也有个别人却是通过偷盗或诈骗取得等等,相同的需要产生了不同的动机。这种不同主要来自人的不同的经历和受教化的状况而产生的不同的世界观、人生观和价值观,同时也有人受不同环境的影响。

【相关链接 6-2】

目标设置理论

美国马里兰大学管理学兼心理学教授洛克(E. A. Locke)和休斯在研究中发现,外来的刺激(如奖励、工作反馈、监督的压力)都是通过目标来影响动机的。目标能引导活动指向与目标有关的行为,使人们根据难度的大小来调整努力的程度,并影响行为的持久性。于是,在一系列科学研究的基础上,他于 1967 年最先提出"目标设定理论"(Goal Setting Theory),认为目标本身就具有激励作用,目标能把人的需要转变为动机,使人们的行为朝着一定的方向努力,并将自己的行为结果与既定的目标相对照,及时进行调整和修正,从而能实现目标。这种使需要转化为动机,再由动机支配行动以达成目标的过程就是目标激励。

根据目标设置理论,组织给员工设置目标时应遵循以下原则:

(1)目标应当是具体的;

(2)目标应当是难度适中的;

(3)目标应当被个人接受;

(4)个人参与目标的设置。

(资料来源:根据申林:《组织行为学与人事心理》,湖南师范大学出版社 2007 年版,第 259 页;百度百科;改写)

4. 满意感

满意感是需要得到满足后,紧张感及因之而产生的行为内驱力(即动机)消失时的内心体验。满意感是一个行为周期的终点与归宿。[②]

从满意与绩效的关系来看,可以有四种不同的组合:

(1)高满意感与高绩效

处在这种状况下,员工情绪愉快,士气高涨,能主动和积极工作,生产效率非常高。这

---

① 余文钊:《管理心理学(第二版)》,甘肃人民出版社 1995 年版,第 288 页。

② 余凯成、陈维政:《人力资源开发与管理(第一版)》,企业管理出版社 1997 年版,第 147 页,第 152 页。

是企业特别愿意看到的状况,但是一般企业很难做到,即使是特别优秀的企业,也并不总是处于这种管理状况。这一般是企业追求的最高目标。

(2)高满意感与低绩效

处在这种状况下,员工轻松愉快,你好我好,一团和气,彼此相互忍让,上下关系融洽,单位像个俱乐部,但是员工工作稀稀拉拉,效率低下。企业处在这种状况下,说明企业缺乏相对严格的规章制度及相对严格的要求和管理。

(3)低满意感与高绩效

处在这种状况下,员工怨气比较大,牢骚比较多,但工作仍然干得比较认真,能够保质保量地完成。这种现象存在似乎是不可能的,但在实际工作和管理中还是有存在的可能的。这主要是因为:一是对此次所获得的奖酬觉得不满意,但要想下次多得,使自己的心理得到平衡,因而应该干得更好;二是在长期的工作中养成的一种习惯或是形成的价值观——"工作就要像个样子",这样做还事关自尊,不能含糊。这种状况在老员工身上比较常见。

(4)低满意感与低绩效

处在这种状况下,员工心态沮丧泄气,感到了内心强烈的不满,工作无精打采,绩效十分低下。企业往往不是已经处于破产保护边缘,就是已经临近破产倒闭了,这是企业最不愿见到的状况。

这四种情况在企业及其他类型的单位中都很常见。这说明:一是满意感不等于激励,因而不一定带来高绩效;二是激励本身是非常复杂的多因现象,不能简单处理。

【实例 6-2】

甘肃省兰州市某国有大型企业集团在发展过程中,根据企业发展的需要,确定了"抓二进三"的发展战略,即在继续发展已有的第二产业的同时,结合企业所在地的地域优势,适时地发展第三产业,建立兰州市规模最大的商业广场及商业住宅中心。为此,集团公司对中层管理干部进行了系统的培训,以有效地转变广大干部职工的思想观念。公司认为,如果干部职工知道公司的发展目标和美好前景,就必然能齐心合力,为实现公司的二次创业做出自己的贡献。然而,培训工作结束后,干部和职工认识与集团领导的认识仍有很大的差距。职工仍然认为所在的集团是传统的生产企业,不宜从事商业广场和商业住宅的开发,并认为生产企业就得从事生产产品的工作。尽管公司上下反复做各种各样的思想工作和动员工作,集团大多数员工仍然心存疑虑,工作积极性没有得到激发,在工作中仍有较大的被动性,工作效率也比较低。

思考:为什么公司有如此美好的发展目标,且员工都经过了培训,工作还是缺少积极性?

5. 激励

"激励"一词来自英文 motivation。人力资源管理的激励是指通过采取一定的政策和措施,调动员工努力工作、爱岗敬业、提升个人绩效、实现自我价值,并最终促进组织发展和绩效提升的过程。[①]

激励从心理学上来说是根据人的需要,激发人的动机(内在动力)的心理过程。也就是说,激励是一个系统的管理过程,既包括组织管理过程,也包括自我管理过程,而且受影响的因素是非常多的;激励最主要的是要产生动机,以推动人的行为;同样的激励手段,可以产生不同的动机,这与人的不同的经历和受教化的状况而产生的不同的世界观、人生观和价值观等有关。

人力资源管理中的定义为:根据人的需要,科学地运用一定的外部刺激手段,激发人的动机,使人始终保持兴奋状态,朝着期望的目标积极行动的心理过程。该定义表明:一是作为一个组织,要运用科学的手段来激发成员的动机;二是要保持成员的心理亢奋和兴奋状态;三是要导向成员所期望的合理、合法、合规的目标上;四是激励是一个心理过程,具有一定的心理内在性。

6. 外界刺激

外界刺激是指那些可能影响人的行为、不是来自人自身的各种外界相关因素,这些因素可能是组织设定的,也可能本身就是自然界存在的。不可否认,人类本身是环境的高等动物,因而在某种情况下不能摆脱环境的影响。这些环境影响因素包括外在因素和内在因素,以及这些因素有机的作用过程。在此,外在因素也就是构成外界刺激的主要原因。根据哲学的基本原理,内因是变化的依据,外因是变化的条件,外因是通过内因才产生作用的。因而,组织要构建一系列有效的外界刺激,就要充分考虑到结合本组织员工的综合素质。组织在利用外界刺激激励员工工作时,要对组织内员工综合素质有一定的针对性,不能盲目地利用外界刺激。

6.1.2　激励相关的模式

人类的行为模式,主要是需要产生动机、动机导向行为、行为指向目标、目标引起是否满足的评价、评价结果是否再产生新的需要。人类的创新性和发展性,来自人类自身的永无止境的追求,而对人类追求及行为的模式的研究,有利于了解人类的行为基本规律,从而能引导更多的组织管理者依照人类行为的客观规律,制定企业的管理政策和规章制度,对做好组织内人性化管理和对建立和谐社会做出组织应有的贡献,都有一定的指导作用。此外,对每个员工正确认识自我,主动了解组织的相关制度和规则,在合法保护自我权益的条件下,正确认识自我,从而有效地将自我融入组织中,在组织中做出自己最大的贡献,也有非常重要的意义。

1. 人类一般的行为模式

根据各项研究表明,人类的行为是有一定规律可循的。而这个规律就是需要产生动机,动机导向行为,行为指向目标,目标实现后又产生新的需要。至于需要的产生,是来自人本身各种不满足的内外刺激。上述各个过程的内在关系可见图6-1。

图6-1a将人类行为模式与激励结合起来了。

---

① 单怀仓:《人力资源开发概论》(第一版),中国劳动出版社1995年版,第173页。

```
   ┌──────────────────────────────────────────────────────┐
   │                                                        │
   ▼                                                        │
┌────────┐   ┌────────┐   ┌──────┐   ┌──────┐   ┌──────┐
│  刺激  │──▶│ 个体需要│──▶│ 动机 │──▶│ 行为 │──▶│ 目标 │
│(内外诱因)│   │        │   │      │   │      │   │      │
└────────┘   └────────┘   └──────┘   └──────┘   └──────┘
   ▲                       反馈                       │
   └──────────────────────────────────────────────────┘
```

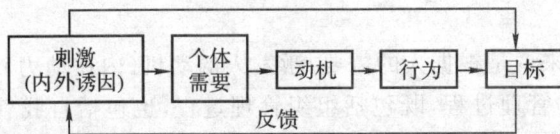

图 6-1a　人类行为激励模式之一

图 6-1b 将人类愿望等主要精神需要与人类行为模式结合起来了。

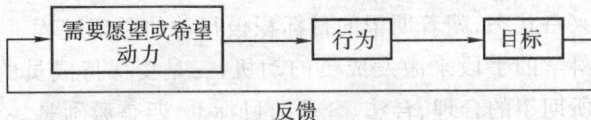

```
   ┌──────────────────────────────────────────────┐
   ▼                                                │
┌──────────────┐     ┌──────┐     ┌──────┐
│ 需要愿望或希望 │────▶│ 行为 │────▶│ 目标 │
│     动力     │     │      │     │      │
└──────────────┘     └──────┘     └──────┘
          ▲           反馈            │
          └──────────────────────────┘
```

图 6-1b　人类行为激励模式之二

图 6-1c 将人类行为模式更加细化了。

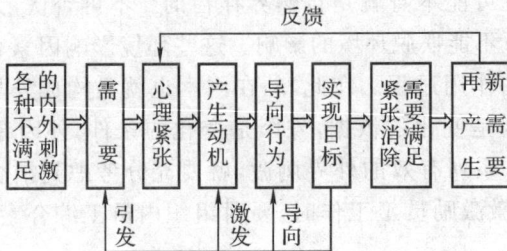

```
                          反馈
   ┌──────────────────────────────────────────────────┐
   ▼                                                    │
┌────┐ ┌──┐ ┌────┐ ┌────┐ ┌────┐ ┌────┐ ┌────┐ ┌────┐
│各种│ │需│ │心理│ │产生│ │导向│ │实现│ │紧需│ │再新│
│的内│▶│  │▶│紧张│▶│动机│▶│行为│▶│目标│▶│张要│▶│产需│
│外刺│ │要│ │    │ │    │ │    │ │    │ │消满│ │生要│
│激不│ │  │ │    │ │    │ │    │ │    │ │除足│ │    │
│满足│ │  │ │    │ │    │ │    │ │    │ │    │ │    │
└────┘ └──┘ └────┘ └────┘ └────┘ └────┘ └────┘ └────┘
          │引          │激      │导
          │发          │发      │向
```

图 6-1c　人类行为激励模式之三

前两个人类行为激励模式比较概约,因而我们重点分析人类行为激励模式之三。从人类行为激励模式之三可以看到,在此模式中有两个反馈过程:一个是新需要产生以后,又会导致人产生心理紧张,从而又开始进行一个新的过程。由这一点可以看出,人的需要和欲望是不会有止境的,进而也反映了人类能有别于其他任何动物进行不断地改革和创新。第二个是实现目标以后,有利于导向行为,使行为在进一步重复下养成习惯性行为、自觉性行为;此外,实现目标也再次激发了人的动机,从而导向曾经实现目标的行为,使人步入驾轻就熟之路,使人在新行为中得到安全感和满意感;另外也能引发需要,使人又进入与上一次相似的行为过程。这样相似过程的重复,有利于促使人的行为在自身稳定的需要下具有更好的稳定性。这种反馈是一个连带的整体,相互间具有一致性,相互影响和作用,形成员工相对稳定的行为。如果组织设立符合组织发展的目标,且有相应的激励政策措施,员工的行为就会向组织目标靠近,员工行为一旦符合组织的目标要求,就会使组织从此拥有组织比较认同的骨干员工,再加上组织良好正确的管理,就会形成组织相对可靠的队伍,为组织今后的稳定或高速发展奠定良好的人力资源基础。

2. 激励过程[①]

所谓激励过程就是将人们的行为过程与相关的激励措施相结合的复合过程。激励就

---

① 单怀仓:《人力资源开发概论(第一版)》,中国劳动出版社 1995 年版,第 174—176 页。

是利用外部某种刺激(外部诱因、企业目标)激起个人自觉行动的过程。激励使员工为实现目标而产生的行为处于积极状态,对工作表现出高昂的情绪、坚强的意志、冲天的干劲,最大限度地发挥人的潜能,从而创造出更大的价值(具体可图 6-2)。

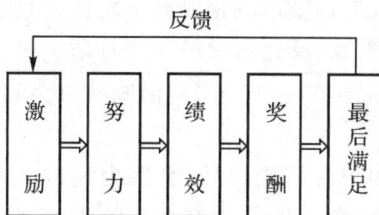

图 6-2　激励过程

从此过程来看,还有各种各样的复杂情况和制约因素。

(1)从激励到努力

要利用外部诱因,激励员工为实现组织目标而努力工作。这些激励措施,来自组织有针对性的决策。各种企业的人力资源组成有极大的差异性。企业或组织的领导要结合自身人力资源的实际情况,制定能促使本组织大多数人员积极努力的、有效的外部诱因,从而保证员工的行为能朝着组织希望的方向努力。

(2)从努力到绩效

在组织和员工自我激励之下,员工还需要不断地在主观上加以努力。这样的努力结果,还要符合组织的要求,包括组织要求的工作数量和工作质量。努力是员工获得绩效的前提,员工的自我激励也是必需的。没有努力激励,过程也就停止了。人从努力工作到取得良好的工作成绩,受主客观条件的影响。从主观条件来看,主要有:① 内在动力,即积极性。没有人自身的积极性,往往没有良好的工作绩效。② 一定的技术水平和必要的能力。光有自身的积极性还是不够的,还要有组织、企业所需要的一定的技术水平和必要的能力。人自身都是有一定的能力的,但是否符合企业、组织的需要,则是不一定的。只有符合企业、组织需要的技术水平和能力,才可能是有效的。一般要使工作有成效,必须同时具备两个条件,即动力和能力,两者缺一不可。从客观条件来看,主要有:① 物质条件的限制。俗话说,"巧妇难为无米之炊"。企业的设备、环境、劳动安全措施等存在问题,会直接影响劳动者的努力结果。② 群体中的人际关系。如果组织、企业内人员关系紧张,相互间不愿团结互助,员工就不可能全力以赴地工作,因而也就无法提高员工自我的工作绩效。作为组织,就要不断考虑改善组织的物质条件和群体的人际关系。因此,加强员工培训,不断提高员工的综合素质,加强员工技术水平和工作能力,努力改善组织内工作条件和人际关系,是组织人力资源管理的重要任务。

(3)从绩效到奖酬

员工进行自我努力以后,还需要组织能够客观公正地评价员工的劳动成果,即客观评价员工的绩效。科学的考核方法,奖酬的公正性,能够起到较大的激励作用。反之,就会使员工产生不满情绪。这就要求组织在人力资源考核评价中,应该结合组织的实际情况,采用一套科学考核工作绩效的方法。

（4）从奖酬到满足

要物质奖励与精神奖励相结合。在采用物质奖励和精神奖励相结合的过程中,要使奖励起到激励的作用,需注意两个问题:一是分析员工实际接受水平。通常,员工是农村来打工的,往往注重的是物质奖励,来自城市的相对看重精神奖励;员工的受教育水平或在组织内职位较高的,往往注重精神奖励,反之就比较注意物质奖励。二是要注意奖励的公平性。获得奖酬是人们注意的因素,但奖酬是否公平对激励效果会起到更大的作用。

（5）最后的满足

一般在人们预先所追求的目标实现以后,会因为满足而产生新的努力。但是,对于不求上进的一些人,满足并不一定使其进一步努力。因此,要防止员工满意后的消极满足倾向,采取有效措施重新开始新一轮的激励过程,确保员工队伍有饱满的工作热情。

3. 激励过程与行为模式

激励过程与行为模式存在着非常紧密的内在关联性。首先,任何激励过程要以行为模式为基础,激励过程没有行为模式就不能成立;其次是借助模式存在,充分运用组织可运用的各种不同的刺激因素,含内在的和外在的刺激因素,激励员工达到组织目标和要求。而激励过程与行为模式的核心在于揭示了在行为模式中的各相关变量,使行为模式的内涵清晰化,为组织进一步采取正确的、相关的激励措施提供了理论依据。激励过程与行为模式的表示见图 6-3。

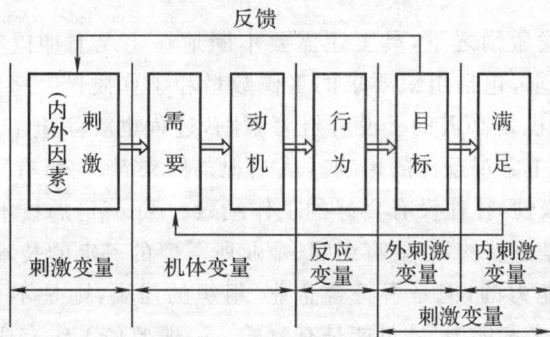

图 6-3　激励过程与行为模式

从人的行为模式与激励变量分析可以得出,激励力量是刺激变量、机体变量和反应变量的因变量,即激励力量受上述三个变量的影响:

激励力量＝f(刺激变量×机体变量×反应变量)

＝f[(外刺激变量＋内刺激变量)×机体变量×反应变量]

进一步对三个变量分析可以看出:刺激变量是因,机体变量和反应变量是过程,激励力量是果;机体变量和反应变量主要与员工的早期教育而形成的自身素养有直接关联,具有良好素质的员工,就会有相对理性和良好的机体变量和反应变量,会在一定程度上根据刺激变量导向组织目标,进而实现组织与个人的双赢的效应;而良好素质的员工,也会通过在理解组织要求的基础上,以成熟的心态,产生与组织期望相吻合的满意感,进而保证组织目标不断得以实现。从这也可以看到:员工在组织目标下的自我满足水平,也是衡量员工素质的重要因素之一。组织对员工的激励主要来自刺激变量中的外在因素,这也就使组织必须考虑如何针对员工的具体情况来采取有效的管理措施。

组织要通过运用各种外在的刺激变量来调动员工的工作积极性。这些由组织运用的各种外在的刺激变量,实际上就是企业的各种规章制度、相关的执行流程及执行的准确性和针对性。组织在提高员工的工作积极性时,还需要结合弗洛姆的期望理论,解决激励中的两个关键问题:

(1)激励因素的吸引力如何

当员工认为组织设定的刺激因素有一定的吸引力,员工就会考虑通过自己的努力,尽量实现组织导向的目标。但如果员工认为组织设定的刺激因素没有吸引力,员工就不会付出自己的努力,来实现组织目标。

(2)达到激励因素所诱导的结果或目标的可能性的大小

每一个员工,都会对组织的目标可否实现做出自己的判断。当员工判断认为实现的可能性很小,则组织所设立的目标对员工的激励作用很小,甚至没有任何激励作用;反之,就会有激励作用,甚至产生比较大的激励作用。

4. 积极性及其心理因素

积极性是指人们完成某项任务产生的能动而自觉的心理活动过程,包括工作态度、工作行为和工作效果。积极性的心理因素除了需要和动机的影响外,还有以下因素。

(1)认识

积极性受人们对该项工作的目标意义的认识和理解的影响。如果离开对目标的正确认识,工作及其目标就不能被主体认同,也就无法产生积极的行动。工作目标是外因,只有认识了工作目标,才能化为内部动力,从而产生积极性,激发人为实现目标的自觉行动。一般来讲,认识水平与积极性成正比,认识水平越高积极性也就越高。[①]

(2)意志

意志是自觉确立目标、克服困难,采取行动实现预定目标的心理过程。在动机推动行为的过程中有许多内部和外部的困难,只有克服这些困难,才能推动工作向前发展。意志,就是为了克服这些困难。没有坚强的意志力,也就无法保持克服困难的坚定性,进而不能保证在工作中有积极性。

【相关链接 6-3】

意志品质

意志品质是指构成人意志的诸因素的总和。主要包括:

1. 意志的自觉性。意志的自觉性是指对自己行为目的的重要性和正确性有充分的认识,并根据客观规律规划自己的行为,以实现预期的目标。自觉性是意志的首要品质,贯穿于意志行动的始终。

2. 意志的果断性。意志的果断性是指一个人能适时地做出有根据和坚决的决定,并毫不犹豫地付诸执行。而在不需执行和情况改变时,能立即停止和改变已作出的决定。

3. 意志的自制性。意志自制性是指善于控制自己的情绪,约束自己的行为。

① 单怀仓:《人力资源开发概论(第一版)》,中国劳动出版社 1995 年版,第 176 页。

自制性强的人,在意志行动中,不受无关诱因的干扰,战胜各种障碍因素,坚持完成意志行动。

4.意志的坚持性。意志的坚持性是指在意志行动中能否坚持决定,百折不挠地克服困难和障碍,完成既定目的方面的意志品质。这是最能体现人的意志的一种品质。

(资料来源:张德:《组织行为学》,高等教育出版社 2002 年版,第 78—79 页)

(3)热情

热情是一种积极的情感。人们在满腔热情的条件下,能顺境更顺,在逆境则不断克服困难,从而取得很好的成果。热情具有动力性,是构成积极性的要素之一。

(4)兴趣[①]

兴趣是个体积极探究某种事物的认识倾向。兴趣可以使人优先注意某种事物,并带有情绪色彩和向往的心情。人们积极从事的活动,往往是有兴趣的活动。对有兴趣的活动,人们总是心驰神往,表现参与的趋向,精神振奋、情绪愉快、行动积极。稳定的兴趣是推动人们工作或活动取得成功的重要条件。

(5)世界观

世界观是指人对自然、社会、人生总的认知和基本看法。它是人认识、情感、需要、动机、兴趣根本的制约因素,同时也指导和调节人的行为;它不仅决定行为积极性的程度,而且决定着人行为的方向。世界观是行为积极性的调控力量。

认识、需要、动机、意志、热情、兴趣和世界观等影响积极性的因素,是相互联系、相互制约、综合发挥作用的,共同决定积极性的程度。

5.影响员工积极性的因素

(1)主观因素——主要指来自员工自身的影响因素

①正确的价值观。价值观是指人对周围事物的是非、善恶和重要性的判断。一个人的价值观表现为他要追求什么,且与需要关系密切。对符合自己需要的事物,就会作出肯定的评价,并表现出积极性;对不符合自己需要的事物,就作出否定的评价,并表现出消极性。因此,人们总是按照自己的价值观来选择目标,并为该目标而努力奋斗。而这努力的过程,实质上就是为满足某种需要进行的行动。

②适当的抱负水平。抱负水平指个人期望达到某种高度的工作目标。适当的抱负水平是人们经过实践对自己努力能达到目标的正确认识。如果人的能力比较强,就能为自己确定较高的抱负水平,从而其获得成功的愿望也较强烈,进而成为推动积极行为的动机,其努力也易获得成功,并给其带来成就感和成功感。不断的成功,又会成为内部动因而推动他向更高的目标前进。

③良好的社会适应能力。社会适应能力指人们的思想观念、行为方式随着社会变革和发展而相应改变的能力。改革开放 30 多年来,社会产生了许多新观念和相应的行为方式,按揭、网络、博客等新事物层出不穷。这些都与传统的思想观念和行为方式发生了激烈冲突,给人们造成了较大的精神、物质等生活上的压力。对这些压力作出的反应就是人们的心理承受力。良好的心理承受力能够产生支持社会变革和发展的动力,行为上表现出较高

---

　　① 叶奕乾、何存道、梁宁建:《普通心理学(第一版)》,华东师范大学出版社 1997 年版,第 465 页。

的积极性;心理承受力较差时就会受传统观念的束缚,行为上表现出消极性,产生种种的困惑和疑虑。

(2)客观因素——主要指来自员工外围环境的影响因素

①家庭环境。含家庭成员的健康状况、成员间的关系、居住环境、家庭收入水平、子女的教育和就业等等。

②工作环境。包括工作与个人的个性是否适应,能否发挥个人的聪明才智以及报酬情况,工作的安全性、丰富性和挑战性等等。

③群体环境。含领导者的素质和水平,群体内人际关系,群体士气等等。

④社会环境。包括社会的安全性、经济发展状况、社会治安状况、社会风气、社会舆论和政策导向等等。

6.2 激励理论

6.2.1 激励理论体系

经过近百年世界有关管理和心理学专家的不懈努力,激励理论已经形成了相对比较完善的理论体系。相信在社会不断发展的今天,还会有新的理论诞生,推动激励理念、激励方法和激励效果不断提高。

1. 内容型激励理论

内容型激励理论是着重研究激发动机各种因素的内涵及其关系的有关理论。这些理论认为激励的内容对激励的结果是十分重要的。具体包括:

(1)需要层次理论(马斯洛);

(2)生存、关系、成长理论(阿德弗);

(3)双因素理论(赫茨伯格);

(4)成就激励理论(麦克利兰)。

2. 过程型激励理论

过程型激励理论关注具体激励过程及激励因素相互关联性。具体包括:

(1)期望理论(弗洛姆);

(2)综合激励模式理论(波特—劳勒);

(3)公平理论(亚当斯);

(4)目标理论(德鲁克)。

3. 行为修正型激励理论

行为修正型激励理论重点关注影响人行为改变的各类因素及其相互间的关联性。具体包括:

(1)行为修正理论(斯金纳);

(2)力场理论(勒温);

(3)挫折理论;

(4)归因理论(海特等)。

6.2.2 相关的激励理论

1. 马斯洛需要层次理论

这是由美国人本主义心理学家马斯洛(Abraham Harold Maslow,1908—1970)于 20 世纪 40 年代在其出版的《人的动机理论》一书中提出的。他经过调查分析认为人的需要从激励内容上来看,可以分为五大类,即生理的需要、安全的需要、社会交往的需要、受尊重的需要和自我实现的需要。

上述五种需要(如图 6-4 所示)是由低级向高级排列的。

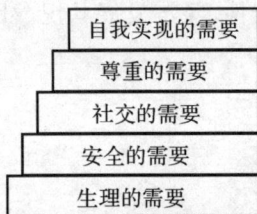

图 6-4　需要层次梯图

(1)生理的需要

生理的需要是人们生存所必需的一种最基本的需要,包括食物、水、空气、住房和其他人生理机能的需要。

(2)安全的需要

安全的需要包括对人身安全、生活稳定及免遭痛苦、威胁或病痛等方面的需要。

(3)社交的需要

社交的需要指对友谊、爱情以及隶属关系的需要。

(4)尊重的需要

受尊重的需要既包括对成就或自我价值的个人感受,也包括别人对自己的赏识和尊重。

(5)自我实现的需要

自我实现的需要是指一个人能体验到自己有更多解决问题的能力,以及一种匠心独运、不受干扰的气魄。

马斯洛认为,在人类价值体系中存在着两种不同的需要,一类是沿生物谱系上升方向不断变弱的本能和冲动,称为低级需要;一类是随生物进化而不断显现和加强的潜能或需要,称为高级需要。

这两类需要的关系表现为:

① 需要是有层次的,生理的需要最低,自我实现的需要最高,但这种次序不是完全固定的,而是可以变化的,也存在着种种例外情况。

② 每一时期都有许多的需要存在,即人需要是有多样性的,人的行为是受多种需要支配的。但是,每一个时期总有一种需要是主导性需要。

③ 需要的满足是由低向高而进行的,只有低一层需要得到较大程度的满足后,才进入高一层需要的满足。这五种需要不可能完全满足,越到上层,满足的百分比就越低。

　④ 需要满足以后对人的行为就不再具有激励力量了。

运用马斯洛需要层次理论时要注意:

马斯洛所述的需要满足过程是由低层次需要向高层次需要过渡,一般没有跳跃性。在实际应用中,确实存在着跳跃性以及由高向低层次过渡的情况。比如英雄人物,在低级需要都可能得不到满足的时候,却勇敢地追求自我实现的需要,甚至不惜牺牲自己的生命。再比如,有些人在已经获得了必要的尊重需要后,却为了自己的低级需要而丧弃气节,贪污腐败。

【相关链接 6-4】

马斯洛的需要层次理论在企业管理中的应用

需要层次	追求的目标	管理措施
生理需要	薪水、健康、良好环境、各种福利	安排好医疗、保健、住宅、休息、福利设施等
安全需要	职业保障、安全生产	雇佣保障、退休金、人寿保险、财产保险
社会需要	友谊、良好的人际关系、团体接纳、组织一致	协作、访谈、开展团体活动、教育、训练、娱乐活动
尊重需要	地位、名分、权力、责任、与他人比薪水高低	人事考核、晋升、表彰、选拔进修、委员会、参与制度
自我实现	能发挥个人特长的组织环境、挑战性工作	参与决策制度、提案制度、职业生涯发展计划

(资料来源:杨蓉:《人力资源管理(第三版)》,东北财经大学出版社 2010 年版,第 188 页)

2. 赫茨伯格双因素理论

双因素理论是美国心理学家赫茨伯格(Frederick Herzberg)在上世纪 50 年代后期,通过对 200 多位工程师和会计师调查研究后提出的。他在经过对某些因素与是否满意之间的关系进行大量调查分析后发现:

激发人的动机的因素有两类,一类是保健因素,另一类是激励因素。

保健因素对人没有激励的作用,但有保持人的积极性和维持工作现状的作用,以及防止人们对工作产生不满的作用。激励因素是影响人们工作的内在因素,其本质在于注重工作本身的内容,促进人的上进心,激发人们做出良好的表现。

关于保健因素与激励因素之间的相互关系,赫茨伯格认为在不满意与满意之间存在着中间状态,即不满意的对立面是没有不满意,满意的对立面是没有满意。

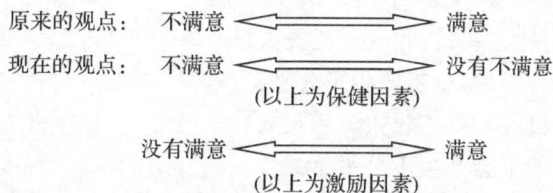

原来的观点: 不满意 ⟸⟹ 满意

现在的观点: 不满意 ⟸⟹ 没有不满意
(以上为保健因素)

没有满意 ⟸⟹ 满意
(以上为激励因素)

保健因素不产生激励效应,但不满足时就会产生不满意感。一般包括:
①政府政策或企业的经营方针;

②组织内各层次的工作监督；

③与上级、同级、下属的关系，即个人在组织内的各种人际关系；

④工作条件，包括物质条件和环境条件；

⑤工资待遇；

⑥个人生活条件；

⑦在组织内的个人地位；

⑧在组织内的工作安全性。

激励因素都是由工作本身产生的，对人员有激励效应。具体包括：

①成就。工作上的成就感；

②赏识。工作上受到上级的器重，被同事承认；

③责任。工作上所负责任的重要程度。一般员工所负的责任越大，员工的工作积极性就越高；

④工作本身。由于良好工作成绩而得到奖励；

⑤提升。从工作中看到个人未来发展的可能性；

⑥发展前途。工作中有发挥自己聪明才智的机会。

在具体应用中要注意：

①因为双因素理论产生在西方文化背景条件下，因而上述所列举的激励因素和保健因素不一定适合我国的国情，要结合我国具体企业或组织的实际情况，针对大多数员工来确定激励因素和保健因素。

②具体针对不同的地区、企业、员工以及不同时期，激励因素和保健因素也是不同的。这就需要企业或组织做好过细的工作，防止产生不恰当的激励而事与愿违。

③企业要深入了解大多数员工的需要，及时界定激励因素和保健因素。对于保健因素，不宜下太大的工夫。企业应该根据自身发展水平，及时调整在激励因素和保健因素之间的投入比例，以求最大效益。

3. 亚当斯公平理论

公平理论是美国心理学家亚当斯(J. S. Adams)在1965年发表的《在社会交换中的不公平》一文中提出来的。该理论认为，报酬的多少固然是影响积极性的因素，但报酬分配是否公平、合理则有更大的作用。即人们不仅关心自己报酬的绝对数，而且还要通过相对数与他人比较。具体又分为横比——与他人的报酬相比，纵比——与自己历史相比。相对数是指收入与投入的比值。

如某甲以某乙(可以是他人，也可以是自己的过去)为对象进行比较，结果有以下三种情况，使某甲同时也产生三种主观感受：

$$（甲收入÷甲投入）＝（乙收入÷乙投入）$$

比值相等，甲认为公平的，也就产生了公平感。

$$（甲收入÷甲投入）＞（乙收入÷乙投入）$$

甲会感到满意，一般不会产生不公平感。

$$（甲收入÷甲投入）＜（乙收入÷乙投入）$$

甲会认为自己的投入多而收入少，不公平感也就产生了。

这里所说的收入既包括物质收入，也包括精神收入。单就物质收入来说，在计时工资与计件工资中有四种假设：

激励结果	产量	质量
(1)小时报酬,过度报偿——同时提高产量和质量		
(2)小时报酬,报酬偏低——同时降低产量和质量		
(3)计件报酬,过度报偿——减少产量而提高质量		
(4)计件报酬,报酬偏低——提高产量而降低质量		

在实际环境中除了可能出现结果的不公平以外,还存在着报酬过程的不公平。这就需要组织在控制企业内竞争强度的条件下,不断提高对员工发放报酬的程序及结果透明度。

就员工个人来讲,其自我也有在公平上认知的主观能动性。不公平感一旦产生,人们往往要通过一定的手段和方法,努力恢复公平,以求得心理平衡。具体分为两种:实质恢复和精神恢复。

(1)实质恢复

①增加自己收入。一般人们采取的办法是千方百计地争得领导为自己增加报酬,或努力在领导面前评功摆好,获得组织对自己的物质奖励和精神奖励。但这种恢复方法在时机不成熟的条件下,有可能引起领导的反感,使自己的收入更少。

②减少自己投入。增加自己的收入,弄不好会给自己添麻烦。于是,人们又有可能采取减少自己的投入来使自己获得平衡感。如少干工作,不干重要工作等等。

③减少他人收入。通过一定的方式,如告状、散布谣言等,引起上级对他人的反感而减少他人的收入。

④增加他人投入。通过一系列手法,迫使他人增加投入。

这种方法有效,但由于过分强调自己的利益,或是损人而未必利己,还可能极大地恶化自己赖以生存的环境,风险比较大。

(2)精神恢复

①阿 Q 法。一种自我内心安慰法。将他人看低,自己抬高自己,似阿 Q"孙子打爷爷"的自我排解法。

②更换比较对象。更换比较对象,就像中国古代所说的"比上不足、比下有余",从而达到自我安慰的目的。

以上两种方法,因为是自我内心活动的调整,因而不会伤及他人。

③怒而一走了之。由于自我感到实在不能接受组织或企业的评价,而离开组织或企业。这也应了古话所说的"此处不留爷,自有留爷处"。但怒而一走了之,依然不能消除心中的怨气和怒气,还会在适当的时候诋毁原来曾工作过的组织或企业,以及使自己愤愤不平的某些人。

亚当斯公平理论在具体应用中要注意:

(1)公平比较是人们为了自己的心态平衡而自然而然进行的,比较本身无可厚非,而且每个人的公平比较几乎都是经常性的。

(2)比较是个人主观行为,因此难免带有主观色彩而失去社会公正。

(3)制定管理制度时要考虑到人们进行公平比较的心态,更要考虑到组织社会的公平和公正。

(4)可以恰当地利用人们公平比较的心态,人为地制造员工可以接受的不公平,以激励员工努力工作,提高单位绩效。

【实例 6-3】

约克和汤姆结对旅游。约克带了 3 块饼,汤姆带了 5 块饼。有一个路人路过,路人饿了。约克和汤姆邀请他一起吃饭。约克、汤姆和路人将 8 块饼全部吃完。吃完饭后,路人感谢他们的午餐,给了他们 8 个金币。约克和汤姆为这 8 个金币的分配展开了争执。汤姆说:"我带了 5 块饼,理应我得 5 个金币,你得 3 个金币。"约克不同意:"既然我们在一起吃这 8 块饼,理应平分这 8 个金币。"约克坚持认为每人各 4 块金币。

为此,约克找到公正的夏普里。夏普里说:"孩子,汤姆给你 3 个金币,因为你们是朋友,你应该接受它;如果你要公正的话,那么我告诉你,公正的分法是,你应当得到 1 个金币,而你的朋友汤姆应当得到 7 个金币。"约克不理解。

夏普里说:"是这样的,孩子。你们 3 人吃了 8 块饼,你吃了其中的 1/3,即 8/3 块,路人吃了你带的饼中的 3−8/3=1/3;汤姆也吃了 8/3,路人吃了他带的饼中的 5−8/3=7/3。这样,路人所吃的 8/3 块饼中,有你的 1/3,汤姆的 7/3。路人所吃的饼中,属于汤姆的是属于你的的 7 倍。因此,对于这 8 个金币,公平的分法是:你得 1 个金币,汤姆得 7 个金币。你看有没有道理?"

思考:你觉得夏普里的分法对吗? 夏普里所提出的对金币的"公平的"分法所遵循的原则是什么?

4. 弗洛姆激励理论

期望理论是美国心理学家弗洛姆(V. H. Vroom)在他 1964 年所著的《工作与激励》一书提出来的。他认为一种激励因素(或目标)的激励作用的大小,受它的期望概率和效价两方面因素的制约。用公式表示为:

激发力量＝∑效价×期望概率

效价是指激励因素(或目标)实现后个人对自我价值大小的评价。数值在正负数间选。这主要是因为个人的行为方式、思维方式、价值取向、主观态度、优势需要以及个性特征等因素不同所造成的。

期望概率指个人对实现目标可能性大小(概率)的判断。数值在 0 与 1 之间选。

由公式可以看出,效价和期望概率相互结合,共同决定目标激励作用的大小,且效价和期望概率都具有一定的主观性。

期望理论的核心是把握三种关系:

①努力—绩效的关系(成功可能性)

努力和绩效正相关性越显著,员工就越会感到离成功的距离越近。

②绩效—奖励的关系(获奖可能性)

绩效和奖励正相关性越明显,员工就会感受到只要做出绩效就能获得相对应的奖励。

③奖励—实现目标的关系(吸引力)

在中松一郎的目标一致理论下,自我目标与组织目标越接近,奖励越大,吸引力就越大;自我目标与组织目标存在着一定的差距,奖励越大,可以在一定程度上改变自我目标并向组织目标靠近,提高工作对被激励者的吸引力。

由弗洛姆期望理论可以看出,激励力量最后的结果评价通常有四种情况:

第一是效价高,期望概率也高,属于强激励;第二是效价高,期望概率低,属于弱激励;第三是效价低,期望概率高,属于弱激励;第四是效价低,期望概率低,属于极弱激励或无激励。

弗洛姆激励理论在具体应用中要注意:

(1)组织在制定企业目标和个人目标时,要充分考虑到组织的综合实力和群体的平均素质,以及个人的综合素质。否则,就无法起到激励的作用。

(2)人的工作努力程度与工作绩效有深刻的内在关联性。努力并取得绩效,取决于个人期望概率。故制定个人工作目标时,要尽量比个人期望概率略高一些。

(3)要加强人力资源队伍综合素质的培养和提高,提高他们的工作能力,以提高他们的期望概率,确保组织目标的实现。

5.波特和劳勒的综合激励理论

波特(L. W. Poter)和劳勒(E. E. Lawler)在佛隆的期望理论基础上明确指出:激励、绩效和满足都是独立的变量,满足取决于绩效,甚于绩效取决于满足。他们将内激励和外激励综合在一起,并在报酬与满足感之间加入了一个中间变量"公平的报酬",成为传统思想的转折点。它既清晰地勾画出了综合激励模式的架构轮廓(如图),又揭开了员工在获得奖酬后仍然不感到满足的谜底,从而使激励理论的内容更加丰富多彩。

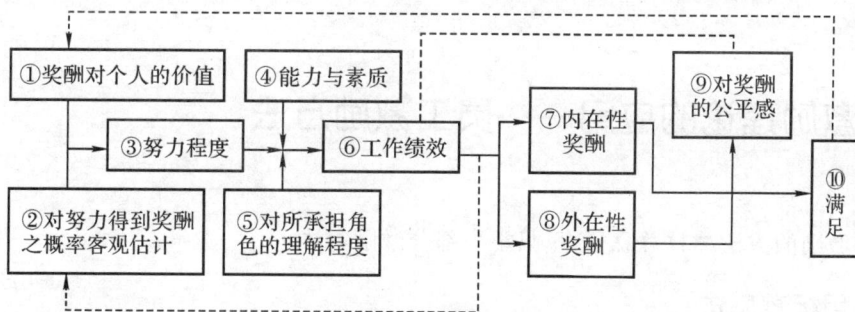

波特和劳勒的综合激励模式

(资料来源:赵西萍、宋合义、梁磊编著:《MBA组织与人力资源管理》,西安交通大学出版社1999年版,第252页)

【相关链接 6-5】

当代以激励理论为基础的整合

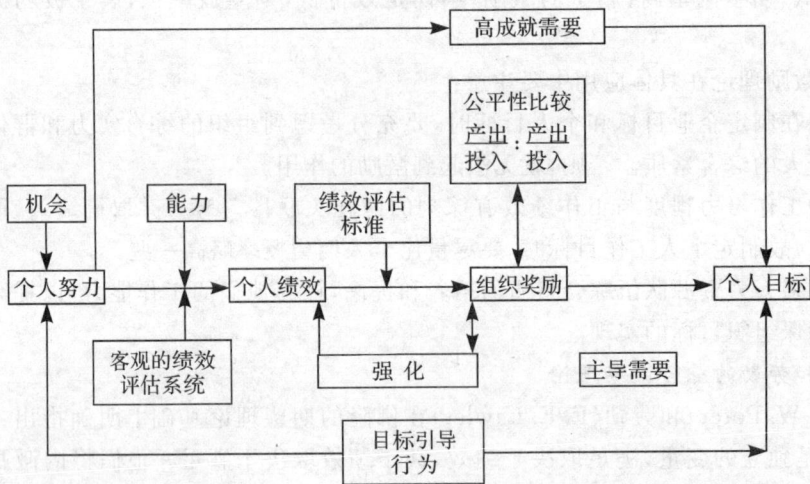

（资料来源：杨蓉：《人力资源管理（第三版）》，东北财经大学出版社 2010 年版，第 197 页）

由该模式可以看出：机遇，培训，绩效评价，奖酬政策，个人化激励，成就激励和目标激励等对于员工的激励是非常重要的。

6.3 激励理论的应用——员工激励方法

员工激励的方法林林总总，这里只举出部分激励方法。

6.3.1 目标激励法

目标激励，就是通过设定恰当的目标，来调动人的积极性。

设立恰当的目标必须具备的条件：

(1)个人目标要尽可能地与组织目标相一致。

根据日本中松一郎的目标一致理论可以知道，只有在个人目标与组织目标相一致的条件下，人的能力才能得到最大的发挥。

(2)组织设立的目标，通过员工的努力是可以实现的。

(3)目标对于组织和员工是有价值的。

(4)目标系统是有序的。

6.3.2 参与激励法

参与激励，就是指通过员工参与企业的决策和管理来激发员工的积极性。

搞好参与激励,企业必须在提高全体员工综合素质的基础上,提高企业的民主管理水平。为此,企业应当做到:

(1)健全民主决策机构及领导体制;

(2)健全员工民主参与激励机制;

(3)健全员工民主参与约束机制;

(4)提高员工素质和参与民主管理水平。

6.3.3　尊重信任激励法

尊重信任激励,是通过给予员工以尊重、信任和支持来激发员工的积极性。

尊重信任是人的高级需要决定的,是人的社会属性的必然。

尊重信任,就要经常听取员工的意见,大胆使用人才,量才而用。

此外,公司还要结合实际情况,尊重对公司做出历史贡献的老员工。老员工经验丰富,工作有耐心,稳定性也比较强。在提拔任用年轻员工时,要教育年轻员工尊重老员工。尤其要注意:不要使那些还在职的中老年员工看到年轻员工在公司的发展,因感到自己被公司边缘化了而失去工作动力。公司的发展还是需要"老、中、青"相结合的。

【实例6-4】

素有"经营之神"之称的日本松下电器总裁松下幸之助有一次在一家餐厅招待客人,一行六个人都点了牛排。等六个人都吃完主餐,松下让助理去请烹调牛排的主厨过来,他还特别强调:"不要找经理,找主厨。"助理注意到,松下的牛排只吃了一半,心想一会的场面可能会很尴尬。主厨来时很紧张,因为他知道请自己的客人来头很大。"是不是牛排有什么问题?"主厨紧张地问。"烹调牛排,对你已不成问题,"松下说,"但是我只能吃一半。原因不在于厨艺,牛排真的很好吃,你是位非常出色的厨师,但我已80岁了,胃口大不如前。"主厨与其他的五位用餐者困惑得面面相觑,大家过了好一会才明白是怎么一回事。"我想当面和你谈,是因为我担心,当你看到只吃了一半的牛排被送回厨房时,心里会难过。"

（资料来源:管理资源吧,http://www.glzy8.com/show/34935.html）

思考:如果你是那位主厨,听到松下先生的如此说明,会有什么感受?

6.3.4　关怀激励法

关怀激励,是指通过对员工的工作、学习和生活等各方面的关心来激发人的积极性。

人都是有情感的,相互理解对方的情感变化,保持一种融洽的关系,有利于激发员工的积极性,尤其上下级之间,效果更为明显。可通过谈心、家访、经济补贴、培训学习等方式进行。一般情况下,上下级权力距离越大,运用关怀激励法的激励效果就越好。

【实例6-5】

为了让员工安居乐业,减轻后顾之忧,阿里巴巴集团公司于昨日宣布推出30亿元的"iHome"无息置业贷款计划,并投入5亿元成立教育基金,解决员工子女的学前和小学教育问题。同时,考虑到物价上涨压力,集团将给诸多基层员工发放超过 4000 万元的一次性物价和子女教育补贴。

阿里巴巴集团首席人力官彭蕾表示,阿里巴巴 12 年最重要的财富是客户和员工。在不断为客户创造价值的同时,很多员工开始承担更多的家庭和社会的压力和责任。秉承"快乐工作,认真生活"的原则,集团希望帮助员工和家人享受到公司成长带来的更好生活。

有阿里员工发微博称:"虽然我还没孩子,但互联网公司多是像我这样的外地员工,我见过他们为了孩子上幼儿园上小学,钻破头找遍关系花大钱都未必能上,又难又贵,更遑论好一点学校,虽然公司不是自己建学校,但能在相当程度上解决员工的后顾之忧,谢谢你阿里巴巴!"

彭蕾在致阿里巴巴集团全体员工的邮件中表示,今天的各项措施还远不够完美,并不能解决所有问题。"不管怎样,今天能实施这样的计划,我们由衷地感恩我们的客户和我们所处的时代!希望我们能以更好的服务和状态回馈客户,我们也才有更大的机会为自己和家人创造更美好的生活!"

(资料来源:《阿里巴巴宣布 35 亿元福利计划:无息贷款买房》,环球网,http://finance. huanqiu.com/,2011-08-17)

思考:试分析阿里巴巴为什么要推出这么大手笔的员工福利计划?

6.3.5 信息激励法

信息激励,是指通过为员工提供各种信息来激发员工的积极性。一般在组织中越是受到组织的信任,越能获得较多的组织内外的信息。

就信息现实存在的状况来看,信息是当今社会不可缺少的资源。信息具有强烈的生动性、感染性、可比性和说服力,因而能够激发员工的进取心。见图 6-5。

$$ X(信息) \longrightarrow F[x(人的大脑)] \longrightarrow Y(激励结果) $$

图 6-5 信息激励示意图

由图可以看出,信息经过人的大脑"反应器",就能因不同人大脑的分析、理解和决策而产生不同的激励效果。

同时,通过信息反馈,也可以调动员工的积极性。追求优秀是人的普遍动机,及时反馈员工的工作结果,有利于调动员工的工作热情,提高其成就感。

【实例 6-6】

西安某集团企业的一位工程师工作努力,善于学习,得到了广大员工的好评。随着公司的不断发展,公司决定派一名工程师出国学习国外的先进技术和工艺。经过集团选择,该工程师在数十位工程师中脱颖而出,被派往国外进修深造。经过三年的刻苦学习,该工程师学成回国。在公司中,他主动请缨,承担公司重大的科技项目,而且在工作中身体力行,任劳任怨,经常加班加点。后来,因为他工作及科研成就突出而被授予"五一"奖章。职工们都说他是拼命三郎。

思考:请分析,该工程师的工作动力和积极性是因为派他出国学习而受信激励产生的结果吗？为什么？

6.3.6 竞赛激励法

竞赛激励,是通过各种竞赛活动来激发人的积极性。这是因为:

首先,竞争求胜是人们活动中的普遍心态。

其次,通过竞赛,使人们之间有一个相互比较、取长补短的机会。可使员工各显其能、各展才华,提高组织工作绩效。

6.3.7 强化激励法

强化激励,是指通过对人的行为以奖惩形式给予肯定或否定来激发人的积极性。

对员工的某种行为给予肯定和奖励,为正强化;给予否定和惩罚,为负强化。

实施中,一是要尊重科学,讲究方法;二是物质与精神相结合;三是要在正强化与负强化结合使用的条件下,着重发挥正强化的作用。

6.3.8 工作设计激励法

工作设计激励,就是通过对工作的分析设计,提高和调动员工的工作积极性。

人们长期从事单一重复的工作,会产生厌倦情绪,降低工作效率。一般情况下,明确的工作目的和责任、工作成果的及时反馈、完整的工作过程及工作形式的多样化,有利于提高员工的工作积极性。

具体激励方法的运用,是一个探索、适应和创新的过程。在企业具体的生产经营实践中,应该根据企业自身的实际情况,选择对本企业员工较为有效的激励方法,并结合本企业的实际不断地加以完善。要注意结合不同层次、不同人,综合运用各种激励方法。不要照搬书本,也不要只使用单一的物质激励。

【相关链接6-6】

EVA 激励计划

EVA(Economic Value Added)即经济增加值,是指从税后净营业利润提取了包括股权和债务在内的所有资金成本后的经济利润,是度量公司业绩的指标,用来衡量公司创造的股东财富的多少。这一方法由思腾思特公司倡导。EVA 的计算公式为:

EVA(经济增加值)=税后净营业利润-资本成本

其中:资本成本=资本成本率×公司使用的全部资本

EVA 鼓励管理者高效投入资本和利用资产,使管理者可以有效地对债权人和股东负责。

EVA 激励计划的特点:

1.建立了独具特色的上不封顶的奖励计划;

2.将 EVA 与薪酬挂钩,赋予经营层与股东一样关注企业成功与失败的心态;

3.建立股东控制经营层的运营机制,改善公司治理结构;

4.使奖励与年度预算分离开,奖励的基础从达到预算目标变成分享 EVA 的增加值;

5.将股票期权奖励与 EVA 奖金相结合。

EVA 考虑了有关公司价值创造的所有因素和利益关系平衡,不仅仅是一种度量公司业绩的指标,还是一个全面财务管理的架构,更是一种经营层薪酬的激励机制。

(资料来源:根据孟庆伟:《人力资源管理通用工具》,清华大学出版社 2007 年版,第 320—323 页改写)

【本章小结】

本章从激励的基本概念入手,通过对人类的行为模式和激励模式、激励理论体系和有关的激励理论以及在实际中激励方法的进一步展开和分析,深入探讨了企业人力资源管理工作中的有关激励问题。

激励的有关概念包括需要、动机、目标、满意感、激励和外界刺激。

需要是指人们感知某种(些)必要的生活与发展条件匮乏时的心理状态。有了需要,人们就要努力地去满足需要。这在一定程度上反映了人类创造和改造世界和历史的最基本的动力所在。而动机是需要使人的内心产生行为的驱动力。动机是在需要基础上产生的。此外,诱因也是产生动机的另一个重要因素。人个体的行为往往取决于需要和诱因的相互作用,只有需要和诱因相结合才能成为实际活动的动机。目标则是指人们的行为指向一定的、能够满足人需要的资源。由动机引发的人的行为,往往都是具有一定的指向的,即人的行为最后要达到的目的,而最后要达到的目的,也就是能够满足人该行为的资源。需要是得到满足后,紧张感及因之而产生的行为内驱力(即动机)消失时的内心体验。满意感是一个行为周期的终点与归宿。激励是根据人的需要,科学地运用一定的外部刺激手段,激发人的动机,使人始终保持兴奋状态,朝着期望的目标积极行动的心理过程。该定义表明:一是作为一个组织,要运用科学的手段来激发成员的动机;二是要保持成员的心理亢奋和兴奋状态;三是要导向成员所期望的合理、合法、合规的目标上;四是激励是一个心理过程,具有一定的心理内在性。外界刺激是指那些可能影响人行为、不是来自人自身的那些各种外界相关因素,这些因素可能是组织设定的,也可能本身就是自然界存在的。不可否认,人类本身是环境的高等动物,因而在某种情况下不能摆脱环境的影响。这些环境影响因素包括外在因素和内在因素,以及这些因素有机的作用过程。了解上述基础概念,对于进一步掌握激励理论体系有非常重要的意义。

人类的行为是有一定的模式的。通过细致分析人类的行为模式,可以了解激励的内涵和适时地把握激励的时机,加强激励的效果。人类的行为是有一定规律可循的,而这个规律就是需要产生动机,动机导向行为,行为指向目标,目标实现后又产生新的需要。至于需要的产生,是来自人本身各种不满足的内外刺激。而激励过程与行为模式存在着非常紧密的内在关联性。首先,任何激励过程要以行为模式为基础,激励过程没有行为模式也就不能成立;其次是借助模式存在,充分运用组织可运用的各种不同的刺激因素,含内在的和外在的刺激因素,激励员工达到组织目标和要求;而激励过程与行为模式的核心在于揭示在行为模式中的各相关变量,使行为模式的内涵清晰化,为组织进一步采取正确的、相关的激励措施提供了理论依据。

积极性是指人们完成某项任务产生的能动而自觉的心理活动过程,包括工作态度、工作行为和工作效果。积极性的心理因素包括需要、动机、认识、意志、热情、兴趣、世界观。影响积极性的主要因素有主观因素和客观因素。主观因素包括正确的价值观、适当的抱负水平和良好的社会适应能力。客观因素包括家庭环境、工作环境、群体环境和社会环境。

激励理论经过长时间发展,已经形成了包括内容激励型理论、过程激励型理论和行为修正型理论等三大体系十二个理论。随着管理水平的不断提高和研究的不断深入,还会有结合时代发展和社会需要的新的激励理论诞生。本章结合这些理论在社会实践中的影响力和运用情况,还较为细致地介绍了马斯洛的需要理论、赫茨伯格的双因素理论、亚当斯的公平理论和弗洛姆的期望理论,并对这些理论在实际中运用时应当注意的问题作了简单的分析。

激励方法在实际中的运用,本章也简要地介绍了八种方法。在具体的应用中要注意根据企业自身的实际情况,选择对本企业员工较为有效的激励方法,并结合本企业的实际不断地加以完善。要注意结合不同层次、不同人,综合运用各种激励方法。不要照搬书本,也不要单打一,只使用单一的物质激励。

【案例分析】

当核心高管突然提出辞职

正在外地出差的 MBT 通信公司的 CEO 吴则平习惯性地打开电子信箱查收公司业务部发过来的电子信件时,他简直不敢相信自己的眼睛:营运总监李剑锋发过来的一封电子邮件的标题赫然写着"申请辞职"!过了好一会儿,吴则平才缓过神来,打开邮件认真地看了一遍。辞职信中向 CEO 表示了深切的歉意,坦言说在 MBT 公司的几年,身心倍感疲惫,现在只想离职休息一段时间,请 CEO 加以谅解。作为 MBT 公司的元老,他本人在离职后将继续关心公司的发展,如果公司需要,随时可以就业务问题与他本人商讨。辞职信写得很委婉、得体,让人读后有一种不忍拒绝的感觉。

MBT 公司是国内新近崛起的一家通信公司,专门从事移动通信产品及电信增值的销售和服务,是国外手机巨头在中国的移动电话代理商和全球重要战略合作伙伴之一,也是多家世界著名通信公司企业的合作伙伴。MBT 公司近年来在国内建立了 20 多家分公司或营业网点,业务发展迅速。MBT 公司发展到这种程度与李剑锋高超的营运能力、娴熟的公关及谈判技巧分不开,正是他拿出来的一份份商业计划书打动了世界多家著名通信企业的心。正是聘用了李剑锋,MBT公司从业界默默无闻的小公司开始转变成为个中翘楚。他的离去对 MBT 目前正在行业内进行的竞争及内部经营管理的延续的影响,可能是灾难性的。

吴则平很清楚他的营运总监对公司的重要性,但他实在不明白李剑锋为什么会在这个时候突然辞职:他尚不足 40 岁,加入 MBT 之前工作得并不是很顺利,眼下正是事业有成之际,离职休息一段时间之说不可能成立。想到这里,他马上拨通了人力资源管理总监的电话,要他立即查清李剑锋离职的动机和可能的去向,同时立即通知秘书,取消所有的安排、立即订机票返回公司。

吴则平匆匆赶回公司时,李剑锋没有来上班,秘书告诉吴则平说,COO 这两天家中有些私事需要处理。吴则平深感事态的发展要比他想象的快得多,他刚踏入自己的办公室时,人力资源管理总监池风标焦头烂额地走了进来。

"我带给你的消息可能让你很不开心,事情比我们预料的要糟糕得多。"池风标看上去很憔悴,看来 COO 的辞职对他的压力很大。

"还有什么比李剑锋离职更糟糕的事情呢?"吴则平有点紧张,因为他不希望自己担心的事情成为现实。

"李剑锋这段时间正在与 PPT 公司接触。"

"天啊!"吴则平叫苦不迭。PPT 是 MBT 在国内最大的竞争对手,这两年 MBT 就是借 PPT 内部调整之际抢走了其不少客户和市场份额。3 个月之前,吴则平得知 PPT 公司的 COO 辞职时,还在为竞争对手的折翼而暗暗高兴。

"更可怕的事情是,他负责的市场部、业务部、客户服务部这 3 个部门的一些骨干员工这几天在议论纷纷,都想随他而去。"

吴则平倒吸了一口凉气,如果这样,意味着公司内部要大换血了,后果可以用不堪设想来形容。

"还有",池风标接着说,"这次对公司内部人心影响很大,分公司经理都纷纷打电话回来询问情况……"

吴则平无力地挥挥手,示意他不要再说下去了,"我们现在最重要的事情就是要搞清楚他为什么要离开我们?"

池风标哑然,说实话,这也是困扰他的一个问题。按理说,李剑锋作为公司的第二把手,薪酬在公司中 3 年来涨了 3 倍多,收入在公司中也位居第二,和公司其他高管的关系也不错,又深受公司员工的尊重,是什么使他放下一切背弃而去呢?

"而且,我不明白,他在这里有什么不开心,为什么不和我们直接说,搞这样的突然袭击。"吴则平说,"如果他和我们说了他不满意的地方,也许我们可以和他一起协商,找到解决问题的办法。他这样做我们很伤心。"的确,吴则平聘请李剑锋加盟后,对他的工作非常支持,和他配合得也相当默契。

"最让我担心的是,他参加了我们所有的会议和对外业务的谈判,了解我们的战略与发展规划,但我们却不知道他和 PPT 已经接触了多长时间。"吴则平不敢再往下想了。

"也许他真的是不很开心。"池风标说,"也许只是 PPT 公司为他提供了一个无法拒绝的机会。但现在我们考虑的不是这个问题,而是要弄清楚他会不会带走一批骨干,那些骨干会不会跟着他到 PPT 去?我觉得他为什么离开已经不是我们要追究的事情了,我们必须要采取措施来减小由于他的离职所造成的损失。"

"好吧。"吴则平觉得他的人力资源管理总监说得没错,"我想,我们要做的事情是让胡鼎来接替他的工作。他的能力与威信虽然与李剑锋相差不少,但他是负责营运的第二号人物,也只有他比较熟悉运营管理,可以继续执行。"

"胡鼎这两天也休假了,说是家中出事情了。"池风标提醒道。

"什么? 他也休假了?"吴则平觉得这件事越来越棘手了。

"假如他把胡鼎也带走,那该怎么办?"池风标沉重地说,"我们需要弄明白,到底会有多少人追随他而去?"

"目前这只是一些传言吧?"吴则平不悦地说,因为他不愿去想象将会发生什么事情。"不过,这个时候我们应该做的,就是在这些传言广为传播之前,尽快采取一些行动,向员工解释和说明这件事情。我想,公司的员工会分为两部分,一部分会追随他而去,一部分会对他的所作所为感到气愤。所以我们要利用时间来争取大部分的员工。"

"可是,向员工解释这件事情合适吗?"

"没有什么不合适呀,公司对李剑锋已经非常不错了,他这样做不仅违反了与公司签订的竞争行业避让条款,还伤了大多数员工的心。我们再不把信息公开的话,员工的士气会受到更大的影响,他们已经被传言弄得云里雾里了。"

池风标皱了一下眉头,显然他还不太接受 CEO 的说法,但看到 CEO 这么肯定的态度,他知道多说无用。

"此外,准备去挖 DQM 公司的 COO 刘向东吧,不管多高的价钱,我想我们还是出得起他开的价码,毕竟我们的实力比他们大得多。"吴则平补充道,"这样,我们可以做到有备无患,如果胡鼎也被带走的话。"

DQM 公司是 MBT 的另外一个竞争对手,这两年在 MBT 强大的市场压力下,举步维艰,挖来 COO 的问题应该不是很大。不过,池风标觉得有些不妥。MBT 公司的高管层也好,中层也好,一直都是内部提升的,很少空降兵。不过眼下这样的情况,他觉得这已经是没有办法的办法了。

（资料来源：王燕飞、朱瑜：《现代人力资源 开发与管理》,清华大学出版社、北京交通大学出版社 2010 年版,第 215—217 页）

问题

1. MBT 公司内部可能存在什么问题,COO 李剑锋为什么会离职?

2. 公司高层在应对和处理这件事情上有无不妥,为什么?

3. 你认为应当如何解决 MBT 公司目前存在的问题?

▷ 【思考练习】

1. 你对需要与动机的不同含义和相互关系搞清楚了吗?

2. 内容型激励理论主要有哪些重要内容? 其共同特点是什么?

3. 过程型激励理论主要有哪些重要内容? 其共同特点是什么?

4. 行为修正型激励理论主要有哪些重要内容? 其共同特点是什么?

5. 怎样理解激励理论的各种应用方法?

第 7 章

薪酬管理

> > > >

前程无忧公布"2010中国最佳人力资源典范企业"薪酬绩效报告

国内最大的人力资源服务商前程无忧（NASDAQ：JOBS）近日发布"2010中国最佳人力资源典范企业"薪酬绩效报告。本届评选以"关注青年员工"为主题，评选出在新的人口结构下，100家在人力资源战略规划、薪酬管理、绩效考评、员工培训等方面表现卓越的中国企业。包括49家外商独资企业、15家合资企业、18家民营企业和18家国有企业荣登榜单。

与往届评选结果不同，2010典范企业对薪酬的定位并不高。受通胀、2009年薪资增幅偏低和用工紧张等多种因素影响，今年员工的薪酬预期普遍较高。2010典范企业在薪酬策略上更注重市场导向，主张通过绩效管理增加员工收入，同时配合培训、文化等其他手段，吸引和留住员工。

100家典范企业在2010年的薪资增长达到10％，2009年这一数字仅为4.8％，2011年的薪资增长有望保持并超过10％；此外，2010年员工晋升比例达到12％；六成典范企业的薪酬定位在50—75分位。

2010典范企业中有94家购买第三方薪酬报告或请专业咨询机构进行薪酬调查。典范企业通过拉大员工收入差异、增加收入浮动比率、增加奖励额度和奖项，提高薪酬的激励作用。但企业整体薪酬增长幅度并不高。

基层员工和大学毕业生的收入最接近市场平均值，企业之间差异不大。职位越高，薪酬的竞争力要求越高。但是由于市场供应从紧，整个社会基层员工的收入偏低，80/90后员工对薪资增长要求更强烈。预计2011年基层和大学毕业生的薪酬涨幅将超过全员薪酬平均增幅。

多数典范企业的薪酬策略竞争性第一，公平性第二。由于典范企业的薪酬相对较高，受CPI的影响并不明显，但是保证薪酬的领先和竞争力是典范企业面临的主要压力。在典范企业里，薪酬的增长除了市场因素外，更多偏向晋升的员工。Pay for performance，充分运用绩效杠杆，同时体现公平性原则，使员工向企业需要的方向努力,通过努力获得较高收入。

典范企业的绩效评估趋于一年两次。年中的一次评估主要在于检视业绩达成状况、调整目标,典范企业也通过年中的考核结果实行高潜力人才、接班人计划和员工个人发展计划。薪酬调整也不止一年一次,越来越多的典范企业运用年中考核结果进行薪资调整。

住房补贴、商业保险成为典范企业最常用的福利项目。典范企业更注重薪酬以外手段,比如帮助80/90后员工平衡工作与生活。这可以使企业用相对低成本,建立均衡的人才竞争优势。

(资料来源:前程无忧网,http://www.51job.com,2010-10-21)

以上数据说明,薪酬已经成为推动企业战略目标实现的一个强有力工具,也成为影响企业变革成功的决定性因素之一。薪酬是企业成本的重要组成项目,薪酬水平的高低影响着企业在劳动力市场上的竞争能力;薪酬对于员工的态度和行为有着重要的影响;薪酬还能够成为一种使员工的个人利益与企业利益相一致的有力工具。薪酬问题是劳动力市场和人力资源管理的核心问题之一。它涉及劳动者、用人单位、市场、社会、政府各方面,无论对宏观经济还是微观经济都有着重要影响。在有些时候,薪酬问题还会成为政治问题,对社会生活和社会稳定产生十分重要的影响。

学习要点

1. 掌握薪酬概念、组成、影响因素和基本功能;
2. 掌握薪酬管理的概念和原则,了解薪酬管理的内容;
3. 掌握职位薪酬制度的概念,了解四种主要的职位评价方法;
4. 掌握可变薪酬的设计;
5. 掌握福利的内涵,了解弹性福利制度。

7.1　薪酬及薪酬管理概述

薪酬在人力资源管理中是人们最为关切、讨论最多的部分,因此也是最受重视的部分。员工按照企业要求创造了工作绩效后,企业应该给予合理的回报。员工工作作为一种职业活动,是有偿劳动,薪酬是劳动报酬的主要形式。

7.1.1　薪酬概述

1. 薪酬的概念

(1)薪酬

薪酬是指组织对员工所做的贡献,包括他们实现的绩效、付出的努力、时间、学识、技能、经验与创造所付给的相应的回报或答谢。对于薪酬的理解,可以从狭义和广义两个方面来分析。狭义的薪酬是指员工因为雇佣关系存在而获得的所有各种形式的经济收入以及有形服务和福利。广义的薪酬还包括非经济补偿,即个人对工作本身或者对工作在心理与物质环境上的满足感,如工作的成就感和挑战性、发展空间、意气相投的同事等。

在现实生活中,往往更多强调的是狭义薪酬,但非经济报酬已经越来越受到人们的关注,并成为影响员工工作的一个重要因素。

【相关链接 7-1】

不同国家的薪酬含义

薪酬是从美国"compensation"一词翻译过来的,其意思是平衡、弥补、补偿,暗含交换的意思。因此在美国,薪酬等同于辛勤付出或者工作所换来的工资和福利之和。

在中国,薪酬是与传统的"工资"相对应的一个新名词。魏杰认为在现代企业的分配制度中,对人力资源实行的是工资制,对人力资本实行的是薪酬制,工资是人力资源作为劳动的报酬,薪酬是人力资本作为资本的回报。中国改革进程中产生了一个新名词"待遇",是指企业如何对待和关心员工。当人们谈论薪酬时,总是相互询问"你们公司的待遇如何",这表明了对薪酬组成部分中的福利的重视。与薪酬相关的另一个问题是"你们公司的效益怎么样",这表明了员工的待遇和公司效益之间的联系。

在日本,代表薪酬的词是"kyuyo",由"给"和"料"两个中文字组成,意思是"给予某种东西"。大量的津贴是日本薪酬体系的特征,包括家庭津贴、住房津贴、通勤津贴等。

(资料来源:乔治·T·米尔科维奇:《薪酬管理》(第六版),中国人民大学出版社 2002 年版,第 2—3 页)

(2)工资

与薪酬相联系,在现实生活中更为常用的一个概念是工资。

从形式上看,工资是劳动者付出劳动后,以货币形式得到的劳动报酬。国际劳工组织《1949 年保护工资公约》中对工资定义为:"工资"一词系指不论名称或计算方法如何,由一位雇主对一位受雇者,为其已完成和将要完成的工作或已提供和将要提供的服务,可以货币结算并由共同协议或国家法律或条例予以确定而凭书面或口头雇佣合同支付的报酬或收入。[①]

工资和薪金是常常混淆的概念。薪金,按《辞海》的解释,旧指俸给,意思是供给打柴汲水等生活上的必需费用。工资和薪金的划分可以说是出于一种习惯考虑。一般而言,以工作品质要求为主的报酬的收入称为薪金,以工作数量要求为主的收入称为工资。其实无论薪金还是工资,都是工作的报酬,在本质上并没有差别。

【相关链接 7-2】

中国的薪酬实践变迁

新中国成立以来,我国的薪酬实践经历了国家直接对职工的分配制度、以"工

---

① 国际劳工组织:《国际劳工公约和建议书(第一卷)》(1949—1994),国际劳工组织北京局 1994 年版,第 131 页。

效挂钩"为特征的国家对企业的分配实践及企业薪酬制度的萌芽与探索两个阶段。

改革开放以前,我国只有高度集中统一的国家分配制度,不存在企业薪酬制度。国家的分配制度受到政治风波的严重影响,在实践中,技术等级工资制和职务工资制成为"一朝被评,终身受用"的"身份工资"和凭学历、论年头,甚至凭关系发放工资的"资历工资"。

1978年以后,职工工资分配逐渐由"单层次的分配模式"向"双层次的分配模式"转变;1985年开始,我国企业薪酬制度演变为以"工效挂钩"为主的国家宏观调控下的企业自主分配,并开始进入以结构工资和浮动工资为主的企业薪酬制度的萌芽和探索;1992年,我国企业薪酬制度的报酬要素发生了重点变迁,经历了从传统计划经济体制下的"品位分类"、"身份工资"向发达市场经济国家实践所证明的"职位分类"、体现职位价值的"职位定价"、绩效导向的"绩效薪酬"、市场驱动的薪酬体系和以技能、知识和能力为基础的薪酬体系的变革。

(资料来源:曾湘泉:《薪酬:宏观、微观与趋势》,中国人民大学出版社2006年版,第50页)

2. 薪酬的构成

薪酬可以分为基本薪酬、可变薪酬和间接薪酬三大部分。

(1)基本薪酬

基本薪酬是指一个组织根据员工所承担或完成的工作本身或者是员工所具备的完成工作的技能而向员工支付的稳定性报酬。基本薪酬反映的是工作或技能的价值。

基本薪酬由于其数额基本固定,因此能为员工提供基本的生活保障和稳定的收入来源,以满足员工起码的生活需要。基本薪酬是员工薪酬的主要部分,而且也经常作为确定可变薪酬的主要依据。

对基本薪酬也会进行定期和不定期的调整,主要是基于以下原因:总体生活水平发生变化或通货膨胀;其他企业支付给同类员工的基本薪酬的变化;员工自身的知识、经验、技能的变化以及由此导致的绩效的变化;企业所处外部环境的变化和产品市场的竞争能力等。

(2)可变薪酬

可变薪酬是薪酬系统中与绩效直接挂钩的部分,也称浮动薪酬或奖金。

可变薪酬是激励性薪酬,可以是长期的,也可以是短期的;可以与员工个人业绩挂钩,也可以与团队或整个组织的业绩挂钩,还可以与个人、团队、企业的混合业绩挂钩。可变薪酬建立起绩效与薪酬之间的直接联系。

可变薪酬是对员工有效超额劳动的回报,可变薪酬的实施是为了更好地调动员工的积极性。当薪酬随着员工努力程度的提高而提高时,就会激励员工对工作的投入;当薪酬随着员工劳动产出的降低而降低时,就会激励员工对劳动结果的关注。

(3)间接薪酬:员工福利与服务

间接薪酬是指不以员工向企业提供的工作时间为单位来计算的薪酬组成部分,包括员工福利与服务。

间接薪酬包括带薪非工作时间(年休假、不严格的考勤制度等)、员工个人及家庭服务(儿童看护、家庭理财、工作餐等)、健康及医疗保健、人寿保险、养老金等。一般情况下,间接薪酬是由雇主全部支付的,有的也要求员工承担其中一部分。

间接薪酬一般为非现金支付,能达到适当避税的目的,同时也为退休生活或不测事件提供保障,而且还可以作为调整员工购买力的一种手段,使员工以较低的价格购买自己所需的产品。

【实例 7-1】

美国普拉克斯航空公司的化学与塑料分部规定:每个季度的资本回报率如果达到或者超过 8%,就可以得到相当于一天的工资;达到 9.6%,就可以得到等于两天工资的奖金;如果达到 20%,就可以得到等于 8.5 天工资的奖金。

(资料来源:乔治·T·米尔科维奇:《薪酬管理》(第六版),中国人民大学出版社 2002 年版,第 7 页)

思考:请分析该公司实施短期可变薪酬的目的并预测其实施效果。

3. 影响薪酬水平的因素

在组织中,每位员工的薪酬显而易见是不同的。那么,造成这种不同的薪酬水平的因素主要有哪些呢?

(1)员工个人因素

①技能与训练水平。高技能和高训练水平的员工其工作表现会好一些,因此其薪酬水平也相应高一些,同时也是为了补偿员工在学习技术时所耗费的时间、体能和智慧,所承担压力,所造成的机会损失等,而且还能激励员工不断地学习新技术,提高劳动生产率。

②工作绩效。一个员工的劳动贡献大,往往是由于其劳动强度大、劳动能力强、劳动付出多并形成了有效劳动,因此其薪酬水平也就高。

③资历。资历是将工作年限作为一种经验和能力提供回报,是为了补偿员工过去的投入,同时减少人员的流动,起到稳定员工队伍的作用。

④任职岗位。企业中不同的岗位在企业中的地位和对企业的价值有很大的差异,这就决定了处于不同岗位员工的价值的不同,因此也导致了薪酬水平的差异。

此外,员工的经验、从事工作的危险性、个人的潜力、甚至运气都会影响员工的薪酬水平。

【实例 7-2】

美国的一家演出公司演歌剧《猫》。这个公司有两名替身演员,每场演出都在后台静坐待命,每名替身演员必须学会剧中的五个不同的领衔角色。演出时,他们坐在五套不同的服装和面具的衣架旁,这五套不同的道具是为这些角色准备的。只要主角演员有什么意外,替身演员立即化妆准备,代替主角上场。主角演员每周获得的报酬为 2000 美元,每周必须要完成定量的演出(20 场)和排练;而每个替身演员不管每周是否完成 20 场演出,都可得到 2500 美元的报酬。

(资料来源:乔治·T·米尔科维奇:《薪酬管理》(第六版),中国人民大学出版社 2002 年版,第 2 页)

思考:根据上述资料,分析为什么替身演员和主角演员的薪酬不一样。

(2)企业方面因素

①企业的支付能力。生产率水平高、产品市场竞争能力强,其财力雄厚,员工往往有高

薪酬水平;生产经营持续发展,就为员工的薪酬水平的提高奠定了物质基础。薪酬水平的高低必然和企业的发展阶段、发展水平有关。如果企业薪酬负担过重,就会造成企业经营不善。

②企业的薪酬政策。一个组织的薪酬政策和薪酬管理理念是决定组织薪酬水平的直接因素。处于外部竞争的需要而制定"领导者"的薪酬政策时,该组织的薪酬水平必然高于市场薪酬水平。企业的薪酬政策为薪酬的几个重要方面提供了基本的指导方针,包括薪酬增长的基准、提升和降级等。

(3)外部因素

①劳动力市场供求情况。在劳动力市场上,当供给大于需求时,市场的工资水平就会降低;当供给小于需求时,市场的工资水平就会提高。组织的薪酬水平往往是以市场工资水平为参照和基准。

②国家的法律和政策。在市场经济条件下,政府不直接干预企业的薪酬决定,一般运用法律和经济手段,必要时也会采用行政手段进行调控。如对最低工资、加班工资支付的法律规定;通过工资政策、税收政策、工资谈判制度、工资指导线以及冻结工资等行政手段进行的调控。

③物价水平和补偿要求。消费品物价上涨会导致生活费用的增加,为了维持员工的实际购买力,组织就需要对工资水平作出相应的调整和补偿。支付给员工的薪酬必须能够满足员工的基本生活费用,这是薪酬的最低限度。

④工会的影响。工会的主要工作就是监督企业的活动并确保员工能享受法定权利,保证员工的合法权益。市场化国家的行业和组织的薪酬水平往往由雇主与工会的集体谈判来决定,工会对组织的薪酬决策具有相当大的影响。

事实上,为建立一个合理的薪酬系统,组织在制定薪酬政策时,会综合权衡上述所有因素,参见图 7-1。

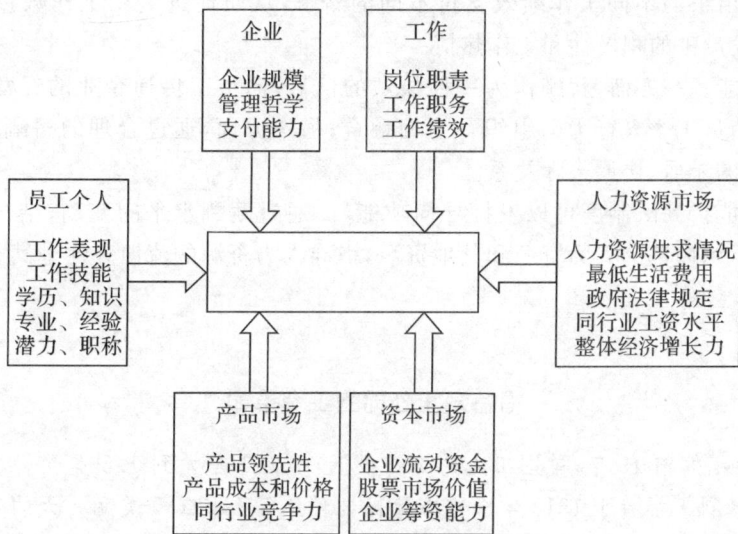

图 7-1 员工薪酬的主要影响因素

(资料来源:廖泉文:《人力资源管理》(第二版),高等教育出版社 2011 年版,第 200 页)

4. 薪酬的功能

薪酬的功能可以从组织和员工两个方面来考察。

(1)员工方面

从员工方面看,薪酬具有以下功能:

①经济保障功能。薪酬是绝大多数劳动者的主要收入来源,它对劳动者及其家庭的生活所起的保障作用是其他任何收入都无法替代的。除了满足员工的基本生活需要外,薪酬还要满足员工在娱乐、教育和自我开发等方面的发展需要。

②心理激励功能。员工对薪酬状况的感知会影响员工的工作行为、工作态度以及工作绩效。员工的薪酬需求得到满足的程度越高,薪酬对于员工的激励作用就越大;反之则有可能产生消极怠工、工作效率低下、人际关系紧张、组织凝聚力不高、员工忠诚度下降等不良后果。

③社会信号功能。在市场经济条件下,薪酬除了具有经济功能外,实际上还向他人传递着一种信号,人们可以根据薪酬情况来判断特定的员工在社会上所处的位置,判断其家庭、朋友、职业、受教育程度、生活状况甚至宗教信仰和政治取向等。

④价值实现功能。高薪酬是员工工作业绩的显示器,是对员工工作能力和水平的承认,也是对个人价值实现的回报,是晋升和成功的标志。员工在组织内部的薪酬水平也代表着他在组织中的地位和层次,从而成为对员工个人价值和成功进行识别的一种信号。

(2)企业方面

从企业方面看,薪酬具有以下功能:

①增值功能。薪酬既是雇主购买劳动力的成本,也是用来交换劳动者活劳动的手段,同时薪酬还是一种活劳动投资,能够给雇主带来预期的收益。这种收益的存在,成为雇主雇用劳动力、投资劳动力的动力机制。

②激励功能。企业管理者可以通过有效的薪酬制度,反映和评估员工的工作绩效,即根据员工表现出来的不同工作绩效支付不同的薪酬,从而促进员工工作数量和质量的提高,保护和激发员工的积极性和工作热情。

③协调功能。一方面,薪酬作为一种强烈的信号,向员工传递企业的经营目标和管理者的意图,促使员工个人行为与组织行为相融合;另一方面,通过合理的薪酬差别和结构,化解员工之间的矛盾,协调人际关系。

④配置功能。薪酬制度可以发挥导向功能,即通过薪酬水平的变动,结合其他管理手段,合理配置组织内部的人力资源和其他资源,引导人力资源的流向并促进其有效配置。

【实例 7-3】

福特汽车公司的工资革命

20 世纪的前 15 年,美国工人的工资很低,每天 1 美元到 1.5 美元。在这样的背景下,亨利·福特于 1913 年末宣布他保证付给每个员工 5 美元一天的工资——相当于标准工资水平的 2—3 倍。事实上是福特的顾问们说服了亨利·福特,尤其是公司的总经理詹姆斯·卡卢斯(James couzens),他认为当时工人的痛苦很大,只有采取重大而明显的行动才能取得效果。福特公司流水线作业的劳动强度极高,工人都不愿意在那里工作,短期行为严重,员工流动性极大。1913年福特工厂每100个工作岗位就要招聘963人次,为此,公司需要不断为招聘的新员工举办短期培训班,而训练一个新员工的成本大约需要100美元。公司不断增加的各种福利制度也不能留住人。1913年以前,福特公司职工的离职率很高,如1912年为保持10000名员工,必须雇用60000个以上工人。在实施新工资以后离职率几乎为零,它所节约下来的金额是如此之大,以至于在以后的几年中,虽然所有的材料成本都急剧上升,福特公司还是能以较低的价格销售它的T型车并获得更多的利润,从而占据了市场统治地位。实施5美元工资后的3年中,福特公司的利润提高了近3倍,从1914年的2500万美元增加到1917年的7000万美元。

(资料来源:王云:《英明与愚蠢:20个影响现代商业的经典决策》,经济参考报,2005-07-04)

思考:根据上述资料,分析福特汽车公司的工资革命发挥了薪酬的哪些功能。

7.1.2 薪酬管理概述

1. 薪酬管理的概念

薪酬管理是指一个组织针对所有员工所有提供的服务来确定他们应当得到的报酬总额以及报酬结构和报酬形式的全过程,涉及薪酬系统的一切管理工作。

薪酬管理是人力资源管理的重要内容,不仅涉及企业的经济核算和效益,还关系到员工的切身利益,是员工激励的核心,体现了企业管理机制的综合运营,也是企业与社会的联系纽带之一。

2. 薪酬管理的内容

企业在薪酬管理过程中必须作出一些重要选择或决策,这些选择和决策就构成了薪酬管理的主体内容。

(1)薪酬体系

薪酬体系主要指企业的基本薪酬以什么为基础。目前,国际上通行的薪酬体系主要有三种:职位或岗位薪酬体系、技能薪酬体系和能力薪酬体系。其中职位薪酬体系是应用最为广泛的。

当企业根据员工所承担的工作本身的重要性、难度或对企业的价值来确定员工的基本薪酬就是职位薪酬制;当企业根据员工所拥有的完成工作的技能或能力的高低来确定基本薪酬就是技能或能力薪酬制。

(2)薪酬水平

薪酬水平是指企业中各职位、各部门以及整个企业的平均薪酬水平。薪酬水平决定了企业薪酬的外部竞争性。

对企业薪酬水平决策产生影响的主要因素包括:同行业或地区中竞争对手支付的薪酬水平;企业的支付能力和薪酬战略;社会生活成本指数;外界因素如工会政策的影响等。

企业的薪酬策略一般应该包括三个层次:能够吸引并保留适当员工所必须支付的薪酬水平;企业有能力支付的薪酬水平;实现企业战略目标所要求支付的薪酬水平。[①]

---

① 劳动和社会保障部、国家就业培训指导中心编写:《国家职业资格培训教程——企业人力资源管理人员》,中国劳动社会保障出版社2002年版,第199页。

薪酬调查是企业进行薪酬水平决策的主要依据。薪酬调查是指企业搜集信息来判断其他企业所支付的薪酬状况这样一个系统过程,这种调查能够向实施调查的企业提供市场上的各种相关企业(包括自己的竞争对手)向员工支付的薪酬水平和薪酬结构等方面的信息。

(3)薪酬结构

薪酬结构是指同一组织内部不同职位所得到的薪酬之间的相互关系,强调的是同一组织内部的一致性问题,即组织内部不同职位(或者技能)之间的相对价值比较。一个完整的薪酬结构包括这样几项内容:薪酬的等级数量;同一薪酬等级内部的薪酬变动范围;相邻两个薪酬等级之间的交叉与重叠关系。

在薪酬管理中,往往将岗位评价结果接近的岗位定为一个等级,从而划分出若干岗位等级,薪酬等级往往与岗位等级相对应。不同的企业有不同的岗位,因此薪酬等级也不同,但一般有两种类型:

分层式薪酬等级:薪酬等级多,呈金字塔形排列,员工的薪酬水平随着个人岗位级别向上发展而提高。这种类型在成熟的、等级型的、传统的企业比较常见。

宽泛式薪酬等级:也称宽带薪酬。企业的薪酬等级少,呈平行形,员工薪酬水平的提高既可以通过岗位级别的提高来实现,也可以通过横向工作调整而提高。这种薪酬类型在业务灵活性强、扁平化的组织中比较常见。

一个组织的薪酬结构要实现内部公平性目标,至少应该具备三个特征:完成工作所需知识和技能越多的工作得到的报酬越多;所处环境越恶劣的工作得到的报酬越多;对实现组织整体目标贡献越大的工作得到的报酬越多。

(4)薪酬形式

薪酬形式是指员工所得到的总薪酬的组成成分,包括由基本薪酬和可变薪酬组成的,一般以货币支付的直接薪酬和由福利与服务组成的,一般以非货币形式提供的间接薪酬。薪酬形式呈现多样化趋势,如基本工资、岗位工资、技能工资、工龄工资、效益工资、业绩工资、职称工资、薪点工资、奖金、津贴等。

(5)特殊群体的薪酬

在一个较为复杂的组织里,往往存在着一些不同的员工群体,这个员工群体在工作目标、工作内容、工作方式和工作行为等方面与其他员工有着很大的区别,因此对这些员工群体应该根据其工作性质在薪酬管理上加以区别对待。一般情况下,销售人员、专业技术人员、管理人员尤其是高级管理人员、外派员工可以视为企业中的特殊群体。

(6)薪酬管理政策

薪酬管理政策主要涉及企业的薪酬成本与预算控制,以及企业的薪酬制度、薪酬规定和薪酬保密等问题。薪酬管理政策必须确保员工对于薪酬系统的公平性看法以及薪酬系统有助于组织以及员工个人目标的实现。

【实例 7-4】

约翰·鲁塞尔,前任美国薪酬协会会员,受雇为密苏里州政府设计一套薪酬计划,他辛苦地工作了很长时间并递交了该计划。后来,他决定竞选该市议会议员并顺利当选。当议员们就他所设计的薪酬计划举手表决时,鲁塞尔先生自己投了反对票。他对自己的行为进行了解释:"我没有意识到预算是这么的紧张。"

（资料来源:乔治·T·米尔科维奇:《薪酬管理》(第六版),中国人民大学出版社2002年版,第531页)

思考:根据上述资料分析鲁塞尔先生投反对票的真正原因。

3. 薪酬管理的原则

(1)公平性原则

公平性是指员工对于企业薪酬管理系统以及管理过程的公正性的看法或感知,这种公平性涉及员工对于本人薪酬与企业外部劳动力市场薪酬状况、与企业内部不同职位上的人以及类似职位上的人的薪酬水平之间的对比结果。公平性是薪酬管理最主要的原则。

公平目标强调设计薪酬制度时,既能体现员工的贡献,又能满足雇员的需要,因此要综合考虑组织、劳动力市场、工作以及员工四个方面的因素,处理好内部公平、外部公平和员工个人公平三个公平问题。

内部公平:组织按照员工所从事工作对于组织的价值来支付薪酬,不同岗位所获得的薪酬应正比于各自的贡献。它强调组织内部不同工作之间、不同技能水平之间的薪酬应相互协调。

外部公平:员工所获得的薪酬与其他类似组织从事类似工作的员工达到基本一致,它强调的是企业薪酬水平与其他组织比较时的竞争力。

员工个人公平:根据业绩、资历等个人因素对组织内从事同一工作的员工支付薪酬。

(2)竞争性原则

竞争性是指在社会上和人才市场中,组织的薪酬标准要有吸引力,才能战胜竞争对手,引进和留住所需人才。薪酬标准的高低很大程度上决定了组织所能吸引到的员工的技术水平和能力的高低。

(3)激励性原则

有效的薪酬管理应该能够刺激员工努力工作,作出贡献,有助于吸引、保持和激励雇员。对于薪酬管理而言,激励的重点在于创立一个薪酬系统,这个系统能将组织支出的薪酬成本转化为高度激励员工取得良好绩效的诱引,把员工的行为引向组织期望的目标。企业应该适当拉开薪酬差距,真正体现按贡献分配的原则。

(4)经济性原则

薪酬管理的经济性体现在两个方面:首先,薪酬是企业成本的重要组成部分,在确定员工薪酬水平时必须全面考虑企业的运营情况,受企业支付能力的限制;其次,薪酬制度的具体操作应该简单,实施成本较低。

(5)合法性原则

合法性是指企业的薪酬管理体系和管理过程是否符合国家的相关法律和政策规定,这是企业薪酬管理必须坚持的基本要求。与薪酬管理相关的法律主要包括最低工资立法、同工同酬立法、反歧视立法等。

7.2 基本薪酬体系

制订健全合理的基本薪酬体系是薪酬管理的重要内容。基本薪酬可以以工作为导向、以技能或能力为导向、以绩效为导向、以资历为导向,形成了多种形式的基本薪酬体系。目前使用最为广泛的是职位薪酬体系和技能(能力)薪酬体系两大类。

7.2.1 职位薪酬体系

1. 职位薪酬体系的含义与操作流程

(1)职位薪酬体系的含义

所谓职位薪酬体系,就是首先对职位本身的价值作出客观的评价,然后根据这种评价的结果赋予承担这一职位工作的人与该职位的价值相当的薪酬这样一种基本薪酬决定制度。

职位薪酬体系实际上暗含着这样一种假定:担任某一种职位工作的员工恰好具有与工作的难易水平相当的能力。

职位薪酬体系有利于按照职位系列进行薪酬管理,操作比较简单,管理成本较低,晋升和基本薪酬增加之间的连带性促使员工提高自身技能和能力。但是,由于薪酬与职位直接挂钩,因此当员工晋升无望时,也就没有机会获得较大幅度的加薪,其工作积极性必然会受挫,甚至会出现消极怠工或者离职的现象,而且职位相对稳定也不利于企业对于多变的外部经营环境作出迅速的反应,不利于及时地激励员工。

(2)职位薪酬体系的设计流程

职位薪酬体系的设计步骤主要有四个:

①搜集关于特定工作的性质的信息,即进行工作分析;

②按照工作的实际执行情况对其进行确认、界定以及描述,即编写职位说明书;

③对职位进行价值评价,即进行职位评价或工作评价;

④根据工作的内容和相对价值对它们进行排序,即建立职位结构。

2. 职位评价的含义与工作程序

(1)职位评价的含义

所谓职位评价,就是指系统地确定职位之间的相对价值从而为组织建立一个职位结构的过程,它是以工作内容、技能要求、对组织的贡献、组织文化以及外部市场等为综合依据,来决定各种工作之间的相对价值,并根据它们对组织价值大小进行排序,说明各种工作之间的差别。

(2)职位评价的工作程序

①选择工作分析方法进行工作分析。工作分析就是指了解一种工作(或职位)并以一种格式把这种信息描述出来,从而使其他人能了解这种工作(或者职位)的过程。

工作分析的主要内容是搜集有关职位的信息。传统的主要有访谈法(由职位分析人员通过与有关人员或小组进行面对面的交谈,获取与职位有关的信息)、问卷法(让员工通过填写问卷来描述其工作中所包括的任务和职责)、观察法(由分析人员实地观察员工的工作过程并记录分析有关数据)、工作日记法(要求从事工作的员工记录下他们在一天中所进行的活动)。美国开发了一些量化分析方法,如职位分析问卷法、美国劳工部工作分析方法以及功能性工作分析法等。

组织通过工作分析可以得到两类信息:工作描述(Job description),即对经过工作分析所得到的关于某一特定工作的职责与任务的一种书面记录;工作规范(Job specification),即对适合从事被分析工作或职位的人的特征所进行的描述。两者共同构成了职位说明书。

②成立职位评价小组。企业进行职位评价时,要先成立一个由员工自己选出来的职位评价工作小组,评价小组负责确定基准岗位和薪酬因素,选择职位评价方法进行职位评价。

③选择职位评价方法进行职位评价。职位评价方法有量化和非量化两大类。非量化方法是指那些仅仅从总体上来确定不同职位之间的相对价值顺序的职位评价方法,有两种:排序法(Ranking method)和分类法(Classification method)。量化方法则是试图通过一套等级尺度系统来确定一种职位的价值比另外一种职位的价值高多少或低多少,也有两种:要素比较法(Factor comparison method)和要素计点法(Point-factor method)。

3. 职位评价方法

(1)排序法

排序法是根据总体上界定的职位的相对价值或者职位对于组织成功所作出的贡献来将职位进行从高到低的排列。

①排序法类型

● 直接排序法:简单地根据职位价值大小从高到低或从低到高对职位进行总体排列。

● 交替排序法:指首先从待评价职位中找出价值最高的一个职位,然后找出价值最低的一个职位,最后从剩余的职位中找出价值最高的职位和价值最低的职位。如此循环,直到所有的职位都被排列起来为止。

● 配对比较法:首先将每一个需要被评价的职位与其他所有职位分别加以比较,然后根据职位在所有比较中的最终得分来划分职位的等级顺序。

②排序法操作步骤

● 获取职位信息:通过职位分析来充分了解职位的具体职责和职位承担者所应当具备的能力、技术水平、经验等任职资格。

● 选择报酬要素并对职位进行分类:排序的依据可以是单一要素,或综合考虑多种要素。

● 对职位进行排序。

● 综合排序结果。

排序法是一种简单的职位评价方法,快速、简单,费用比较低,容易和员工进行沟通;但精确度不高,难以避免个人的主观偏见和误差,难以确定职位之间的价值差距,而且在职位数量太多时使用难度会很高。

(2)分类法

分类法是按照一个事先确定的量表,把岗位划分为几个类别,根据所判断的岗位价值与集中分类描述的关系,将各种职位放入事先确定好的不同职位等级之中的一种职位评价方法。

分类法的操作步骤如下。

①确定合适的职位等级数量:企业中职位类型越多,职位差距越大,则所需要的职位等级越多。

②编写每一职位等级的定义:指明每一职位等级中的职位承担的责任的性质和复杂程度,以及从事本等级中的职位上所需要的技能或者职位承担者所应当具备的特征。

③根据职位等级定义对职位进行等级分类。

分类法简单,容易解释,执行起来速度较快;但等级说明过于一般化,而且在职位多样化的复杂组织中,也很难建立起通用的职位等级定义。

(3)要素计点法

要素计点法要求首先确定组织为评价职位的价值所需要运用的若干报酬要素,然后对每个报酬要素进行等级划分和界定,并赋予不同的点值,一旦分别确定了每一种职位中的每一个报酬要素实际处于的等级,评价人员只需把该职位在每一个报酬要素上的点值进行加总就可以得出该职位的总点值,最后根据每一种职位的总点值大小对所有职位进行排序,即可完成职位评价过程。

①要素计点法的三大要素

● 薪酬要素(Compensable factors):薪酬要素是指一个组织认为在多种不同的职位中都包括的一些对其有价值的特征,这些特征有助于组织战略的实现以及组织目标的达成。

● 反映每一种报酬要素的相对重要程度的权重。

● 数量化的报酬要素衡量尺度。

②要素计点法的操作步骤

● 确定要评价的岗位系列,如行政系列、工程系列和管理系列等。

● 搜集岗位信息,包括岗位描述和岗位说明书。

● 选取合适的报酬要素。

最为常见的四大报酬要素是:

责任。组织对于员工按照预期要求完成工作的依赖程度,强调职位上的人所承担的职责的重要性。

技能。完成某种职位的工作所需具备的经验、培训、能力和受教育水平。

努力。为完成某种职位上的工作所需发挥的体力或脑力程度。

工作条件。所从事工作的伤害性和工作的物理环境。

组织在选择报酬要素时,需要注意:报酬要素必须是能够得到清晰界定和衡量的,并且那些运用报酬要素对职位进行评价的人应当能够一致性地得到类似的结果;报酬要素必须对准备在某一既定职位评价系统之中进行评价的所有职位来说具有共通性;报酬要素必须能够涵盖组织愿意为之支付报酬的与职位要求有关的所有主要内容;报酬要素之间不能出现交叉和重叠;报酬要素的数量应当便于管理。

● 对每一种报酬要素的各种程度或水平加以界定:被评价职位在该报酬要素的差异程度越高,则报酬要素的等级数量就越多。

● 确定要素的相对价值:即确定不同报酬要素在职位评价体系中所占的"权重"。对于不同的岗位系列,各要素的重要性是不同的。可以运用经验法,即评价小组通过讨论共同确定不同报酬要素的比重;也可以采用统计法,即运用统计技术或者数学技术来进行确定。

- 确定各报酬要素在不同等级或水平上的点值:将各报酬要素的总点值以等差的形式分配到每个要素等级上。
- 运用这些报酬要素来评价每一职位。
- 将所有被评价职位根据点数高低排序,建立职位等级结构。

【相关链接 7-3】

海氏三要素评估法

　　海氏三要素评估法是美国工资设计专家 Hay 在 1951 年开发出来的,实质上是一种评分法,是国际上使用最广泛的一种岗位评估方法。据统计,世界 500 强的企业中有 1/3 以上的企业岗位评估时都采用了海氏三要素评估法。它通过三个方面对岗位的价值进行评估,并且通过较为正确的分值计算确定岗位的等级。

　　海氏三要素是指:

　　1.任职诀窍(Know-how)。这是工作中所获得的、完成工作所必需的各种技能的总称,由三个必需的维度构成:实际的程序,特殊的技术和科学的训练,综合并调和了各种技能。对任职诀窍的测量一般从广度(多样性)和深度(彻底性)两方面进行。

　　2.问题解决(Problem-solving)。是针对工作所要求的分析、评价、创造推理、总结等所进行的原始的、能动的思考。测量问题解决有两个维度:需解决问题的思考环境和需解决问题对思考所提出的挑战。

　　3.责任性(Accountability)。是对行动及结果的责任,有三个维度:自动自由度,工作对结果的影响,对工作的重要。

　　(资料来源:曾湘泉:《薪酬:宏观、微观与趋势》,中国人民大学出版社 2006 年版,第 216—217 页)

　　③要素计点法的优点。与非量化的职位评价方法相比,要素计点法的评价更为精确,评价结果更容易被员工所接受,而且还允许对职位之间的差异进行微调;可以运用可比性的点数来对不相似的职位进行比较;通过报酬要素,能够反映组织独特的需要和文化,强调组织认为有价值的那些要素。

　　④要素计点法的缺陷。要素计点法方案的设计和应用比较耗时,它要求组织必须首先进行详细的职位分析,有时还可能会用到结构化的职位调查问卷。此外,在报酬要素的界定、等级定义以及点数权重确定等方面都存在一定的主观性,并且在多人参与时可能会出现意见不一致的现象,这些都会加大运用计点法评价体系的复杂性和难度。

　　(4)要素比较法[①]

　　要素比较法是比较精确和复杂的岗位评价方法,它通过依据不同的报酬要素多次对岗位进行排序,然后综合考虑每一岗位的序列等级,并得出一个加权的序列值,最终确定岗位序列。

---

　　①　根据劳动和社会保障部,国家就业培训指导中心编写:《国家职业资格培训教程——企业人力资源管理人员》,中国劳动社会保障出版社 2002 年版,第 169—174 页改写。

1)要素比较法的操作步骤

第一步,获取职位信息,确定报酬要素:根据工作说明书搜集岗位信息,依据岗位系列特征选取报酬要素。

第二步,选择典型职位:评价小组挑选关键岗位,这些岗位在所研究的岗位等级中具有典型性。

第三步,根据报酬要素对典型职位进行排序:评价小组每个成员按照不同要素逐个进行岗位排序,然后开会讨论确定每个岗位的序列值。表 7-1 表明如何分别依据五个报酬要素对典型岗位进行排序。

表 7-1 按不同报酬要素对典型岗位进行排序的结果

报酬要素 / 岗位名称	心理要求	身体要求	技术要求	责任	工作条件
焊 工	1	4	1	1	2
起重工	3	1	3	4	4
冲床工	2	3	2	2	3
保 安	4	2	4	3	1

其中:1、2、3、4 分别代表从高到低的排序

第四步,将每一典型职位的薪酬水平分配到每一报酬要素上去,按工资率对典型岗位排序:根据每个报酬要素在工资决定中的权重将被评价岗位的工资额分配给每个要素,根据每个典型职位内部的每一报酬要素的价值分别对职位进行排序(如表 7-2 所示)。

表 7-2 按工资率对典型岗位进行排序的结果

	工资率	心理要求	身体要求	技术要求	责任	工作条件
焊 工	980	400(1)	40(4)	300(1)	200(1)	40(2)
起重工	560	140(3)	200(1)	180(3)	20(4)	20(4)
冲床工	600	160(2)	130(3)	200(2)	80(2)	30(3)
保 安	400	120(4)	140(2)	40(4)	40(3)	60(1)

第五步,根据两种排序结果选出不便于利用的典型职位:如表 7-3 所示,③表示步骤③的排序结果,④表示步骤④的排序结果。

表 7-3 典型岗位筛选表

	心理要求		身体要求		技术要求		责任		工作条件	
	④	③	④	③	④	③	④	③	④	③
焊 工	1	1	4	4	1	1	1	1	2	2
起重工	3	3	1	1	3	3	4	4	4	4
冲床工	2	2	3	3	2	2	2	2	3	3
保 安	4	4	2	2	4	4	3	3	1	1

比较步骤③和④的排序结果,每个要素所对应的排序结果应该是一致的。如果这两者排序结果之间差异太大,就表明这个岗位不能作为典型岗位使用。

第六步,建立典型职位报酬要素等级基准表:按照表 7-2,对所有关键岗位依据其报酬要素分别确定相应的工资水平,例如心理要求 120 元项上写上焊工,140 元项上写上起重工,160 元项上写上冲床工。对于所有的典型岗位的薪酬要素都按此操作。

第七步,使用典型职位报酬要素等级基准表来确定其他职位的工资:其他岗位按每一报酬要素与典型岗位相比较从而确定该岗位相应薪酬要素的工资率,将该岗位所有报酬要素的工资率相加就得到该岗位的薪酬水平。

2)要素比较法的优缺点

要素比较法是一种比较精确、系统、量化的职位评价方法,其每一个步骤的操作都有详细的说明,能够直接得到各岗位的薪酬水平,而且很容易向员工解释这种职位评价方法。

但这种方法整个评价过程会异常复杂,需要经常作薪酬调查,成本相对较高,因此实际应用最不普遍。

7.2.2 技能(能力)薪酬体系

以人为基础的薪酬主要有两种形式:一是以人所具备的技能为基础,二是以人所拥有的能力为基础。以技能为基础的薪酬一般应用于所谓的蓝领工作,以能力为基础的薪酬一般应用于所谓的白领工作。

1. 技能(能力)薪酬体系的内涵及其特点

技能(能力)薪酬体系是指组织根据一个人所掌握的与工作有关的技能、能力以及知识的深度和广度支付基本薪酬的一种报酬制度。

以技能或能力为基础的薪酬制度支付个人薪酬时,根据的是个人所表现出来的技能水平,而不是他们所从事的特定的工作。与职位薪酬体系相比,一个基本差别是:个人的薪酬是由经鉴定具有的技能决定的,而不管所开展的工作是否需要这些特定的技能。而以职位为基础的薪酬,员工的薪酬是根据他们从事的工作支付的,与他们所具备的技能无关。

技能(能力)薪酬体系向员工传递的是关注自身发展和不断提高技能的信息,它激励员工不断开发新的知识和技能,使员工在完成同一水平层次以及垂直层次的工作任务方面具有多功能性,在员工配置方面为组织提供了更大的灵活性,从而有利员工和组织适应市场上快速的技术变革。一定程度上有利于鼓励优秀专业人才安心本职工作,而不是去谋求报酬尽管很高但自己并不擅长的管理职位。

但技能薪酬体系往往要求企业在培训以及工作重组方面进行投资,结果很有可能会出现薪酬在短期内上涨的状况,而且设计和管理都要比职位薪酬体系更为复杂。

2. 技能(能力)薪酬体系的设计流程

(1)成立技能(能力)薪酬计划设计小组

制定技能薪酬计划通常需要建立起两个层次的部门,一个是指导委员会,另外一个是设计小组。在一般情况下,设计工作小组至少应当由来自不同层次和部门的 5 个人组成才能开展工作。工作小组需要确定哪些技能或能力是支持公司战略,为组织创造价值,应当获得报酬的。

（2）进行工作任务的技能（能力）分析

这是一个辨别和收集有关开展组织内某项工作所需技能和能力的资料的系统性过程，它与工作分析的相似之处是显而易见的。收集资料主要是要有助于描述、鉴定和评价这些技能或能力。

（3）评价工作任务，创建新的工作任务清单

在技能（能力）分析的基础上，评价各项工作任务的难度和重要性程度，重新编排任务信息，对工作任务进行组合，为技能（能力）等级的界定和定价打下基础。

（4）技能（能力）等级的确定与定价

技能（能力）等级是指员工为了按照既定的标准完成工作任务而必须能够执行的一个工作任务单位或者是一种工作职能。对技能（能力）等级的定价实际上就是确定每一个技能单位的货币价值。

（5）技能（能力）的分析、培训与认证

对员工进行技能分析，鉴定员工当前处于何种技能水平，并将技能或能力与薪酬水平联系起来。同时针对技能或能力需求明确培训需求并制订培训计划，建立技能等级或能力资格的认证与再认证。

【相关链接 7-4】

从职位薪酬到能力薪酬的过渡性方法

由于能力薪酬的开发成本比较高，人们在实践中探索了一些基于相对成熟的职位薪酬来强化"能力"的过渡性方法，往往更易操作。

1. 在职位评价中强调能力要素的权重。职位评价的一个重要工作就是对要素的选择和赋权，如果需要强化对任职者能力的激励，我们可以通过加大评价要素中能力要素的权重来实现。

2. 以职位评价确定薪酬等级、以能力评价确定薪酬定位。首先以职位评价得出职位的相对价值，由此某一职位分布于哪一薪酬等级；然后对该职位上的任职者进行能力评价，由此确定任职者个体在这一薪酬等级内具体的薪酬水平。这是一种兼具职位评价和能力评价的方法。

3. 对应于职位等级开发基于任职资格等级的宽带薪酬。首先进行系统的职位评价并得到基本的职位工资结构，然后将某一序列人员的任职资格与职位等级相对照进行工资带的划分，使得工资带呈现宽带化趋势。在确定薪酬水平时，获得相应任职资格的任职者就可以得到相当于中位值的基本薪酬，再根据任职者的绩效表现来确定在该薪酬宽带内浮动绩效工资，这样就实现了职位、能力和绩效三要素的综合处理。

（资料来源：曾湘泉：《薪酬：宏观、微观与趋势》，中国人民大学出版社 2006 年版，第 244—250 页）

7.2.3 基本薪酬的调整

基本薪酬的调整一般表现为全体员工的薪酬同时增加，目的是为了保障员工的生活。

主要有：

1. 物价性调整

物价性调整是为了补偿因物价上涨而给员工造成经济损失而实施的一种工资调整方法。企业可以通过员工工资水平与物价指标之间的挂钩来补偿因物价上涨而造成的实际薪酬水平的下降。由于加薪总是在通货膨胀之后，因此物价性调整具有"时滞性"特点。

2. 工龄性调整

工龄的增加意味着工作经验的积累与丰富，代表了能力或绩效潜能的提高，因此企业会随着员工工作年限的增加，对员工进行提薪奖励。工龄性调整是把员工的资历和经验当做一种能力和效率予以奖励的工资调整方式。

3. 奖励性调整

奖励性调整是根据员工实际工作绩效确定的基本薪酬的增长方式，也被称为绩效加薪。这是一种用来承认员工过去的令人满意的工作行为以及业绩，鼓励员工继续保持优点的论功行赏性质的薪酬调整方式。

4. 效益性调整

效益性调整是一种当企业效益提高时，对全体员工给予一定比例的薪酬增加的薪酬调整方法，它在分配上的平均主义原则使得它对员工的激励作用是有限的。

基本薪酬的调整有定额和定率两种形式。定额形式是指给不同薪酬等级的员工制定相应的基本薪酬增加数额；定率形式是指给不同薪酬等级的员工制订相应的薪酬增加比率。

7.3 员工奖励——可变薪酬体系

可变薪酬是指员工个人的薪酬随着个人、团队或者组织绩效的某些衡量指标所发生的变化而变化，随着工作绩效的变化而上下浮动的一种薪酬设计，通常被称为奖金或浮动薪酬。在设计可变薪酬时，需要考虑奖励的单位是员工个人层面、小组/部门层面还是企业层面。

7.3.1 员工个人层面的奖励制度

个人奖励制度是针对员工个人的工作绩效提供奖励的一种报酬计划。个人奖励制度的共同点是将员工个人的绩效同已经制定的标准相比较。主要形式有：

1. 计件制

这是按员工个人所生产的符合要求的产出数量进行奖励的方式，薪酬的决定根据单位时间生产产品的数量而浮动。工作标准通过工作测量研究决定，并通过集体的讨价还价加以调整；实际的计件工资率通过薪酬调查数据得出。这种激励系统对员工而言容易理解，但设定工作标准比较困难。

计件制的一种变异形式是差异计件工资制，包括泰勒（Taylor）计件工资计划和莫里克（Merrick）计件工资计划两种。差别计件工资制对不同产量水平的员工设计了不同的工资率水平,泰勒的计件计划设计了两种计件工资率,而莫里克则将计件工资率划分为三个等级。差别计件的目的是奖励生产率高的员工并惩罚生产率低的员工。

2. 计时制

这是把时间作为奖励尺度,鼓励员工努力提高工作效率,节约人工和其他成本。计时制首先确定正常技术水平的工人完成某种工作任务所需要的时间,然后确定完成这种工作任务的标准工资率,是将工资建立在某一预期时间内完成一项工作或任务的基础上。具体做法有:

(1)标准计时制。以节约时间的多少来计算应得的工资,当个人的生产标准确定后,按照节约的百分比给予不同比例的奖金,对每位员工都有最低工资保障。

(2)海尔塞(Halsey)50—50奖金制。企业确定标准工作时间,员工因节约时间而产生的收益(通过节约成本获得)在企业和员工之间平分。

(3)罗恩(Rowan)制。基本思路与海尔塞相同,两者都主张在工人和雇主之间分摊来自工作时间低于定额时间的成本节余,不同的是收益分享的比例随收益的增加而上升。

(4)甘特(Gantt)计时制。设定一个较高水平的标准工时,不能在标准工时内完成工作的员工得到一个有保证的工资率,而向能在标准工时内完成工作的人提供120%工资率。

3. 佣金制

支付给销售人员的佣金是另一类型的个人奖励制度,佣金是建立在一定销售数量或金额的基础上的薪酬。市场上存在的销售人员佣金方案主要有以下四种:

(1)纯佣金制。纯佣金制是指在销售人员的薪酬中没有基本薪酬部分,销售人员的全部薪酬收入都是由佣金构成的,通常是以销售额的一定百分比来提取的。纯佣金制类似于直接计件工资制。

(2)基本薪酬加佣金制。销售人员每月领取一定数额的基本薪酬,然后按销售业绩领取佣金。基本薪酬给予销售人员必要的生活保障,佣金是对其销售业绩的奖励。

(3)基本薪酬加奖金制。销售人员所达成的业绩只有超过了某一销售额,才能获得一定数量的奖金。奖金的数量取决于销售目标达成度。

(4)基本薪酬加佣金加奖金制。这种薪酬制度将佣金制和奖金制结合在一起。

【实例7-5】

Cellular One公司对其汽车电话安装工实行一种非常简单的激励制度。顾客每投诉一次,就从其工资中扣除10美元,安装过程中如果损坏了汽车,将会扣除20美元。当这种逆向激励计划(惩罚不佳的绩效而不是奖励优秀的绩效)时,损坏汽车的事故减少了70%。

(资料来源:乔治·T·米尔科维奇:《薪酬管理》(第六版),中国人民大学出版社2002年版,第278页)

思考:根据上述资料,分析个人奖励制度的效果。

7.3.2 小组/部门层面的奖励制度

当工作成果由小组或部门的合作所促成时,就很难衡量个别员工的贡献,这时就要以小组/部门的绩效为单位,奖励小组/部门的所有员工。小组/部门奖励制度一般以节约成本或分享收益为基础。

1. 斯坎伦计划

斯坎伦计划(Scanlon Plan),该计划的宗旨是降低公司的劳动成本而不影响公司员工的积极性,从生产率改变和成本控制的角度对财务结果进行衡量。奖励主要根据员工的工资与企业销售收入的比例。所节约的成本的 75% 作为奖金分给工人,25% 留给公司设为储备金,以便公司经营状况不佳时使用。

2. 拉克计划

拉克计划(Rucher Plan),在决定工人奖金时,原理与斯坎伦计划类似,但计算更为复杂,需要计算一个反映总工资中每美元生产的价值比率。根据类似斯坎伦计划的公式将盈余作为奖金进行分配:75% 直接分给员工,25% 留做紧急资金。

3. 集体收益分享计划

集体收益分享计划(Group Gain Sharing),该计划下的奖金根据工作小组或部门的整体产出分发,是一种通过分享来提高生产率的计划。该计划的产量用工作团队在既定时间内生产的产量来衡量,是建立在因减少生产完工产品的时间而得到的生产效率的基础上,企业和员工各获得因绩效提高而产生的收益的 50%。由于合作对所有的人有利,就推动了员工与企业之间更多的互动和支持。

7.3.3　企业层面的奖励制度

企业层面的奖励制度多采用利润分享形式,当企业的利润超过某个预定的水平时,将利润中的一部分与全体员工分享。分享的形式包括发放现金、拨作退休金积累、发放企业股票等。

1. 利润分享计划

利润分享计划(Profit Sharing)是根据对某种组织绩效指标的衡量结果来向员工支付报酬的一种绩效奖励模式。一般会使用财务指标如利润作为衡量指标,奖励比例事先确定,奖励方式多种多样,全体员工都能获得以组织利润为基础的即期或延迟支付的奖励。利润分享计划旨在为员工提供通过为企业的发展做贡献而增加收益的机会。

【相关链接 7-5】

林肯电气计划

林肯电气计划(Lincoln Electric Plan)是利润分享计划的一个成功典范。林肯电气公司是一家弧光焊接设备制造商和供应商。该计划开始于 1934 年。公司利用过去的绩效和时间研究作为绩效标准,每年都会根据员工的工资水平和绩效增长情况向员工发放相当于利润很大比例的奖励。最近几年,年度奖金在工资的 55%—115% 之间浮动。林肯电气计划的成功依赖于每个员工的贡献,员工每年接受四次绩效评估,主要考核可靠性、质量、产量、理念与合作四个方面。员工和管理人员对公司的组织目标和利润分享计划给予了极大的尊重。

（资料来源:[美]亚瑟·W·小舍曼:《人力资源管理》,东北财经大学出版社 2001 年版,第 314—315 页)

2. 股票所有权计划

股票所有权计划实际上是指企业以股票为媒介所实施的一种长期绩效奖励计划。常见的股票所有权计划可以划分为三类:现股计划、期股计划以及期权计划。

（1）现股计划

现股计划是指通过公司奖励的方式直接赠与,或者是参照股权的当前市场价值向员工出售股票。企业赋予员工一定比例的所有者权益,公司一旦给予员工现股,其相应份额的所有权也随之转移。公司一般规定员工在一定时期内必须持有股票,不得出售。

（2）期股计划

公司和员工约定在将来某一时期内以一定的价格购买一定数量的公司股权,购股价格一般参照股权的当前价格确定。一旦双方确定股权购买协议,获取方就必须购买,公司同时对员工购买期股后再出售股票作出规定。

（3）期权计划

公司给予员工在将来某一时期内以一定的价格购买一定数量的权利,获取方到期可以行使或放弃这种权利。购买期权的价格一般参照股权当前价格确定,行权日以当初约定价格购买相应数量的股权。同时公司对购买股权后再出售股票的期限作出规定。

【实例 7-6】

纵观近 5 年来国内上市公司高管薪酬 TOP10,除了 2008 年以外,其他年份的榜首均被中国平安高管占据。2010 年,TOP10 第一位毫无悬念地再次花落中国平安,已经辞任总经理但仍担任中国平安执行董事的张子欣以 1067 万元年薪再次夺魁,马明哲则以 987 万元年薪再次入围 TOP10。

近 5 年来,多个千万级别年薪出自同一家公司,不仅让财大气粗的银行相形见绌,更让保险业中同是"A＋H"股上市公司的中国人寿和中国太保难以望其项背。中国人寿董事长杨超 2010 年 116 万元年薪以及中国太保董事长高国富 2010 年 165 万元年薪还不及中国平安旗下专业子公司董事长总经理的年薪。

（资料来源:中国经济网,http://finance. ce. cn,《5 年来中国平安 4 度登顶高管薪酬榜》,2011-05-11）

思考:根据上述数据,结合相关资料,试分析中国平安高管薪酬水平奇高的原因。

奖励制度是为了提高员工的工作积极性和生产效率,从而使得企业获得竞争优势,具有较大的针对性和灵活性,能够弥补基本薪酬体系的不足,将员工的个人发展与企业目标结合起来。奖励制度实施的好坏直接影响企业经营目标的实现,因此企业应对奖励制度进行科学分析和设计,并随着内外部环境的变化不断地进行改进和完善。

7.4 员工福利体系

福利是薪酬的重要组成部分,企业的福利体系能为员工提供一个比较满意的工作条件。有效的福利管理能够加强企业员工的归属感和安全感,增强企业的凝聚力。

7.4.1 员工福利概述

1. 员工福利的特点

福利既不是以员工对企业的相对价值,也不是以员工当前贡献为基础,与基本薪酬和可变薪酬有明显的区别。福利具有以下特点:

(1)针对性

企业为员工提供的福利都具有明显的针对性。一项福利往往是针对员工的需要而设立的,有时会有很强的时间性,如员工夏季的防暑费、冬季的取暖费。

(2)集体性

企业为员工提供的福利一般是员工集体消费或共同使用的公共物品,如员工食堂、俱乐部、娱乐设施等都具有集体性这一特征。

(3)补偿性

企业提供的福利一般只起到满足员工生活优先需要的作用,只是对员工为企业提供劳动的一种物质补偿,也是员工薪酬的一种补充形式。

(4)均等性

企业所提供的福利是针对所有的履行劳动职能的企业员工,不管是谁,只要是企业的员工,就可以享受相应的福利项目。福利的均等性在一定程度上起着平衡劳动者收入差距的作用。

与基本薪酬和可变薪酬往往采取货币支付和现期支付的方式不同,福利通常采用实物支付或延期支付的方式。

2. 福利制度的设计

福利制度旨在为员工有效和持续地投入工作提供有用的因素。福利制度的设计必须综合考虑外在因素和内在因素。

(1)外在因素

首先,企业应该参考劳动力市场调查的资料来决定自身的福利水平和福利项目;其次,企业在制订福利计划时,必须遵守政府的法律和相关规定;第三,有时企业还需要与工会进行洽商,以决定福利计划的范围和内容。

(2)内在因素

企业实施不同的竞争策略,需要有不同的福利制度相匹配;不同的企业文化,在关心和照顾员工方面的重视程度也会不同;不同类型的员工因其需要的千差万别,其关心和重视的福利内容也各不相同,因此福利制度的设计应根据企业的竞争策略、企业文化和员工需要的变化而有所侧重。

3. 福利管理的原则

(1)经济性原则

企业是一个经济组织,无论出于何种目的,设置福利项目所需的资金应该看做是一种投资,如何用最小的投资获得最大的收益,也是衡量福利管理的经济法则。由于福利项目的设置具有刚性,一旦设立很难取消,因此在福利管理中成本控制十分重要。

(2)普遍性原则

福利是以全体员工为对象的,无论什么员工,只要符合条件就可以享受,所以福利项目的设计应该从全体员工的愿望和需要出发,首先创立为绝大多数员工服务的项目。

(3)灵活性原则

企业福利项目的设置如果与员工的需要不匹配,不仅难以换来员工的热情和认可,而且还有可能出现费力不讨好的结果。因此,企业的福利管理要具有灵活性,提供尽量多的福利项目并赋予员工挑选的权利。

【实例 7-7】

谷歌的厨房文化

谷歌的文化理念是:在公司的任何地方都追求人人平等。所以,公司先是建了一个自助餐厅,叫"查理的地盘",人人都可以在这里吃饭。到阿也斯离开的时候,他已经打造了一支由135名厨师组成的高效团队,他们每天中午要准备上万份食物,包括素食、清真食品、中餐、日餐、泰餐、韩餐、墨西哥菜、意大利菜等各种口味。而且,谷歌餐厅对美味和健康同样重视,所有食材都是有机天然的。

阿也斯还大力推行饮食创新。他说,如果厨房的工作没有创意,那就是整个企业的败笔。谷歌的雇员来自世界各地,口味千差万别,为了迎合年轻人的口味,阿也斯作了很多调查,并和食品供应商建立了良好的关系。这样,阿也斯吸引了一大批追求新鲜的年轻员工。

在谷歌总部,有一句口号是"不出百步,必有食物"。其实,公司每天人均的食品花费并没有太高,大约等于员工半小时的工资,但是,员工一日三餐都在公司享用,不必出去吃饭,就绝对增加了远远超过半小时的工作效率。另外,优质的食物、宽松的环境,也成为谷歌吸引全球最聪明人才的法宝之一。

(资料来源:李开复:《世界因你而不同》,中信出版社 2009 年版)

思考:谷歌为什么要创立这样的厨房文化?体现了福利设计的哪些特点和原则?

7.4.2　员工福利的种类

福利是一个庞大的体系,可以分为社会保险福利和用人单位集体福利两大类。

1. 社会保险福利

社会保险是为了保障员工的合法权利,由政府统一管理的福利措施。社会保险在福利体系乃至整个薪酬体系中占据越来越重要的地位。社会保险主要包括:

(1)基本养老保险

基本养老保险是针对退出劳动领域或无劳动能力的老年人实行的社会保护和社会救助措施。是社会保险中覆盖面最大的项目,对社会稳定的保护作用也最大。

(2)失业保险

失业保险是为遭遇失业风险、收入暂时中断的失业者设置的一道安全网。

（3）基本医疗保险

医疗社会保险是指由国家立法，通过强制性社会保险原则和方法筹集医疗资金，保证人们平等地获得适当的医疗服务的一种制度。

（4）工伤保险

工伤保险是针对那些最容易发生工伤事故和职业病的工作人群的一种特殊社会保险。工伤保险是一种无过失保险，即使是雇员自身的行为造成的事故，他也有资格享受该福利。工伤保险对雇佣期内的受伤和疾病提供保障。

（5）生育保险

即由女职工所在的单位承担女职工的生育费用和由于生育而带来的经济损失的保险方法。

【相关链接7-6】

福利国家

所谓"福利国家"，就是使公民普遍地享受福利，让国家担负起保障公民福利的职责。

英国的"福利国家"内容十分广泛，包括全民医疗、社会保险和社会服务。全民医疗包括农民和在英国居住一年以上的外国人在内，基本上由国家负担；社会保险和社会服务，主要是发放退休金、失业救济和家庭补贴。退休金有基本退休金、与缴费相联系的退休金和职业年金；失业救济分失业救济、失业者额外津贴和额外补助三个部分；家庭补贴包括孕妇补贴、儿童补贴、低收入家庭补贴、寡妇补贴、住房补贴和圣诞节奖金等。为实施"福利国家"政策，英国政府建立了庞大的管理机构。

瑞典、丹麦等北欧国家自1948年开始，也致力于建设"福利国家"。按照普遍性和统一性的原则，所有公民都有权获得基本生活保障，并由国家承担多种风险。保障内容除生育、疾病、伤残、失业、养老外，还有儿童、遗属、单亲家庭、住房、教育和培训津贴，除现金津贴外，还提供医疗、护理等项服务。这种全民性保险和广泛而优厚的补贴制度，使瑞典获得了"福利国家橱窗"之称。

北欧福利模式的基本特点可以概括为：慷慨的转移支付；较高的替代率；非常发达的公共服务；公共服务中十分有限的市场供给；强有力的家庭政策等。其主要问题在于居高不下的失业率和劳动力市场的僵化。

（资料来源：中国发展研究基金会：《构建全民共享的发展型福利体系》报告，2009年4月）

2. 用人单位集体福利

用人单位集体福利是指用人单位为了吸引人才和稳定员工而自行为员工采取的福利措施，可以分为经济性福利和非经济性福利两大类。

（1）经济性福利

这是指以金钱或实物为形式的福利。主要包括：

①住房性福利：如免费宿舍、廉价公房出租或出售、低息或无息购房贷款、购房或租房补贴等。

②交通性福利:如免费或廉价班车、公共交通补贴、个人交通工具购买低息贷款或津贴、保养费或燃料费补助等。

③饮食性福利:如免费或低价午餐、工间免费饮料、公关应酬餐饮补贴、食品免费发放、集体折扣代购等。

④医疗保健福利:公费医疗、免费体检、药费和营养费补贴、职业病防护、免费或优惠疗养等。

⑤教育培训福利:如企业内在职或脱产培训、企业外公费进修、报刊书籍订阅或购买补贴、免费学习设施等。

⑥离退休福利:如退休金、公积金及长期服务奖金等。

⑦带薪节假日:节日、假日、事假、探亲假和带薪年休假等。

⑧文化旅游性福利:有组织的集体文化活动、企业自建文体设施、集体旅游等。

⑨金融性福利:如优惠利率、低息贷款、预支薪金、额外困难补助等。

⑩企业补充保险和商业保险:如补充养老保险、补充医疗保险、安全和健康保险、家庭财产保险等。

⑪其他经济性福利。

(2)非经济性福利

企业提供的非经济性福利,其目的在于全面改善员工的"工作生活质量"。主要包括:

①咨询性服务:包括免费提供法律咨询和员工心理健康咨询等,如财务咨询、家庭咨询、职业生涯咨询、重新谋职咨询以及退休咨询。

②保护性服务:如平等就业权利保护、隐私权保护等。

③工作环境保护:如缩短工作时间、弹性工作时间、民主化管理等。

④员工援助服务:如儿童看护帮助、老人护理服务、饮食服务、健康服务等。

7.4.3　弹性福利制度

1. 弹性福利制度的内涵

弹性福利计划(Flexible Benefits Plan)又被称为"自助餐福利计划"(Cafeteria Benefits Plan),其基本思想是允许员工在各种可能的福利方案中按自己的实际生活需求进行选择,即员工可以从企业所提供的一份列有各种福利项目的"菜单"中自由选择其所需要的福利。

弹性福利制度强调让员工依照自己的需求从企业所提供的福利项目中来选择组合属于自己的一套福利"套餐"。每一个员工都有自己"专属"的福利组合。但这种选择会受两个方面的制约:一是企业必须制定总成本约束线,二是每一种福利组合中都必须包括一些非选择项目。另外,弹性福利制度非常强调"员工参与"的过程,希望从其他角度来了解员工的需要。

2. 弹性福利制度的意义

从管理者的角度看,弹性福利制度的有效性体现在:自由的选择权提供给员工的是满意、拥有权利和有价值的感觉;管理者能够把福利管理与公司的战略目标联系起来,与公司的人力资源计划联系起来;有助于管理者实现对福利的成本管理。

从员工的角度看,弹性福利制度体现了人本管理理念。员工可以根据自己的实际需要来选择恰当的福利项目,并且可以随着需要的变化而变化,使得不同的需要得到满足。

弹性福利制度并非完美无缺,它的管理和登记手续比较繁琐,易引发管理成本的上升;员工也可能因缺乏专业知识或急功近利而选择不当;也容易导致"逆向选择"现象,选择自己较易发生问题的部分来进行保障等。因此,企业在推行弹性福利制度时必须考虑这些问题并建立解决对策,这样才可能发挥弹性福利制度的优越性。

福利虽然没有工资、奖金那样具有明显的直接激励力量,但是同样具有吸引优秀员工、提高员工士气、降低离职率、增强员工凝聚力的作用,从而提高企业的生产率。企业应该密切关注并加强福利管理,鼓励员工参与福利管理;员工的福利计划还必须适应社会经济环境的变化,实施动态的福利管理。

▷【本章小结】

员工在组织从事的是有偿劳动,根据劳动状况向员工支付合理的劳动报酬是人力资源管理的一项基本任务。

薪酬是指组织对员工所做的贡献,包括他们实现的绩效、付出的努力、时间、学识、技能、经验与创造所付给的相应的回报或答谢。影响薪酬的因素来自员工个人、企业和外部环境。对于企业和员工而言,薪酬发挥着不同的功能。

薪酬管理是指一个组织针对所有员工所有提供的服务来确定他们应当得到的报酬总额以及报酬结构和报酬形式的全过程,包括薪酬体系、薪酬结构、薪酬水平、薪酬形式、特殊群体薪酬和薪酬政策等内容。企业的薪酬管理应该遵循公平性、竞争性、激励性、经济性、合法性等基本原则。

薪酬可以分为基本薪酬、可变薪酬和间接薪酬三大部分。职位薪酬和技能(能力)薪酬是基本薪酬的两种主要形式;可变薪酬是与绩效直接挂钩的薪酬,是对个人、小组/部门、组织整体业绩的奖励,形成了个人层面、小组/部门层面、组织层面的多种形式的奖励制度;福利和服务是间接薪酬的主要内容,包括法定的各种社会保险以及用人单位的集体福利。弹性福利制度是福利发展的一种新思路。

薪酬管理是一项非常重要又非常复杂和敏感的工作,薪酬管理必须公平合理,同时能促进企业的发展和员工的进步。

▷【案例分析】

安利营业代表报酬及奖励制度

安利于 1998 年 7 月在中国采用自设店铺并雇佣推销人员的方式经营。安利在全国主要城市设立店铺,产品明码标价,直接服务消费者,亦设有营销队伍帮助推广产品、服务顾客、开拓市场。

1. 安利营业代表报酬计算方法

安利营业代表的工作主要是通过产品示范、说明,帮助公司推广产品,促成顾客与公司交易。营业代表无须向公司购入任何存货,只需依照公司制定的统一顾客价,按顾客的要求,提供订货、送货服务;凭借亲切、周全的售前、售后服务,帮助公司建立稳固的顾客群。

营业代表每售出一件产品可获该产品定价的 20%(税前)作为顾客服务报酬,

按月由公司支付至指定的银行账户。此外,安利会从每月净营业总额统拨21％作市场开拓经费,营业代表无论是以产品定价或以8折优惠价销售产品,每月均可按个人销售的产品的净营业额获公司发放最高达21％的销售佣金。

净营业额反映安利营业代表实际的销售业绩,是以产品标价减除顾客服务报酬或折扣优惠乘以净营业额换算比率计算出来的。

2. 安利奖励制度

当营业代表有良好的工作表现,公司便会邀请他们成为"见习营业主任",协助公司发展业务,支援营业代表的销售工作。见习营业主任可按业绩获得以下的晋升机会:见习营业主任(9％—21％),营业主任(银章、金章)、高级营业主任(直系、红宝石、明珠、蓝宝石),营业经理(翡翠),高级营业经理(钻石)。

经验有价,劳动有价。辅导、带动新人开展工作,将心得和经验与之分享当属有偿劳务,而在从事产品推广与培训的过程中,会产生各项直接和间接的费用,包括交通费、差旅费、交际费、电话费、办公用品费等(上述费用简称业务推广费),所以公司会按您提供的劳务、效益给予合理的劳务奖金,并在一定条件下,承担业务推广费。安利会把21％市场开拓经费,在支付个人销售佣金予营业代表后的余额发放予营业主任及经理作为劳务奖金。

通过不断的努力,部门的总业绩可以达到最高佣金率21％,这是安利事业发展上的一个重要里程碑。安利会从净营业额另拨6％作为各项目月度及年度奖金,以奖励营业主任及经理在开拓市场、培训、支援营业代表工作上的成绩。对于通过稳健实干、守规经营取得指定业绩的营销人员,安利还会颁发一系列的奖章及提供旅游奖励,以奖励绩优部门领导多方面的贡献。

3. 奖衔表扬

通过颁发奖衔来肯定勤奋向上的人们的成就是不少商业机构及学术、体育、文教组织的普遍做法。为表扬安利营销人员在不同阶段的成就,安利设有银章、金章、直系、红宝石、明珠、蓝宝石、翡翠、钻石等奖章颁发给营业主任及营业经理。当然您在争取各项奖章时必须注意打好基础,并持续努力,否则所得的荣誉可能只是昙花一现。

4. 奖金奖励

安利事业的各项报酬、奖金全部以基于需求的产品销售业绩为计算基础,与加入时间先后或奖衔高低无绝对关系。各营销人员取得奖金的机会均等,奖金来自公司提拨的市场开拓经费,是公司正常营运开支的一部分。安利颁发给营销人员的奖衔及奖金花红包括下列各项:

(1)领导奖金。假如您部门的总业绩达到最高佣金率21％,您可获晋升为营业主任,并可获颁银章一枚。取得银质奖章的营业主任,将有基本资格取得4％领导奖金;连续12个月内有3个月取得银章业绩,可获得金章奖励;连续12个月内有6个月取得银章业绩,可获晋升为高级营业主任及获颁直系奖章;以上均有相应的领导奖金。

(2)红宝石奖金。领导所在部门在一个月内取得净营业额14万元以上的业绩,可获公司另拨净营业额的2％作为红宝石奖金,高级营业主任更可获颁红宝石奖章。

（3）明珠奖金。在同一个月内，通过你成功的培训、带领，有3个部门达到21‰最高佣金率，您便有机会获公司颁发的1‰明珠奖金。

（4）翡翠花红。你负责培训、带领的3个部门能够在同一财政年度内有6个月保持21‰业绩，将晋升为营业经理，并获颁翡翠奖章，可分享公司当年拨出的0.25‰的年度翡翠花红。

（5）钻石花红。你负责培训、带领的6个部门能够在同一财政年度内有6个月保持21‰业绩，便可获晋升为高级营业经理，并获颁钻石奖章，可分享公司当年拨出的0.25‰的年度钻石花红。

（6）行政钻石花红。你负责培训、带领的7个部门都能在同一财政年度内有6个月21‰业绩，便可分享公司当年拨出的0.25‰的年度行政钻石花红。

5. 旅游奖励

安利每年都会举办各类旅游研讨会，邀请符合业绩标准、并严格遵守《安利营销人员营业守则》等有关规章制度的安利营销人员免费出席，让来自各地的绩优人员聚首一堂，交流业务心得与经验，并直接与安利高层管理人员沟通，为更好地做好未来的销售工作加油打气。安利（中国）自开业以来，曾经在泰国曼谷、芭堤雅、香港、意大利罗马及美国奥兰多举行旅游研讨会。

（资料来源：《商界》杂志社主编：《商界——中国营销模式经典》，世界图书出版公司2000年版）

问题

1. 通过本案例，你对薪酬的概念有什么新的认识？

2. 分析安利公司对营业代表的这种薪酬制度有什么优点和缺点。

3. 你觉得安利公司对营销代表的奖励制度考虑了哪些因素？体现了哪些激励特点？

4. 安利公司的这种奖励制度与其营销模式有什么内在关系？

🔁 **【思考练习】**

1. 什么是薪酬？请区分薪酬与报酬、工资、收入等概念。

2. 薪酬由哪些项目构成？不同的项目有什么不同的作用？

3. 什么是薪酬管理？一个企业应该如何进行薪酬管理？

4. 设计企业的薪酬体系应该考虑哪些因素？这些因素是如何相互作用的？

5. 你如何看待福利的作用？请分析弹性福利制度的实施条件。

第 8 章

绩效考核　　　≫≫≫　≫

员工的意见信说明了什么?

M银行的刘行长到任后的第一年,该行的效益比较好,所有员工都盼望在年终拿到一笔可观的奖金。以前奖金的发放办法采用的是同级别平均发放,年终的考核只是走走过场。刘行长决定今年要改变规矩,参照其他银行的办法,根据考核的结果来确定不同的业绩,发放不同的奖金数额。但这项改革在具体的实施过程中却出现了不少问题,考核结束之后,员工的意见信也递到了刘行长的办公室。刘行长将员工的意见进行了归纳,发现问题主要集中在以下四个方面:

第一,考核指标过于笼统,主要是两个方面:一是综合等级评分,划分为 A、B、C、D 四个等级;二是排名名次,这项内容很容易让人以主观判断来决定评价。因此,在考核过程中,评分人极易因认知中的晕轮效应和近因效应而影响考核的客观性。

第二,对处级干部或总经理级干部来说,按照考核细则须由全部门同事或全行的同级之间打分,但是,行中的许多处室之间根本无业务往来,打分时缺乏根据,很多人完全是闭着眼瞎打分,很不严肃。

第三,考核的结果没有公布,考核细则中明确规定考核结果为 D 的人要离岗,但考核后没有人了解自己的得分和问题,也没有人离岗。

第四,考核的排序计算方法问题很大。根据考核细则的计分方法,当 N(表示参加排名的人数)趋于无穷大时,排序分的极限值为 0.5。整个银行处室人员编制一般不超过30人,如果某人在一个30人的处里排名第一,他的排序分为$(30 \div 2 - 1) \div 30 = 0.467$,而排名第30的人排序得分为$(30 \div 2 - 30) \div 30 = -0.5$,两人的得分只相差 0.967 分。但是按照考核细则,如果等级分差一个档次,就差20分,所以,等级分起着关键作用。但考核细则同时规定,被评人的等级综合分必须是所有打分者都打A,才有可能得A,否则,被评人只能是 B 级或者更低。如果有一人恶意打分,被评者就无法得到应得的奖金。

　　另外，因为处室的人数不同，人数少的，只要员工的领导或同事给他了 A，他的综合评价得分就会是 A。那么，不同处室的第一名之间没有任何可比性。而发放奖金时，他们却被置于同等层次上，这十分不公平。

　　在信的末尾员工指出，这种考核缺乏公平、公正性，以此作为奖励的依据，起不到任何激励作用，只会适得其反。

　　刘行长将这些意见交到了主管这次考核的人力资源部部长手中，并希望他们在研究后提出一个改进方案。

　　看完意见信，人力资源部部长开始发愁，意见信写得有理有据，分析到位，一针见血地指出这次考核实施中的问题，但应该如何重新设计考核方案呢？给刘行长的报告应怎么写？

　　显然，M 银行的绩效考核没有达到预期的目的，一个缺乏清晰的指标、合理的内容和权重分配、排序不科学的绩效考核体系，是不公平和起不到激励作用的。绩效考核不能是为了考核而考核，作为薪酬管理工作的基础和企业人力资源管理的核心职能之一，绩效考核既具重要性又具复杂性，如果简单地采用统一的标准，忽视岗位的差异、部门的差异和人员素质的差异以及评估者对评估指标理解的差异，绩效考核就有可能起到负面的影响。

　　（资料来源：张德主编：《人力资源开发与管理案例精选》，清华大学出版社 2002 年版，第 148 页）

　　良好的工作绩效是任何企业的重要经营目标之一，而企业的绩效与员工的个人工作绩效直接相关。因此，对员工绩效的有效控制，是现代企业人力资源管理的重要职能之一。像 M 银行这样在绩效考核过程中遇到棘手问题的企业不在少数。作为一种有效的企业管理手段，绩效考核在评价和激励员工、增强企业竞争力和发展活力等方面发挥着至关重要的作用，但也出现了诸如 M 银行这样的问题。这就需要我们反思：到底什么是绩效？一个组织应该如何进行绩效考核和绩效管理？就像一把双刃剑，好的绩效考核系统可以促进组织目标的达成，对员工起激励作用；不科学的绩效考核系统则会挫伤员工的积极性，对组织目标的实现起严重的阻碍作用。企业应该通过科学、合理的绩效考核给员工提供工作反馈，使其扬长避短、改善绩效，提高能力与素质。

学习要点

1. 掌握绩效考核的概念与重要性；
2. 掌握绩效考核的方法；
3. 掌握绩效考核的标准与指标；
4. 掌握绩效考核的操作与流程；
5. 了解绩效考核中考核者可能存在的问题及对策。

8.1 绩效与绩效考核概述

8.1.1 基本概念

1. 绩效

绩效是一个多维建构,观察和测量的角度不同,其结果也会不同。因此,要理解"绩效"的全部内涵,不但要关注它的理论发展,还要结合其在实践运用中的演变。目前,在理解绩效的内涵上主要形成了结果论、过程论和潜能论三种观点,并衍生出五种主要的绩效界定。

(1)五种绩效界定

①绩效是"工作任务"。工作任务本身十分明确清晰,任务的完成受外界条件的制约不大,任务承担者与他人或团队之间的互相依赖程度也不高,这时完成工作任务本身就是绩效。这种理念适用对象是生产一线的工人和体力劳动者。

②绩效就是工作产出或工作结果。岗位责任决定了某一工作职位或部门应承担的为实现组织或部门目标必须完成的任务,特定的工作岗位决定了被考核者应有的知识、技能、态度和他综合了这些因素所能做出的实际贡献,所以,绩效被定义为产出/结果。

③绩效是"行为"。"行为说"认为许多工作结果可能由与工作毫无关系的其他原因引起的,产出/结果的产生可能包括许多个体无法控制的因素,过分重视结果会忽视重要的程序因素和人际关系因素。因此相比之下,尽管行为也要受外界因素的影响,但它更多还是取决于个体的直接控制和调整。

④绩效是"行为"+"结果"的统一体。高绩效=结果("做什么")+行为("如何做")。作为结果和过程的绩效观各有其优点和缺点,从实际运用的角度来看,不同的侧重都是有偏颇,因此该种观点就将两者结合起来。

⑤绩效是"做了什么"(实际收益)+"能做什么"(预期收益)。将员工个人的知识、技能、素质、潜能等要素都纳入绩效中的界定非常适合知识性员工的管理和从事大量创新性工作的企业,而且它也体现了建立绩效考核体系的根本目的,就是要促使企业的目标得以顺利地实现。

【实例 8-1】

玛丽、琼和马克都是呼叫中心的员工,他们负责接听顾客的电话,提供有关某个软件产品方面的帮助。呼叫中心根据员工在指定时间内所接顾客电话的数量来评估他们的绩效。因为呼叫中心不能带来可见收入,所以公司往往将该中心视为管理费用或者"成本"项目,员工的配备经常不足。

玛丽是该中心的速度超人。她说话快,思维敏捷,并且熟知业务。她的业务量是全中心最高的。琼对业务同样熟悉,但她的工作速度比玛丽慢,思维也慢一些,说话时语速更正常、更自然。她的业务量稍低于平均水平。马克对业务知识了解不多,但奇怪的是,他的业务量也相当高,而且他接待过的顾客通常不会再打电话回来。

（资料来源：Robert Bacal：《绩效评估》，机械工业出版社 2005 年版，第 42—43 页）

思考：请你对这三人的绩效加以评判与比较。

（2）绩效的特点

根据以上对绩效含义的分析，我们可以看到绩效是一个多义的概念，是员工自身的多种素质因素在特定条件下，通过行为过程转化而来的综合反映，也是员工的工作任务、工作技能、工作态度和工作环境、工作条件等因素相互作用的结果。因此，绩效具有多因性、多维性和动态性的特征。

①绩效的多因性

影响工作绩效的因素主要有四种，即员工的激励、技能、环境与机会。其中前两者属于员工自身的、主观性影响因素，后两者则是外部的客观性影响因素。可用公式表示如下：

$$P = F(S,O,M,E)$$

式中，P 为绩效，S 是技能，O 是机会，M 是激励，E 是环境。

②绩效的多维性

工作绩效可以反映在多个方面，绩效考核的内容是多种多样的。一般来说，工作绩效包括完成工作的数量、质量、效率和效益。对不同的职位，考核的侧重应有所不同，但效益应该是处于中心地位。而且一个人的绩效主要是由他的工作能力和态度所决定的，所以能力和态度的考核也是绩效考核的主要内容。

③绩效的动态性

员工的工作绩效不是一成不变的，而是在发展变化的，也就是说是动态的。内因和外因的变化都会导致工作绩效的变化。

2. 绩效考核

（1）绩效考核的定义

绩效考核（Performance Appraisal）通常也称为业绩考评或"考绩"，它是考核主体根据岗位工作说明书和绩效考核标准，运用各种科学的方法，针对企业中每个员工所承担的工作、行为的实际效果及其对企业的贡献或价值进行周期性的考核和评价，并将评定结果反馈给员工的过程。

无论组织和个人都必须以系统和发展的眼光来理解绩效考核，应综合时间、结果、行为方式（过程）的三维要素综合考虑。如果只从一个层面静止地、孤立地、直线地去考察，就会忽略对个人、团队和组织绩效的起伏变化的波动性特征的认识和把握。

（2）绩效考核的类型

绩效考核可根据其不同的目的分为判断型绩效考核和发展型绩效考核两种类型。

判断型绩效考核。判断型绩效考核是以鉴定和验证员工绩效为目的的绩效考评，主要强调员工过去取得的工作成绩，常被用来控制员工的工作行为，其一大特点是将考评结果与工资或其他经济利益联系起来。

发展型绩效考核。发展型绩效考核是以提高员工将来的工作绩效为目的的绩效考评，主要着眼于今后的绩效。常被用来决定员工的培训和发展机会，找到排除工作障碍的办法，以及提出改进工作绩效的方法与设想。

8.1.2 绩效考核的影响因素

绩效考核包括绩效指标、绩效标准、考核方法等环节，它是一种诊断工具，目的是发现本组织员工绩效现状，确认与组织整体目标是否存在差距，以寻求弥补。所以，绩效考核自身的实施效果非常重要。正如企业实践者经常发出"绩效考核的绩效该如何考核"的疑问。为了确保绩效考核质量，在决定对本组织进行绩效考核前应考虑下列影响因素。

1. 外部因素

主要指组织所处的外部环境因素。包括组织所处的特定经济环境、市场状况、社会因素和政治、法律因素等。

(1)国家法律法规。绩效考核包括很多技术方法，组织在选择这些方法时，应注意到是否会触及法律，引起纠纷。如末位淘汰考核法、强制分布法可能会遭到员工的抵制，甚至引起员工申诉。

(2)企业所处的行业。企业所处的行业不同，工作性质差异很大，对工作的考核方法也存在区别。如服务、咨询行业员工多为知识型员工，多从事智力工作，绩效的衡量相对困难，所以绩效考核方法要求较高，实施较难。而高科技行业，由于研发人员、业务人员的业绩指标通常表现为销售量、项目参与量、客户回款率等财务性指标，则应多选用量表性考核方法。

2. 内部因素

(1)主观因素

①对考核的认识。绩效考核在员工看来意味着考试、测评、评估，结果就是惩罚、辞退等不良方面，造成了管理层不敢轻易谈考核，员工们害怕考核自己的绩效，通常对绩效持有抵触情绪。因此，企业必须让员工明白，绩效考核的最终目的是为了促进绩效改进，是一项必须进行的有利于组织和员工发展的有效管理工具，而不是单纯的批评、惩罚。

②绩效考核主体的专业性。考核主体需要具备一定的资格条件，包括：熟悉被考核员工的岗位工作；能够避免考核主观性偏见带来的误差；熟悉考核理论知识与技巧等。绩效考核主体的专业性越强，绩效考核的效果越好，客观性、科学性越强。

(2)客观因素

①企业的发展阶段。企业的生命周期的不同阶段对员工的素质要求不同，员工的职责也不同，这会影响企业选择何种绩效考核方法。如处在初创阶段的企业，其绩效考核就较简单、容易操作，而成熟阶段的企业内部暴露的绩效问题较多，就需要采用较为复杂但更为精确的考核方法。

②员工类型。员工按照职责可以粗略分为职能性员工和业务性员工。职能性员工的工作多难以直接量化，难以客观、精确地衡量，所以应多采用主观性考核指标，做到尽量量化、合理量化即可。而业务性员工的工作则容易直接量化，容易客观、精确地衡量，所以应采用客观性考核指标，做到精确、科学。

③人力资源管理系统的规范化程度。绩效考核是人力资源管理活动的一个环节，它与工作分析、薪酬管理、员工培训、辞退管理存在连接关系，因此，绩效考核不能脱离人力资源管理其他环节而独立进行。人力资源管理的规范化程度会影响到绩效考核的科学性。

④成本。绩效考核是需要花费时间和财力的。不同的考核方法效果不同，所花费的成

本也不同,一定要结合企业自身的实力选取合适的、费用合理的考核方法。

⑤人力资源管理的组织结构。绩效考核不只是人力资源管理部门的事情,高层管理者、直线经理、人力资源管理部门都承担着绩效考核的责任。如果组织建立了专门的绩效考核组织,就适宜运用相对复杂的绩效考核方法,考核可以细致一些。

⑥企业文化的支持程度。企业文化的本质是建立全体员工一致认可的价值观、行为规范。企业文化分为很多类型,强调高绩效的绩效导向型文化就有利于员工正确理解绩效考核的重要性,有利于支持绩效考核顺利执行。

8.1.3 绩效考核的内容

考评的内容主要以岗位的工作职责为基础来确定的,根据企业的管理特点和实际情况,对考评内容进行分类。根据工作绩效考评内容的不同,可以将绩效考评分为三种基本类型。

1. 品质基础型考评

品质基础型考评的内容以考评员工在工作中表现出来的品质为主,着眼于"他这个人怎么样",主要用于评价员工的个性、能力或特征等。所选的内容主要是那些比较抽象的个人基本品质,诸如忠诚、可靠、主动、有创造性、有自信、有协作精神等定性的形容词。这种考评类型适合于对员工工作潜力、工作精神及人际沟通能力的考评。

2. 行为基础型考评

行为基础型考评的内容以员工的工作行为为主,着眼于"干什么"、"如何去干的",重在工作过程,而非工作结果,重点评价员工在工作中的行为表现。这种考评类型较适合于那些绩效难以量化考评或需要以某种规范行为来完成工作任务的员工,诸如商店的售货员、宾馆的服务员等。

3. 效果基础型考评

效果基础型考评的内容以考评工作效果为主,着眼于"干出了什么",重点在于产出和贡献,而不关心行为和过程。这种考评类型对于那些最终绩效表现为客观的、具体的、可量化的指标的员工是非常合适的,比如对于在一线从事生产的蓝领工人、推销员等等。

这三种基本类型各有适用对象,也都存在各自的问题,不论采用哪一种类型都无法全面地对员工进行考评。因此我们要从多个方面对员工进行考评,既要考评工作行为,又要考评工作效果,还要考评他在工作中自身的素质。在进行实际绩效考评时,应根据具体情况慎重地予以选择、取舍,将三种基本类型进行有效的组合并精心设计。

8.1.4 绩效考核的原则

员工在企业工作,希望自己的工作成绩得到企业的承认,得到应有的待遇;希望通过个人的努力取得事业上的进步;同时,更希望得到上级对自己努力方向的指点。为了满足员工渴望公正考核的要求,在绩效考核中应确立以下基本原则:

1. 制度化原则

企业的绩效考核要作为企业的一项制度固定下来,同时考核的标准、程序和责任等都要有明确的制度规定,并在操作中严格地按照制度的规定进行。这样,绩效考核才会有其权威性。

2. 公开化原则

企业的人事考评标准、考评程序和考评责任都应当有明确的规定。同时,考评标准、程序和对考评责任者的规定在企业内都应当对全体员工公开。这样才能使员工对人事考评工作产生信任感,对考评结果也能持理解接受的态度。

3. 客观性原则

人事考评应当根据明确规定的考评标准,针对客观考评资料进行考核,尽量避免掺入主观性和感情色彩。也就是说,首先要做到"用事实说话"。考评一定要建立在客观事实基础上。其次要做到把被考评者情况与既定标准做比较,而不是在人与人之间比较。

4. 差别性原则

在考核不同类别、不同层次的员工时,要注意用不同的标准和尺度去衡量,考核的内容也应是不同的。

5. 反馈原则

考评的结果(评语)一定要反馈给被考评者本人,否则就起不到考评的教育作用。在反馈考评结果的同时,应当向被考评者就评语进行说明解释,肯定成绩和进步,说明不足之处,提供今后努力的参考意见等等。还应及时地将考核结果反馈给公司培训部门,培训部门根据考核结果,有针对性地加强员工培训工作。

6. 差别性原则

考核的等级之间应当有鲜明的差别界限,针对不同的考评评语在工资、晋升和使用等方面应体现明显差别,使考评带有刺激性,鼓励员工上进。

8.2 绩效考核的操作流程

一个企业的绩效考核流程一般来说主要包括四个阶段:首先就是要界定工作本身的要求,确保管理者及其下属在工作职责和工作标准上达成一致,这是进行绩效考核的前提基础;其次就是根据要求来评价实际的工作绩效,这是进行绩效考核的主体部分;再次就是要对员工提供考核结果的反馈;最后就是充分应用绩效考核结果的有效信息,推动企业人力资源管理各个环节的工作。

8.2.1 第一阶段:建立绩效考核指标体系

在绩效管理体系中,最重要也是最基础的环节是制定绩效考核指标体系。这是考核的公平公正性的保证,也是获得有说服力的考核结果的前提。

1. 建立绩效目标

针对不同员工的个人实际情况,要先建立一个绩效目标。由主管经理与员工合作,就员工下一年度应该履行的工作职责、各项任务的重要性等级和授权水平、要实现的工作目标、经理提供的帮助、可能遇到的障碍及解决的方法等一系列问题进行探讨并达成共识。绩效目标的作用在于帮助员工找准路线,认清目标,具有前瞻性。制定绩效目标的时候,要参照企业或部门的经营计划和工作目标,结合员工个人的实际工作,由管理者和员工共同制定员工的工作目标。

绩效目标应具备以下五个方面的特点，也就是通常所说的 SMART 原则。

S——Specific，目标必须尽可能具体、明确。

M——Measurable，目标达到与否要尽可能有衡量标准和尺度。

A——Attainable，目标设定必须是通过努力可以达到的。

R——Realistic，所制定的目标具有现实性和可操作性。

T——Time-based，目标的完成要有时间表。

2. 建立绩效考核指标

在绩效考核过程中，人们对被考核者的各个方面或各个要素进行评估，指向这些方面或要素的概念就是绩效考核指标。

(1)绩效考核指标的概念

所谓绩效考核指标就是评价因子或评价项目，指的是绩效考核的具体方面。如销售人员考核的是销售额、经理考核的是利润率、科研人员考核其发表的论文等。绩效考核指标的确立要满足以下三个基本要求：

①内涵明确清晰。每一个绩效评价指标有明确的含义，以避免不同评价者对评价指标内容产生不同的理解，减少评价误差的产生。

②具有独立性。每一个评价指标一定要有独立的内容，有独立的含义和界定。

③具有针对性。评价指标应针对某个特定的绩效目标，反映出相应的绩效标准。

(2)绩效考核指标的构成要素

一般而言，一个绩效考核指标包括四个构成要素：

①指标名称：对评价指标的内容作出的总体概括；

②指标定义：指标内容的操作性定义，用于揭示评价指标的关键可变特征；

③标志：评价指标中用于区分各个级别的特征规定，通常表现为某种行为、结果或特征划归到若干个等级；

④标度：用于对标志所规定的各个级别包含的范围作出规定，用于揭示各级别之间差异的规定。

例：

评价指标：协作性

指标定义：在与同事共同工作时所表现出来的合作态度

标志	S	A	B	C	D
标度	合作愉快	肯合作	尚能合作	偶尔合作	我行我素

标志和标度是一一对应。就好像是一把尺子上的刻度和规定刻度的标准。因此常常把两种统称为绩效考核中的评价尺度。

(3)绩效考核指标的权重

绩效考核指标是一个多维系统，各项指标对评估结果的影响程度取决于该指标在整体评价中的相对重要性，权重就是对各个指标重要程度的定量分配。绩效指标的权重反映了环境的影响和组织的战略要求，对考核对象的行为产生强化性的激励，而权重设计的正确与否则直接决定绩效考核是否能准确反映考核对象的实际绩效，同时也对薪酬确定、岗位变动、晋升培训等方面具有基础性作用。

(4)确定绩效考核指标的步骤

确定绩效考核指标体系要经历以下四个步骤:

①工作岗位分析。根据考核目的,对被考核对象所在岗位的工作内容、性质、完成这些工作所应履行的岗位职责和应具备的能力素质、工作条件等进行研究和分析,从而了解被考核者在该岗位工作所应达到的目标、采取的工作方式等,初步确定出绩效考核指标。

②理论验证。依据绩效考核的基本原理与原则,对所设计的绩效考核指标进行论证,使其具有一定的科学依据。

③进行指标分析,确定指标体系。根据工作岗位分析所初步确定的指标,运用绩效考核指标体系设计方法,进行指标分析,最后确定绩效考核指标体系。

④修订。为了使确定好的指标更趋合理,还应对其进行修订。修订分为两种:一是考核前修订。通过专家咨询法,将所确定的指标提交领导、学术权威或专家审议,征求意见,修改、补充、完善绩效考核指标体系;二是考核后修订。根据考核结果应用之后的效果等情况进行修订,使考核指标内容更加理想和完善。

【相关链接 8-1】

绩效评价指标体系设计的相关基础理论

1. 系统评价理论。企业是一个系统,绩效评价也是一个系统。系统评价理论就是将评价对象视为一个系统,评价指标、指标权重和评价方法均按照系统最优的方式进行运作。组织是一个由部门构成的大系统,部门又是由岗位构成的子系统,每个组织在设计绩效指标体系时,通常围绕组织的绩效目标和关键成功因素先形成一个指标库,在此基础上针对岗位特点确定各个岗位的指标。

2. 目标一致性理论。根据目标一致性理论,在绩效考核时要保证三个一致性。一是绩效指标与评价对象的系统运行目标的一致性,即评价指标与系统目标内容一致并能完整地反映评价对象系统的运行目标;二是绩效指标与绩效评价的目的的一致性,即绩效指标应充分体现评价目的对绩效指标的要求;三是绩效评价目的与评价对象运行系统目标的一致性,即评价目标要服从于评价对象运行系统的目标。

(资料来源:方振邦:《绩效管理》,中国人民大学出版社 2003 年版,根据第 157—161 页改写)

3. 确定绩效考核标准

无论企业采用哪种绩效界定,有一点十分明确,即绩效必须是可以衡量和控制的,正是由于这种可衡量性,否则绩效对组织就没有任何价值。因此绩效考核时在设计绩效指标后还需要由具体的绩效标准来测定各个指标上应该达到的水平。

(1)绩效考核标准的概念

所谓绩效考核标准就是对员工绩效进行考核的标准和尺度,是对绩效指标的数量化或明确化。绩效考核指标和绩效考核标准是一个问题的两个方面,在绩效考核中两者缺一不可。绩效考核标准的确立应符合以下基本要求:

水平适度:大多数人经过努力都可以达到基本标准,所形成的压力以能提高劳动生产率为限。

稳定性:应该保证绩效标准的权威性,有必要修订,但没有太大的变动,尤其在确定考核标准的考核期内,原则上不作变动,必须变动的也应该征得员工的认可。

(2)绩效考核标准的类型

①基本标准与卓越标准

基本标准指的是对某个评估对象而言期望达到的水平,是每个被评估对象通过努力都能够达到的,并且标准可以有限度地描述出来。基本标准的作用是判断被考核者的绩效能否满足基本要求,其评估结果主要决定非激励性的人事待遇,如基本工资等。

卓越标准指的是对评估对象未作要求和期望但可以达到的绩效水平,代表着组织的激励方向。卓越标准并非每个被评估对象都能够达到。卓越标准一般没有上限,因此难以有限度地描述。卓越标准的作用是可以识别角色榜样,其评估结果可以决定一些激励性的人事待遇,如额外的奖金、分红、职位晋升等。

②绝对标准、相对标准

绝对标准即建立员工工作的行为特质标准,然后将是否达到该项标准列入评估范围,而不在员工之间相互比较。

相对标准即通过将员工间的绩效表现相互比较来评定员工的绩效水平,将被考核者按某种向度作顺序排名,或将被考核者归入事先确定的等级中。

表 8-1　绩效标准实例

工作结果	指标类型	具体指标	绩效标准
销售利润	数量	年销售额 税前利润百分比	年销售额 40 万—50 万元 税前利润 20%—25%
新产品设计	质量	上级评价: 创新性 体现公司形象 客户评价: 性价比 相对竞争对手 产品的偏好程度 独特性 耐用性	上级评价: ①至少有 4 种产品与对手不同 ②使用高质量的材料,恰当的颜色和样式代表和 　提升公司形象 客户评价: ①产品价值超过其价格 ②遮盖品牌对顾客举行测试,发现选择本公司产 　品比竞争对手产品的概率要高 ③客户反映与他们见过的同类产品是不同的 ④产品使用的时间足够长
	时限	预定的时间表	能在计划期内提供新产品样品
销售费用	成本	实际与预算的变化	实际费用与预算相差在 5% 以内

8.2.2　第二阶段:实施考核

在有了具体的考核指标和考核标准后,就可以针对每个不同的员工实施考核。首先要从各方面收集资料,再将每个员工的绩效与先前所设定的标准相比较,得出考核的结果。这个阶段是实行绩效考核的主体部分。

在这个阶段中,关键是由谁来实行绩效考核,采用什么方法来实行绩效考核,在绩效考核中应该避免哪些问题。关于采用什么方法来进行绩效考核,在考核中应该注意避免哪些问题,我们将在后面具体地讲到。下面我们主要介绍一下如何决定由谁来做绩效考核。

绩效考核的参与者可以是多方面的。参与评估的人员可以是上级、同事、员工自己、下属、客户、外界考核专家甚至是专门的工作绩效评价委员会。由谁来实行绩效评估才能确保考核的客观性和准确性,是因人而异的。合格的考核执行者应当满足的理想条件是:(1)了解被考评职务的性质、工作内容、工作要求、考核标准与公司政策;(2)熟悉被考评者本人的工作表现,尤其是本考核周期内的,最好有直接的近距离密切观察其工作的机会;(3)此人应公正客观,不具偏见。

1. 直接上级

直接上级很符合上述条件中的头两条。授权他们来考评,也是企业组织的期望。他们握有奖惩权力,无此手段的考评便失去了权威性,但他们在公正性上不太可靠,因为频繁的日常直接接触,很易使考核掺入个人感情色彩。所以有的企业用一组同类部门的干部共同考核彼此的下级,只有都同意的判断才能作为结论。

2. 同级同事

他们对被考核的职务最熟悉、最内行,对被评同事的情况往往也很了解,但同事之间必须关系融洽,相互信任,团结一致;相互间有一定的交往与协作,而不是各自为政的独立作业。这种办法多用于专业性组织,如大学、医院、科研单位等,企业的专业性很强的部门也可使用;同时,还可用于考评很难由别类人员考评的职务,如中层干部等。

3. 被考评者本人

这就是常说的自我鉴定。这可使被考评者得以陈述对自身绩效的看法,而他们也的确是最了解自己所作所为的人。自我考核能令被考评者感到满意,抵制少,且能有利于工作的改进。不过自评时,本人对考评维度及其权重的理解可能与上级不一致,常见的是自我考核的评语优于上级的。

4. 直属下级

有相当一部分人不主张用此法,这是因为下级若提了上级缺点,害怕被记恨而遭报复、给小鞋穿,所以只报喜不报忧。下级还易于仅从“这上级是否照顾自己个人利益”去评判其好坏,对坚持原则、严格要求而维护企业利益的上级考核结果不会太好。对上级来说,常顾虑这会削弱自己的威信与奖惩权;而且一旦知道自己的考核要由下级来做,便可能在管理中缩手缩脚,投鼠忌器,充当好人,尽量少得罪下级,使管理工作受损。

5. 顾客

所谓的顾客包括两个方面的内容,它既指企业外部的顾客,也指企业内部的顾客。通过外部顾客获取比较客观的数据,来作为绩效考核的一个参考因素。而内部的顾客是指企业内部得到了该员工服务支持的人。无论是内部顾客还是外部顾客,都对绩效考核提供了较为有用的信息。但是一般来说,顾客评估只是作为参考的数据,应结合其他人员的评估进行。因为在实施顾客评估时,企业花费在打印、邮寄、电话以及人工等方面的成本太高,而且还有一个外部顾客是否合作的问题。

6. 外界考核专家或顾问

外界考核专家或顾问有考核方面的专门技术与经验,理论修养也深;而且他们在公司中无个人利害瓜葛，较易做到公正。外界考核专家或顾问被请来，是会得到本应担任考评者的干部们的欢迎的，因为可以省去他们本需花费的考核时间，还可避免不少人际矛盾。被考评的下级们也欢迎，因为专家不涉及个人恩怨，较客观公正。公司也较欢迎，因为专家们内行，在各部门所用的考核方法与标准是一致的，具有可比性，而且较为合理。只是成本较高，而且他们对被考核专业可能不内行。

7. 工作绩效评价委员会

企业中比较正规的方式就是启用工作绩效评价委员会来对员工的绩效进行评价。委员会一般是由员工的直接主管加上3至4位其他方面的主管共同组成。可以从各个不同的角度、层次来进行评估，弥补了直接主管评估时的个人偏见以及视角的片面性，使评估更加公正可信。

【实例8-2】

湘西自治州烟草专卖局严格内部管理考核制度，将各项指标量化到各科室（部门），实行经济和责任挂钩，按月进行跟踪考核，既提高了工作效率，又保证了各项任务的顺利完成。

该局采取的量化考核措施包括：一是制定《月度绩效考核表》，将当月的考核指标量化到各科室（部门），明确专人负责落实。二是量化考核标准，从工作计划内容、部门协作、重要决议执行、文档管理、安全生产、学习教育、领导交办工作等7方面实行定位。三是规定考核分值，与工效挂钩，对出现重大违纪违法、造成重大经济损失、违反计划生育政策等方面问题的，实行"一票否决"制。四是组成考核小组，逐条逐项考评打分，使量化的考核指标与薪酬及工作业绩挂钩的激励机制紧密衔接。

（资料来源：梅忠德：《量化考核指标 提升工作效率》，搜捕网 www.51sobu.com，2006-04-30）

思考：根据以上信息，试分析该企业绩效考核的成功之处。

8.2.3 第三阶段：绩效反馈与面谈

绩效考核的最终目的是为了能够找出员工在工作中的不足之处，与之进行沟通，作出评价和绩效改进的建议，以提高员工的工作绩效，保证员工的工作不偏离既定的绩效目标。由此，绩效反馈是绩效考核必不可少的程序。

1. 绩效反馈的目的

（1）形成统一认识

绩效评估往往包含许多主观判断的成分，即使是客观的评估指标，也存在对数据采集手段是否认同的问题。因此，对于同样的行为表现，评估者与被评估者由于立场和角色的不同，往往会给出不同的评价。双方对于评估结果的认同必然需要一个过程，及时的反馈能使双方对评估结果达成共识，有助于双方更好地对被评估者的绩效表现做出判断。

（2）肯定成绩指出不足

通过评估反馈对员工做出的成就给予承认或肯定，可以对员工起到积极的激励作用。另外，员工不仅关注自己的成绩，更希望有人指出自己需要改进的地方，所以主管和员工要共同分析绩效的不足之处及原因,找出双方有待改进的方面,从而促进员工更好地改进绩效。

(3)制定绩效改进计划

在管理者和员工就评估结果达成一致意见之后,双方应就面谈中提出的各种绩效问题制定一个详细的书面绩效改进计划。在绩效改进计划中,双方可以共同确定出需要解决的问题、解决的途径和步骤,以及员工需要管理者提供的帮助等。

(4)有利于工作的衔接

绩效管理是一个不断循环的过程,一个绩效考评周期的结束就是下一个绩效评估的开始。所以主管可以把上一个绩效管理周期的绩效考核反馈面谈与下一个绩效管理周期的绩效计划面谈合并在一起进行。

2. 如何进行绩效考核面谈

面谈应该在一个无打扰的环境中进行,不应该被电话和外来人员打断,只有这样面谈才能获得更佳的效果。在面谈的过程中,要注意观察员工的情绪,适时进行有针对性的调整,使面谈按计划稳步进行。在面谈结束之后,一定要和员工形成双方认可的备忘录,就面谈结果达成共识,对暂时还有异议没有形成共识的问题,可以和员工约好下次面谈的时间,就专门的问题进行二次面谈。通常,一个员工的绩效表现有正反两个方面,有表现优秀值得鼓励的地方,也有表现不足须加以改进之处。所以绩效反馈也应该从正反两个方面着手,既要鼓励员工发扬优点,也要鞭策员工改进不足。

对于正面反馈,有三点要特别注意。

(1)真诚

真诚是面谈的心理基础,不可过于谦逊,也不可夸大其词。要让员工真实地感受他的表现是确实受到认可的,主管的表扬确实是真情流露,而不是"套近乎"、扯关系。只有这样,员工才会把表扬当成激励,在以后的工作中表现更好。

(2)具体

在表扬员工和激励员工的时候,一定要具体,要对员工所做的某件事有针对性地具体地提出表扬,而不是笼统地说员工表现很好就完事。比如,员工为了赶一份计划书而加了一夜的班,这时主管不能仅仅说员工加班很辛苦、表现很好之类的话,而是要把员工做的具体事特别点出,比如:"小王,你加了一夜的班赶计划书,领导对你的敬业精神很赞赏,对计划书的编写很满意。"这样,小王就会感受到不仅加班受到了表扬,而且计划书也获得了通过,受到了赏识;相比较,后面的话可能对小王更有激励作用。

(3)建设性

正面的反馈要让员工知道他的表现达到或超过了主管的期望,得到了主管的认可,要强化员工的正面表现,使之在以后的工作中不断发扬,继续做出更优秀的表现。同时,要给员工提出一些建设性的改进意见,以帮助员工获得更大提高和改进。

对于反面的反馈,要注意以下几点:

(1)具体描述员工存在的不足,对事而不对人,描述而不作判断。你不能因为员工的某一点不足,就作出员工如何如何不行之类的感性判断。这里,对事不对人,描述而不判断应该作为重要的原则加以特别注意。

(2)要客观、准确地描述员工行为所带来的后果。管理者只要客观准确地描述了员工的行为所带来的后果,员工自然就会意识到问题的所在,所以,在这个时候不要对员工多加指责,指责只能搞僵双方之间的关系,对面谈结果无益。

(3)从员工的角度,以聆听的态度听取员工本人的看法。听员工怎么看待问题,而不是一直喋喋不休地教导。

(4)与员工探讨下一步的改进措施。与员工共同商定未来工作中如何加以改进,并形成书面内容。

3. 制定绩效改进计划,进行绩效改进指导

通过绩效反馈查找绩效问题及其原因后,管理人员和员工就需要齐心协力排除障碍。由于个体的因素导致绩效不高时,管理人员要充当导师、帮助者的角色,来帮助员工制定绩效改进计划。

绩效改进计划主要包括三方面的内容:一是明确的改进目标;二是改进绩效的具体方案;三是达到改进目标的时间期限。绩效改进计划制定出来后,管理者就要随时进行追踪、支持、帮助和指导。要进行动态、持续的绩效沟通,全程追踪计划进展情况,及时排除遇到的障碍,必要时修订计划。这是绩效考核体系的灵魂与核心。

8.2.4　第四阶段:绩效考核结果的应用

绩效考核的结果,将产生大量的信息、积累丰富的资料。充分运用这些信息和资料,以推动人力资源各个环节的工作,才能达到绩效考核的目的。

绩效考核完成之后,人力资源部门和职能部门都将发现,员工的绩效状况是参差不齐的。有些员工绩效特别高,不需要上司的检查督促,就能十分出色地完成任务,而且在完成任务的过程中表现出高度的工作主动性和创造性。与之相反,另一部分员工则表现为低工作绩效,甚至在有关部门的激励、督促和支持下也难以完成目标。当然,还有相当大部分的员工处于两个极端情况之间,见图 8-1。

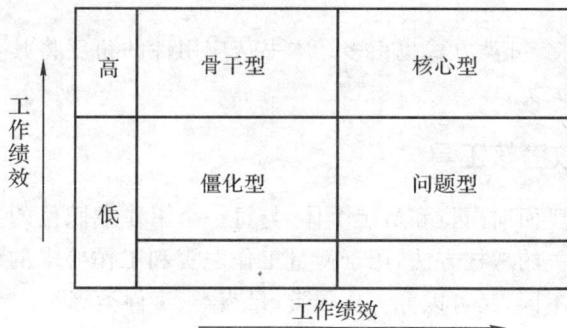

图 8-1　四种绩效类型员工[①]

1. 核心型员工

这部分员工既有很高的工作绩效,又有很大的发展潜力。他们是组织的核心人才。尽管这部分人才可能只占员工总数的一小部分,但是他们的绩效却占据了组织或者部门总绩效的相当大的部分。而且他们还代表着组织的将来发展,他们将在组织的发展中继续扮演

---

①　黄维德,董临萍:《人力资源管理》,高等教育出版社 2000 年版,第 125 页。

十分重要的角色。对于这部分员工,组织应在激励和资源分配上给予充分的重视,通过种种手段稳定这部分员工队伍,并且开发其典型事迹作为广大员工的学习材料。

2. 骨干型员工

这类员工有很高的工作绩效,但是他们没有多少发展的潜力。他们能够很好地完成任务,但是他们在工作中没有什么创新和开拓。这部分员工为数不少,承担着组织大量的日常工作。因此,组织在未来的发展中,始终保持这部分员工的高工作绩效,也是十分重要的。

3. 问题型员工

这类员工在绩效考核中表现出来的工作绩效很低,存在这样或那样的问题。但是这不等于他们没有改善的余地。这部分员工具有一定的变化和发展的潜力,如果组织能够在人力资源管理工作中帮助他们解决问题,提供一定的发展条件,并且给予一定程度的激励,这部分员工的绩效就有可能变低为高,实现向骨干型员工的转变。出于对组织的感激心理,这类员工对组织未来的发展所起的作用可能更大,对员工引起的激励效果也更明显。

4. 僵化型员工

这类员工一方面工作绩效很低,另一方面,在未来又没有什么可能去改进他们的绩效。也就是说,他们处于低绩效的僵化状态。其中许多人根本不能适应岗位的基本要求,也有一部分人属于社会问题,例如道德败坏、违法乱纪等等。尽管这部分僵化型员工为数不多,但他们的负面影响却是不容忽视的。因此,对于他们的分析和人力资源管理决策也是绩效考核之后必须要做的。

8.3 绩效考核方法

绩效考核方法很多,分类方式也很多。本书从应用性的角度将其分为一般性考核工具和系统性考核方法两大类。

8.3.1 一般性绩效考核工具

这类考核工具主要面向岗位和员工个体,与每一个工作或职位的关键工作要项和关键职责领域的达成度相关的考核方法,用于衡量工作职责和工作要求的履行和实现状况。根据考核技术和依据的不同,又可以分为比较类、量表类、事件类等。

1. 比较类考核方法

比较类考核方法是一种相对的考核方法,即不是以事先确定的考核要素和考核标准为考核尺度对被考核者的绩效进行评价,而是通过与其他员工的比较来确定被考核者的绩效水平,因此其他员工的绩效表现直接影响着被考核者的绩效评价结果。根据比较方式和比较对象的不同,这类考核方法主要有:

(1)排序法

这是一种将员工的绩效互相比较并进行排序的绩效评估方法。具体做法是,在评估表中列出所要评估的因素,再将该因素下工作绩效最优者与最差者首先列入表内,然后列出次优者与次差者,以此类推,直到把所有被评估者排列完毕。这样就可以获得本部门所有员工的绩效情况,并了解他们在每一个评估因素中的排列次序或优劣程度。这种方法的优点是简便易行,但使用有一定的局限性,一般用来评估数量不多,且从事相同工作的人员。

(2)对偶比较法

就是将被考核者进行两两逐对比较,比较中认为绩效更好的得1分,绩效不如比较对象的得0分。在进行完所有比较后,将每个人的所得分加总就是这个人的相对绩效,根据这个得分来评价出被考核者的绩效优劣次序。这种方法操作简便,适用于管理基础薄弱的中小公司。缺点是主观性强,考核标准不能量化,考核结果不精确。

(3)强制分配法

强制分配法是按事物"两头小,中间大"的正态分布规律,先确定好各等级在总数中所占的比例。具体的百分比设置,各个企业可以根据自己的情况有所不同,如有的设五级(优10%、良50%、中20%、较差10%、差10%),有的只设三级(优20%、良70%、差10%)。然后按照每人绩效的相对优劣程度,强制列入其中的一定等级。

此法适用于工作绩效难以通过数量来衡量的工作。有利于管理控制,能明确筛选出淘汰的对象,具有激励和鞭策的作用;避免考核标准过宽或过严及考核结果全部趋中的现象。但是,如果一个部门的员工的确是优秀的,可能会带来多方面的弊端。如员工对公司的凝聚力,对公司的忠诚度;员工失去安全感;不利于创造团队合作的氛围等。

【实例 8-3】

在每年4月份,通用电气公司(GE)都要对所有员工进行绩效考核。考核系统将20%的员工定位最好(A player),10%的员工定位最差(C player),另外70%的员工按照表现给予相应的定级,公司将依据对每个人的考核结果进行工资调整、晋升及各种奖惩措施。在GE医疗系统的销售部,有两位员工表现都较为良好,且销售业绩、利润率等各项考核指标都不相上下,但公司有硬性规定,只有20%的员工能被评为A类员工,享受较高的奖金福利及其他奖励。在当时情况下,意味着只有其中一位能被评为A类员工,其上级经理在左右为难的情况下,将甲评为A类员工,而将乙评为B类员工。结果公布后,乙员工心理上不平衡,工作质量明显下降,三个月之后,他就跳槽到了竞争对手西门子公司。

思考:根据上述事例,你认为在使用强制分配法时可能会出现哪些问题?该如何克服?

2.量表类考核方法

量表类考核方法是一种绝对的考核方法,即以事先设计的考核要素和考核标准为考核尺度来评价被考核者的绩效表现,被考核者的考核结果取决于自己的绩效表现,与其他员工的绩效表现无关。这类考核方法主要用考核量表作为重要考核工具,根据量表设计方式的不同可以分为以下几种。

(1)尺度评价法

尺度评价法(Rating Scale Method)是按照评估内容,选择不同的绩效构成因素,给每一个因素确定不同的层级尺度,确定相应的评分标准,然后据此评估每一个员工。尺度评估法多以描述或数字等级作为评估尺度,强调把员工的绩效考核内容分成多个考核要素,每个要素设置一个从好到差的变化图尺,绩效成绩从高到低有一个得分排列。这种得分排列一般分为五等。由考核者根据其主观判断来选择其中一个作为被考核者在相应评价方面的绩效得分。尺度评价法是最简单和运用最普遍的工作绩效评估技术之一。表 8-2 是一张典型的尺度评价表。

表 8-2　尺度评价法示例

被考评人：　　　　　年　　月　　日

考评点	评分标准	评分	考评结果
业绩指标	5—优秀(你所知道的最好的员工)		
团队合作	4—良好(超出所有标准)		
费用或利润	3—中等(满足所有标准)		
工作态度	2—需要改进(某些地方需要改进)		
学习能力	1—不令人满意(不可接受)		
信息建设			

考评人：　　　　　　　　制表：

（2）行为锚定等级评价法

行为锚定等级评价法(Behaviorally Anchored Rating Scale,BARS)是一种将某一职务工作可能发生的各种典型行为进行评分度量,建立一个锚定评分表,以此为依据对员工工作中的实际行为进行测评给分的考评办法。[1] 该方法是通过一张行为定位等级评价的表格将各种水平的绩效加以量化,用反映不同绩效水平的具体工作行为的例子来描述每一个特征。

举例:考核营销人员的日常工作积极性行为。行为定位等级评定是这样测定的,如下表 8-3 是销售代表处理客户关系的 BARS 例子。[2]

表 8-3　行为定位等级评价表

被考评人：　　　　　年　　月　　日

行　为	评分	考评结果
经常替客户打电话,给他做额外的查询	6	
经常耐心地帮助客户解决很复杂的问题	5	
当遇到情绪激动的客户时会保持冷静	4	
如果没有查到客户需要的相关信息则会告诉客户,并说对不起	3	
忙于工作的时候,经常忽略等待中的客户,时间数分钟	2	
一遇到事情,就说这件事和自己没有关系	1	

考评人：　　　　　　　　制表：

---

① 顾英伟：《绩效考评》,电子工业出版社 2006 年版,第 157 页。

② 张晓彤：《绩效管理实务》,北京大学出版社 2004 年版,第 24 页。

把营销人员的日常工作积极性,从最好到最坏列一个等级,就是将他的行为排列成一个顺序,就叫行为定位等级。他做的事情符合第一级打6分,如果他做得不好,做错了还总有借口,那就给他打1分。

行为锚定等级评价法实质上是建立在关键事件法的基础上的,使用这种方法,可以对源于关键事件中有效和非有效的工作行为进行更客观的描述。熟悉一种特定工作的人能够识别这种工作的主要内容。然后对每项内容的特定行为进行排列和证实。它为每一职位的各考评维度都设计出一个评价量表,并有一些典型的行为描述性说明词与量表上的一定刻度(评分标准)相对应和联系(即所谓锚定),供操作中为被考评人员实际表现评分时作参考依据。由于这些典型说明词数量毕竟有限(一般不会多于10条),不可能涵盖千变万化的员工的实际表现,因此被考评人员的实际表现很难恰好与说明词所描述的完全吻合。但有了量表上的这些典型绩效的、有具体行为描述的锚定说明词,不但使被考评人员能较深刻而信服地了解自身的现状,还可以找到具体的改进目标。

3.关键事件法

关键事件法是由美国学者弗拉赖根和伯恩斯共同创立的。该方法就是通过观察记录下有关工作成败的"关键"性事实,依此对员工进行考核评价。

考核人在平时注意收集被考核人的"关键事件"。这里的"关键事件"是指被考核人的优秀表现和不良表现,对这些表现要形成书面记录。对普通的工作行为则不必进行记录。根据这些书面记录进行整理和分析,最终形成考核结果。

例如,用关键事件法对某客户服务人员进行绩效评价,他的主管人员作了以下记录:

考核要素:客户满意度

好的关键事件:耐心倾听客户抱怨,解答客户问题,认真检查客户退回的产品,向客户作出解释和道歉,平息客户的不满,并受到客户表扬;

坏的关键事件:在年底最忙的一个月里先后迟到三次,且没有任何理由;错过了四次客户电话,有两次客户回访晚于预约时间,客户对此反映较差;对于客户反映的影响到产品质量的问题没有及时通知主管和同事。

这种方法对中层管理人员及基层操作人员使用比较适宜。优点是:能够记录反馈员工日常工作中好的/不好的工作行为;控制关键的行为,促进工作绩效的提升。缺点是:考核人常常漏记关键事件,这样导致近期效应的偏差被夸大,员工会觉得管理人员编造事实来支持其主观意见。

4.360度反馈评价法

360度代表着全面,代表着完整。而所谓360度考核是指帮助一个组织中的成员(主要是管理人员),从与自己发生工作关系的所有主体那里,获得关于本人绩效信息反馈的过程。

绩效反馈信息的来源包括:上级监督者自上而下的反馈;下属自下而上的反馈;本人的反馈;平级同事的反馈;企业外部的客户和供应商的反馈。

这种方法的出发点是扩大化了评价者的范围和类型,从不同层次的人员中收集评价信息,从多个视角对员工进行综合评价,然后由有关部门或外部专业人员根据有关人员对被评价者的评价,对比评价者的自我评价,并向被评价者提供反馈,以帮助被评价者提高其能力水平和业绩。其目的是为了达到有效的评价,从所有可能的渠道收集信息,获取组织成员行为观察资料,集中各种评价者的优势互补,使评价结果公正而全面。它与传统的自上而下评价的本质区别就是其信息来源具有多样性,从而保证了评价的准确性、客观性和全面性。

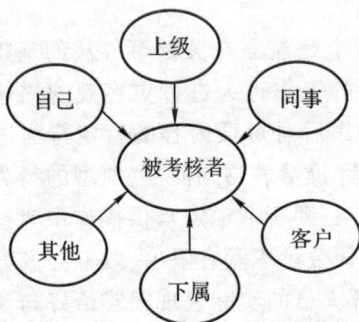

图 8-2　360 度反馈评价体系

【相关链接 8-2】

360°绩效反馈体系与国家文化差异的研究

从本质上来看,西方文化以个人为本位,崇尚"自我"且激进开放;而中国文化以群体为本位,追求"和谐"且保守。Farh＆Cheng(1991) 通过对中国 9 个不同组织的调查分析发现,在深受儒家价值观影响的企业里,员工的自我考核分数远低于上级的考核,而且此现象相当稳定,这与在西方企业中的研究结果完全相反,可见国家文化在衡量员工自我评价的观念中起到十分关键的作用。很多学者在比较东亚文化和西方文化的差异方面做了大量的实证研究,根据文化特征的不同维度来探讨国家文化是如何影响到 360 度绩效反馈过程的,具有代表性的是荷兰社会心理学家 Geert Hofstede 的五维度和美国文化人类学家 Edward T. Hall 的两维度。(1) Hofstede 的五维度分析。Hofstede 从价值观角度通过实证分析构建了五个文化维度,分别是:权力差距、回避不确定性、个人主义与集体主义倾向、男性化与女性化、长期导向和短期导向。我国学者基于前三个维度进行分析,发现了我国在这些维度上的差异:较高的权力差距导致员工对上级的考评结果有可能高于其实际表现;由于高回避不确定性,尤其是一些中高层管理者对于中下级的评价表现出畏惧心理;集体主义倾向使得员工参与 360 度绩效反馈时会尽量避免冲突而拔高评价意见。Janna Meyer 发现美国员工在评价上级时比韩国员工提供更诚实的反馈,同时韩国员工对 360 度绩效反馈体系更持积极态度,这表明了源自西方的 360 度反馈方法在非西方国家同样可以适用,只要在执行过程中采取必要的措施。(2)Edward T. Hall 的两维度分析。国家文化的信息特征主要有规范度和分散度,Hall 基于规范度得出了规范的文化适合实施 360 度绩效反馈的结论。Boisot 试图从这两个维度对各国的信息特征做一个大致的估计,他发现美国的信息规范度和分散度都是最高的,而中国和日本都表现出信息不规范和信息集中的特征,但是并没有指出这两个维度与执行 360 度绩效反馈之间的关系。

(资料来源:蔡凌燕、朱舟:"关于 360 度绩效反馈体系在中国的适用性分析",《经济师》2006 年第 12 期,第 40—41 页)

8.3.2　系统性绩效考核方法

这类方法往往与组织的战略目标、企业文化、核心能力培养等相联系。目前常常使用的此类方法有:以提高企业核心竞争能力为目的的关键绩效指标法;以全面衡量企业经营能力,推进企业战略实施的平衡计分卡;与企业经营计划和经营目标相联系的目标管理法等。系统的考核方法强调企业是一个整体,每一个部门和岗位都作为组织系统中的一个有机细胞而存在。在系统的考核方法中,大量运用了比较类、量表类、事件类等一般性考核工具来考核具体部门和岗位的绩效。

1. 目标管理法

目标管理(Management by Objective,MBO)是 20 世纪 50 年代在美国出现的一种新的管理制度。目标管理的基本概念是由美国管理学家彼得·德鲁克首先提出来的。目标管理作为一种新的管理制度,是一种通过组织成员亲自参加工作目标制定来实现"自我控制",并努力完成工作目标的管理制度。

目标管理既可以是一种管理的原则,又是一种管理的方式。包括三方面内容:

(1)注重工作的效果;

(2)注重管理的综合性;

(3)建立目标责任制。

目标管理的特点:

(1)目标管理是参与管理的一种形式;

(2)目标管理强调组织成员的"自我控制";

(3)目标管理是一种系统整体的管理方法;

(4)目标管理是一种重视成果的管理方法。

目标管理法对各级管理人员比较适用。其优点是:能够提升员工工作的积极性、主动性和创造性,提高员工的成就感。缺点是:此法以结果为导向,重视结果,轻视过程;难以对不同的员工设定不同的工作目标;对考核人员的素质提出了很高的要求;并非所有的工作都可以设定明确的目标。

【实例 8-4】

有个人经过一个建筑工地,问那里的石匠们在干什么? 三个石匠有三个不同的回答。

第一个石匠回答:"我在做养家糊口的事,混口饭吃。"

第二个石匠回答:"我在做最棒的石匠工作。"

第三个石匠回答:"我正在盖一座教堂。"[①]

思考:请从三个石匠的回答中分析石匠的目标以及目标的可实现性。

2. 关键绩效指标考核法

关键绩效指标考核法(Key Performance Indicades,KPI)是通过对工作绩效特征的分析,提炼出最能代表绩效的若干关键指标体系,并以此为基础进行绩效考核的模式。

---

① 　根据于丹:《论语》心得,中华书局 2006 年版,第 50—51 页改写。

关键绩效指标具备如下几项特点:[①]

(1)关键绩效指标来自对公司战略目标的分解。

(2)关键绩效指标是对绩效构成中可控部分的衡量。

(3)KPI是对重点经营活动的衡量,而不是对所有操作过程的反映。

(4)KPI是组织上下认同的。

KPI所具备的特点,决定了KPI在组织中举足轻重的意义。首先,作为公司战略目标的分解,KPI的制定有力地推动公司战略在各单位各部门得以执行;其次,KPI为上下级对职位工作职责和关键绩效要求有了清晰的共识,确保各层各类人员努力方向的一致性;第三,KPI为绩效管理提供了透明、客观和可衡量的基础;第四,作为关键经营活动的绩效的反映,KPI帮助各职位员工集中精力处理对公司战略有最大驱动力的方面;第五,通过定期计算和回顾KPI执行结果,管理人员能清晰了解经营领域中的关键绩效参数,并及时诊断存在的问题,采取行动予以改进。

KPI考核适用于有战略规划的公司和有年度目标的公司。此法的优点是:在公司战略目标的指引下,能够把目标分解到部门及员工的日常工作当中来;能够使公司集中有限的资源来达到公司目标;很好地体现了20/80原则。缺点是:指标之间没有驱动要素;追求结果,忽略了过程;没有关注重点指标之外的其他基础指标,致使重点指标的完成受到影响。

【相关链接 8-3】

关键绩效指标 KPI 与一般绩效指标 CPI

绩效考核指标主要有两类,一类是基于发展战略的关键绩效指标 KPI,一类是基于公司制度和部门职能的一般绩效指标 CPI(Common Performance Indicator)。CPI 是影响公司基础管理的指标,体现公司对各层次履行规定职能与职责的基础管理要求。CPI 来源于公司制度/流程和部门职能,其表现形式为可评价的指标或项目要求。CPI 是 KPI 得以实现的保障,与 KPI 共同构成整体的考核依据。两者之间的联系可以用下图表示。

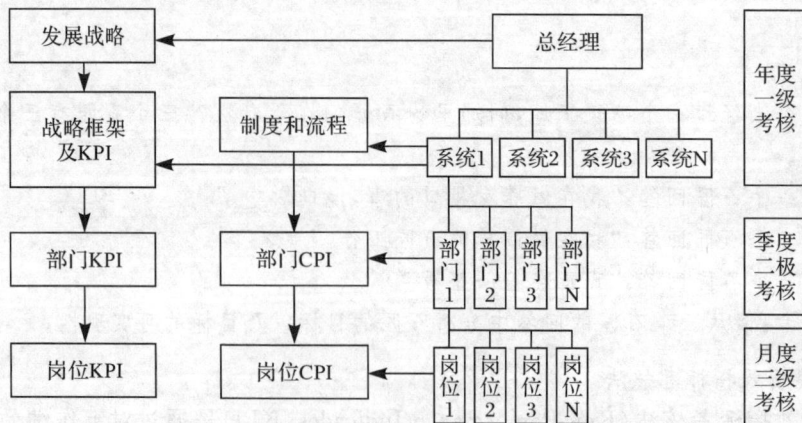

(资料来源:冉斌:《绩效指标词典》,中国经济出版社 2005 年版,第 71 页)

---

　　① 王焕宁:《关键绩效指标体系建立》,Hroot.com,2005-12-01。

3.平衡计分卡考核法

平衡计分卡(Balanced Scorecard Card,BSC)从四个不同维度(即财务、客户、内部流程、学习与成长)衡量企业的业绩,从而帮助企业解决短期利益的实现和可持续发展相统一的问题。

(1)财务维度(Finance)。其目标是解决"股东如何看待我们"这一类问题。表明我们的努力是否对企业的经济收益产生了积极的作用,因此,财务方面是其他三个方面的出发点和归宿。财务指标通常包括利润、主营业务收入、现金流、回款率和资产回报率等。

(2)客户维度(Customer)。这一维度回答的是"客户如何看待我们"的问题。客户是企业之本,是现代企业的利润来源,客户理应成为企业的关注焦点。通过顾客的眼睛来看我们公司,从时间(交货周期、调试投运周期、服务响应时间等)、产品质量、服务质量和成本等几个方面关注市场份额以及顾客的需求和满意程度。客户方面体现了公司对外界变化的反应,它是 BSC 的平衡点。常见指标包括:按时交货率、新产品销售所占百分比、大客户的购买份额、客户满意度和忠诚度、新客户增加比例、重要客户利润贡献度等指标。

(3)内部运作流程维度 (Internal Operational Process)。内部业务维度着眼于企业的核心竞争力,回答的是"我们的优势是什么"的问题。事实上,无论是按时向客户交货还是为客户创利,都是以企业的内部业务为依托的。因此,企业应当甄选出那些对客户满意度有最大影响的业务程序(包括影响时间、质量、服务和生产率的各种因素),明确自身的核心竞争能力,并把它们转化成具体的测评指标,内部流程是公司改善经营业绩的重点。如产品出厂合格率、现场安装调试一次性合格率、技术服务一次性交付合格率、新产品开发按进度和质量完成率等。

(4)学习和成长维度 (Study and Innovation)。其目标是解决"我们是否能持续为客户提高并创造价值"这一类问题。只有持续不断地开发新产品,为客户创造更多价值并提高经营效率,企业才能打入新市场,增加红利和股东价值。

财务、客户、内部流程和学习与成长四个维度的因果关系为:员工的技术素质和管理素质决定产品质量和销售业绩等;产品/服务质量决定顾客满意度和忠诚度;顾客满意度和忠诚度及产品/服务质量等决定财务状况和市场份额。

BSC 的精髓在于它追求组织长期目标和短期目标、结果目标和过程目标、先行指标和滞后指标、组织绩效和个人绩效、外部关注和内部诉求等重要管理变量之间的平衡,追求过去经营结果考核与未来业绩评价之间的平衡,追求外部组织满意程度和客户满意程度之间以及内部经营过程、激励机制、员工知识与学习和产品、服务提升之间的平衡。但是,BSC也有缺点,那就是始终只关心股东价值、客户价值,却没有关注到其他相关利益者,例如供应商、员工、企业合作伙伴等。

【相关链接 8-4】

平衡计分卡思想的来源——企业计分卡(Corporate Sorcard)

1990 年,一项由美国复兴全球战略研究所的 CEO 戴维·诺顿(David P. Norton)与美国哈佛商学院教授罗伯特·卡普兰(Robert S. Kaplan)教授共同主持的"企业未来绩效平衡方法"的研究悄然进行。12 家分别来自制造业、服务业、重工业和高新技术的企业共同参与研究。在所收集的案例中,模拟设备公司(Analog Devices)所使用的一种新的衡量工具——企业计分卡引起了卡普兰和诺顿的注意。这种衡量方法除了传统的财务指标外,还使用了交货时间、制造品质、运作周期、新产品开发效能等衡量指标。这种多角度的衡量方式成为研究小组探讨绩效管理模式的基础,经过反复讨论和修正,计分卡的内容不断丰富,系统性和科学性越来越强,最后提出了从四个角度来关注企业业绩的绩效考核方法——平衡计分卡。

（资料来源：金燕等：《平衡计分卡应用实务》,海天出版社 2004 年版）

【实例 8-5】

平衡计分卡作为一个先进、合理且科学的管理思想和工具,从其诞生之日起,就得到了世界 500 强企业的广泛运用。根据 Gartner Group 的调查表明,到 2000 年为止,在《财富》杂志公布的世界前 1000 家公司中有 75％采用了平衡计分卡系统。在最近由 William M. Mercer 公司对 214 个公司的调查中发现,88％的公司提出平衡计分卡对于员工报酬方案的设计与实施是有帮助的,并且平衡计分卡所揭示的非财务的考核方法在这些公司中被广泛运用于员工奖金计划的设计与实施中。顺应世界管理界的春风,平衡计分卡于 1996 年来到中国,首先应用在跨国公司的在华机构。之后,作为一个理念和工具,慢慢在中国的企业界广泛流传开来,并逐渐开始在国内企业中实施运用起来。然而调查数据显示,实施平衡计分卡的中国企业 80％以上都是以失败告终,如同当年热衷于实施 ERP 一样,又是一次"洋思想、洋经验"的"水土不服"的上演。

（资料来源：陈喜和：《为什么平衡计分卡难以有效推广?》management. hr. com. cn,2006-02-22）

思考：平衡计分卡在我国应用时遭遇"水土不服"的主要症结何在?

8.4 绩效考核中可能出现的问题与解决办法

绩效考核是一项复杂的工作,在实际操作中会出现许多误差。我们把它们归结为两大类,一类是由于考核者主观的错误,一类则是由于考核方法、工具的选择不当或是由于考核的评价指标不清晰造成的,这是属于技术上的问题。在绩效考核中,考核者往往是考核结果可靠性的重要决定因素。

8.4.1 考核者主观上的错误

在绩效考核中,考核者往往是考核结果可靠性的重要决定因素。但是在考核过程中,考核者总是会存在一些心理干扰,影响考核的质量。在此,我们将讨论几种常见的考核者问题。

1. 缺乏客观性

在绩效考核标准中存在一些难以量化的因素,比如工作态度、协作关系、事业心等,对这些因素的考核没有一个确切的指标,主观随意性较大。此外,企业很难证明某些看似重要的考核标准是与工作绩效有关的。据日本有关部门调查,有 74.4% 的企业认为,在绩效考核中很容易掺入考核者的主观意志,即便是面对同一事实,由于管理者所处立场不同,所得的考核结果往往不一样。

【实例 8-6】

某公司市场部门有一员工,办事果断,说话直接,经常提出不同的意见,做出一些特立独行的举动,同时也得罪了不少同事和客户。在 2000 年,当时的部门经理对他的行为非常欣赏,认为他有锋芒,有活力,在年度考评的时候,给予较高评价,并将其评为 A 类员工。在 2001 年时,部门换了一位新的经理,他对价值观的理解就和上一位经理不太一样,同样对这位员工,他认为太过张扬,不能与团队进行良好合作,影响与客户的良好关系,因此在年度考评时他将此员工评为 B 类员工。由此可以看出,绩效评估者的主观倾向对评价结果起着较大的影响。

思考:你认为可以用什么方法来避免这种现象的出现?

2. 晕轮效应

晕轮效应是指评定者对某一方面绩效的评价影响了他对其他方面绩效的评价。特别是当评定者特别欣赏或厌恶被评价者时,往往不自觉地对被评价者其他的绩效方面做出过高或过低的评价。例如,某位管理者在一次特殊场合见到其下属喝醉酒,便有了其下属爱喝酒,容易误事的印象。并把这一点有意无意地扩大到其他方面,从而得出该下属是一位不称职的员工的考核结果。实际上,那位下属可能仅仅醉过那一次。晕轮效应一旦产生,就很难消除。有人提出一种防止晕轮效应的措施,那就是在评定时,评定者每次只就一个评价维度对所有的被评价者进行评定,然后进行第二评价维度的评定。这种做法的一个潜在假设是,每次只评价一个维度,迫使评定者去考虑特定的内容而不是对被评价者的总体印象。

3. 严格/宽松错误

对工作业绩给予不应受到的抬高被称为宽松。这种行为产生的动机往往是避免引起考核争议。当使用主观性强的业绩标准,并要求考核者与员工讨论考核结果时,这种情况最容易出现。对工作业绩过分的批评被称为严格。这种情况相对少见一些。美国的一项研究结果表明,70% 以上的被调查经理认为,抬高或降低标准主要是做给下属看的。下表就列出了对这一现象的解释。

表 8-4　故意抬高或降低考核的原因

抬高考核:
1. 认为精确的考核将对下属的动机和业绩有不利影响;
2. 期望提高员工凭业绩提薪的合格率;
3. 期望避免部下不光彩事情的扩散;
4. 希望避免产生一个消极的、永久的、并可能在将来仍会影响一个人的不利业绩记录;
5. 需要对那些业绩因为个人问题受到影响但却一贯优秀的人进行奖励;
6. 希望对那些即使业绩仍较低但已付出很大努力的员工进行奖励;
7. 避免与某些难以管理的员工对抗。

续表

降低考核:

1. 担心员工对其良好的业绩感到惊慌;
2. 为了惩罚一个顽固的或难以对付的员工;
3. 为了鼓励一个有问题的员工辞职;
4. 为计划要解雇的人制造一个有说服力的记录;
5. 为了缩减凭业绩提薪的下属数量。

4. 趋中倾向

趋中倾向是指评定者可能对全部下属做出既不太好又不太坏的评价。他们避免出现极高和极低的两个极端,而不自觉地将所有评定向中间等级靠拢。这样做的结果是使评定结果失去价值,因为这种绩效评定不能在人与人之间进行区别,既不能为管理决策的制订提供帮助,也不能为人员培训提供有针对性的建议。要减少评定中的趋中倾向,关键是要让评定者认识到区分被评价者和评定结果的重要性。必要的时候,组织也可以明确要求评定者尽量减少选择中间等级的次数。

5. 近因效应

评定者对被评价者的近期行为表现往往产生比较深刻的印象,这样,明明是对被评价者半年的绩效评定最后可能变成对评价者近几周的绩效评定。尤其当被评价者在近期内取得了令人注目的成绩或犯下过错时,近因效应会使评定者出现偏高或偏低的倾向。要摆脱这一效应,可以采用诸如关键事件法之类的技术,全面考察被评价者在较长时期内的行为表现和工作业绩。

6. 对比效应

对比效应是指在绩效评定中,他人的绩效影响了对某人的绩效评定。比如,假定评定者刚刚评定完一名绩效非常突出的员工,紧接着评定一名绩效一般的员工,那么很可能将这名绩效本来属于中等水平的人评为"比较差"。对比效应很可能发生在评定者无意中将被评人新近的绩效与过去的绩效进行对比的时候。一些以前绩效很差而近来有所改进的人可能被评为"较好",即使这种改进事实上使其绩效勉强达到一般水平。对比效应也是评定中难以消除的问题。好在这种误差会随着时间的推移积累有关员工绩效的更多信息而消失。

7. 马太效应

"马太福音"中有这样的名言:"因为已有的,还要加给他,叫他多余。没有的,连他有的也要夺过来。"在马太效应的作用下,企业绩效考核每次都是那几个人最终胜出,他们所得到的奖励和荣誉越来越多,而那些尚未出名成功的人则往往被人忽视,其价值或被贬低或得不到承认。在这种环境下,有潜质的人才很难被发现和得到培养。

总之,企业在进行绩效考核时,应注意克服以上各种误差,以客观的、公正的态度,科学开展绩效考核活动,使绩效考核达到预期的目的。

8.4.2 考核技术上的问题

此类问题是由于考核方法、工具的选择不当或考核的评价指标不清晰造成的。主要有以下四种情况：

1. 绩效考核内容设计得不好，没有针对性

由于各个部门、各个职位的性质、目标各不相同，因此考核的内容必须要针对各个部门、各个职位的不同情况进行设计。不仅考核内容要有所差异，而且设计的考核内容一定要能有效地测量出关键绩效。

2. 绩效考核标准界定不清

比如说绩效标准的好坏程度完全是开放式的，那么不同的评估人员就会对"好""中""差"这样的标准作出完全不同的解释。因此，在考核时要对各个标准进行较为清楚的界定。

3. 使用单一的指标

一般来说，员工的工作是由多种任务组成的。如果只是用单一的标准来衡量他们的工作绩效，那么评估结果就会有很大的局限性，而且也会使员工忽视工作中其他方面的任务。比如说，衡量销售人员的业绩，就不能单纯地用销售额这一个指标来看，而是要结合销售费用、回款率等指标共同来评价其业绩的好坏。因此，在评价员工的绩效时，工作越复杂，所要识别和评估的标准就应该越多。但并不是说每一件事情都要进行评估，只需要评估那些能够决定绩效高低的关键活动就可以了。

4. 使用的考核方法不正确

企业实施绩效考核的目的不同，使用的考核方法也应是不同的，要根据不同的考核方法的特点来选择正确的方法。

☞【本章小结】

绩效考核是指组织中的考核者定期或不定期地对员工的工作态度、工作能力、工作表现以及工作成果作系统的评定，藉以作为员工培训、进修与发展的基础，其目的在于提升组织效能、延续组织竞争力，并进而发展、创造组织新契机。

绩效考核是人力资源管理的一项重要职能活动。健全的绩效考核制度与措施，能够使员工普遍看到公平与公正，从而增强其工作满意感。绩效考核结果也是员工调迁、升降、淘汰的重要标准，绩效考核对于员工的培训与发展有重要意义。

一般而言，绩效考核的功能包含考核性功能与发展性功能。传统的人事考核以考核性功能为主，着眼于对过去绩效的评定，强调行政管理的功能；随着时代的演进，绩效考核制度的发展性功能日渐受到重视，着眼于员工未来的学习发展，强调对员工发展的协助。

有关绩效考核的方法很多，主要有比较类考核方法、量表类考核方法、关键事件法、目标管理法、360度评价法、关键绩效指标法、平衡计分卡法等。这些方法各有其优缺点，企业要根据考核的目的、自身的规模与性质、员工的知识层次、考核的侧重点、自身的经营环境等来选择适合自己的考核方法。

一般说来，指标指的是从哪些方面对关键成功要素进行考核，解决的是评价"什么"的问题，而标准则指的是在各个指标上员工应该达到一个什么样的水平，解决的是员工"做得怎样"的问题。在绩效考核指标设计中，应坚持四个原则：目标原则、客观原则、公平原则以及可操作性原则。在编制绩效考核标准时，应遵循以下几项原则：战略相关性；标准是具体的、可测量的；内容要先进合理；要针对不同的岗位及承担该岗位被考核者的特点而制定；

文字应简洁、通俗。

为了满足员工渴望公正考核的要求,在绩效考核中应确立以下基本原则:明确化、公开化原则;客观考评的原则;反馈的原则;差别的原则。只作考评而不将结果反馈给被评的下级,考核便失去它最重要的激励、奖惩与培训功能。反馈的方式主要是考核面谈。但由于谈话具有批评性,又与随后的奖惩措施有联系,所以这种谈话颇为敏感,因此需要掌握一些诀窍,如:事先做好准备;聚焦于工作表现和今后发展;对评定结果给予具体的解释;确定今后发展所需采取的具体措施;思考负责人在下属今后发展方面的角色;对理想的表现予以强化;重点强调未来的工作表现。

在考核过程中,考核者总是会存在一些心理干扰,如:缺乏客观性、晕轮效应、严格/宽松错误、趋中效应、近因效应、对比效应、马太效应。这些问题的存在会影响考核的质量,必须努力加以克服。

绩效考核的结果,将产生大量的信息、积累丰富的资料。充分运用这些信息和资料,以推动人力资源各个环节的工作,才能达到绩效考核的目的。在绩效考核完成后,可以将员工分成核心型员工、骨干型员工、问题型员工和僵化型员工四类,并据以采取相应的人事工作。

⊞➙【案例分析】

天宏公司的绩效管理体系

2003 年春节前某天下午,天宏公司总部会议室,赵总经理正认真听取关于2002 年度公司绩效考核执行情况的汇报,其中有两项决策让他左右为难。一是经过年度考核,成绩排在最后的几名却是在公司干活最多的人,这些人是否按照原先的考核方案降职或降薪,下一阶段考核方案如何调整才能更加有效?另一个是人力资源部提出上一套人力资源管理软件来提高统计工作效率的建议,但一套软件能否真正起到支持绩效提高的效果?

天宏公司成立仅四年,但是实际上前三年都在进行国家重点工程"西煤东运"煤炭铁路基建与施工,在 2000 年才正式开始煤炭运输的工作,为了更好地对各级人员进行评价和激励,天宏公司在引入市场化用人机制的同时,建立了一套绩效管理制度,这套方案目前已经在 2002 年度考核中试行实施。对于这套方案,用人力资源部经理的话说就是:细化传统的德、能、勤、绩几项指标,同时突出工作业绩的一套考核办法。其设计的重点是将德、能、勤、绩几个方面内容细化延展成考量的 10 项指标,并把每个指标都量化出 5 个等级,同时定性描述等级定义,考核时只需将被考核人实际行为与描述相对应,就可按照对应成绩累计相加得出考核成绩,这套方法操作起来简单易行。另外,这套体系汇总起来有比较明显的四个特点:

全员参与。公司规定全体在编人员都需进行考核(年度和季度两种)。

内容统一。所有干部考核都使用同一个量表,内容包括 4 个方面 10 项指标以及规范权重(参见附表一和附表二)。

民主评议。考核形式采用类似民主评议的方法,每个被考核的干部分别由与其相关的所有人员考核(包括上级、本部门员工、相关部门代表等),最后取平均成绩。

结果排序。所有管理干部统一进行成绩排序,对前几名和最后几名落实薪酬和晋升或降职。

人力资源部负责人接着介绍道:本次考核虽然是公司一年中最大规模的全面考核,取得了绝大多数干部职工的认可,同时各级领导组织积极配合人力资源部考核工作。据统计,全公司在编的5700人中有96%参加了本次考核,很多干部职工反映现在的考核比在原先单位的考核进了一大步,考核内容更加容易量化了。当然,我们在考核中也发现了一个奇怪的现象,就是原先工作比较出色和积极的职工考核成绩却常常排在多数人后面,一些工作业绩并不出色的人和错误很少的人却都排在前面。还有就是一些管理干部对考核结果大排队的方法不理解并有抵触心理。但是综合各方面情况,我们认为目前的绩效考核还是取得了一定的成果,各部门都能够很好地完成,唯一需要确定的是对于考核排序在最后的人员如何落实处罚措施,另外对于这些人降职和降薪无疑会伤害一批像他们一样认真工作的人,但是不落实又容易破坏考核制度的严肃性和连续性。另一个是,在本次考核中,统计成绩工具比较原始,考核成绩统计工作量太大,我们人力资源部就三个人,却要统计总部200多人的考核成绩,平均每个人有14份表格,统计、计算、平均、排序和发布,最后还要和这些人分别谈话,在整个考核的一个半月中,我们人力资源部几乎都在做这个事情,其他事情都耽搁了。因此,我们希望尽快购买一套人力资源信息化软件,这样一方面提高公司整体人力资源水平和统计工作效率,同时减少因相互公开打分而造成的人为矛盾。

听完这些汇报,赵总经理决定亲自请车辆设备部、财务部和工程部的负责人到办公室深入了解一些实际情况。因为他知道这几个人平常工作非常认真,坚持原则,也从不计较个人得失,说话也比较直率,赵总非常想知道他们目前的感受和想法。

一个小时以后,车辆设备部李经理和财务部王经理来到了总经理办公室。当总经理简要地说明了原因之后,李经理首先快人快语回答道:我认为本次考核方案需要尽快调整,因为它不能真实反映我们的实际工作,例如我们车辆设备部主要负责公司电力机车设备的维护管理工作,总共只有20个人,却管理着公司近60台电力机车,为了确保它们安全无故障地行驶在600公里的铁路线上,我们主要工作就是按计划到基层各个点上检查和抽查设备维护的情况,同时我们还主动对在一线的机车司机进行机车保养知识的培训,累计达到12次,目前安全行车公里数和保养标准完全符合国家标准,这是我们的工作业绩,但在评估成绩中也就是占18分。还有在日常工作中,我们不能有一次违规和失误,因为任何一次失误都是致命的,将造成重大损失,但是在考核业绩中有允许出现"工作业绩差的情况",因此我们的考核就是合格和不合格之说,不存在分数等级多少。还有第九个指标,口头表达能力,我是做技术工作的,语言表达能力就不是我的强项,现在我的这项成绩和办公室主任的成绩如何比较,如何科学地区分?

财务部王经理紧接着说道:我赞成车辆设备部老李的意见,我认为考核内容需要进一步调整,比如对于创新能力指标,对于我们财务部门,工作基本上都是按照规范和标准来完成的,平常填报表和记账等都要求万无一失,这些如何体现出创新的最好一级标准? 如果我们没有这项内容,评估我们是按照最高成绩打分还是按照最低成绩打分? 还有一个问题,我认为我们应该引起重视,在本次考核中我们沿用了传统的民主评议的方式,对部门内部人员评估我没有意见,但是实际上让很多其他人员打分是否恰当? 因为我们财务工作经常得罪人,让被得罪的人评估我们财务工作,这样公正么? 比如说物资部何某曾多次要求我们报销他部门的超额费用,我坚持原则予以拒绝,使他产生不满,在这次评估中,他给我的成绩最差,我的考核成绩也就被拉下来了,因此,现在我应该是让违反制度的人满意还是坚持公司原则而得罪他? 最后一个就是项目中"专业知识技能考核",财务部人员的专业技能是只有上级或者财务专业人员能够客观和准确评估的,现在却由大量的其他非财务部门人员进行评估,这样科学么?

······

听完大家的各种反馈,赵总想:难道公司的绩效管理体系本身设计得就有问题,问题到底在哪里? 考核内容指标体系如何设计才能适应不同性质岗位的要求,公司是否同意人力资源部门提出购买软件方案? 目前能否有一个最有效的方法解决目前的问题? 总经理陷入了深深的思考中。

(资料来源:中国人力资源网 http://management.hr.com.cn,2005-01-05)

【思考练习】

1. 绩效是什么,有哪些特点?
2. 什么叫绩效考核,有哪些类型的绩效考核?
3. 如何设计绩效考核的指标体系?
4. 绩效考核的方法主要有哪些,各有何优缺点?
5. 平衡记分卡的四个方面是如何依次保障促进的?
6. 如何实施考核面谈?
7. 在绩效考核中,管理者常出现的错误有哪些,该如何克服?

第 9 章

员工培训

≫ ≫ ≫　　≫

引　言

某企业的培训需求分析

1996 年,D 公司成立以来发展很快,效益很好。公司领导意识到企业要发展,企业管理水平的提高,领导干部的管理理念及观念的转变、知识更新非常重要,其有效的方法就是培训。2000 年,公司成立了培训中心,由总经理亲自监督,很快完成了培训中心的硬件建设,确定了培训中心组织机构、人员、资金、场地、设备,同时完善了公司培训工作制度、确立了培训方针,编制了《员工培训流程指导手册》,详细规定了培训流程管理工作各环节的程序、控制点、责任边界,给出了适用于各个环节的制度、流程、表单等,在制度层面规范了公司及各部门主办培训班的具体流程,从调查需求、制订培训计划、组织实施、管理经费、培训评估、管理培训档案及考核等方面都做出了细致且操作性很强的规定。

2008 年年底,D 公司按照 ISO10015 流程中的"培训需求确定控制程序"和"培训计划形成与确定控制程序"两个子流程,进行了 2009 年的培训需求调查工作。人力资源部制订了年度培训需求分析的方案。

(1)全体员工问卷调查。调动全员参与培训计划制订工作,填写《员工培训需求表》,经统计汇总分析后形成《年度员工培训需求调查问卷报告》。

(2)高管需求访谈。对高管和部门经理进行深度访谈,访谈内容包括对公司战略的理解、对员工能力的要求、课程的重点、对培训的期望等,访谈记录整理分析后形成《年度高管培训需求访谈报告》。

(3)集体研讨。在前面工作完成后,人力资源部结合公司 2009 年度的工作重点、绩效情况等制订初步的培训需求,召集部门经理和高管召开年度培训计划研讨会,对培训草案进行讨论,会后修正,最终形成公司年度培训计划。

D 公司人力资源部在年度培训计划制定后,总结分析培训需求调查工作中的经验教训,发现存在以下问题。

(1)运用工具获取培训需求分析的来源有困难。如要从企业战略目标、绩效考核、胜任素质、个人发展与生涯规划等方面来获取需求,这些来源基本上都很明确,可是在实际应用中进行需求来源筛选分析时还缺乏相应的可量化工具,对重要的、紧迫的需求不能准确把握,各部门上报的培训需求太多、太散。

(2)员工问卷调查结果价值有限。人力资源部严格按《员工培训流程指导手册》流程规定,花了很大精力和时间填报、归总的全体员工培训需求,其价值并不是非常大,无法较好地转化为培训计划;而对高管和部门经理进行的访谈结果,在制定培训计划时却起到了重要作用。

(3)培训需求调查结果与实际有出入。《指导手册》虽然明确界定了专业部室、直线经理、部门培训联系人的职责。但是在实际操作中,由于专业部门比较忙,加之员工觉得培训是人力资源部工作的观念不能一时改变,因此,有些职责不能完全落实下去,有些岗位培训需求调查表应由直线经理在沟通后负责填写,但实际上,基本上由员工个人根据自己的意向来填写,这样就导致培训需求较分散,有些个人还随意填写,在培训需求的正确把握上给人力资源部带来了较多困难。员工个人在填写需求时站的高度较低,基本上都是来自本岗位的提升需求,如对维运人员来说基本上是提升维护能力的,对营销人员来说基本上是提升营销能力的,每年开展需求调查时几乎都出现雷同的需求结果。

(4)部门培训联系人的作用不能得到有效发挥。部门培训联系人作为人力资源部与部门的联系人,他们的作用非常重要。流程虽然明确了培训联系人的诸多职责,但在实际运作中,部门培训联系人基本上只负责发放、收齐相关表格,而在部门内解释说明表格、分类整理和详细分析培训需求等职责并没有真正落实。

(资料来源:贺秋硕,喻靖文:《人力资源管理 案例引导教程》,人民邮电出版社 2010 年版,第 92—93 页)

学习要点

1. 了解培训的含义、目的和特点;
2. 了解培训的层次、原则和条件;
3. 掌握培训工作的相关流程;
4. 掌握需求分析的相关内容和方法;
5. 掌握新员工培训的意义、内容和程序。

9.1 员工培训概述

随着改革开放的不断深入,企业越来越注重自身可持续发展力和核心竞争力的构建。而可持续发展力和核心竞争力的构建,必须要由高素质的员工队伍来建设。高素质的员工队伍建设,除了引进高新技术和管理人才外,还要立足于本企业,通过对现有的员工进行培训,提高他们的综合素质水平。因而,员工培训越来越受到企业的重视。

9.1.1　员工培训的含义

《教育大字典》将培训定义为培养训练。员工培训是由某个机构或个人,根据某一部分人员在某一时期的工作需要,通过书面、口头传达和沟通或其他沟通方式,对这些员工进行教育和示范,以达到更新知识、理念,提高综合素质,影响和改变他们的行为方式,期望提升竞争力,促进企业或团队更快速、更健康发展的行为。

【实例 9-1】

兰州某集团企业为了确保实现企业即将实施的全新的集团战略发展目标,在周末连续对企业所有中层干部进行了专门的培训。在培训中,一方面注意有关新的管理知识的培训;另一方面在注意企业现实管理问题的条件下,对企业发展战略和发展目标也进行了深入系统的培训。但是经过培训后,中层干部觉得没有太大的必要。

思考:你认为该培训属于哪种性质的培训?结合以前学习的知识,试解释为什么中层干部觉得没有太大的必要。

近年来人们已经意识到为获得竞争优势,培训不能仅仅局限在基本技能的开发上。也就是说,培训从广义上来看应是创造智力资本的途径。智力资本包括:基本技能——完成本职工作的技术,高级技能——如任何运用科学技术与其他员工共享信息,以及对客户和生产系统的了解以及自我激发创造力等技能。在传统上,培训的重点一般放在基本技能和高级技能这两个层次上。据估计,不久在美国和欧洲将会有 85% 的工作需要更广博的知识。这就要求员工学会知识分享,并创造性地运用知识来调整产品或服务,同时还应了解产品或服务的开发系统。

【相关链接 9-1】

员工培训与员工开发的关系

培训(Training)与开发(Development)两者是有差异的。员工培训是指员工为自己现在或未来工作岗位上的工作表现达到组织的要求而进行的培养及训练;员工开发是指为员工未来发展而开展的正规教育、在职实践、人际互动以及个性和能力的测评等活动。开发活动以未来为导向,要求员工学习与当前从事的工作不直接相关的内容。

在传统意义上,培训侧重于近期目标,重心放在提高员工当前工作的绩效从而开发员工的技术性技巧上,以使他们掌握基本的工作知识、方法、步骤和过程;开发则侧重于培养提高管理人员的有关素质(如创造性、综合性、抽象推理、个人发展等),帮助员工为企业的其他职位作准备,提高其面向未来职业的能力,同时帮助员工更好地适应由新技术、工作设计、顾客或产品市场带来的变化。培训通常侧重于提高员工当前工作绩效,故员工培训具有一定的强制性;而开发活动只是对认定具有管理潜能的员工才要求其参加,其他员工要有参与开发的积极性。

传统观念认为培训的对象就是员工与技术人员,而开发的对象主要是对管理人员。然而,随着培训的战略地位的凸现,员工培训将越来越重要,培训与开发的界限已日益模糊。现在,两者都注重员工与企业当前和未来发展的需要,而且员工、经营者都必须接受培训与开发。

(资料来源:徐州英才网,http://www.xuzhoujob.com)

9.1.2 员工培训的特点

培训具有鲜明的特点,有很强的针对性、广泛的多样性、培训管理的科学性和集中性以及时代性。

1. 培训具有很强的针对性

针对性是指在对企业不同层次、不同岗位的员工,培训的内容、方式不同。对不同规模、不同性质、不同行业的企业培训要解决的问题也有所不同。

2. 培训具有广泛的多样性

具体表现在:

(1)层次多样性。

从企业一般员工直到最高层领导者,都应该参与培训。他们各自在年龄、教育程度、技术水平、岗位要求和发展的趋势等方面呈现出多样性。

(2)类型多样性。

培训一般包括新员工上岗培训、技术培训、职业技能培训、经理技能培训、总经理技能培训、安全和健康培训、组织发展培训等。

(3)内容多样性。

培训内容有思想政治教育、企业价值观教育、基础文化知识教育、法律政策及制度培训、行为规范及礼仪培训等。

(4)形式多样性。

员工培训的形式主要有定向培训、在职培训、脱产培训、实践中培训及企业员工自学成才等。

3. 培训管理具有科学性和集中性

培训是企业长远发展的必然要求,进行系统规划,统筹安排及培训的集中统一管理是必不可少的。具体表现在:一是培训要由公司统一管理,而不是企业内任何部门可以单独进行和处理的;二是培训关系到人事、经费、工资福利、工作安排等一系列问题,因此必须由公司统一管理;三是培训管理具有科学性,公司内任何部门都必须很好地把握;四是培训工作既有近期目标,又有长期战略,要与企业的生产经营计划相结合,制定一套切实可行的方针和政策。

4. 培训在新世纪更具有时代性

时代性体现在时代特色、时代要求和时代精神上。企业要紧跟时代,找出新课题、新需求进行培训。

21世纪是知识经济时代,信息和知识是绝大多数企业前进的推动力量,而企业进行员工培训是提供信息、知识及相关技能的重要途径,有时甚至是惟一途径。随着科学技术的不断更新,使用技术的人必须不断更新,才能跟得上科技的发展。未来的企业也将成为学习型组织,这也意味着企业员工必须把接受培训作为继续学习的一种手段。

【实例 9-2】

宁波某外贸公司是一家民营的家族企业。其总经理托人打电话给在甬的某大学教授,邀请该教授对其公司的中高层管理人员进行一次有效的沟通培训。为搞好该项培训,总经理还约见了教授,在述说了许多的公司内沟通的问题后,就要培训的内容和要求谈了公司的期望,与教授进行了细致的沟通。教授本着与人为善的出发点,在介绍了培训的主要内容以后,还告知该总经理一般这样系统的、有针对性的培训的收费标准。此次见面后,该总经理就再也没有与教授联系。直到教授忙完自己手头的工作,与联系人联系的时候才知道:总经理认为,公司的发展战略发生了转变,此次培训的意义不大了;再者就是隐约提到该教授课时报酬有点高了,此次培训取消了。

思考:该公司对此次培训是否重视?为什么公司取消了该次培训?你认为该总经理约见教授的真实原因是什么?

9.1.3　员工培训的内容

员工培训的内容,从一般意义上说就是根据员工的培训需求,培训所要传授的、受训者所要掌握的知识、技能、行为规范等的总和,员工培训的实施过程主要就是帮助受训者掌握这些内容。

1. 知识培训

知识培训的主要任务是对参训者所拥有的知识进行更新。现代社会的主要特征,是知识的爆炸与知识的老化几乎同步进行。人才是知识的载体。身处现代社会环境之中,知识的老化与知识的更新在同一个人头脑中循环交替,当知识更新速度大于老化速度时,人才就保持了其竞争的优势;当老化的速度超过更新的速度时,人才就逐渐落伍于时代,被后来者赶上。"终身教育"思想之所以被现代社会普遍认同,正是社会发展的必然。

2. 技能培训

技能培训的主要任务是对参训者所具有的能力加以补充。随着社会的进步,每个岗位都会有新的能力要求。此外,现代产业结构的不断调整,使诸多旧行业消失、新行业兴起,必然要进行大量的转岗培训。新的形势对技能培训提出了许多新要求,这些要求包括质与量两个方面。联合国教科文组织有一个说法,未来世界有三张绿卡:文化素质、专业才能和创业本领。这里说的创业本领,是一种把知识内化的能力。所以,以胜任岗位工作的能力为基础的培训越来越受到人们的欢迎。这种能力不是指简单的技能,而是对人的综合能力的一种表述。

3. 思维培训

思维培训的主要任务是使参训者固有的思维定势得以创新。所谓"人才",就是能够进行创造性思维的人。如果我们的培训仅仅是灌输知识、传授技能,我们就只能培训人的一种"重现"能力,而不是一种可以重新"整合"的创新能力。那么,我们虽然可以继承,但却难以发展。近年来,一类被称为"创造性思维训练"的培训项目在改革与发展中的我国火热兴起。通过训练,使参训者向自己原有的思维定势提出挑战,学会以一种崭新的视觉来看问题,这个事物本身就是一种创造。人的思维定势往往是自己造成的,改变思维定势就要战胜自己,那必然会是很困难的。

现代培训就是要勇敢地探索对人的思维模式的训练,使获得创新思维成为现代人的一种新的追求,从而使社会科学与自然科学的发展更加日新月异。

4．观念培训

观念培训的主要任务是使参训者持有的与外界环境不相适应的观念得到改变。有了知识,又有了技能,也有较好的思维方式,下一个层次就是观念问题了。如果我们的观念是落后的,则我们的行动也必然是落后的。对个体来说,观念是一种生活沉淀下来的惯性,落后的观念则是由于遵循长期的社会惯性。试想,同处一个地球,同在一个时代,为什么我们与发达国家之间会对同一个事物有那么多的不同,这里主要就是反映了观念的不同。又比如,面对同一个难题,有人认为是灾难,赶快跑了;但有人认为是机遇,积极地迎接了,结果他成功了。机遇观如此,人才观、价值观的事例也是举不胜举。

现代培训就是要认真地引导参训者实现观念的转变,以适应社会环境的急剧变化。特别是在改革开放的今天,人的观念对环境变化的适应度直接关系到自身的生活质量。

5．心理培训

心理培训的主要任务是开发参训者的潜能。其主要目的是通过心理的调整,引导他们利用自己的显能去开发自己的潜能。"冰山理论"认为:人的能力好比是海上的冰山,仅有一小部分浮在水面,可以看得见,这部分能力为显能;而大部分的能力却在海洋深处,不被人们所发现,这一部分为潜能,它大约占人的能力的 80％。潜能开发培训就是希望能用人的 20％的显能,去开发那些未知的、看不见的却是大量的潜在能力。这类培训的另一个目的,是认为现代科技造成了时空的压缩,时间短了,空间小了,而人的距离反而大了。人际的沟通与合作成为现代人关注的问题。世界发展越快,竞争越激烈,人的心理压力越大,心理调整自然形成了一种广泛的需求。

【相关链接 9-2】

高端培训(high-leverage training)

高端培训也称为高级杠杆培训、高层次培训。高端培训是一种将培训与组织的战略性经营目标联系在一起的培训管理实践,这种培训所关注的重点从教会员工掌握某些具体的技能,转变为强调知识的创造和分享。高端培训依靠一个具有指导性的设计模型来进行培训设计,将本公司与其他公司的培训项目进行比较,拟定出培训基准,从而确保培训的有效性。

高端培训要求员工树立整体观念,了解企业整个工作系统的总体运作原理和内在有机关联性,在此基础上期望员工能够获得"持续学习"(Continuous Learning)能力,不断运用新知识、新技术,自觉地、积极能动地进行创造性工作,并能与其他成员共享知识,共通信息,精诚合作,最大化地实现组织绩效和发展目标。

(资料来源:刘昕,《现代人力资源管理教程》,中国人事出版社 2009 年版,第 233 页)

9.1.4　员工培训的原则

企业培训的成功实施要遵守培训的基本原则。尽管培训的形式和内容各异,但各类培训坚持的原则基本一致。

1. 战略原则

员工培训是生产经营活动中的一个环节。我们在组织培训时,要从企业发展战略的角度去思考问题,避免发生"为培训而培训"的情况。

企业培训由一系列培训项目构成,培训项目之间要有相关性,同时每一个培训项目本身都应由需求调查、课程设计、培训实施及明确的培训整体计划为依托,不能发现一个培训需求搞一个培训项目。每一个培训项目也必须有详细的实施计划,这样才能保证实施顺利进行。

2. 长期性原则

员工培训需要企业投入大量的人力、物力,这对企业的当前工作可能会造成一定的影响。有的员工培训项目有立竿见影的效果,但有的培训要在一段时间以后才能反映到员工工作绩效或企业经济效益上,尤其是管理人员和员工观念的培训。因此,要正确地认识智力投资和人力开发的长期性与持续性,要用"以人为本"的经营理念来搞好员工培训。企业要摒弃急功近利的态度,坚持培训的长期性和持续性。

3. 全员培训和重点提高相结合原则

全员培训就是有计划、有步骤地对在职的各级各类人员进行培训,这是提高全员素质的必由之路。但全面并不等于平均使用力量,仍然要有重点,即重点培训技术、管理骨干,特别是培训管理人员。对于年纪较轻、素质较好、有培养前途的第二、第三梯队干部,更应该有计划地进行培训。

4. 投入产出原则

员工培训是企业的一种投资行为,和其他投资一样,我们也要从投入产出的角度来考虑问题。员工培训投资属于智力投资,它的投资收益高于实物投资收益。但这种投资的投入产出衡量具有特殊性,培训投资成本不仅包括可以明确计算出来的会计成本,还应将机会成本纳入进去。培训产出不能纯粹以传统的经济核算方式来评价,它包括潜在的或发展的因素,另外还有社会的因素。

5. 培训方式和方法多样性原则

公司从普通员工到最高决策者,所从事的工作不同,创造的业绩不同,能力和应达到的工作标准也不同。因此,不同的员工通过培训所要获取的知识也就有所不同。由于培训内容不同,培训方式和培训方法也应有所不同。

6. 个人发展与企业发展相结合的原则

员工在培训中所学习和掌握的知识、能力和技能应有利于个人职业的发展。通过培训,可以促进员工个人职业的发展,同时也是调动员工参加培训积极性的有效法宝。员工通过培训将感受到组织对他们的重视,这样有利于提高自我价值的认识,也有利于增加职业发展的机会,同时促进企业的发展。

7. 反馈与强化培训效果的原则

在培训过程中,要注意对培训效果的反馈和结果的强化。反馈的作用在于巩固学习技能,及时纠正错误和偏差,反馈的信息越及时、准确,培训的效果就越好。强化是结合反馈对接受培训人员的奖励或惩罚。这种强化不仅应在培训结束后马上进行,如奖励接受培训效果好并取得优异成绩的人员;还应在培训之后的上岗工作中对培训的效果给予强化,如奖励那些由于培训带来的工作能力的提高并取得明显绩效的员工。一般来说,受人贬斥而发奋总比受人赞扬更能自强自信,更能燃起奋发向上的热情。

9.1.5 员工培训成功的条件

一个现代化组织要有效地开展培训与发展工作,应在观念和措施上具备以下条件:

1. 高层管理者的支持

因为在大多数情况下,只有高层管理者确信培训规划的有效性并且批准以后,培训与发展工作才能得以进行。主管人员的意愿和鼓励对培训具有决定性的作用。高层管理者必须认识到培训与发展如能应用得当,就是一项收益远远大于投资的活动。

2. 适当规模的培训与发展机构

这是开展培训与发展活动的重要条件。在 IBM 公司,每人每年至少要在教室学习 40 小时。在摩托罗拉公司,每位员工每年平均培训时间为 70 个课时,还专门在天津和北京设立摩托罗拉大学,中低层员工可参加"中国强化课程培训",中级管理层可以攻读 MBA 学位。

3. 合格的培训师资

合格的培训师资可以保证学员能够学到真正的东西,并将所学转化为实际工作中真正的行为。

4. 合理的培训经费预算

要合理进行培训经费预算,关键是要做好如下几项工作:明确经费使用范围;加强经费制度管理;确定合理的培训规划及速度,明确经费的使用重点与方向。

5. 齐备的培训与发展设施

这是培训与发展顺利进行的基本条件。如果培训与发展设施不齐备,就会大大降低培训效果,甚至会造成培训与发展活动中断。

6. 完整的培训工作记录

通过完整的培训工作记录,可以起到三个作用:一是客观描述本次培训和发展工作;二是可在工作中随时发现失误,便于纠正和改进;三是一些成功的培训案例可供下次使用。

【相关链接 9-3】

员工培训的理论基础

(1)社会学习理论。著名美国社会心理学家班杜拉(Albert Bandura,1952)的社会学习理论指出,人们通过观察他们认为值得信赖的且知识渊博的人(示范)的行为而进行的学习。社会学习理论对于企业员工培训的意义在于为其提供了培训工作的指导思想。

(2)终身教育理论。成人教育专家保罗·郎格朗(Paul Lengrand,1965)率先提出了持续教育培训和终身教育的创新理念。他总结了终身教育培训的 5 项原则:①保证教育培训的连续性,以防止知识过时;②使教育培训计划和方法适应每个社会组织的具体要求和创新目标;③在各阶段都要努力培育适应时代的新人;④大规模地调动和利用各种训练手段和信息;⑤在各种形式的行动(政治的、技术的、工商的行动等)与教育培训目标之间建立密切联系。终身教育理论给现代企业员工培训的启示是培训是一个持续的行为,企业要把员工培训工作纳入企业管理系统中,并随着企业的发展壮大而不断变化发展。

(3)人力资本理论。经济学家加里·贝克尔(Gary Becker,1987)对企业进行人力资本投资的前提条件进行了分析。他认为,培训会降低现期收益,并提高现期支出,但如果它可以大幅度提高未来的收益,或者大幅度降低未来的支出,企业就乐于提供这种培训。人力资本理论使得培训成为企业人力资本投资的一个重要渠道。

9.2 员工培训管理的主要内容

员工培训管理包括四个方面:确定培训需求、制定培训计划、选用培训方法和评估培训效果。可见,人力资源培训的管理体制贯穿了培训过程的始终,使培训的每一步都有章可循,以利于切实保证培训的质量和效果。员工培训管理的工作流程如图 9-1 所示。

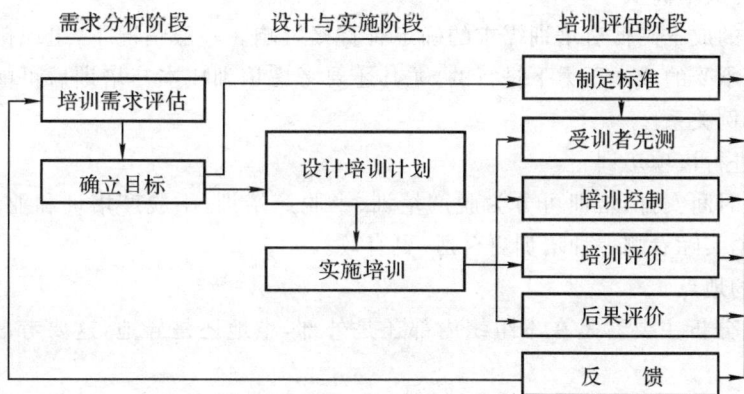

图 9-1　员工培训流程图

(资料来源:王雁飞、朱瑜编著:《现代人力资源开发与管理》,清华大学出版社、北京交通大学出版社 2010 年版,第 259 页)

9.2.1 确定培训需求

培训需求的确定要考虑很多因素,它的基本思想是假定必要的设备、材料和工具都具备,而职员也有努力工作的愿望。在这种情况下,通过各种分析发现,在所希望达到的表现或目标与实际现状之间存在着差距,那么这种差距就是确定培训需求的基础。因此,在确定培训需求时,首先要确定现实和计划目标之间有无差距,以及有多大的差距,怎样弥补这种差距,这就需要对现实的各种状况进行分析。

1. 怎样分析培训需求

实施培训的最大成本实际上是一个因参加培训失去的生产工作时间,它和培训差旅费合计约占总成本的 80％。而培训措施本身的直接成本，包括课程设计开发的费用，只占总成本的小部分。所以，在实施培训前必须进行科学的分析。

（1）培训的原因

人力资源的开发是要最大限度地挖掘人的潜能，使人在工作中充分发挥其优势。因此，要分析一个实际行为或工作绩效和计划的行为或工作绩效的差异，从单位生产、单位成本、安全记录、缺席率、能力测验、个人态度调查、员工意见箱、员工申诉案件、工作绩效评估等指标中，了解组织现有员工的行为、态度及工作绩效与组织目标之间的差异。如有差异存在，就说明有培训的必要。

（2）培训什么人员

由于员工所处的位置不同，因此培训方向无疑具有多元化的特征。一般来说，主要划分为四大类：一是决策层的人才；二是管理层人才；三是技术层人才；四是操作层人才。他们需要不同层次的培训，培训内容也大不相同。

（3）培训的最佳时间

对于基本知识、技能和素质，应在员工上岗前就进行培训；而进一步的技能培训可能要求受训者具备一定的工作经验后进行，这样他们才能最大程度地理解和消化培训的内容。而对新任务要求掌握的技能培训不能太早，也不能太晚。

（4）培训的成本高低

一项培训的成本高低对培训需求的确定有直接影响。一般情况下，组织确定的培训需求是在其能够承受的成本压力下进行的，尤其还要考虑培训成本与培训后可能产生的实际效益之间的比例关系。

（5）如何进行该项培训

根据培训时间安排，培训可分为脱产培训、半脱产培训、不脱产培训和业余时间培训。那么，就要根据实际看哪一种培训更合适、更有效。

（6）培训的地点

培训地点分析主要看是在本组织内部还是外部，本地还是异地，这要考虑各方面的因素才能确定。

2. 怎样确定培训需求

确定培训需求可以通过三个方面的分析来进行，即组织需求分析、工作需求分析和个体需求分析。然而，无论是从哪个方面的分析确定了培训的需求，都应该进行培训。

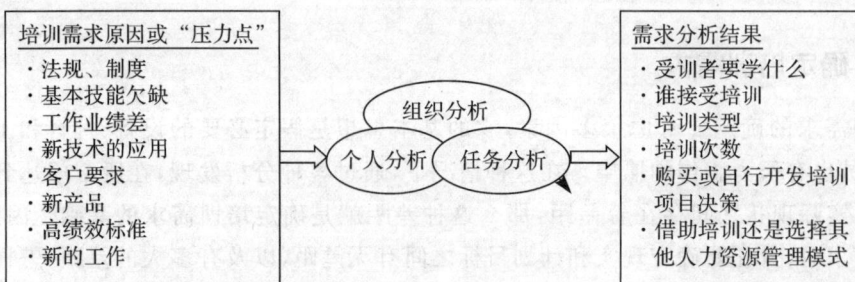

图 9-2 培训需求分析过程图

（资料来源：金延平：《人员培训与开发》，东北财经大学出版社 2006 年版，第 10 页）

（1）组织需求分析

在决定是否需要进行培训活动时，企业要先分析一下所处的外部环境和内部条件，分析企业的发展战略是什么，以及它要求具有什么样能力的人才，然后对现有人员进行评估，找出差距。如果这种差距可以通过培训来解决，那么培训的需求就可以确定了。

组织需求分析可以从以下几方面进行：

①组织目标分析。明确、清晰的组织目标既对组织的发展起决定性的作用，也对培训规划的设计与执行起决定性作用。组织目标决定培训目标。

②组织的外部环境分析。组织的外部环境包括市场的状况、竞争对手的情况、政策环境以及企业所处行业的发展状况等。组织的外部环境会影响组织发展战略和目标的制定，以及影响企业用什么方法来经营，并由此而决定对人力资源的数量、质量和结构的需求，这种对未来人力资源的需求会体现在组织计划的需求上。在这种情况下，对现有职员的能力进行分析可以发现他们是否具有组织发展所需要的能力，如果还存在差距，就应该对他们进行培训，以适应组织的新变化、新形势和新岗位的要求。

③组织的内部环境分析。组织的内部条件同样会影响企业发展战略和目标的制定，也会影响战略和目标的实现。内部条件分析中最重要的是要分析组织运行的效率。组织运行的效率可以从很多方面体现出来，如产品的质量、次品率、工作方法、人员流动情况、组织结构、部门间的协作、计划完成的情况等等。对这些方面进行分析，发现问题后就要确定到底是采取加强管理来解决，还是通过改变工作方法来解决，或者是通过培训来解决，从而最终确定是否需要进行培训。

在组织的内部条件分析中，还有一个方面也应引起足够的重视，即最终成员对工作和对组织的感受。若职员感到不满，就会导致工作效率低下，而培训是一种激励的手段，可以给职工带来新鲜感。如果通过培训可以消除职员的这种不满，那么对培训的需求显然是确定的。

④组织资源分析。如果没有确定可以被利用的人力、物力和财力资源，就难以确定培训目标。最终资源分析包括对组织的财力、物力、技术、时间、人力及发展潜力等资源的描述。

⑤组织特质分析。组织特质对培训的成功与否也起到重要的影响作用。因为，当培训规划和组织的价值不一致时，培训的效果则很难保证。组织特质分析主要是对组织的系统结构、文化、资讯传播情况的了解与分析。主要包括如下内容：

系统特质：指组织的输入、运作、输出、次级系统互动以及与外界环境间的交流特质，使管理者能够系统地面对组织，避免组织分析中以偏概全。

文化特质：指组织的软硬件设施、规章、经营运作的方式、组织成员待人处事的特殊风格，从而使管理者能够深入了解组织，而非仅仅停留在表面上。

资讯传播特质：指组织部门和成员收集、分析和传递信息的分工与运作，促使管理者了解组织信息传递和沟通的特性。

（2）工作需求分析

工作需求分析是通过工作分析来确定一项工作由哪些任务组成，完成这些任务需要什么技能，以及完成到什么程度就是理想的或者说是合乎标准的。通过这样的分析可以了解工作所要求的能力与职员现有的能力之间的差距，这种差距若能通过培训来缩小，就确定为有培训的需求,不能通过培训来解决,就要考虑其他方法。

工作需求分析依据分析目的的不同可分为两种:

①一般工作分析。一般工作分析的主要目的是使任何人能很快地了解一项工作的性质、范围和内容,并作为进一步分析的基础。

②特殊工作分析。特殊工作分析是以工作清单中的每一个工作单元为基础,针对各单元详细探讨并记录其工作细节、标准和所需要的知识与技能。

工作分析是培训需求分析中最繁琐的一部分,但只有对工作进行精确的分析并以此为依据,才能编制出真正符合企业绩效和特殊工作环境的培训需求与课程。

(3)个体需求分析

个体需求分析是要找出个体在完成工作任务中的实际表现与理想表现之间的差距,或者要找出个体在完成工作任务中还存在什么缺陷。通过正规的职员表现评价可以获得这方面的数据。因而可以确定某个职员的缺点和需要改进的地方是什么,其中也会发现应该加强培训的方面。可见,个体需求分析主要是通过分析个体现有状况与应有状况之间的差距,来确定谁需要接受培训以及培训的内容。个体需求分析包括下列内容:①个人考核绩效记录;②员工的自我评价;③知识技能测验;④员工态度测量。

9.2.2　制定培训计划

培训计划包括设定培训目标、确定培训课程、选用培训方法、选择被培训人员和培训教师,以及有关培训的活动安排(如场地的安排、食宿的安排、教学时间的安排等)。

【实例9-3】

宁波市大型制造企业奥克斯集团,为提高冰箱生产事业部的生产管理水平,决定请在宁波的某大学为其事业部内部的中层干部进行一次生产运作管理的系统培训。培训结束后,在人力资源管理部门的组织下还进行了培训内容考试,并将考试结果与干部当年的绩效考核挂钩。在培训工作完成后的一段时间后,培训的教授们参观该集团,发现培训中讲述的许多管理方法在生产线上都得到了应用。

思考:你认为该次培训是成功的吗? 如果由你组织这次培训,你会怎么组织?

1. 设定培训目标和内容

设定培训的目标就是确定一个人经过培训以后应该发生怎样的变化。培训的目标通常是:以掌握新知识为目标,或者以掌握新技能为目标。同时,培训的目标还应说明要以什么样的方法、花多少时间、花多大成本来达到这样的目标。

从培训内容来看,培训的目标可从以下方面来考虑。

(1)工作技能培训

工作技能培训是为了使员工更好地完成岗位工作,针对提高员工的工作能力而采用的提高该岗位技能的培训,是现代企业培训体系中最基本的培训目标。企业要在变幻莫测的环境中保持竞争力,必须采纳新知识及新技能,向市场提供有别于其他公司的产品与服务。为此,员工必须接受特定工作技能的培训,才能提供这种独特的产品与服务。因此,工作技能培训一般以内部培训为主,采用在职培训的形式。

（2）创新能力培训

企业创新能力的培养来源于企业员工创新能力的形成，增强员工创新能力，就是增强企业核心竞争力。创新能力培训不同于其他形式的培训，因为其他形式培训的主题、任务和结果都很明确，授课针对性很强。而创新能力培训是提高人的思维能力和基本素质，各种指标很难量化。因此，企业创新能力培训多集中在企业的管理层和技术人员，其培训方式以外部培训为主，走出去的培训可以很大程度上避免企业内部培训的近亲繁殖现象，有助于突破固有思维方式，接受新观点，产生新思维。

（3）团队精神培训

团队精神培训是通过集体性活动，使培训者在共同生活、共同学习、协同解决问题的过程中提高员工对集体的认知程度，从而达到提高团队凝聚力的培训活动，这种集体培训也是现代企业培训体系中新开发的培训内容和目标。团队精神在近年来越来越受到企业经营者的重视，团队工作方式也几乎为所有的企业所接受。为了加强团队内部的合作，增强团队的工作能力，所有的企业经营者都把眼光投到增强团队的凝聚力上，团队精神培训也应运而生。因而，团队精神培训几乎没有职位的限制，只要可能，在一起工作学习的员工和管理者都可以同时进行团队精神培训。团队精神培训的表现形式很多，主要有挑战训练、团队组织活动、建立学习型组织、帮助在企业内部建立非正式组织等。

（4）时间观念与个人效率培训

时间观念与个人效率培训都是旨在提高个人时间意识和工作效率的培训活动，与上述团队精神培训的集体培训的集体性活动正好相反，这基本上是以改善个人行为为主要培训目的的培训活动。有效利用好时间和提高个人工作效率，对组织或个人来说都是极力要追求的目标。为此，众多的管理学大师都致力于通过某种方法的实施来促进工作效率的提高。但是，每个人工作效率更多地受到工作惯性的影响，人们乐于做自己最习惯做的事，往往在不知不觉中无谓地丧失工作效率而不能充分地利用时间。这就需要通过科学分析和知识灌输，让员工了解自己，改变观念，提高效率。

（5）形象与心理培训

形象与心理培训是为了保证企业和员工外在和内在的健康而进行的培训活动，是企业培训体系中较为重要的培训内容。其中形象培训有多种功效，一是通过形象培训使企业文化逐渐进入职工思想深处，产生对组织极强的认同感；二是使员工的全面服务意识增强，形象本身就代表了企业对客户的尊重和自尊；三是清晰界定本企业在行业中与其他企业的不同，差异带来竞争优势，带来更多效益。可见，形象培训就是培训市场竞争力。而心理培训是基于企业员工的心理素质需要提升，企业管理者与员工间的人性化沟通需要更多的关注，因此有必要在人力资源管理中引入心理学培训方法。心理培训的主要职责是协助职工设立管理的工作目标；负责全员职工之间人际关系障碍的突破，提高全员职工协同作用的层次；负责全员职工的心理素质以及创新能力的提高，建立能够持续发展的企业文化等。心理培训是集培训、启发、辅导三种功能于一体，能够实现企业管理者与员工间的最佳沟通，将人力资源最大限度地发掘和转化为现实生产力的有效工具。

表 9-1　不同培训对象培训内容的比较

培训对象	培训的重点内容
普通员工	与工作岗位相匹配的操作技能方面
中层管理干部	人际关系能力的娴熟和接受与传播新知识、新理念等态度转变方面
高层管理人员	思维训练和决策、管理和创新能力提高方面
全体员工	知识、技能与观念的更新以及创新精神、创造力潜能、学习能力等方面

（资料来源：王雁飞、朱瑜：《现代人力资源开发与管理》，清华大学出版社、北京交通大学出版社 2010 年版，第 266 页）

2. 设计培训课程

培训课程的设计即要说明应该通过对哪些课程的学习来达到目标。每一种知识和技能都是与其他知识和技能相联系的，掌握了一种知识或技能实际上意味着学会了一套知识体系或技能体系，而这种体系是由对相关课程的设计来完成的。因此，课程的设计一定要科学，而且要根据不同的对象和不同的时间有所变化，因为在不同时间和对不同对象，培训的目的则有所不同。设计培训课程除了要考虑系统性外，还要考虑选用什么样的教材才是适宜的，教材太难会使学员失去兴趣，太简单又会使学员觉得枯燥。

要设计出合理且适宜的课程，应做好以下工作：

（1）课程的特性要求

这要从四个方面来把握：①完整性。课程的内容、进展和程序要配合培训目标，使其具有完全性和统一性；②动力性。课程是动态的经验和活动，而不是静态的知识；是参与的活动，而非强迫替代的学习；③联系性。课程的联系性包括纵向的联系性和横向的联系性，前者指相同学科的衔接，后者指不同学科间的配合；④平衡性。良好的课程必须注意不可偏重某一领域，以致不能帮助受训者作平衡的发展。

（2）课程发展的程序

课程发展的程序大致可分为课程决策、课程设计、课程改进和课程评鉴四个部分，它们之间的次序是先有决策，然后根据决策进行设计，研究讨论后再改进，最后以合适的标准评鉴课程的效果。

（3）课程涵盖的范围

范围不宜过大或过小，过大易造成课程间重叠现象且不易把握重点，过小则无法了解培训的整体内容。

（4）课程流程的排定

课程排定应注意相关课程间的先后次序，要以循序渐进的方式、由浅入深的原则，让学员系统地了解培训内容。一般来说，有影响力的培训机构都能帮助企业进行培训项目的科学设计，企业经理的工作就是对提交的设计进行审核。这样，培训项目既有足够的先进性和科学性，又能确保为企业的实际情况量身度造。

3. 选择培训方法

培训的方法多种多样，不同的培训方法适合不同的情况和需求。要根据培训的目标选择适宜的有效方法。

4. 选择培训教师和被培训人员

对培训教师的选择要注重资格（教师本身是否受过专门训练）和责任心（能否认真执教）。对被培训人员的选择要考虑组织发展的需要、工作的需要以及个人的需要。

5. 安排培训的有关活动

这些活动诸如要决定是在企业内部还是外部培训，内部培训是自备教室还是租用教室，外部培训时学员和教师的食宿怎样安排，以及培训多长时间、由什么人来负责、应该跟谁联系等等。

【相关链接 9-4】

虚拟化培训

虚拟化培训是应用现代化的培训工具和培训手段，借助于社会化的服务方式来达到培训目的，其培训工具和手段主要包括多媒体培训、远程培训、网络培训、电视教学等。在虚拟化培训中，培训组织更加会根据差异化的需求做出创造性的设计，培训过程中强调培训者与被培训者的互动。虚拟化培训技术的优缺点比较如下表所示：

培训技术	优点	缺点
多媒体培训	自我控制进度；内容具有连续性；互动式学习；反馈及时；不受空间限制	开发费用昂贵不能快速更新
网络培训	自我控制培训传递；信息资源共享；简化培训管理过程；培训项目更新快速	受到网络速度限制；开发成本高；培训成果转化一般
远程学习	多人同时培训；节约费用；不受空间限制	缺乏沟通；受传输设备影响大
虚拟现实	适合危险或复杂工作的培训；培训成果转化率高；反馈及时	有时缺乏真实感
智能指导系统	模拟学习过程；自我调整培训过程；及时沟通与回应；培训成果转化率高	开发费用高

（资料来源：廖泉文：《人力资源管理（第二版）》，高等教育出版社 2011 年版，第 279—281 页）

9.2.3 培训的方法和类型

1. 在职培训的方法

一般认为，在职培训的优点主要有：能够提供实际经验；与工作的相关性好，边生产边学习，学以致用；可以利用组织内部的设施和有关条件；易于与师傅和其他职员交流；实践性强等。

正是由于这些优点，在职培训有着非常广泛的应用。其具体方法有：

（1）学徒培训

学徒培训是在师傅指导下，通过实际生产劳动培养新技术工人的一种传统培训方法。

学徒期与工种有关,一般为1—3年。学徒培训适用范围广,培训数量大,能利用已有的设备和技术,因此很多国家都有学徒培训制度。新中国成立以来,我国有80%以上的新技术工人是通过学徒培训的方式培训出来的。学徒制的缺点在于偏重技术操作方面的训练,而在理论学习上显得不足,因而限制了学习的广度和深度。

【实例9-4】

宁波市新成立的某家装公司,经过两三个月的运营,取得了良好的经营业绩。公司建立的时候就确定了以有限责任公司构成的董事会,并聘请了MBA毕业的、有十来年在较为成熟企业工作、有比较丰富企业管理经验的人任总经理。

但是,最近总经理和公司其他董事发生了矛盾。总经理认为由于公司是新成立的,许多员工,包括一些中层管理干部在实际管理中缺乏经验,需要对他们进行多学科的系统培训;而董事们认为,公司刚刚成立,没有时间坐下来进行系统培训,可以考虑由有经验的董事们结合公司的具体运营,对公司的关键岗位上的干部进行"点对点"(即"师傅带徒弟式")的培训,并认为这就是理论上说的学徒培训。

思考:你支持总经理的观点还是其他董事的观点?为什么?如果你是公司关键岗位的骨干人员,你希望进行什么样的培训?

(2)工作轮换

工作轮换是近期发展起来的一种培训方法,即在多个不同的工种职位间交换工作。工作轮换特别适用于管理人员和技术人员,可以丰富他们的工作内容,获得不同领域的工作经验,有助于形成从不同角度理解问题的思维方式,而且易于理解他人的工作。但是,工作轮换可能会使职员在新岗位上不那么认真和钻研,因为时间不长。而且,由于工作轮换在人事和工作安排上比较麻烦,很多企业不太喜欢采用这种方法。工作轮换在对管理人员的在职培训中比重较大一些。

(3)项目指导

项目指导是由指导人员首先明确工作的要求、内容和程序,并作以示范,然后由学习者进行实际操作的一种培训方法。如果前一步做得令人满意就可以进入下一步。若出现问题,要立即纠正,直到满意为止。项目指导非常直观且实地操作,对工作中所用的设备和工具能有很好的理解,因而被广泛地用于操作工和低级职员的培训。

2. 脱产培训的方法

在职培训省时省钱,而且很快见效。但是,中小型企业或组织有时候也需要组织专门的脱产培训,才能满足组织发展的需要。然而,由于人员和经费等各方面条件的限制,企业有时无力组织脱产培训,就得利用外部培训机构来进行。即使是大公司,有时也需要进行外部的脱产培训。因为脱产培训的优点在于:学习更专心,不受工作牵制,学员只考虑学习的事情;可以进行更专业化和系统化的学习,尤其是理论知识的学习;学员来自不同组织或单位,可以相互交流,可以了解更多的信息;有利于学员能力的全面发展等。

脱产培训的方法更为多样,既可以在组织内部使用,也可以在组织外部使用。

(1)课堂培训

课堂培训是绝大多数脱产培训采用的一种方式。这种方式允许在同一时间内培训多人,而且对于智力活动多一些的工作,用课堂培训的方式更现实、更有效。因为课堂培训有利于学员独立思考。课堂培训可以采取多种形式,如讲授、试验、录像、幻灯、电影及计算机等手段,学员的学习程序和效果可以通过练习和考试来检查。

课堂培训的缺点是:由于培训采取脱产形式,脱离工作岗位,因而对学到的东西还有一个应用到实际的过程;而且在大部分情况下,课堂培训都是单向沟通的,老师讲、学员听,不利于学员了解自己的学习结果,很难说在培训时就能真正掌握。

(2)游戏

游戏也是一种常用和有效的培训方法。国外很多大学都利用管理项目上的游戏来帮助管理者在资源分配、产品价格和生产项目等方面进行决策,有时是在计算机上通过游戏来学习的。有效的游戏可以在没有设备的情况下,通过模拟的设备和环境来学习,部分游戏是参与式的,可以提供与真实情况非常相似的"竞争者"、"市场"、"经济环境"等,使学员在身临其境中学习如何应付变化的情况。

(3)案例研究

案例研究是在培养经营和管理人员时常用的方法。通过观察和分析,学员要找出问题所在的症结并提出解决问题的可能办法,有时解决的办法还不止一个。因此,通过案例研究可以培养学员观察问题、分析问题和解决问题的实际能力。有代表性的案例研究法有:

①哈佛方式。利用长篇的复杂事例的记述,以培养经营干部为主要目的。

②MIT(美国麻省理工学院)方式。起初提出简单的事件,视被培训对象的讨论情况再追加必要的信息予以提示的方法。

③公文处理方式。在一定时间内处理待批的文件备忘录之类的材料,主要以管理者为对象实施培训。

(4)小组讨论

小组讨论很多时候是和案例研究结合在一起的。对有些问题,通过讨论可以集思广益,更易发现问题的症结所在。而且小组讨论可以使学习者练习口头表达的能力以及与他人交流的能力,有利于小组成员间的互相学习。

(5)角色扮演法

人们为了从事工作和社会生活,就得扮演种种角色,这就要求同一个人必须根据不同状况采取相应于各自角色的不同行为。角色扮演法就是旨在有效地发挥种种角色作用而开发其行为能力的技法。其特点是:能自由设定状况并进行研究,在接受现实的状况下展开演技,可以提高培训对象的参与意识和满足感。就其效果而言,可以掌握人际技术、推销技术,提高自主性和创造性,理解他人的立场,等等。

脱产培训还有很多种实用的方法,选择什么样的培训方法取决于要达到什么样的培训目的,以及对什么样的人进行培训等因素。

培训方法各有优劣,按照培训的原则可以考察一下各种方法的优劣如何。如表9-1所示。

表 9-2　各种培训方法的比较

效果\方法	联系	重复	反馈	参与
学徒培训	较少	好	好	很好
工作轮换	较好	很少	一般	很好
项目指导	一般	一般	较好	较好
课堂培训	较好	很少	很少	很少
游戏	较好	较好	较好	很好
案例研究	很好	一般	较好	很好
小组讨论	很好	较好	较好	很好
角色扮演	很好	一般	较好	很好
实验室培训	较好	较好	一般	很好

3. 自我培训和发展

在职培训和脱产培训绝大部分是由各企业或组织提供的。但有时组织提供的培训可能不符合职员的愿望，或者职员对自己的将来另有打算，或者组织没有提供培训的机会，而职员又想改变目前的工作和环境，从而试图通过自己的努力来提高工作的效率和质量。这时职员就会有自我培训与发展的需要。

一般而言，自我培训常采用在职的形式，利用业余的时间来学习，如上夜大、读函授。而且自我培训更注重能力方面的提高和对基础知识、知识结构方面的培训。自我培训大多由职员自己诊断和设想应该学习什么内容和课程，很少由专家指导进行学习。尽管有些组织或企业可能忽视职员培训和自我培训的需要，但这种自我培训仍然是会发生的，因为职员要通过自己的努力去学习新东西。如果在生产的操作和方法上，职员不得不自我培训的话，这对企业实际上是不利的。因为职员自我培训的计划性、针对性和实际效果仍存在许多问题。

【相关链接 9-5】

拓展训练

拓展训练(Outward Development)，又称外展训练(Outward bound)，起源于第二次世界大战，最初是用来训练年轻海员在海上的生存能力和船触礁后的生存技巧。二战后，由于具有非常新颖的培训形式和良好的培训效果，拓展训练被保留并逐渐推广，训练对象也由最初的海员扩大到军人、学生、工商业人员等各类群体。训练目标也由单纯的体能、生存训练扩展到心理训练、人格训练、管理训练等。拓展训练通常利用崇山峻岭、翰海大川等自然环境，通过精心设计的活动达到"磨练意志、陶冶情操、完善人格、熔炼团队"的培训目的。拓展训练的课程主要由陆、海,空三类课程组成：

1. 水上课程包括：游泳、跳水、扎筏、划艇等；

2. 野外课程包括：远足露营、登山攀岩、野外定向、伞翼滑翔、野外生存技能等；

3.场地课程是在专门的训练场地上,利用各种训练设施,如高架绳网等,开展各种团队组合课程及攀岩、跳越等心理训练活动。

拓展训练环节主要包括:

1.体验。这是过程的开端。参加者投入一项活动,并以观察、表达和行动的形式进行。这种初始的体验是整个过程的基础。

2.分享。有了体验以后,很重要的就是,参加者要与其他体验过或观察过相同活动的人分享他们的感受或观察结果。

3.交流。分享个人的感受只是第一步。循环的关键部分则是把这些分享的东西结合起来。与其他参加者探讨、交流以及反映自己的内在生活模式。

4.整合。按逻辑的程序,下一步是要从经历中总结出原则或归纳提取出精华。并用某种方式去整合,以帮助参加者进一步定义和认清体验中得出的成果。

5.应用。最后一步是策划如何将这些体验应用在工作及生活中。而应用本身也成为一种体验,有了新的体验,循环又开始了。因此参加者可以不断进步。

(资料来源:根据孟庆伟:《人力资源管理通用工具》,清华大学出版社 2007 年版,第 232—233 页;百度百科,http://baike.baidu.com/view/196.htm;改写)

9.2.4　培训效果的评估

尽管很多培训还不能立即就看到效果,但如果想知道培训是否达到了预期的目标、受培训的人怎样看待培训等问题,就需要对培训活动进行评估。培训的评估可以从两个方面来进行,即培训的效果评估和培训的费用评估。

1. 培训效果评估

培训的效果评估有很多方法。美国学者唐柯克帕特里克(Donald. L. Kirkpatrick, 1959)提出的培训效果模型是国内外运用得最为广泛的,他从评估的深度和难度将培训效果分为四个递进的层次——反应层次、学习层次、行为层次、效果层次。如表 9-3。

表 9-3　四层次培训效果模型

层次	描述	衡量
1.反应	学员对培训项目的哪些方面感到满意	问卷
2.学习	学员从培训项目中学到了什么	纸笔、绩效、模拟测验
3.行为	通过培训,学员的行为是否发生了变化	主管的绩效、评估同事的绩效、评估顾客的绩效评估、下属的绩效评估
4.结果	行为的变化是否对组织产生了积极的影响	事故率、品质、生产率、流失率、士气、成本、收益

(资料来源:谢晋宇:《企业培训管理》,四川人民出版社 2008 年版,第 213 页)

第一层级:"反应"平台。所谓反应就是学员凭借自身的印象和感觉,对培训项目及其结果所做出的评价性反馈,它是培训效果评估中最低的层次。进行"反应"评估是为了了解学员对教师、教材、设施、教学方式与方法以及教学组织与管理的看法和意见。

第二层级:"学习"平台。这一层级是对学员的学习活动进行评估。其核心任务是评价学员所达到的认知水平和技能水平,衡量学员培训以后对原理、事实、技能和技术等的掌握程度,如:学习到什么知识? 学到或改进了哪些技能? 哪些态度改变了?

第三层级:"行为"平台。所谓行为,是指员工的工作行为。行为变化评估就是测定学员培训结束回到工作岗位以后,他们的实际工作行为发生了何种程度的变化。也就是评估学员在何种程度上将所学到的知识和技能转化成了实际工作行为的改进和提高。

第四层级:"结果"平台。这一层级是评价培训对组织绩效改进的情况。这是柯氏模型中最重要也是最难操作的部分,它用来评估上述(反应、学习、行为)变化对组织发展带来的可见的和积极的作用。柯克帕特里克认为,有关培训以后组织绩效改进的考察与评价主要可以跟踪生产节约、产值变化和质量变化等情况。

2. 培训费用评估

大多数组织认为,培训是有益于组织发展的。为了确定这种有益性,就要对培训的成本进行评估。

培训的成本可以分为两类:一类是培训本身的费用,一类是不进行培训的机会成本。仅培训本身的费用而言,就包括:

(1)被培训人和培训教师的薪金、福利及其他奖励;

(2)课本、教材、教学仪器以及租用教室或自备教室的建设费用;

(3)一般的管理费用;

(4)脱产培训还应包括学费、住宿费和交通费等;

(5)由于培训而损失的工作时间,等等。

然而,对于不进行培训的机会成本而言,也会有各种各样的情况,有时机会成本是很高的。当然,有时机会成本比较低,有时也不一定会有机会成本。

【相关链接 9-6】

CIRO 培训效果评估模型

CIRO 培训效果评估模型的设计者是奥尔(Warr. P)、伯德(Bird. M)和莱克哈姆(Rackham)。CIRO 是该模型中四项评估活动的首个字母组成,这四项评估活动是:

(1)背景评估(Context evaluation):旨在确认培训的必要性,主要任务:第一,收集和分析有关人力资源开发的信息;第二,分析和确定培训需求与培训目标。

(2)输入评估(Input evaluation):旨在确定培训的可能性,主要任务:第一,收集和汇总可利用的培训资源信息;第二,评估和选择培训资源——对可利用的培训资源进行利弊分析;与此同时,确定人力资源培训的实施战略与方法。

(3)反应评估(Reaction evaluation):旨在提高培训的有效性,关键任务:第一,收集和分析学员的反馈信息;第二,改进人力资源培训的运作程序。

(4)输出评估(Output evaluation):旨在检验培训的结果,主要任务:第一,收集和分析同培训结果相关的信息;第二,评价与确定培训的结果。培训结果的评价与确认可以按照不同层次来进行,也就是说,可以对应前述培训目标来检验、评定培训结果是否真正有效或有益。

(资料来源:百度百科,http://baike.baidu.com/view/1543803.htm)

9.3　新员工培训

9.3.1　新员工培训的意义

新员工培训是使新员工熟悉组织、适应环境和形势的过程，是新员工社会化的一个组成部分，也是员工在组织中发展自己职业生涯的起点。所谓社会化过程是一个不断发展的过程，它包括向所有新员工灌输组织及其部门所期望的主要态度、规范、价值观和行为方式。在西方国家的组织里，新员工培训被称为上岗引导或定位（orientation）。

通过有计划的新员工培训，可以：

（1）使新员工轻松地适应组织，包括正式组织和非正式组织，减少其新进的紧张不安以及可能感受的现实冲击。新员工的特点是有激情、有创造性和比较投入，若他们不能融入工作小组，则这些优势可能就得不到体现。

（2）使新员工了解与其任务和业绩期望有关的信息，以增强员工的工作动力、增加工作投入及提高工作效率。

（3）使新员工减少可能感受的现实冲击。所谓现实冲击是指新员工对其新工作所怀有的期望与工作实际情况之间的差异。有效的新员工培训可以大大减轻新员工对自己是否作出正确工作选择决策的担忧，从而以现实的态度投入工作。

【实例9-5】

斯塔尔阀门公司（Starr Valve Corp.）的创始人兼总经理马丁·斯塔尔（Martin Starr）遇到一个棘手的难题，这家公司生产精密的污染控制阀门，用来控制从化学工厂排放的气体和液体，公司大约每年雇用5—6名新来的化学工程师，从事帮助顾客使用这些设备的工作。然而顾客对于缓慢的服务和差劲的工程设计越来越感到不满，斯塔尔将这些问题都归咎于对新工程师的不恰当的培训。

（资料来源：[美]加里·戴斯勒（Gary Dessler）:《人力资源管理精要》（第二版），中国人民大学出版社2004年版，第126页）

思考：你认为斯塔尔该如何解决这个问题？为什么？

9.3.2　新员工培训的内容

新员工培训的主要目标就是使新员工适应新组织的要求和目标，学习新的工作准则和有效的工作行为。员工刚刚进入组织时，最关心的是学会如何去做自己的工作和与自己的角色相应的行为方式。因此，新员工培训的内容主要包括：1.融入企业培训——培养新员工成为企业人；2.岗位技能培训——培养新员工成为岗位人；3.职业化塑造培训——培养新员工成为职业人；4.职业发展培训——留住新员工的法宝。如图9-3。

融入企业	⟹	企业概况、企业制度、企业文化、生活指导等
岗位技能	⟹	岗位职责要求、行业基础知识、企业产品知识
职业化塑造	⟹	职业态度、意识和行为
职业发展	⟹	转正规定及要求、职业生涯规划、晋升规定

图 9-3　新员工培训主要内容

(资料来源:甘斌:《员工培训与塑造》,电子工业出版社 2008 年版,第 69 页)

9.3.3　新员工培训的程序

首先,应由组织的高层领导向新员工介绍组织的信念、使命和组织对员工的要求以及员工可以对组织具有的期望。

然后由人力资源部门针对一些共同性的事项进行一般性的宣导,包括组织的概况、各种政策与规定、报酬福利、奖惩制度等。

接着由新员工的所属部门对其进行一些特定性的指导,包括介绍部门的功能、该员工的工作职责、工作的范围、安全注意、绩效考评标准以及一起合作的同事等。

最后,举行新进员工座谈会,鼓励新员工尽量提问,使其进一步了解关于组织和工作的各种信息。

▷【本章小结】

员工培训是由某个机构或个人,根据某一部分人员在某一时期的工作需要,通过书面、口头传达和沟通或其他沟通方式,对这些员工进行教育和示范,以达到更新他们的知识、理念,提高他们的综合素质,影响和改变他们的行为方式,期望提升竞争力,促进企业或团队更快速、更健康发展的行为。

员工培训具有针对性、多样性、科学和集中性、时代性的特点。这主要是因为员工层次和分工的多样性及企业发展的现实性。

培训包括知识层次、技能层次、思维层次、观念层次和心理层次。要结合企业实际情况,对员工进行不同层次的培训。培训工作是有一定原则的。这些原则包括:战略性原则、长期性原则、全员培训和重点培训相结合的原则、投入产出原则、培训方式和方法多样性原则、个人发展和企业发展相结合的原则、反馈和强化培训效果的原则。这些原则都是相互关联的。

培训要想获得成功,首先要公司领导重视;其次要结合企业实际,建立适当规模的培训机构;再次要有合乎企业培训需要的师资,可以外聘和自己培养;其四要有一定的经费投入,要在经费预算中考虑培训经费;其五要建立必要的培训设施;最后要有完整的培训记录,要建立培训档案。

在实施培训时,要认真分析培训需求,包括组织需求和个人需要。要结合企业发展计划,制定企业的培训计划,确定培训内容。要灵活掌握各种培训方法,注意各种培训方法的特点、适用范围,同时还要考虑各种方法的综合使用。培训结束后,要对培训工作进行效果评估。

新员工进入企业后,要对其进行培训。其意义在于使新员工轻松地适应组织;使新员工了解与其任务和业绩期望有关的信息,以增强员工的工作动力、增加工作投入及提高工作效率;使新员工减少可能感受的现实冲击。

对新员工进行培训的内容有:组织的使命、政策规章、文化传统、各项工作制度等;组织与管理当局所期望的态度、价值观和行为规范,主要是人际交往的方式;工作中技术方面的问题。

新员工培训要按一定的程序进行。

☞【案例分析】

××公司的员工培训计划

××股份有限公司是国内知名的大型家电生产厂家,其代表产品××微波炉除了在国内市场占有很大份额外,还远销到欧洲、非洲、东南亚等地。公司进行股份制改造以后,现有人员 3400 人左右。自公司股票公开上市以后,公司的发展非常迅速。1997 年底,公司与某大学合作,对组织结构进行了重新设计,从各个管理岗位上精简 200 多人,使得机构更加精简而富有效率。1998 年,公司又与该大学合作,研究公司下一步人员培训如何做的问题,其目的是将公司建成学习型组织,将公司的发展建立在人员素质的普遍提高之上。因为目前国内微波炉行业的竞争已经白热化,几家大型微波炉厂家竞相角逐,如何在未来获得竞争优势,是每个微波炉厂家都面临的课题。公司感到将来竞争优势的取得要依靠人员素质的大幅度提高,而目前公司在经营与发展上也遇到一些现实的问题,希望能够通过培训加以解决,鉴于此公司决定开展为期 3 年的公司全员大培训。

公司培训存在与面临的问题如下。

(1)公司因政府安排而兼并了 W 塑料二厂,其 800 多名职工也就成了公司职工,并将他们安排到各个部门与车间。由于这些职工过去在塑料总厂的有效工作时间每天不到 4 个小时,而进入公司后每天要正正规规地工作 8 个小时,因此他们就有些不适应。加之公司中部分车间管理人员在管理方法上较简单,造成部分新进入的职工思想波动,同时对原公司职工的思想也产生了冲击。此外公司还在昆明兼并了一家企业,开出了一条生产线,这样在本部之外又有一个生产地点。公司打算对这些新进入公司的人员进行系统而有效的培训,以使这些人员完全融入公司的文化之中。

(2)公司的生产工艺设计与规定都很完备,但工艺方面的问题还是时有发生,给企业带来较大损失。公司的生产是流水线作业,工艺已经成熟,对每个职工的操作要求不是太高,关键是工艺的贯彻和工作责任心问题。而在一线工人的调查会上,有的工人认为自己的工作很忙、很累,有的认为业余文娱活动太少,还有的认为他们的积极性与主动性还没有完全发挥出来。此外一线职工中正式工对车间管理人员将他们与临时工一样看待有想法。临时工全都是农民,没有什么技术,主要是体力好,而正式工有一定技术,要正式工与临时工一样干体力活他们认为不是很妥当。公司希望利用培训与教育来解决这些问题。

(3)中层管理人员工作繁忙,经过上次组织结构的重构,每个部门的人员大大精简,提高了办事效率,但同时也使每个人的工作量增加了,空闲时间减少了,而这对于对他们进行培训来说是一个难题,即培训与提高没有时间进行。正如公司在1997年初抽调了几十名中层管理人员进行MBA课程培训,由于他们都是各部门的骨干,导致很多人常常没有时间参加,效果自然不理想。公司在对管理人员进行培训时还面临一些其他困难:部门之间的工作职责与人员的专业都不一样,放在一起培训,缺乏针对性,单独培训成本又太高。

(4)销售人员常年在外且分散于全国各地,一部分是由公司其他部门与岗位转过去的,这些人对公司的文化有一定的认同感;另一部分人则是进入公司后直接进入销售岗位的。第二部分人中大多是大学毕业分配来的,也有的是从别的企业或公司转过来的,他们到公司后,一般进行一个月的业务培训,就派往全国各地,常年在外,基本上很少回公司,缺少对公司本部深入了解与感受的机会。而且销售人员工作地点非常分散,一个省常常只有七八个销售人员,每个人要管很大一片地方,很难抽身回公司接受培训,但他们在市场上又会遇到这样那样的问题,例如,竞争对手新的竞争举措、经销商的变化、银行改制等,他们需要学习新的知识与技能,但公司又不能将他们拉回来集中培训,使得一些问题反复出现而得不到解决,如有的问题在同一个地方反复出现,有的问题在此地解决了,在另一个地方又出现。另外一些老的销售人员在外面时间一长,养成了一些不好的工作习惯,还有的销售人员有一些思想问题,觉得自己付出很多,公司却没有给他应有的回报。这些因素得不到及时解决,不仅影响老的销售人员的工作,而且对新派去的销售人员也将产生不好的影响。

(5)技术人员分为两块,一块在技术研究与开发部,另一块分布在车间里,是车间的技术人员。研究与开发部的技术人员重在研究与开发,而车间技术人员重在解决车间里的技术问题,但两类人员还会互相流动。对这两类人员是否应区分培训?此外还有新老技术人员需要从基础的东西开始进行培训。过去的培训方法中,有的是请国内的专家来交流,但效果不理想;有的是派人员到外面培训或者到国外学习,但人员又不能太多,使得技术人员下一步的培训困难较大。

(6)公司一线职工有正式工与临时工。临时工的聘请季节性较强,他们大都是农民,流动性较大,所以现在的办法是对他们进行很短的进厂培训,然后放到车间由车间进行岗位技能培训和上岗实习。但往往是公司培训了一批农民工,有些已经成为熟练工,他们又离开了公司,这对公司造成一定的损失。这是下一步培训所必须解决的问题。

(7)对成批进来的人员可以一下子集中培训,但对分散的、零星进来的人员却不能进行及时培训,只能等凑到一定人数后再集中进行进厂培训,这会产生有些人进厂以后很长时间对企业都不甚了解的情况。由于过去的培训系统性不强,效果不理想,计划常常因情况变化而变化,没有形成一个培训方面的有效制度,激励与监督机制也没有建立起来,培训往往像走过场,培训完了就完了,没有看到效果。到底怎样培训才能产生理想的效果，一直是困扰公司的难题。

（资料来源：王燕飞、朱瑜：《现代人力资源开发与管理》，清华大学出版社、北京交通大学出版社 2010 年版，第 280—282 页）

问题

1.怎样开展改变观念的培训？被兼并企业员工能够接受吗？

2.怎样针对不同层级的人员进行培训？

3.你要是该公司的 HR,你将怎样制定一个系统的人力资源培训计划？

⇨【思考练习】

1.员工培训的定义是什么,有什么特点？

2.什么是员工培训层次？员工培训的原则有哪些？

3.培训成功的主要影响因素是什么？哪些因素对培训工作影响比较大？

4.为什么要分析培训需求？培训需求主要包括哪些内容？

5.怎样制定培训计划和确定培训内容？

6.培训的主要方法有哪些,怎样运用？

7.为什么要进行培训效果评估？评估的主要内容是什么？

8.新员工培训的意义、内容和程序各是什么？

第 10 章

职业生涯管理

>>> >

揭秘张艺谋导演成功的职业规划

一、解剖:张导发展历程

1. "前半生"——从农民到摄影师和演员

让我们首先来看看张导的过去。1968 年初中毕业后,张艺谋在陕西乾县农村插队劳动,后在陕西咸阳国棉八厂当工人。1978 年入北京电影学院摄影系学习。1982 年毕业后任广西电影制片厂摄影师。1984 年作为摄影师拍摄了影片《黄土地》,1985 年获第五届中国电影金鸡奖最佳摄影奖,随后又获法国第七届南特三大洲国际电影节最佳摄影奖、第五届夏威夷国际电影节东方人柯达优秀制片技术奖。1987 年主演影片《老井》,同年获第二届东京国际电影节最佳男演员奖,1988 年获第八届中国电影金鸡奖最佳男主角奖、第十一届电影百花奖最佳男演员奖。这时候他还不是导演,而这可以算他职业生涯中的前半生。

2. "后半生"——从《红高粱》到《英雄》

1987 年,张艺谋导演的电影《红高粱》,以浓烈的色彩、豪放的风格,颂扬中华民族激扬昂奋的民族精神,熔叙事与抒情、写实与写意于一炉,发挥了电影语言的独特魅力,于 1988 年获第八届中国电影金鸡奖最佳故事片奖、第十一届电影百花奖最佳故事片奖,第三十八届西柏林国际电影节最佳故事片金熊奖,第五届津巴布韦国际电影节最佳影片奖、最佳导演奖、故事片真实新颖奖,第三十五届悉尼国际电影节电影评论奖,摩洛哥第一届马拉卡什国际电影电视节导演大阿特拉斯金奖;1989 年获第十六届布鲁塞尔国际电影节广播电台青年听众评委会最佳影片奖。正是这部电影,让张艺谋成功地实现了从演员到导演的转型,并以一个成功导演的角色进入公众视野,奠定了张艺谋成功导演的地位。从此,张导便一发不可收,在经过一段艺术片的成功后,他又转向了商业大片,《英雄》等一部部商业大片的红火为他带来了巨大的声誉,并最终带他走到了中国电影旗帜的位置。

二、揭秘:张导成功发展轨迹

反观张艺谋的个人职业发展轨迹:插队劳动的农民—工人—学生—摄影师—演员—导演,一次次巨大的职业跳跃和转型才最终造就了一个成功的导演。接下来,让我们来一层层揭秘张导的成功发展轨迹,并由职业规划师进行点评。

1. 生涯准备期

关键词:定位、积累

特殊的历史环境,使得年轻时的张艺谋未能上高中就插队当了农民,很多人像他一样没有选择,但能像他一样坚持自己梦想的却不多。终于,在1978年,27岁的张艺谋去学习自己心爱的技术——摄影,为自己未来的转型进行积累。

职业规划师点评:当你遭遇职业挫折、对自己职业状态不满意,尤其是确认眼前的工作并非自己真正的兴趣所在,可以考虑转型,要尽可能地向自己喜欢的职业靠拢,因为兴趣是认真工作的最大动力,转向自己喜欢的职业是保障转型成功的第一步。而许多白领似乎却安于现状,虽然明知道这份工作自己不喜欢,不适合自己,却还是没有决心去改变。

2. 生涯转型期

关键词:学习、坚持

重新进入课堂学习后,张艺谋老老实实地做起了摄影,虽然他的志向是导演,但他显然十分清楚自己要做什么。这个时候的他仍在学习,不是在课堂上,而是在实践中学习。当时,他拍摄的很多片子都是与当时已经很有名气的陈凯歌导演合作的,陈凯歌导演也可以算他半个师傅。他做摄影获奖的那部《黄土地》就是陈凯歌导演的。

职业规划师点评:乍一进入某个不太熟悉的领域,谁都会有些不适应。因此转型前应该做充分的准备,把这种不适应降至最小,从而促成转型成功。比如,进入一个陌生的领域,找个好师傅就是必要的。师傅不仅能够教授业务知识,还可以让你看清新行业的"门槛"。再次就是寻找"好榜样"。转型后你该怎么发展、怎么进步,最初可能有些摸不着头脑。你可以确立一个"榜样",分析他的成功轨迹,把每一个标准予以细分,做一个长期规划与短期规划。而有些人没有这样的规划,只喜欢靠自己瞎摸索,结果绕了个很大的圈子才能走回正确的路上。

3. 生涯冲刺期

关键词:否定、准备

在《黄土地》获奖后,张艺谋有两个选择——继续作为一个已经很成功的摄影师或者转型开始做导演。然而,意料之外,他却做了另外的选择——做一名演员!并且也获得了一定的成功。不过也可以说,这实在是最明智的选择。要做导演,特别是要想成为较有建树的导演的话,当然最好能亲身体验过做演员的感受,才能在拍片的时候和演员们够契合。也许,这也是张导拍片每每能获得成功的一个缘由吧。

职业规划师点评:很多温州人都自己创业,在他们创业前总是会去一些知名企业做一名小小的下属,就是为了体验学习。如果,你要当个主管,那你当然得理解下属的心里怎么想。为什么"空降兵"上司总是不被下属所服气?也许因为没有过和下属一样的经历。所以,要转型,有些事情要从小处做起。还有一点,即使你短暂的做某项事业时很成功,也不要忘记自己的初衷。一定要做好你的职业定位并且坚持。许多精英白领就是由于一时的犹豫没有按照自己规划好的生涯发展结果陷入了事业上的瓶颈期。

4.生涯发展期

关键词:发展、进步

《红高粱》成功以后,张艺谋拍了一段时间的文艺片后,敏锐地捕捉到了商业片的市场价值,并与中国电影市场的需求相契合,开始转向商业大片,开始了自己的大片之旅,并一直延续到现在。一部部片子的红火证明,张艺谋是一个全能导演,更是中国电影界的一面旗帜。

职业规划师分析:好的职业规划通常包括了一份好的职业战略。张艺谋拍了多年的艺术片,并且获得了成功,但他并没有就此将自己定位为一个文艺片的导演,而是果断地转向了商业片。反观部分职场人士,不懂得变通之道,没有长远的计划,只敢做熟悉的,不敢迈向新领域,这其实是你职业生涯上的一种障碍。始终坚持自己的职业规划,不满足于眼前的成功,敢于为自己的职业生涯设定新的起点和目标,或许正是张导一步步走向成功最关键的秘诀所在。

(资料来源:中国教育在线—校园招聘网 http://career.eol.cn,2007-08-31)

从张艺谋的职业发展历程可以看出,一个人的职业生涯可以分为不同的阶段,在每一个阶段由于个人的需求动机、能力素质、阅历经验、社会关系、机会机遇、社会环境等的不同,职业发展的特点也有很大的区别,但是每一阶段相互影响相互作用。人的职业生涯,首先是选择哪些道路、发展顺利与否的问题;进而是能否获得成功、成就有多大的问题。一个人的职业生涯要获得成功,应该提前进行职业生涯规划。而作为企业管理方,有必要建立职业生涯管理系统并通过收集各种人力资源方面的政策、优先权和行为,用以管理雇员进入组织、融入组织及离开组织的整个流程。开展职业生涯管理需要员工个人的设计和行动以及组织的规划与管理。

学习要点 ···

1. 掌握职业生涯和职业生涯管理的概念;
2. 了解职业生涯管理理论;
3. 掌握自我职业生涯管理的内容和方法;
4. 掌握组织进行职业管理的内容和方法。

10.1 职业生涯与职业生涯管理

职业生涯管理是近几年来从人力资源管理理论与实践中发展起来的新学科。随着相关学科的发展,职业生涯管理已逐渐形成了完整的理论架构。

职业生涯管理分为个人的职业生涯管理和组织的职业生涯管理。个人职业生涯管理是以实现个人发展的成就最大化为目的,通过对个人兴趣、个人能力和个人发展目标的有效管理,实现个人的发展愿望。组织职业生涯管理的最终目的是通过帮助员工的职业发展,以获得组织的持续发展,最终实现组织目标。组织职业生涯管理是以提高公司人力资源质量、发挥人力资源效率为目的的,通过个人发展愿望与组织发展需求的结合来实现组织的发展。

10.1.1 职业生涯的内涵

生涯(career),广义上理解,"生",自然是与一个人的生命相联系;"涯",则有边际的含义,即指人生经历、生活道路和职业、专业、事业。目前大多数西方学者接受舒伯(Super,1976)关于生涯的定义:生涯是生活里各种事态的演进方向和历程,它综合了人一生中的各种职业和生活角色,由此表现出个人独特的自我发展形态。Career 在中文中也被直接翻译成"职业生涯",职业生涯是对"生涯"这一概念的引申。

1. 职业生涯的概念

在一个人从出生到死亡的整个人生经历中,存在着不同的生命周期空间,有生物社会生命周期、生物生命周期、家庭生命周期和职业生涯周期。在人的生命空间中,最重要的、有决定作用的是职业生涯周期,它是人生存和发展的前提条件。而且,职业生涯周期从任职前的职业教育培训,到寻求职业,到就业从业、职业转换、逐步晋升,直至完全脱离职业工作,占据了人生大部分时间,因此对个人及其家庭都有着十分重要的意义。

目前,对职业生涯的含义还没有统一的认识,不同国家的学者从不同的角度对职业生涯的内涵进行了界定。但作为一种客观存在,职业生涯有其基本含义。主要包括如下内容:

(1)职业生涯是个个体的概念,是指个体的行为经历,而非群体或组织的行为经历。

(2)职业生涯是个职业的概念,实质是指一个人一生之中的职业经历或历程。

(3)职业生涯是个时间的概念,意指职业生涯期。职业生涯期始于最初工作之前的专门的职业学习和训练,终于完全结束或退出职业工作。实际的职业生涯期在不同个体之间差别很大,有长有短。

(4)职业生涯是个发展和动态的概念,意味着个人具体职业内容和职位的发展与变化。职业生涯不仅表示职业工作时间的长短,而且内含着职业变更与发展的经历和过程,包括从事何种职业,职业发展的阶段,职业的转换、晋升等具体内容。

2. 职业生涯的特性

(1)独特性。每个人都有自己的职业条件、职业理想、职业选择,有为实现自己的职业理想所作的种种努力,从而有着与别人相区别的、独特的生涯历程。

(2)发展性和阶段性。每个人的职业生涯都是一个发展、演进的动态过程,每个人的职业发展过程都有着不同的阶段。人在不同的生涯阶段有着不同的目标和任务,职业生涯的各个阶段之间具有递进性,是一个具有一定逻辑性的过程。

(3)终身性。每个人的职业生涯作为一种动态发展的历程,是根据个人在不同阶段的企求而不断蜕变与成长,直至终身。

　　(4)整合性。个人所从事的工作或职业往往会决定他的生活形态,而职业和生活两者之间很难区别,因此职业生涯涵盖人生整体发展的各个层面,而非仅仅局限于工作或职位。

　　(5)互动性。人的职业生涯,是个人与他人、个人与环境、个人与社会互动的结果。人的"自我"观念、人的主观能动性、个人所掌握的社会职业信息和职业决策技术,对于其职业生涯有着重要的影响。

10.1.2　职业生涯管理

1. 职业生涯管理的概念

　　所谓的职业生涯管理是通过分析、评价员工的能力、兴趣、价值观等,确定双方能够接受的职业生涯目标,并通过培训、工作轮换、丰富工作经验等一系列措施,逐步实现员工职业生涯目标的过程。

　　职业生涯管理主要包括两种:一是组织职业生涯管理(organizational career management),是指由组织实施的、旨在开发员工的潜力、留住员工、使员工能自我实现的一系列管理方法。二是自我职业生涯管理(individual career management),是指社会行动者在职业生命周期(从进入劳动力市场到退出劳动力市场)的全程中,由职业发展计划、职业策略、职业进入、职业变动和职业位置的一系列变量构成。

2. 职业生涯管理的作用

　　传统的观点认为职业生涯管理的主要权利和责任在于个人,应当由员工个人来负责计划安排自己的职业生涯。职业生涯是员工个人而非组织的事,所以强调职业生涯发展的自我管理。现代职业生涯管理观点认为,个人与组织在员工职业生涯管理中各负其责,具有不可分割的互动关系。因为成功的职业生涯发展是员工个人特点与组织特点相适应的结果,它可以使员工和组织双赢。对于员工个人来说,通过职业生涯管理,可以获得组织内部有关工作机会的信息,确定职业发展目标,制定行动计划,以实现职业发展目标,有利于自我价值的实现和超越。对于组织而言,除了通过职业生涯管理获得业绩的提升外,还可以防止组织在出现职位空缺时找不到合适的员工来填补,防止员工对组织忠诚度的下降,防止在使用培训和开发项目资金时缺乏针对性。更为重要的是,通过职业生涯管理,组织可以帮助员工管理好职业生涯,从而激发员工高昂的职业动机,引导和维持其积极的职业行为。

【实例 10-1】

　　　　王军在大学所学的专业是会计,毕业后进入一家国内知名的大公司财务部做会计工作。工作了一段时间后,王军凭着年纪轻、脑子灵,很快就熟悉了岗位的工作流程和业务技能,已经能够较好地完成工作各方面的要求。但是,随着工作时间的加长,王军感到越来越没有前途,虽然公司的待遇不错,但现在财务部门的领导还很年轻,自己晋升空间不大,工作也没什么挑战性,每天做的都是同样的工作,非常枯燥;而且自己生性好动,喜欢与人交往,现在的工作整天和计算机账本打交道,工作根本没有乐趣可言。他曾经几次想把自己的想法和主管谈谈,想到其他部门转转。但是,主管平时非常器重自己,如果贸然提出要走,他会不会有什么想法?

终于,一天中午,王军看到主管的办公室里只有他一个人,鼓足勇气走进了主管办公室。

（资料来源:张佩云等主编:《人力资源管理》,清华大学出版社 2004 年版,第 176 页）

思考:如果你是王军,你会如何和主管谈自己的想法?

如果你是王军的主管,你准备如何与他一起设计他的职业生涯?

10.2 职业生涯管理理论

每个人的职业生涯都要经历许多阶段,只有了解不同阶段的特征、知识水平要求和各种职业偏好,才能更好地促进个人的职业生涯发展。

职业生涯管理理论可以分为静态研究和动态研究两个方面。前者分析人职匹配,即个人特征与岗位的匹配,即职业决定理论;后者研究职业生涯的发展,即职业发展理论。

10.2.1 职业决定理论

1. 职业性向理论

美国心理学教授约翰·霍兰德(John Holland)认为,职业性向包括价值观、动机和需要等,是决定一个人职业选择的重要因素。约翰·霍兰德基于自己对职业性向的测试(vocational preference test,VPT)研究,一共发现了六种基本的人格类型或性向。

(1)实际型。具有这种性向的人会被吸引去从事那些包含着体力活动并且需要一定的技巧、力量和协调性才能承担的职业。这些职业的例子有:森林工人、耕作工人以及农场主等。

(2)研究型。具有这种性向的人会被吸引去从事那些包含着较多认知活动(思考、组织、理解等)的职业,而不是那些以感知活动(感觉、反应或人际沟通以及情感等)为主要内容的职业。这类职业的例子有:生物学家、化学家以及大学教授等。

(3)社会型。具有这种性向的人会被吸引去从事那些包含着大量人际交往内容的职业而不是那些包含着大量智力活动或体力活动的职业。这种职业的例子有:诊所的心理医生、外交工作者以及社会工作者等。

(4)常规型。具有这种性向的人会被吸引去从事那些包含着大量结构性的且规则较为固定的活动的职业。在这些职业中,雇员个人的需要往往要服从于组织的需要。这类职业的例子有:会计以及银行职员等。

(5)企业型。具有这种性向的人会被吸引去从事那些包含着大量以影响他人为目的的语言活动的职业。这类职业的例子有:管理人员、律师以及公共关系管理者等。

(6)艺术型。具有这种性向的人会被吸引去从事那些包含着大量自我表现、艺术创造、情感表达以及个性化活动的职业。这类职业的例子有:艺术家、广告制作者以及音乐家等。

霍兰德的六种人格类型及相应的职业(见表 10-1)。

表 10-1　霍兰德的六种人格类型及相应的职业

人格类型	人格特点	职业兴趣	代表性职业
实际型	真诚坦率 重视现实 讲求实际 有坚持性 实践性、稳定性	手工技巧 机械的 农业的 电子的技术	体力员工、机器操作者、飞行员、农民、卡车司机、木工及工程技术人员等
研究型	分析性、批判性 好奇的、理想的 内向的、有推理能力的	科学 数学	物理学家、人类学家、化学家、数学家、生物学家及各类研究人员
艺术型	感情丰富的、理想主义的、富有想像力的、易冲动的、有主见的、直觉的、情绪性的	语言 艺术、音乐 戏剧书法	诗人、艺术家、小说家、音乐家、雕刻家、剧作家、作曲家、导演及画家
社会型	富有合作精神的、友好的、肯帮助人的、和善的、爱社交和易了解的	与人有关的事、人际关系的技巧、教育	临床心理学家、咨询者、传教士、教师、社交联络员
企业型	喜欢冒险的、有雄心壮志的、精神饱满的、乐观的、自信的、健谈的	领导、人际关系的技巧	经理、汽车推销员、政治家、律师、采购员和各级行政领导者
常规型	谨慎的、有效的、无灵活性的、服从的、守秩序的、能自我控制的	办公室工作、营业系统的工作等	出纳员、统计员、图书管理员、行政管理助理和邮局职员等

　　然而,大多数人实际上并非只有一种性向(比如,一个人的性向中很可能是同时包含着社会性向、实际性向和研究性向这三种性向)。霍兰德认为,这些性向越相似,相容性越强,则一个人在选择职业时所面临的内在冲突和犹豫就会越少。为了便于描述这种情况,霍兰德建议将这六种性向分别放在一个如图 10-1 所示的正六角形的每一个角上。

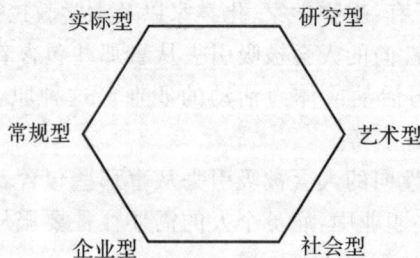

图 10-1　职业性向及职业类型分类

　　此图形一共有六个角,每一个角代表一个职业性向。根据霍兰德的研究,图 10-1 中的两种性向越接近,则它们的相容性就越高。霍兰德相信,如果某人的两种性向是紧挨着的话,那么他将会很容易选定一种职业。然而,如果此人的性向是相互对立的(比如同时具有实际性向和社会性向的话),那么他在进行职业选择时将会面临较多的犹豫不决的情况,这是因为多种兴趣将驱使他在多种完全不同的职业之间去进行选择。

霍兰德还设计了职业性向测验量表,通过回答问卷内容,测定个人的人格类型。并且还有很详细的对照表解释测量结果,可以从表中找到与不同人格类型相匹配的工作。霍兰德设计的测量表得到广泛认可,将其运用到职业生涯规划方面,可发挥重要作用。详见本章附录。

【相关链接 10-1】

职业分类方法

职业分类方法在职业指导领域,除了霍兰德的职业分类方法外,主要还有以下三种分类法:

1. 兴趣分类法。这一方法与人的活动兴趣相联系,把职业划分为户外型、机械型、计算型、科研型、说服型、艺术型、文学型、音乐型、服务型、文秘型 10 种。

2. 教育学科分类法。这一方法把专业大类分为人文科学、社会科学、理科、工科、农学、医科、家政、教育、艺术、体育 10 种,职业则与之近似和相关。

3. DPT 分类法。这一方法把职业分为与资料打交道为主的工作(D)、与人打交道为主的工作(P)和与事物打交道为主的工作(T)3 种。有的学者还增加了"思维性工作"(I)的内容,使这一方法称为 DPTI 分类法。

(资料来源:姚裕群、张再生:《职业生涯与管理》,湖南师范大学出版社 2007 年版,第 11 页)

2. 职业锚理论

职业锚(Career Anchor)的概念是由施恩教授提出来的。施恩所说的"职业锚"一词中的"锚"的含义,实际上就是人们选择和发展自己的职业所围绕的中心,是指当一个人不得不做出职业选择的时候,他无论如何都不愿意放弃的职业中至关重要的东西或价值观。具体说,是指个人进入早期工作情境后,由实际工作经验所决定,并在经验中与自身的动机、需要、价值观、才干相符合,达到自我满足和补偿的一种长期稳定的职业定位。职业锚的核心内容是职业自我观。主要包含三部分内容:①自省的才干和能力,以多种作业环境中的实际成功为基础;②自省的动机和需要,以实际环境中的自我测试和自我诊断的机会,以及他人的反馈为基础;③自省的态度和价值,以自我与雇用组织和工作环境的准则和价值观之间的实际遭遇为基础。

施恩根据自己的研究,总结出了五种类型的职业锚:技术职能型职业锚、管理能力型职业锚、安全稳定型职业锚、创造型职业锚和自主型职业锚。

职业锚有助于识别个人的职业抱负模式和职业成功标准;能够促进员工预期心理契约的发展,有利于个人与组织稳固地相互接纳;能增长职业工作经验,增强个人职业技能,提高劳动生产率和工作效率;早期职业锚还可为员工中后期的职业生涯发展奠定基础。

10.2.2 职业发展理论

任何一个员工的职业发展都是由不同的阶段构成的,从而形成其特定的职业周期。职业生涯发展理论就是从动态角度研究人的职业行为、职业发展阶段的。职业生涯发展理论对职业指导理论和实践的贡献主要表现在:职业选择并不是个人面临择业时所出现的单一事件,它是一个过程。职业选择和职业发展在个人生活中是一个长期的、连续的过程。同样,人的职业选择心理在童年时期就已经产生了,随着个人的年龄、教育、经验及社会环境等因素的变化,人们的职业心理也会发生变化。因而,可以把一个人的职业发展分为连续的几个阶段,每个阶段都有自己的特征和相应的职业发展任务。对个人而言,如果前一阶段的职业发展任务不能顺利完成,就会影响后一阶段的职业成熟,导致最后职业选择时发生障碍。根据发展理论的观点,由于人的职业发展贯穿于人的一生,职业指导也是一个系统而长期的过程,职业指导应根据人的不同职业发展阶段实行不同方式和内容的指导。该理论的代表人物是萨帕(Donald E. Super)、金兹伯格(Eli Ginzberg)、格林豪斯(Greenhouse)和施恩(E. H. Schein)。

1. 金兹伯格的职业生涯发展理论

金兹伯格是职业发展理论的先驱。1949 年,金兹伯格及其同事首次提出了他们的职业选择理论的要点。1951 年其专著《职业选择》问世。在这本书中,提出了他们职业选择理论的基本观点。

(1)职业选择是一个发展过程,它不是一个单一的决定,而是一个人在一段时间里做出的一系列决定。而且在这个过程中,前后步骤之间有着一种有意义的联系。

(2)这个职业选择过程大部分是不可逆转的,因为在这个过程中做出的每一个决定都依赖于个人的年龄和发展。

(3)这个过程以一种折衷的方式结束。一系列内外部因素影响个人的决定,一个人必须在影响择业的主要因素(兴趣、能力和现实机会)之间取得平衡。

金兹伯格把人的职业选择心理的发展,分为三个主要时期:幻想期(11 岁以前)、尝试期(11~17 岁)和现实期(18 岁以后)。

(1)幻想期:处于 11 岁之前的儿童时期。儿童们对大千世界,特别是对于他们所看到或接触到的各类职业工作,充满了新奇、好玩的感觉。此时期职业需求的特点是:单纯凭自己的兴趣爱好,不考虑自身的条件、能力水平和社会需要与机遇,完全处于幻想之中。

(2)尝试期:11~17 岁,这是由少年儿童向青年过渡的时期。从此时起,人们的生理和心理在迅速成长、发育和变化,有独立的意识,价值观念开始形成,知识和能力显著增长和增强,初步懂得社会生活和生活经验。在职业需求上呈现出的特点是:有职业兴趣,并能客观地审视自身各方面的条件和能力;开始注意职业角色的社会地位、社会意义,以及社会对该职业的需要。但此时,由于长期处于学校学习,对社会、对职业的理解还不全面,对职业主要考虑的还是个人的兴趣,具有理想主义色彩。

金兹伯格又把尝试期分为四个子阶段:

①兴趣子阶段:开始注意并培养其对某些职业的兴趣,期盼着将来从事某些职业。

②能力子阶段:不仅仅考虑个人的兴趣,同时也注意到个人能力与职业的关系,注重衡量自己的能力,并积极参加各种相关的职业活动,以检验自己的能力。

③价值观子阶段:个人的职业价值观逐步形成,能兼顾个人与社会的需要,以职业的价值性选择职业。

④综合子阶段:将上述三个阶段的职业相关资料综合考虑,以正确判定未来的职业生涯发展方向。

(3)现实期:17 岁以后的青年队段。即将步入社会劳动,能够客观地把自己的职业愿望或要求,同自己的主观条件、能力以及社会现实的职业需要紧密和协调起来,寻找合适于自己的职业角色。此期所希求的职业不再模糊不清，已经有具体的、现实的职业目标，表现出的最大特点是客观性、现实性、讲求实际。

金兹伯格又把现实期分为三个子阶段：

①试探子阶段：根据尝试期的结果，进行各种试探活动，试探各种职业机会和进一步的选择；

②具体化子阶段：根据试探阶段的经历，做进一步的选择，具体化职业目标；

③专业化子阶段：依据自我选择的目标，做具体的就业准备。

金兹伯格对人的早期职业生涯的发展做了精心的研究和独到、具体的分析。但由于他是以美国中产阶级的子女作为自己的研究对象，因而其具体的时期和阶段划分不一定符合其他阶层和文化背景的年轻人。但撇开具体年龄阶段的划分不谈，金兹伯格对一个人职业选择心理发展过程的研究还是具有相当的合理性和科学性的。而且，值得一提的是，他虽然着重研究的是一个人的早期职业发展，但并没有因此而否认职业选择的长期性。他认为对于那些从工作中寻求主要满足感的人来说，职业选择是一个终生的决策过程，是他们不断地重新评价如何能够改进自己正在变化的职业目标和工作现实之间的配合。

2. 萨帕的职业生涯发展理论

萨帕是职业发展研究领域中最具权威性的人物，他经过 20 多年的大量实验研究，提出了一套完整的职业发展阶段模式。这是他对职业发展研究的最主要的贡献，也是其理论最有影响的部分。他把人的职业发展划分为五个大的阶段：成长阶段、探索阶段、建立阶段、维持阶段和衰退阶段。

(1)成长阶段(growth stage)，属于认知阶段

大体上可以界定为从 0—14 岁这一年龄段上。在这一阶段，个人通过对家庭成员、老师、朋友的认同及相互作用，逐步建立起自我概念，并经历对职业从好奇、幻想到兴趣，再到有意识培养职业能力的逐步成长过程。萨帕将这一阶段具体分为三个成长期：

①幻想期(10 岁之前)：儿童从外界感知到许多职业，对于自己觉得好玩和喜爱的职业充满幻想，并进行模仿。

②兴趣期(11—12 岁)：以兴趣为中心，理解、评价职业，开始作职业选择。

③能力期(13—14 岁)：开始考虑自身条件与喜爱的职业是否相符，有意识地进行能力培养。

(2)探索阶段(exploration stage)，属于学习打基础阶段

大体上发生在 15—24 岁这一年龄段上。这一阶段个人将认真地探索各种可能的职业选择，对自己的能力和天资进行现实性评价，并根据未来的职业选择做出相应的教育决策，完成择业及初就业。具体可分为 3 个时期：

①试验期(15—17 岁)：综合认识和考虑自己的兴趣、能力与职业社会价值、就业机会，开始对未来职业进行尝试性选择。

②转变期(18—21 岁)：正式进入劳动力市场，或者接受专门的职业培训，由一般性的职业选择转变为特定目标的选择。

③尝试期(22—24 岁)：选定工作领域，开始从事某种职业，对职业发展目标的可行性进行实验。

(3)确立阶段(establishment stage)，属于选择、安置阶段

一般为 25—44 岁这一年龄段。经过早期的试探与尝试后,最终确立稳定职业,并谋求发展的阶段。这一阶段是大多数人职业生涯周期中的核心部分,一般又经过 3 个时期。

①尝试期(25—30 岁):对初就业选定的职业和目标进行检讨,如有问题则需重新选择、变换职业工作。重点是寻求职业及生活上的稳定。

②稳定期(31—44 岁):最终确立稳定的职业目标,并致力于实现这些目标。

③职业中期危机阶段:在 30—40 岁中的某一时期可能会发现自己并没有朝着自己的职业目标靠近或发现了新的目标,因而需重新评价自己的需求和目标,处于一个转折期。

(4)维持阶段(maintenance stage),属于升迁和专精阶段

此阶段在 45—64 岁这一年龄段上。这一阶段的劳动者长时间在某一职业上工作,在该领域已具有一席之地,一般达到常言所说的"功成名就"情景,已不再考虑变换职业,只力求保住这一位置,维持已经取得的成就和社会地位。重点是维持家庭和工作间的和谐关系,传承工作经验,寻求接替人选。

(5)衰退阶段(decline stage),属于退休阶段

人达到 65 岁以上,其健康状况和工作能力逐步衰退,即将退出工作,结束职业生涯。因此,这一阶段要学会接受权利和责任的减少,学习接受一种新的角色,适应退休后的生活,以减轻身心的衰退,维持生命力。

萨帕的职业发展理论系统性极强,具有相当大的合理性。它既是职业指导理论发展史中的里程碑,同时又吸取了已有理论的合理之处,因而涵盖面较广。萨帕的发展理论基本上是一种心理学理论,其关注焦点是选择和配合个人,但它也是一种社会理论,注意到了社会因素对职业选择和职业发展的影响。它把人职的匹配和发展、制约择业的心理因素和社会因素(尽管论述得不够)有机地结合在一起,符合职业选择和职业指导的一般过程。而且萨帕提出的人生职业发展阶段模式具有重要的实践意义,为职业指导计划奠定了科学基础。职业指导人员可以依据被指导人不同的职业发展阶段和特征,进行不同重点的指导。目前,西方国家从幼儿园到十二年级的职业指导计划,基本上是以萨帕的职业发展阶段模式为基础的。

当然,萨帕也是以美国中产阶级白人作为自己的研究对象的,因而其职业发展阶段的年龄划分及具体特征和发展内容的表述不一定适合其他国家、其他阶层和文化的人们,但对进一步研究仍不失启发作用。

【相关链接 10-2】

职业生涯发展"三三三"理论

"三三三"理论是将人的职业生涯分为三大阶段:输入阶段、输出阶段和淡出阶段。每一阶段又分为三个子阶段:适应阶段、创新阶段和再适应阶段。每一子阶段又可分为三种状况:顺利晋升、原地踏步和降到波谷。

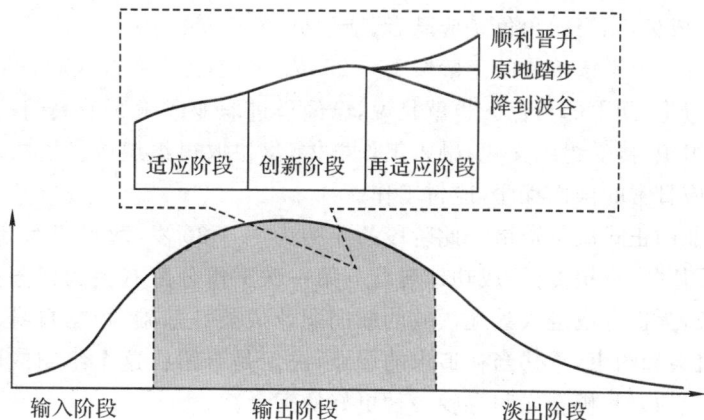

（资料来源：葛玉辉主编：《人力资源管理》，清华大学出版社 2006 年版，第 285 页）

3. 格林豪斯的职业生涯发展理论

金兹伯格和萨帕是从人生不同年龄对职业的需求与态度来研究职业发展过程、划分职业生涯阶段的。格林豪斯与之不同，他研究人生不同年龄段职业发展的主要任务，并以此将职业生涯发展划分为五个阶段：

职业准备（典型年龄段为 0—18 岁）。主要任务是发展职业想像力，对职业进行评估和选择，接受必需的职业教育。

进入组织（18—25 岁）。主要任务是在一个理想的组织中获得一份工作，在获取足量信息基础上，尽量选择一种合适的、较为满意的职业。

职业生涯初期（25—40 岁）。学习职业技术，提高工作能力；了解和学习组织纪律和规范，逐步适应职业工作，适应和融入组织；为未来职业成功做好准备。这是该期的主要任务。

职业生涯中期（40—50 岁）。主要任务：需要对早期职业生涯重新评估，强化或转变自己的职业理想；选定职业，努力工作，有所成就。

职业生涯后期（55 岁直至退休）。继续保持已有的职业成就，维护自尊，准备引退，是这一阶段的主要任务。

4. 施恩的职业生涯发展理论

美国著名的心理学家和职业管理学家施恩根据人的生命周期的特点及不同年龄阶段所面临的问题和职业工作主要任务，将职业生涯分为九个阶段：

（1）成长、幻想和探索阶段。一般 0—21 岁处于这一职业发展阶段。主要任务是：发展和发现自己的需要和兴趣，发展和发现自己的能力和才干，为进行实际的职业选择打好基础；学习职业方面的知识，寻找现实的角色模式，获取丰富信息，发展和发现自己的价值观、动机和抱负，作出合理的受教育决策，将幼年的职业幻想变为可操作的现实；接受教育和培训，开发工作世界中所需要的基本习惯和技能。在这一阶段所充当的角色是学生、职业工作的候选人、申请者。

（2）进入工作世界。16—25 岁的人步入该阶段。首先，进入劳动力市场，谋取可能成为一种职业基础的第一项工作；其次，个人和雇主之间达成正式可行的契约，个人成为一个组织或一种职业的成员,充当的角色是应聘者、新学员。

(3)基础培训。处于该阶段的年龄段16—25岁。与上面正在进入职业工作或组织阶段不同,要担当实习生、新手的角色。也就是说,已经迈进职业或组织的大门。此时主要任务一是了解、熟悉组织,接受组织文化,融入工作群体,尽快取得组织成员资格,成为一名有效的成员;二是适应日常的操作程序,应付工作。

(4)早期职业的正式成员资格。此阶段的年龄为17—30岁,取得组织新的正式成员资格。面临的主要任务:承担责任,成功地履行与第一次工作分配有关的任务;发展和展示自己的技能和专长,为提升或进入其他领域的横向职业成长打基础;根据自身才干和价值观,根据组织中的机会和约束,重估当初追求的职业,决定是否留在这个组织或职业中,或者在自己的需要、组织约束和机会之间寻找一种更好的配合。

(5)职业中期。处于职业中期的正式成员,年龄一般在25岁以上。主要任务:选定一项专业或进入管理部门;保持技术竞争力,在自己选择的专业或管理领域内继续学习,力争成为一名专家或职业能手;承担较大责任,确立自己的地位;开发个人的长期职业计划。

(6)职业中期危险阶段。处于这一阶段的是35—45岁者。主要任务为:现实地估价自己的进步、职业抱负及个人前途;就接受现状或者争取看得见的前途做出具体选择;建立与他人的良师关系。

(7)职业后期。从40岁以后直到退休,可说是处于职业后期阶段。此时的职业状况或任务:成为一名良师,学会发挥影响,指导、指挥别人,对他人承担责任;扩大、发展、深化技能,或者提高才干,以担负更大范围、更重大的责任;如果求安稳,就此停滞,则要接受和正视自己影响力和挑战能力的下降。

(8)衰退和离职阶段。一般在40岁之后到退休期间,不同的人在不同的年龄会衰退或离职。此间主要的职业任务:一是学会接受权力、责任、地位的下降;二是基于竞争力和进取心下降,要学会接受和发展新的角色;三是评估自己的职业生涯,着手退休。

(9)离开组织或职业退休。在失去工作或组织角色之后,面临两大问题或任务:保持一种认同感,适应角色、生活方式和生活标准的急剧变化;保持一种自我价值观,运用自己积累的经验和智慧,以各种资源角色,对他人进行传帮带。

需要指出的是,施恩虽然基本依照年龄增长顺序划分职业发展阶段,但并未囿于此,其阶段划分更多地根据职业状态、任务、职业行为的重要性。例如,职业中期本是人生职业经历中一个大的阶段,但是施恩又专门划出一个职业中期危险阶段,因为35—45岁正是关乎一个人职业命运和前途的关键时期。正是因为施恩教授划分职业周期阶段是依据职业状态和职业行为及发展过程的重要性,又因为每人经历某一职业阶段的年龄有别,所以他只给出一个大致的年龄跨度,并在职业阶段上与所示年龄有所交叉。

上述四种关于职业发展的理论和职业生涯阶段的划分,各有侧重,各有千秋,但都认为各个阶段是相互联系的,前一阶段的发展情况关系到下一个阶段的职业发展状况,并以"职业成熟"来评判人员的职业成功程度。虽然对个人而言,这些理论过于笼统,无法直接进行各项决策,但它为以后蓬勃兴起的职业管理和职业指导体系的建立奠定了良好的基础。

【相关链接 10-3】

孔子对自己人生经历的概括

孔子晚年,总结自己一生:吾十有五而志于学,三十而立,四十而不惑,五十而知天命,六十而耳顺,七十而从心所欲,不逾矩(《论语·为政》)。

意思是:"我十五岁立志于大学之道;三十岁能够自立立于道;四十岁能无所迷惑;五十岁懂得了天道物理的基本规律;六十岁所闻皆通;七十岁能随心所欲而不越出法度。"

后人往往把孔子的这些自我评语作为人生不同阶段所应达到的生活理想状态。

(资料来源:百度百科,http://baike.baidu.com/view/95470.html)

【实例 10-2】

在一个人满足了最高层次需要——自我实现需要——的时候,你就会焕发出极好的精神面貌。按照马斯洛的学说,这是一种高峰体验。高峰体验是一种强烈的同一性体验,在很大程度上,高峰体验就是最佳状态本身。对此,他总结出16条:

1.处于高峰体验中的人有一种比其他任何时候更加整合(统一、完整、浑然一体)的自我感觉。

2.处于高峰体验中的人"更加纯粹地成为他自己时,他就更能够与世界、与以前非我的东西融和"。

3.处于高峰体验中的人通常感到正处于自身力量的顶峰,正在最佳地、最充分地发挥自己的潜能。

4.当一个人处于最佳状态时,他的"充分发挥功能"还体现出一个很微妙的特点,这就是行动的轻松自如。往日刻不容缓、疲于奔命的苦差重负,现在做起来不再有老牛破车、苦苦挣扎之感,而是轻车熟路、势如破竹。

5.处于高峰体验中的人比其他任何时候更富有责任心、更富有主动精神和创造力,更加感到自身就是自己行动和感知的中心。

6.他现在最大限度地摆脱了阻滞、抑制、畏惧、疑虑、控制、自责、制动、谨小慎微。

7.他在行动上更具有自发性、表达性、纯真性,即正直、天真、诚实公正、坦率、童真、无防备、无防御。

8.因此,他在一种特殊的意义上更加具有创造性。

9.处于高峰体验中的人达到了自己独一无二的个性或者特质的顶点。

10.在高峰体验中,个体在各种意义上最大程度地摆脱了过去与未来,具有最强的活在此时此地之感,最接近全力的人。

11.处于高峰体验中的人已经不完全是受世界法则支配的尘世之物,更多的是一种纯粹的精神。

12.一切皆自然而生,不期而至,无所希望,无所努力,无所企求,然而源源不断,如歌如泣。

13.在高峰体验中,表达和交流常常富有诗意,带有一种神秘和狂喜的色彩。

14.可以理解为守全的情欲高潮,以及彻底的释放与宣泄、倾泻一空、爽然若释、大功告成、完美极致,等等。

15.强烈地感受到一种处于存在价值的欢悦,是一种丰富充裕、漫衍四溢的欢悦;是一种超越时空、超越历史和地域的欢悦。

16.有一种源承神恩、三生有幸的特殊感怀。

(资料来源:马斯洛:《自我实现的人》,三联书店1986年版,第257—260页;姚裕群:《职业生涯与管理》,湖南师范大学出版社2007年版,第64—65页)

思考:马斯洛的职业高峰体验观与上述职业生涯管理理论的哪些方面观点相同? 马斯洛的高峰体验观对个人职业生涯的发展有何启示? 你受到了哪些启发?

10.3 自我职业生涯管理

对员工职业生涯的管理,员工个人及其所在组织都负有责任。对于个人而言,主要就是制定适当的职业计划。

10.3.1 制定个人职业计划的原则

1. 实事求是地进行自我认识和自我评价

制定个人职业计划的前提是实事求是,进行准确的自我认识和自我评价。每个人都要对自己有四个方面的清醒认识:价值取向、自我确定的整个人生之路和生活方式;本人知识、技能水平及工作适应性;个人特质,主要是个人素质、爱好、兴趣和专长等;自己在事业中最渴望的是什么? 最有价值的追求是什么?

【实例10-3】

要实事求是地自我认识和自我评价,可以通过以下几个问题来确定自己的优势和劣势:①学习了什么? 包括:上学期间自己从专业学习中获得了哪些收益? 社会实践活动提高了哪些方面的能力? ②曾经做过什么? 包括:上学期间担当的学生职务、社会实践活动取得的成就及工作经验的积累等。③最成功的是什么? 包括你做过的事情中最成功的是什么? 如何成功的? 通过这些分析,可以发现自己的长处和弱点。

(资料来源:郑海航等主编:《人力资源管理》,经济管理出版社2006年版,第240页)

思考:请你根据以上三个方面进行自我评价。

2. 职业计划要切实可行

首先,个人的职业目标一定要同自己的能力、个人特质及工作适应性相符合。一个学历不高又无专业特长的员工,却一心想进入管理层,在现代企业中显然不切实际。其次,个人职业目标和职业道路的确定,要考虑到客观环境和条件的允许。例如,在一个论资排辈的企业里,刚毕业的大学生就不宜把担当重要管理工作确定为自己的短期职业目标。

3. 个人职业计划目标要与组织目标协调一致

员工是要借助于组织而实现自己的职业目标的,其职业计划必须要在为组织目标而奋斗的过程中实现。离开组织目标,便没有个人的职业发展,甚至难以在组织中立足。所以,员工在制定自己的计划时,应积极主动与组织沟通,获得组织的指导与帮助。

4. 在动态变化中制定和修正个人职业计划

员工应根据个人职业发展阶段的不同职业任务和个人职业特征,制定不同时期或阶段的个人职业目标、要求和实现途径。计划一经制定,并非一劳永逸,还需要依据客观实际情况变化,不断予以调整、修改和完善。

10.3.2 个人职业计划的内容

个人职业计划也称为职业生涯规划,是员工对自己职业发展总体计划和总轮廓的勾画,具有粗略性、目标性、长期性和全局性,它为员工一生的职业发展指明了路径和方向。个人职业生涯规划可以分为以下步骤:

1. 确定志向

志向即一个人为之奋斗的最终目标,是事业成功的基本前提。立志是人生的起跑点,反映着一个人的理想、胸怀、情趣和价值观,对一个人的成就大小有决定性的影响。所以在设计职业生涯时,首先要确立志向,这是设计职业生涯的关键,也是设计职业生涯中最为重要的一步。

2. 自我评价

自我评价是对自己的人生观、价值观、受教育水平、职业锚、兴趣、特长、性格、智商、情商、思维方式等方面进行分析评价,达到全面认识自己、了解自己的目的。

(1)自我评价的目的

①扬长避短,完善自我。员工进行自我评价,首先,要了解自己的长处和短处。通过经常性的自我反省、自我评价,认识到自己的缺点和不足,从而明确努力方向,不断完善自我。

②正确选择和调整职业。每个人都有适合自己的职业性向与职业锚,一个人如果不了解自己的职业性向与职业锚是什么,在选择工作时就会有很大的盲目性。自我评价有助于人们了解自己的性格、价值观和追求,从而明确自己的职业性向与职业锚,这样就能正确地选择和调整职业,在职业生涯中少走弯路。

(2)自我评价的工具和方法

①优缺点平衡表。由本杰明·富兰克林开创的帮助人们认识其优缺点的自我评价程序被称为优缺点平衡表。编制这个平衡表的方法很简单。首先,在一张纸的中间划一条竖线,左边标明"优点",右边标明"缺点";接下来记录自己意识到的所有优点和缺点。有效编制和使用平衡表的关键在于诚实和真诚地反省。一般来说,编制的过程是一个多次反省的过程。表10-2是优缺点平衡表的一个例子。

表 10-2 优缺点平衡表

优点	缺点
乐于接受任务并按自己的方式去完成	不喜欢受到持续不断的监视
受人称赞的好管理者	不容易跟上级交朋友
公正无私	缺少耐心
惊人的精力	经常说一些不计后果的话
在目前的环境中很好地发挥作用	不能坚持一直坐在办公桌旁
与重要客户打交道时感到舒畅	个性保守，个人情感会影响工作的选择
一旦明确了工作，就干完它	真正的朋友很少
性格开朗	兴趣层次忽高忽低
关心别人	情绪不稳定
有大量的感情投入	不擅长制定计划

②好恶调查表。一个人也应把个人好恶作为自我评价的一部分来考虑。编制好恶调查表与优缺点平衡表类似，只要把"优点"改为"喜好"，把"缺点"改为"厌恶"即可。某些人不愿住在边远地区，有些人不喜欢出差，这都会限制他的岗位选择，而好恶调查表能帮助个人认识他们加在自己身上的约束。这里要调查的好恶范围比较宽，应尽可能包括所有可能影响个人工作业绩的因素。表 10-3 是好恶调查表的一个例子。

表 10-3 好恶调查表

喜好	厌恶
喜欢旅行	不想为大公司工作
喜欢住在东部	不喜欢一直穿套装
喜欢自己做老板	不喜欢整天呆在办公桌旁工作
喜欢住在中等城市	不愿在大城市工作
爱看足球和篮球，闲暇时爱看书听音乐	不喜欢整天加班

③标准化的笔试测验。这是人事测量中应用最为广泛的一种方法。这种测验一般都有规范的测验题目和答卷，被试人答完后，有时需要请专家帮助分析，有时自己就可以得出结论。

【相关链接 10-4】

个性特征问卷

个性特征问卷是根据英国心理学家艾森克的人格三维学说编制的，有成人问卷和少年问卷两种，分别测查 16 岁以上的成人和 7—15 岁的儿童，各包含 100 个左右的题目。该问卷包括 4 个分量表：精神质量表(P)、内外向量表(E)、情绪稳定性量表(N)和效度量表(L)。精神质量、内外向、情绪稳定性三个维度彼此独立。量表采用是非题的形式，被试者的回答与规定的答案相符则记 1 分，否则记 0 分。个性特征问卷题目列举：

1. 你是否有广泛的爱好？

2. 在做任何事情之前，你是否都要考虑一番？

3. 你的情绪时常波动吗？

4. 当别人做了好事，而周围人却认为是你做的时候，你是否感到洋洋得意？

5. 你曾经无缘无故觉得自己可怜吗？

6. 当你看到小孩或动物受折磨时是否感到难受？

7. 你是一位易激怒的人吗？

8. 你是否有过自己做错了事反责怪别人的时候？

9. 你是否时常担心你会说出(或做出)不应该说(或做)的事情？

(资料来源:葛玉辉等编著:《人力资源管理》,清华大学出版社2006年版,第289页)

3. 职业生涯机会评估

职业生涯机会评估主要是评估各种环境因素对自己职业生涯发展的影响。每一个人都处在一定的环境中,离开了环境就无法生存与成长。所以,在设计个人职业生涯时,应分析环境发展的变化情况、环境条件的特点、自己与环境的关系(包括自己在这个环境中的地位、环境对自己提出的要求以及环境对自己有利的条件与不利的条件)等。只有充分了解这些环境因素,才能做到在复杂的环境中趋利避害,使设计的职业生涯切实可行,具有实际意义。

4. 职业的选择

职业选择是个人对自己就业方向和工作岗位类别的比较、挑选和确定,是人生的决策。职业选择是人们职业生活的正式开始,是人生道路的关键环节,是个人能力、意向和社会岗位的统一。职业选择包括个人的选择和被选中,是一种个人的现实化过程。包括两个方面:(1)个人向客观现实的妥协过程;(2)个人对"我与职业"关系的调适过程。

职业选择正确与否,直接关系到人生事业的成功与失败。据统计,在选错职业的人当中,有80%的人在事业上是失败者。由此可见,职业选择对人生事业发展何等重要。选择正确的职业,至少应该考虑以下几点:职业锚与职业的匹配;性格与职业的匹配;兴趣与职业的匹配;特长与职业的匹配等。

5. 设定职业生涯目标

设定职业生涯目标是指预先设定职业的发展目标,它是设计职业生涯的核心步骤。职业生涯目标的设定,是在继职业选择后,对人生目标做出的又一次抉择,是以自己的最佳才能、最优性格、最大兴趣、最有利的环境等信息为依据而做出的。职业生涯目标的设定,为职业发展指明了奋斗方向,可以引导人们避开险礁暗石,走向成功。职业生涯目标通常分为短期目标、中期目标、长期目标和人生目标。短期目标一般为1—2年,又可分为周目标、月目标、年目标;中期目标一般为3—5年;长期目标可达5—10年。

6. 职业生涯路线的选择

在确定职业和职业发展目标后,就面临着职业生涯路线的选择。职业发展路线不同,对职业发展的要求也不同。因此,在设计职业生涯时,必须做出抉择,以便为自己的学习、工作以及各种行动措施指明方向,使职业沿着预定的路径即预先设计的职业生涯发展。

一个人在组织中的职业道路通常有四种选择:纵向职业道路、横向职业道路、网状职业道路和双重职业道路。

(1)纵向职业道路

纵向职业道路是最为传统的,它是指员工在变换工作的同时提升在组织中的层级,即在纵向上从低组织层级向高组织层级发展。通常情况下,前一份工作都是为后一份工作做准备。纵向职业道路具体表现为职务的晋升,同时伴随着待遇的提高。

（2）横向职业道路

横向职业道路则是指跨职能边界的工作变换，例如由工程技术部门转到采购供应或销售部门。这种变换有助于扩大个人的知识技能面，积累阅历。由于工作内容变化较大，也往往具有较大的挑战性。

（3）网状职业道路

网状职业道路是纵向职业道路与横向职业道路的结合。一般情况下，一个人很难完全走纵向的道路，因为这样其背景会比较简单，从而制约其纵向发展的潜力。上升到一定层次后在横向上做一些积累，将更可能胜任纵向的下一个目标。对于大多数人来说，这种职业道路可能是最为现实的选择。

（4）双重职业道路

双重职业道路的基本思想是：技术专家不必成为管理者同样可以为企业做出贡献。一个人完全可以选择只是做一个技术专家，他既不必在纵向上提升，也不必在横向上调动，他可以凭借自己能力的提高而为组织做出更大的贡献，同时也得到更好的待遇和应有的承认。

【实例 10-4】

作为世界五百强企业的施耐德电气，有一套完善的职业发展体系支持每一个员工的发展，从大学毕业生到高级管理人员都有各自的发展项目；公司为员工设计了双重职业发展路径，专家线和管理线供员工根据自己的兴趣和特点进行选择；员工的直线经理每年都要和员工制定发展计划，并且定时地进行回顾和展望；施耐德电气大学为员工提供全方位的培训课程，辅助和推动员工快速地发展和成长；公司鼓励员工在公司内部移动和发展，很多管理团队，包括中国区的总裁、副总裁等，都是内部员工通过施耐德电气的职业发展项目成长起来的，可以说空间和平台是无限的。

（资料来源：孙封蕾：《施耐德电气——员工大学规划双重职业发展路径》，商业英才网，http://www.bnet.com.cn，2011-03-09）

思考：施耐德公司为什么要为员工设计双重职业发展路径？要想使得双重职业发展路径真正得到落实，你觉得施耐德公司应该具有哪些保障措施？

职业生涯路线的选择通常要考虑向哪条路线发展、能向哪条路线发展和哪条路线可以发展等三个问题。只有对这三个问题进行综合分析，才能确定自己的最佳职业生涯路线。

7. 制定行动计划与措施

无论多么美好的理想和想法，最终都必须落实到行动上才有意义，否则只是空谈。在确定了职业生涯路线后，行动便成了关键的环节。这里所指的行动，是指落实目标的具体措施，包括工作、训练、教育和轮岗等方面的措施。这些计划要特别具体，以便于定时检查。

8. 评估与调整

影响职业生涯设计的因素很多，可分为内在因素和外在因素。内在因素包括职业性向、个性特征、职业锚、能力、人生阶段等；外在因素包括社会环境水平、生活圈因素、企业环境因素等。计划不如变化快，整个社会每天都在发生变化，有的变化是可以预测的，有的变化难以预测。在这样的状况下，要使职业生涯设计行之有效，就必须不断对职业生涯设计进行评估与调整。调整的内容侧重于职业的重新选择、职业生涯路线的选择、人生目标的修正以及实施措施与计划的变更等。

10.4　组织的职业生涯管理

从组织方面进行职业生涯管理,主要是对员工的职业发展进行引导,以期尽量达到员工与组织的共同发展,为员工提供职业发展机会,帮助员工实现职业计划等目的。组织的职业生涯管理主要有以下几方面内容:协调组织目标与员工个人目标;帮助员工制定职业计划;帮助员工实现职业计划。

10.4.1　协调组织与员工目标

要协调组织目标与员工个人目标,应做好以下工作:

1. 树立人力资源开发思想

人力资源管理强调组织不仅要用人,更要培养人。职业管理正是培养人的重要途径。组织只有牢固树立了人力资源开发的思想,才能真正实施职业管理。

2. 了解员工需求

员工的需求是多样化的,不同的员工有不同的主导需求。组织只有准确把握员工的主导需求,才能采取针对性措施满足其需求。特别是组织的骨干员工,他们在个人发展上的愿望更为迫切,职业计划更为清晰,组织尤其应注意重点了解和把握。

3. 组织与员工结为利益共同体

组织在制定目标时,要使组织目标包含员工个人目标,还要通过有效的沟通使员工了解组织目标,让他们看到实现组织目标给自己带来的利益。在组织目标实现后,组织要兑现自己的承诺。

【相关链接 10-5】

马斯洛定理

美国心理学家 A·H·马斯洛说:"一个人想做哪样的人,他就必须成为哪样的人。"这个定理告诉领导者,除非你知道下属想成为什么样的人,否则你很难使他们成为你所希望的人。马斯洛的需求层次理论也曾告诉我们:当员工解决了温饱和安全的需求后,就会产生自我尊重和自我实现的需求,每位员工都想在企业中寻求自身价值的发展。因此,需要领导者能够根据员工的自身特点,为其进行职业生涯设计,使员工走上通往未来的"光辉大道"。

职业生涯规划一般有两个方向:一是纵深发展,二是水平发展。

(资料来源:侯贵松等编著:《人力资源管理》,中国纺织出版社 2006 年版,第 53 页)

10.4.2　帮助员工制定职业计划

为了帮助员工制定职业计划,组织可以采取以下措施。

1. 设计职业计划表

职业计划表就是一张工作类别结构表,即通过将组织中的各项工作进行分门别类的排列,而形成的一个较系统的反映组织人力资源配给状况的图表。借助这张表,公司的普通员工、中低层管理人员以及专业技术人员就可以瞄准自己的目标,在经验人士、主管经理的指导下正确选择自己的职业道路。

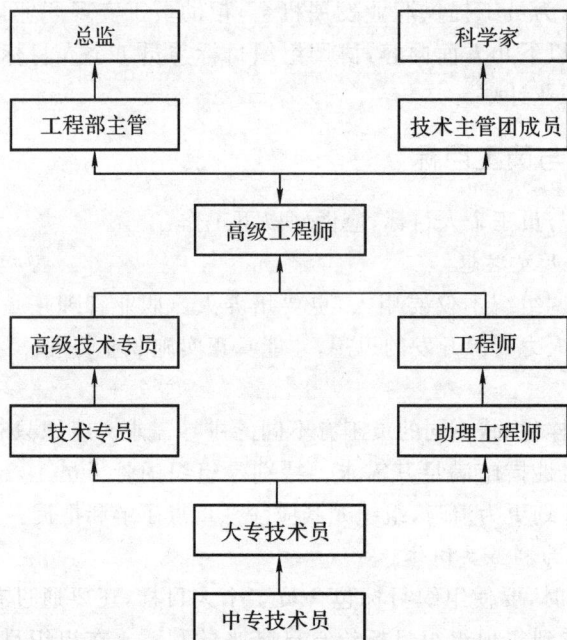

图 10-2　摩托罗拉公司技术人员的职业计划表

图 10-2 是摩托罗拉公司技术人员的职业计划表。如果一位员工选择双重职业道路,他在摩托罗拉公司的职业道路就可通过这张表具体化了。这张表再加上管理人员、销售人员等各类人员的职业计划表,就构成了摩托罗拉公司的总体职业计划表。所有人员,不论其选择哪种职业道路,都可以通过职业计划得以具体化。

2. 为员工提供职业指导

职业指导是指帮助人们了解自己与职业、定向学习和选择职业的过程,也是帮助人们在任职中求得发展的过程。组织为员工提供职业指导有三种途径:一是通过管理人员进行,这也可以说是管理人员的义务。管理人员长期与下属共事,对下属的能力和专长有较深入的了解,所以有可能在下属适合从事的工作方面给其提供有价值的建议;另外,他也能帮助下属分析晋升及调动的可能性。二是通过外请专家进行。组织可以外请专家为员工进行职业发展咨询。三是向员工提供有关的自测工具。组织可以购买一些帮助员工进行能力及个人特质方面的测试工具,供员工使用。

【相关链接 10-6】

职业指导师

在国家职业标准中,职业指导师是指针对劳动者求职和单位招聘过程中的问题,为劳动者、用人单位提供心理分析、择业技巧、心态调整、技能测试、供求趋势分析、职业设计、用人计划等帮助行为的人员。目前人才市场、劳动力市场和高等院校中普遍设立了职业指导人员。从 1999 年开始,我国推出了职业指导师资格考试,并要求从事这一职业的人员必须全部执业上岗。

职业指导人员共设四个等级,从低到高依次为:职业指导员(国家职业资格四级)、助理职业指导师(国家职业资格三级)、职业指导师(国家职业资格二级)、高级职业指导师(国家职业资格一级)。

申报各等级职业资格鉴定的职业指导人员,必须符合《职业指导人员国家职业标准》所规定的申报条件。准备从事职业指导工作并具有大专(含大专)以上学历的人员,可以申报职业指导员。申报职业指导师、高级职业指导师的人员,还必须具备以下条件:1.专门从事职业指导、职业介绍的人员;2.本部门的业务技术骨干,并具有相应的业绩和成果;3.连续从事本职业工作,并达到申报的工作年限要求;4.报名时,应提供所在单位推荐信、业务工作业绩和从事本职工作的简历证明。

(资料来源:新浪网,http://news.sina.com.cn,2003-09-11)

10.4.3　帮助员工实现职业计划

比起帮助员工设计职业计划来,组织在帮助员工实现职业计划方面有更多的工作可做。

1. 在招聘时重视应聘者的职业兴趣并提供较为现实的发展机会

组织在招聘人员时既要强调职位的要求,又要重视应聘者的愿望,特别是要注重了解应聘者的职业兴趣和对未来的职业发展计划。这是组织正确使用和培养人才的基本条件。如果一个组织连员工想干什么都不了解,就不可能为其安排合适的工作;如果组织根本不具备满足员工的长远职业计划的条件,员工也不可能在组织中长期工作下去。

2. 提供阶段性的工作轮换

工作轮换对员工的职业发展具有重要意义,它一方面可以使员工在一次次的新尝试中了解自己的职业性向和职业锚,更准确地评价自己的长处和短处;另一方面可以使员工经受多方面的锻炼,拓宽视野,培养多方面的技能,从而为将来承担更重要的工作打下基础。

3. 进行多样化、多层次的培训

培训与员工职业发展的关系最为直接。职业发展的基本条件是员工素质的提高,而且这种素质不一定要与目前的工作相关,这就有赖于持续不断的培训。组织应建立完善的培训体系,使员工在每次职业变化时都能得到相应的培训;同时,也应鼓励员工自行参加组织内外提供的各种培训。

4. 以职业发展为导向的考核

许多人认为考核的主要目的是评价员工的绩效、态度和能力,或者是为分配、晋升提供依据,但考核的真正目的应是保证组织目标的实现、激励员工进取以及促进人力资源的开发。考核不能满足于为过去做一个结论,更要使员工了解怎样在将来做得更好。以职业发展为导向的考核就是要着眼于帮助员工发现问题和不足,明确努力方向和改进方法,促进员工的成长与进步。为此,必须赋予管理人员培养和帮助下属的责任,把员工的发展作为衡量管理人员成绩的重要标准之一。应要求管理人员定期与员工沟通,及时指出员工的问题并与员工一起探讨改进对策。

5. 晋升与调动管理

晋升与调动是员工职业发展的直接表现和主要途径。组织有必要建立合理的晋升和调动的管理制度,保证员工得到公平竞争的机会。

【实例 10-5】

小王在一家中型电子公司担任电子工程师,在公司工作了两年四个月后,他给自己制定了如下的职业计划并做了自我评估。

我的现职:电子工程师,负责生产制造流程的技术管理与服务。

我的年资:两年四个月。

我的主管及同事:同事有 3 位;直接主管是主任,再上面是副经理和经理。

1. 我的计划

一年半左右,担任资深工程师;3 年内,计划升任主任或调任开发工程师;5—7年,担任副经理或类似职务。

2. 我的限制

个性内向,不想钻营,又缺乏人际关系;技术方面,电子线路设计能力尚差;贪玩,平时及假日绝不加班;缺乏自信,解决问题的能力较弱。

(资料来源:颜春杰:《新编人力资源管理开发与管理》,社会科学文献出版社 2004 年版,第206 页)

思考:如果你是小王的直接主管,你将如何帮助他制订职业计划?

⇨【本章小结】

人力资源管理的一个基本观念就是,企业既要最大限度地利用员工的能力,又要为每一位员工提供一个不断成长以及挖掘个人最大潜力和建立成功职业的机会,这就是职业生涯管理。开展职业生涯管理需要员工个人的设计和行动以及组织的规划与管理。

职业生涯的理论是进行职业生涯管理的基础。职业生涯管理理论可以分为静态研究和动态研究两个方面。前者分析人职匹配,即个人特征与岗位的匹配,即职业决定理论;后者研究职业生涯的发展,即职业发展理论。霍兰德的职业性向理论认为人与职业有一种最佳的匹配,这种匹配是职业选择的核心。人是有差异的,其差异表现在能力差异、知识和技能的差异、人格的差异和生理的差异等方面。而职业对人的要求也有差异,只有将合适的人放在合适的位置上才是职业选择的成功。萨帕的阶段性理论则把职业生涯分成五个主要阶段:成长阶段、探索阶段、确立阶段、维持阶段和衰退阶段。每个阶段有其独特的发展任务。

做好职业生涯管理,不单单需要员工自己的参与,而且也需要管理者的重视与支持。这样,不仅对个人发展,对企业的长远发展来说,也起到了十分重要的作用。

⟹【案例分析】

东风汽车股份有限公司的"员工职业生涯规划"

毛家宏是东风汽车股份有限公司铸造分公司的一名青年员工,他在公司人力资源部门的鼓励下,几经培训,岗位成才,先后有十几项技术成果应用于生产实际;由他设计的"多功能游标高度尺"获国家专利。前不久,他荣获"全国五一劳动奖章"。小毛的成功,是东风汽车股份有限公司实施"员工职业生涯规划"工程的一个生动写照。

在东风汽车股份有限公司,像毛家宏一样沐浴着"员工职业生涯规划"工程春雨的员工正在茁壮成长。

2000年5月3日,3名工人班组长进京参加中国铸造学会和清华大学机械系联办的"铸造技术及管理专业"高级技能进修班。

之后,21名赴清华大学攻读工程硕士的业务、技术骨干启程,6名优秀班组长前往华中科技大学进行本科学历培训。至此,被东风汽车股份公司称为"员工职业生涯规划"的工程拉开帷幕。

如此"创意",缘于他们对人才现状、人才结构、人才预测及如何盘活内部人才的深刻反思和认识:企业间的人才竞争,事实上就是一个发现人才、吸引人才、培养人才,进而合理有效地管理、使用人才的过程,更是市场配置人力资源规律的体现。

去年春节前后,东风汽车股份有限公司在北京等地高校"招凤引凰"遭遇"寒流"。现实使他们感受到了一种潜在的危机。反思中,他们转变观念,决定把眼光放在盘活和开发内部人力资源上,为企业可持续发展提供强劲动力。

然而,如何科学合理地选配人力资源、开掘员工最大潜能,使之在最佳的位置上实现人生价值,从而避免人才的浪费?经过集思广益,具有东风汽车股份有限公司特色的"员工职业生涯规划"工程出笼。东风汽车股份有限公司将依据企业发展需求并结合个人理想为员工设计未来。百步之内必有芳草。这一双向交流设计旨在给每一个员工成长成才创造机会、提供空间,被员工们称为"人生的又一个春天"。

君子用人如器。此后,东风汽车股份有限公司面向全体员工下发了"员工培训问卷调查表",调查的主要内容包括个人现状、个人发展目标、希望就读的学校和专业、目前迫切需要学习的内容等,以确保员工在企业内找到自己所能、市场所需的结合点。

一石激起千层浪。调查表在员工中引起强烈反响,人力资源开发部门很快收到2000多份反馈单。伯乐在寻找千里马,千里马也在追寻伯乐。

在东风汽车股份有限公司人力资源部采访时,我们见到那一份份凝聚着员工火热心愿的调查表。透过填写面对自己未来认真思考过的整洁的文字,可以看出员工通过参与职业培训来设计自己明天的高涨热情。东风汽车股份有限公司证财部的范要在调查表中写道,希望在中南财经大学攻读 MBA,并建议公司给业务骨干、忠诚的青年员工更多的深造机会。

经过统计、分析和归纳,东风汽车股份有限公司制定了明确的员工培训计划表。

依据计划表,公司"员工职业生涯规划"工程中的人才培训工作有序推进。他们首先与清华大学达成了《清华大学—东风汽车股份有限公司全面合作协议书》,在 2000 年 3 月底落实了论文博士、工程硕士培训等具体事宜。4 月 17 日,他们向公司各基层单位下达了《2000 年东风汽车股份公司与清华大学联合培训人才工程安排》的通知。经过员工自愿报名、单位考核推荐、人力资源开发部门筛选、培训学校审定,各个层面的参训人员逐步被敲定。员工职业培训是一个长期的、系统的工作。为此,他们坚持"两条腿走路",一是请进来,二是送出去,即聘请高校权威教师来公司举办知识讲座,选派骨干员工去高校培训。同时,强化与高校的联合,建立长期的人才成长双向基地,即公司利用高校科研开发优势对员工进行培训,高校也可将公司作为研究生的社会实践基地。股份公司还将"借船出海",选出科研课题,请著名高校的研究生来揭榜。

据东风汽车股份有限公司人力资源开发部门透露,股份公司正在紧锣密鼓地与湖北汽车工业学院、东风高级技工学校及武汉的高校联系,实施全方位、不同层次的人员滚动式培训,以大手笔拓展个体成才空间,富积企业人力资源。毫无疑问,东风汽车股份公司员工迎来的将是一个绚丽多彩的明天。一位西方管理大师说过:"企业即人",深刻道出了企业和个人命运之间的相联关系。

个人命运和企业命运相背离,是企业失去其赖以生存的土壤——人才的主要因素之一。

东风汽车股份有限公司实施的"员工职业生涯规划"工程抓住了这一问题的关键。

正如东风汽车股份有限公司总裁李绍烛所言,企业健康生存和可持续发展,核心竞争力是人才。人才不在乎拥有,而在乎使用和培养,谁善于使用和培养人才,谁就能在市场竞争中赢得主动。

因此,东风汽车股份有限公司确立了"养用结合"的人才战略。

2000 年 4 月,东风汽车股份有限公司颁发了《员工培训管理办法》,其中对于员工培训的基本原则做了明确规定:一要坚持职业道德教育与业务培训相结合的原则;二要坚持全员培训、紧缺人才加紧培训、优秀人才优先培训、重点人才重点培训的原则;三要坚持以生产经营为导向,以岗位培训、继续教育为重点,以技能培训为核心,学以致用的原则。

三大基本原则将个人需求和企业发展需求紧紧相连,将个人命运和企业命运融合在一起,在为员工的前途负责的同时,也在为企业的未来着想。

在此大前提下,东风汽车股份有限公司开始构建具有自身特点的多层次、多方位、多形式的全员培训体系,即开展高、中、低不同层面的培训,使培训辐射到每一个角落、每一个岗位。

职业培训不再是个人行为,而是自始至终肩负着企业的重托。以下是我们耳闻目睹的一个故事。

2000年7月14日,东风汽车股份有限公司开办"市场及营销培训班",计划80人参训,结果场面火爆,大教室显得小了、挤了。为什么员工一听到这样的课心就"热"?他们称:获得了适用的新知识、新方法,对自己以后的工作有指导作用。

职业培训,这种必不可少的投资,增强了企业技术创新的竞争力,改善了企业现有员工的知识结构和能力结构,为企业的可持续发展提供了人才保障。东风汽车股份有限公司首批赴清华大学培训的学员钱军饱含深情地说:"企业给了我圆梦的机会,实现了学生时代为之奋斗的目标,我力争早日学成归来,为公司的发展添砖加瓦。"

前不久,东风汽车股份有限公司派员前往北京看望了在训学员。据临时党支部书记钱军介绍,在训学员学习的积极性很高,几乎每天学习到深夜12点以后。来自东风汽车股份有限公司铸造分公司的郭全领借在食堂进餐之机,向在读的本科生购买高等数学课本。不少学生被他们的勤奋学习精神所感动,主动把一些课本借给他们。

如何使送出去的人才愉快而归?东风汽车股份有限公司人力资源部负责人说:"我们正在进行薪酬分配制度的改革,将对技术高、贡献大的员工的薪酬分配实行倾斜政策,真正体现尊重知识、尊重人才、向有贡献人才倾斜的分配理念。可以说,我们为人才的发展营造了良好的氛围,相信他们是不会舍得走的。"

在"双赢"人才涵养战略思想的指导下,在新世纪来临之际,东风汽车股份有限公司在西子湖畔的浙江大学,成功地举行了"秉求是、力创新、迎接新世纪"大型企业形象展示活动。

在精心营造的"世纪看我行"的文化氛围中,东风汽车股份有限公司总裁李绍烛以"WTO与新世纪中国汽车工业"为主题向浙大学子做了精彩的演讲。活动期间,企校双方就员工培训等问题进行了洽谈,并就一些问题达成共识,一些临近毕业的学生主动找到公司人力资源部门领导询问公司人才发展战略,企校联合培养人才渐入佳境。

2001年,东风汽车股份有限公司"员工职业生涯规划"工程根据公司新项目和新事业发展的需要,与多层次有效培训结合起来,以岗位培训为重点,新任班长培训率100%,新录用员工岗前培训率100%,中层管理干部、高知轮训率95%。

(资料来源:傅祥友:《为员工设计灿烂的明天——东风汽车股份有限公司的〈员工职业生涯规划〉》,载《企业管理》2001年第12期)

问题

1. 东风汽车采用什么样的培训策略和方法?
2. 东风汽车的"员工职业生涯规划"有何特色?

⇨**【思考练习】**

1. 什么是职业生涯?什么是职业生涯管理?
2. 一个组织应当如何进行职业生涯管理?

3.10年后你希望你的职业生涯发展到哪个阶段？请编制一份个人职业生涯发展规划。

4.你认为发明家爱迪生、数学家陈景润、阿里巴巴 CEO 马云、音乐家贝多芬、教育家陶行知分别是哪种职业性向的代表人物？

5.职业生涯管理的理论主要有哪些？

附　录

霍兰德职业性向测验量表

本测验量表将帮助您发现和确定自己的职业兴趣和能力特长,从而更好地做出求职择业的决策。如果您已经考虑好或选择好了自己的职业,本测验将使您的这种考虑或选择具有理论基础,或向您展示其他合适的职业;如果您至今尚未确定职业方向,本测验将帮助您根据自己的情况选择一个恰当的职业目标。

本测验共有七个部分,每部分测验都没有时间限制,但请您尽快按要求完成。

第1部分　你心目中的理想职业(专业)

对于未来的职业(或升学进修的专业)你也许早有考虑,它可能很抽象、很朦胧,也可能很具体、很清晰。不管是哪种情况,现在都请你把你最想干的3种工作或最想读的3种专业,按顺序写下来。

1.

2.

3.

好,第1部分已完成。现在请继续做第2部分。

第2部分　你所感兴趣的活动

下面列举了一些十分具体的活动。这些活动无所谓好坏,如果你喜欢去参加(包括过去、现在或将来),就请在答题卷的相应题号上的"是"一栏的方框内画"√",如果不喜欢就请在"否"一栏的方框内画"√"。注意,这一部分测验主要想确定你的职业兴趣,而不是让你选择工作,你喜欢某种活动并不意味着你一定要从事这种活动。答题时不必考虑过去是否干过和是否擅长这种活动,只要根据你的兴趣直接判断即可。请务必做完每一道题目。

一、R型(现实型活动)

你喜欢做下列事情吗?

1. 装配修理电器。

2. 修理自行车。

3. 装修机器或机器零件。

4. 做木工活。

5. 驾驶卡车或拖拉机。

6. 开机床。

7. 开摩托车。

8. 上金属工艺课。

9. 上机械制图课。

10. 上木工手艺课。

11. 上电气自动化技术课。

二、I型(调查型活动)

你喜欢做下列事情吗?

1. 阅读科技书刊。

2. 在实验室工作。

3. 研究某个科研项目。

4. 制作飞机、汽车模型。

5. 做化学实验。

6. 阅读专业性论文。

7. 解一道数学或棋艺难题。

8. 上物理课。

9. 上化学课。

10. 上几何课。

11. 上生物课。

三、A型(艺术型活动)

你喜欢做下列事情吗?

1. 素描、制图或绘画。

2. 表演戏剧、小品或相声节目。

3. 设计家具或房屋。

4. 在舞台上演唱或跳舞。

5. 演奏一种乐器。

6. 阅读流行小说。

7. 听音乐会。

8. 从事摄影创作。

9. 阅读电影、电视剧本。

10. 读诗写诗。

11. 上书法美术课。

四、S型(社会型活动)

你喜欢做下列事情吗?

1. 给朋友们写信。

2. 参加学校、单位组织的正式活动。

3. 加入某个社会团体或俱乐部。

4. 帮助别人解决困难。

5. 照看小孩。

6. 参加宴会、茶话会或联欢晚会。

7. 跳交谊舞。

8. 参加讨论会或辩论会。

9. 观看运动会或体育比赛。

10. 寻亲访友。

11. 阅读与人际交往有关的书刊。

五、E 型（企事业型活动）

你喜欢做下列事情吗？

1. 对他人做劝说工作。

2. 买东西与人讨价还价。

3. 讨论政治问题。

4. 从事个体或独立的经营活动。

5. 出席正式会议。

6. 做演讲。

7. 在社会团体中做一名理事。

8. 检查与评价别人的工作。

9. 结识名流。

10. 带领一群人去完成某项任务。

11. 参与政治活动。

六、C 型［常规型（传统型）活动］

你喜欢做下列事情吗？

1. 保持桌子和房间整洁

2. 抄写文章或信件。

3. 开发票、写收据或打回条。

4. 打算盘或用计算机计算。

5. 记流水账或备忘录。

6. 上打字课或学速记法。

7. 上会计课。

8. 上商业统计课。

9. 将文件、报告、记录分类与归档。

10. 为领导写公务信函与报告。

11. 检查个人收支情况。

好，第2部分已完成。现在请继续做第3部分。

第3部分　你所擅长或胜任的活动

下面从6个方面分别列举一些十分具体的活动，以确定你具备哪一方面的工作特长。回答时，只须考虑你过去或现在对所列活动是否擅长、胜任，不必考虑你是否喜欢这种活动。如果你认为你擅长从事某一活动，就请在答题卷的相应题号上的"是"一栏的方框内画"√"，如果不擅长，就请在"否"一栏的方框内画"√"。注意，你如果从未从事过某一活动，那就请考虑你将来是否会擅长从事该项活动。请你务必做完每一道题目。

一、R 型（现实型能力）

你擅长做或胜任下列事情吗？

1. 使用锯子、钳子、车床、砂轮等工具。

2. 使用万能电表。

3. 给自行车或机器加油使它们正常运转：

4. 使用钻床、研磨机、缝纫机等。

5. 修整木器家具表面。

6. 看机械、建筑设计图纸。

7. 修理结构简单的家用电器。

8. 制作简单的家具。

9. 绘制机械设计图纸。

10. 修理收录音机的简单部件。

11. 疏通、修理自来水管或下水道。

二、I 型(调研型能力)

你擅长做或胜任下列事情吗？

1. 了解真空管的工作原理。

2. 知道三种以上蛋白质含量高的食物。

3. 知道一种放射性元素的"半衰期"。

4. 使用对数表。

5. 使用计算器或计算尺。

6. 使用显微镜。

7. 辨认 3 个星座。

8. 说明白血球的功能。

9. 解释简单的化学分子式。

10. 理解人造卫星不会落地的道理。

11. 参加科技竞赛或科研成果交流会。

三、A 型(艺术型能力)

你擅长做或胜任下列事情吗？

1. 演奏一种乐器。

2. 参加二重唱或四重唱表演。

3. 独奏或独唱。

4. 扮演剧中角色。

5. 说书或讲故事。

6. 表演现代舞或芭蕾舞。

7. 人物素描。

8. 油画或雕塑。

9. 制造陶器、捏泥塑或剪纸。

10. 设计服装、海报或家具。

11. 写得一手好文章。

四、S 型(社会型能力)

你擅长做或胜任下列事情吗？

1. 善于向别人解释问题。

2. 参加慰问或救济活动。

3. 善于与人合作、配合默契。

4. 殷勤待客。

5. 能深入浅出地教育儿童。

6. 为一次宴会安排娱乐活动。

7. 帮助他人解决困难。

8. 帮助护理病人或伤员。

9. 安排学校或社团组织的各种集体事务。

10. 善察人心或善于判断人的性格。

11. 善于与年长者相处。

五、E 型（企业型能力）

你擅长做或胜任下列事情吗？

1. 学校里当过班干部并且干得不错。

2. 善于督促他人工作。

3. 善于使他人按你的习惯做事。

4. 做事具有超常的经念和热情。

5. 能做一个称职的推销员。

6. 代表某个团体向有关部门提出建议或反映意见。

7. 担任某种领导职务期间获过奖或受表扬。

8. 说服别人加入你所在的团体（俱乐部、运动队、工作或研究组等）。

9. 创办一家商店或企业。

10. 知道如何做一位成功的领导人。

11. 有很好的口才。

六、C 型（常规型能力）

你擅长做或胜任下列事情吗？

1. 一天能誊抄近一万字。

2. 能熟练地使用算盘或计算器。

3. 能够熟练地使用中文打字机。

4. 善于将书信、文件迅速归档。

5. 做过办公室职员工作且干得不错。

6. 核对数据或文章时既快又准确。

7. 会使用外文打字机或复印机。

8. 善于在短时间内分类和处理大量文件。

9. 记账或开发票时既快又准确。

10. 善于为自己或集体作财务预算（表）。

11. 能迅速誊清贷方和借方的账目。

好，第 3 部分已完成。现在请继续做第 4 部分。

第4部分　你所喜欢的职业

下面列举了许多职业,对这些职业的基本情况你或多或少有所了解,并在此基础上形成了自己的评价态度。如果你对某项职业喜欢的话,请在答题卷的相应题号上的"是"一栏中打"√",如果不喜欢则请在"否"一栏中打"√"。这一部分测验也要求每题必做。

一、R型(现实型职业)

你喜欢做下列事情吗?

1. 飞行机械技术人员。

2. 鱼类和野生动物专家。

3. 自动化工程技术人员。

4. 木工。

5. 机床安装工或钳工。

6. 电工。

7. 无线电报务员。

8. 长途汽车司机。

9. 火车司机。

10. 机械师。

11. 测绘、水文技术人员。

二、I型(调研型职业)

你喜欢做下列事情吗?

1. 气象研究人员。

2. 生物学研究人员。

3. 天文学研究人员。

4. 药剂师。

5. 人类学研究人员。

6. 化学研究人员。

7. 科学杂志编辑。

8. 植物学研究人员。

9. 物理学研究人员。

10. 科普工作者。

11. 地质学研究人员。

三、A型(艺术型职业)

你喜欢下列职业吗?

1. 诗人。

2. 文学艺术评论家。

3. 作家。

4. 记者。

5. 歌唱家或歌手。

6. 作曲家。

7. 剧本写作人员。

8. 画家。

9. 相声演员。

10. 乐团指挥。

11. 电影演员。

四、S型（社会型职业）

你喜欢下列职业吗？

1. 街道、工会或妇联负责人。

2. 中学教师。

3. 青少年犯罪问题专家。

4. 中学校长。

5. 心理咨询人员。

6. 精神病医生。

7. 职业介绍所工作人员。

8. 导游。

9. 青年团负责人。

10. 福利机构负责人。

11. 婚姻介绍所工作人员。

五、E型（企业型职业）

你喜欢下列职业吗？

1. 供销科长。

2. 推销员。

3. 旅馆经理。

4. 商店管理费用人员。

5. 厂长。

6. 律师或法官。

7. 电视剧制作人。

8. 饭店或饮食店经理。

9. 人民代表。

10. 服装批发商。

11. 企业管理咨询人员。

"是"一栏打"√"的总数：

六、C型（常规型职业）

你喜欢下列职业吗？

1. 簿记员。

2. 会计师。

3. 银行出纳员。

4. 法庭书记员。

5. 人口普查登记员。

6. 成本核算员。

7. 税务工作者。

8. 校对员。

9. 打字员。

10. 办公室秘书。

11. 质量检查员。

霍兰德职业性向测验答题卷

姓名_____ 性别____ 年龄____ 测试日期_____ 职务_____ 单位_____

第 1 部分　你心目中的理想职业(专业)

1. _____

2. _____

3. _____

第 2 部分　你所感兴趣的活动

R 型			I 型			A 型		
题号	是	否	题号	是	否	题号	是	否
1	☐	☐	1	☐	☐	1	☐	☐
2	☐	☐	2	☐	☐	2	☐	☐
3	☐	☐	3	☐	☐	3	☐	☐
4	☐	☐	4	☐	☐	4	☐	☐
5	☐	☐	5	☐	☐	5	☐	☐
6	☐	☐	6	☐	☐	6	☐	☐
7	☐	☐	7	☐	☐	7	☐	☐
8	☐	☐	8	☐	☐	8	☐	☐
9	☐	☐	9	☐	☐	9	☐	☐
10	☐	☐	10	☐	☐	10	☐	☐
11	☐	☐	11	☐	☐	11	☐	☐

"是"的总数：____　"是"的总数：____　"是"的总数：____

S 型			E 型			C 型		
题号	是	否	题号	是	否	题号	是	否
1	☐	☐	1	☐	☐	1	☐	☐
2	☐	☐	2	☐	☐	2	☐	☐
3	☐	☐	3	☐	☐	3	☐	☐
4	☐	☐	4	☐	☐	4	☐	☐
5	☐	☐	5	☐	☐	5	☐	☐
6	☐	☐	6	☐	☐	6	☐	☐

题号	是	否	题号	是	否	题号	是	否
7	☐	☐	7	☐	☐	7	☐	☐
8	☐	☐	8	☐	☐	8	☐	☐
9	☐	☐	9	☐	☐	9	☐	☐
10	☐	☐	10	☐	☐	10	☐	☐
11	☐	☐	11	☐	☐	11	☐	☐

"是"的总数：____ "是"的总数：____ "是"的总数：____

第 3 部分　你所擅长或胜任的活动

R 型			I 型			A 型		
题号	是	否	题号	是	否	题号	是	否
1	☐	☐	1	☐	☐	1	☐	☐
2	☐	☐	2	☐	☐	2	☐	☐
3	☐	☐	3	☐	☐	3	☐	☐
4	☐	☐	4	☐	☐	4	☐	☐
5	☐	☐	5	☐	☐	5	☐	☐
6	☐	☐	6	☐	☐	6	☐	☐
7	☐	☐	7	☐	☐	7	☐	☐
8	☐	☐	8	☐	☐	8	☐	☐
9	☐	☐	9	☐	☐	9	☐	☐
10	☐	☐	10	☐	☐	10	☐	☐
11	☐	☐	11	☐	☐	11	☐	☐

"是"的总数：____ "是"的总数：____ "是"的总数：____

S 型			E 型			C 型		
题号	是	否	题号	是	否	题号	是	否
1	☐	☐	1	☐	☐	1	☐	☐
2	☐	☐	2	☐	☐	2	☐	☐
3	☐	☐	3	☐	☐	3	☐	☐
4	☐	☐	4	☐	☐	4	☐	☐
5	☐	☐	5	☐	☐	5	☐	☐
6	☐	☐	6	☐	☐	6	☐	☐
7	☐	☐	7	☐	☐	7	☐	☐
8	☐	☐	8	☐	☐	8	☐	☐
9	☐	☐	9	☐	☐	9	☐	☐
10	☐	☐	10	☐	☐	10	☐	☐
11	☐	☐	11	☐	☐	11	☐	☐

"是"的总数：____ "是"的总数：____ "是"的总数：____

第 4 部分　你所喜欢的职业

R 型			I 型			A 型		
题号	是	否	题号	是	否	题号	是	否
1	☐	☐	1	☐	☐	1	☐	☐
2	☐	☐	2	☐	☐	2	☐	☐
3	☐	☐	3	☐	☐	3	☐	☐
4	☐	☐	4	☐	☐	4	☐	☐
5	☐	☐	5	☐	☐	5	☐	☐
6	☐	☐	6	☐	☐	6	☐	☐
7	☐	☐	7	☐	☐	7	☐	☐
8	☐	☐	8	☐	☐	8	☐	☐
9	☐	☐	9	☐	☐	9	☐	☐
10	☐	☐	10	☐	☐	10	☐	☐
11	☐	☐	11	☐	☐	11	☐	☐

"是"的总数：＿＿＿"是"的总数：＿＿＿"是"的总数：＿＿＿

S 型			E 型			C 型		
题号	是	否	题号	是	否	题号	是	否
1	☐	☐	1	☐	☐	1	☐	☐
2	☐	☐	2	☐	☐	2	☐	☐
3	☐	☐	3	☐	☐	3	☐	☐
4	☐	☐	4	☐	☐	4	☐	☐
5	☐	☐	5	☐	☐	5	☐	☐
6	☐	☐	6	☐	☐	6	☐	☐
7	☐	☐	7	☐	☐	7	☐	☐
8	☐	☐	8	☐	☐	8	☐	☐
9	☐	☐	9	☐	☐	9	☐	☐
10	☐	☐	10	☐	☐	10	☐	☐
11	☐	☐	11	☐	☐	11	☐	☐

"是"的总数：＿＿＿"是"的总数：＿＿＿"是"的总数：＿＿＿

第 5 部分　你的能力类型简评

下面两张表是你在 6 个职业能力方面的自我评分表。你可以先与同龄人比较一下自己在每一方面的能力,然后经斟酌以后对自己的能力作一评价。评分时请在表中适当的数字上画圈。数字越大表示你的能力越强。

注意,请勿全部圈画同样的数字,因为人的每项能力不可能完全一样。

表 A　　高→中→低

R 型	I 型	A 型	S 型	E 型	C 型
机械操作能力	科学研究能力	艺术创造能力	解释表达能力	商业洽谈能力	事务执行能力
7 6 5 4 3 2 1	7 6 5 4 3 2 1	7 6 5 4 3 2 1	7 6 5 4 3 2 1	7 6 5 4 3 2 1	7 6 5 4 3 2 1

表 B　　高→中→低

R 型	I 型	A 型	S 型	E 型	C 型
体力技能	数学技能	音乐技能	交际技能	领导技能	办公技能
7 6 5 4 3 2 1	7 6 5 4 3 2 1	7 6 5 4 3 2 1	7 6 5 4 3 2 1	7 6 5 4 3 2 1	7 6 5 4 3 2 1

好,第 5 部分已完成。请继续做第 6 部分。

第 6 部分　统计和确定你的职业倾向

请将第 2 部分至第 5 部分的全部测验分数按前面已统计好的 6 种职业倾向(R 型、I 型、A 型、S 型、E 型和 C 型)得分填入下表,并作纵向累加。

测验	R 型	I 型	A 型	S 型	E 型	C 型
第 2 部分						
第 3 部分						
第 4 部分						
第 5 部分(A)						
第 5 部分(B)						
总　分						

请将上表中的 6 种职业倾向总分按大小顺序依次从左到右重新排列:
_____型、_____型、_____型、_____型、_____型、_____型
最高分_____你的职业倾向性得分_____最低分_____

得分最高的职业类型意味着最适合你的职业。比方说,假如你在 I 型上得分最高,说明你适合做自然科学方面的研究工作,如气象学研究、生物学研究、天文学研究等等,或科学杂志编辑。其余类推。

如果最适合你的工作和你在第 1 部分所写的理想工作之间不太一致,或者在各种类型的职业上你的能力和兴趣不相匹配,那么请你参照第 6 部分——你的职业价值观来作出最佳选择。比方说,假如第 2 部分你在 I 型上得分最高,但第 3 部分你在 A 型上得分高,那么请参考你最看重的因素:假如你最看重(8)能充分发挥自己的能力特长或(2)工作环境舒适,那么 A 型工作最适合你;假如你最看重(10)能从事自己感兴趣的工作或(4)工作稳定有保障,那么 I 型工作最适合你;假如你最看重的是其他因素,那么请向 A 型职业方面的专家咨询,选择与你的职业价值观最接近的工作。

第 7 部分　你所看重的东西——职业价值观

这一部分测验列出了人们在选择工作时通常会考虑的九要素(见所附工作价值标准)。

现在请你在其中选出对你最重要的两项因素,以及最不重要的两项因素,并将序号填入下边相应空格上。

最 重 要:_____

最不重要:_____

次 重 要:_____

次不重要:_____

附:工作价值标准

1. 工资高福利好。

2. 工作环境(物质方面)舒适。

3. 人际关系良好。

4. 工作稳定有保障。

5. 能提供较好的受教育机会。

6. 有较高的社会地位。

7. 工作不太紧张、外部压力少。

8. 能充分发挥自己的能力特长。

9. 社会需要与社会贡献较大。

10. 能从事自己感兴趣的工作。

以上全部测验完毕。

现在,将你测验得分居第一位的职业类型找出来,对照下表,判断一下适合自己的职业类型。

职业索引——职业兴趣代号与其相应的职业对照表

R(现实型):木匠、农民、操作 X 光的技师、工程师、飞机机械师、鱼类和野生动物专家、自动化技师、机械工(车工、钳工等)、电工、无线电报务员、火车司机、长途公共汽车司机、机械制图员、机器修理员、电器师。

I(调查型):气象学者、生物学者、天文学家、药剂师、动物学者、化学家、科学报刊编辑、地质学者、植物学者、物理学者、数学家、实验员、科研人员、科技工作者。

A(艺术型):室内装饰专家、图书管理专家、摄影师、音乐教师、作家、演员、记者、诗人、作曲家、编剧、雕刻家、漫画家。

S(社会型):社会学者、导游、福利机构工作者、咨询人员、社会工作者、社会科学教师、学校领导、精神病工作者、公共保健护士。

E(企业型):推销员、进货员、商品批发员、旅馆经理、饭店经理、广告宣传员、调度员、律师、政治家、零售商。

C(常规型):记账员、会计、银行出纳、法庭速记员、成本估算员、税务员、核算员、打字员、办公室职员、统计员、计算机操作员、秘书。

下面介绍与你 3 个代号的职业兴趣类型一致的职业表,对照的方法如下:首先根据你的职业兴趣代号,在下表中找出相应的职业,例如你的职业兴趣代号是 RIA,那么牙科技术人员、陶工等是适合你兴趣的职业。然后寻找与你职业兴趣代号相近的职业,如你的职业兴趣代号是 RIA,那么,其他由这三个字母组合成的编号(如 IRA、IAR、ARI 等)对应的职业,也较适合你的兴趣。

RIA：牙科技术员、陶工、建筑设计员、模型工、细木工、制作链条人员。

RIS：厨师、林务员、跳水员、潜水员、染色员、电器修理、眼镜制作、电工、纺织机器装配工、服务员、装玻璃工人、发电厂工人、焊接工。

RIE：建筑和桥梁工程、环境工程、航空工程、公路工程、电力工程、信号工程、电话工程、一般机械工程、自动工程、矿业工程、海洋工程、交通工程技术人员、制图员、家政经纪人员、计量员、农民、农场工人、农业机器操作、清洁工、无线电修理、汽车修理、手表修理、管子工、线路装配工、工具仓库管理员。

RIC：船上工作人员、接待员、杂志保管员、牙医助手、制帽工、磨坊工、石匠、机器制造、机车（火车头）制造、农业机器装配、汽车装配工、缝纫机装配工、钟表装配和检验、电动器具装配、鞋匠、锁匠、货物检验员、电梯机修工、托儿所所长、钢琴调音员、装配工、印刷工、建筑钢铁工人、卡车司机。

RAI：手工雕刻、玻璃雕刻、制作模型人员、家具木工、制作皮革品、手工绣花、手工钩针编织、排字工人、印刷工人、图画雕刻、装订工。

RSE：消防员、交通巡警、警察、门卫、理发师、房间清洁工、屠夫、锻工、开凿工人、管道安装工、出租汽车驾驶员、货物搬运工、送报员、勘探员、娱乐场所的服务员、起卸机操作工、灭害虫者、电梯操作工、厨房助手。

RSI：纺织工、编织工、农业学校教师、某些职业课程教师（诸如艺术、商业、技术、工艺课程）、雨衣上胶工。

REC：抄水表员、保姆、实验室动物饲养员、动物管理员。

REI：船长、航海领航员、大副、试管实验员。

RES：旅馆服务员、家畜饲养员、渔民、渔网修补工、水手长、收割机操作工、行李搬运工人、公园服务员、救生员、登山导游、火车工程技术员、建筑工人、铺轨工人。

RCI：测量员、勘测员、仪表操作者、农业工程技术、化学工程技师、民用工程技师、石油工程技师、资料室管理员、探矿工、煅烧工、烧窑工、矿工、保养工、磨床工、取样工、样品检验员、纺纱工、炮手、漂洗工、电焊工、锯木工、刨床工、制帽工、手工缝纫工、油漆工、染色工、按摩工、木匠、农民建筑工人、电影放映员、勘测员助手。

RCS：公共汽车驾驶员、一等水手、游泳池服务员、裁缝、建筑工人、石匠、烟囱修建工、混凝土工、电话修理工、爆炸手、邮递员、矿工、裱糊工人、纺纱工。

RCE：打井工、吊车驾驶员、农场工人、邮件分类员、铲车司机、拖拉机司机。

IAS：普通经济学家、农场经济学家、财政经济学家、国际贸易经济学家、实验心理学家、工程心理学家、心理学家、哲学家、内科医生、数学家。

IAR：人类学家、天文学家、化学家、物理学家、医学病理学家、动物标本剥制者、化石修复者、艺术品管理员。

ISE：营养学家、饮食顾问、火灾检查员、邮政服务检查员。

ISC：侦察员、电视播音室修理员、电视修理服务员、验尸室人员、编目录者、医学实验室技师、调查研究者。

ISR：水生生物学者、昆虫学者、微生物学家、配镜师、矫正视力者、细菌学家、牙科医生、骨科医生。

ISA：实验心理学家、普通心理学家、发展心理学家、教育心理学家、社会心理学家、临床心理学家、目录学家、皮肤病学家、精神病学家、妇产科医生、眼科医生、五官科医生、医学实验室技术专家、民航医务人员、护士。

IES：细菌学家、生理学家、化学专家、地质专家、地理物理学专家、纺织技术专家、医院药剂师、工业药剂师、药房营业员。

IEC：档案保管员、保险统计员。

ICR：质量检验技术员、地质学技师、工程师、法官、图书馆技术辅导员、计算机操作员、医院听诊员、家禽检查员。

IRA：地理学家、地质学家、水文学家、矿物学家、古生物学家、石油学家、地震学家、声学物理学家、原子和分子物理学家、电学和磁学物理学家、气象学家、设计审核员、人口统计学家、数学统计学家、外科医生、城市规划家、气象员。

IRS：流体物理学家、物理海洋学家、等离子体物理学家、农业科学家、动物学家、食品科学家、园艺学家、植物学家、细菌学家、解剖学家、动物病理学家、作物病理学家、药物学家、生物化学家、生物物理学家、细胞生物学家、临床化学家、遗传学家、分子生物学家、质量控制工程师、地理学家、兽医、放射治疗技师。

IRE：化验员、化学工程师、纺织工程师、食品技师、渔业技术专家、材料和测试工程师、电气工程师、土木工程师、航空工程师、行政官员、冶金专家、原子核工程师、陶瓷工程师、地质工程师、电力工程师、口腔科医生、牙科医生。

IRC：飞机领航员、飞行员、物理实验室技师、文献检查员、农业技术专家、动植物技术专家、生物技师、油管检查员、工商业规划者、矿藏安全检查员、纺织品检验员、照相机修理者、工程技术员、编计算机程序者、工具设计者、仪器维修工。

CRI：簿记员、会计、计时员、铸造机操作工、打字员、按键操作工、复印机操作工。

CRS：仓库保管员、档案管理员、缝纫工、讲述员、收款人。

CRE：标价员、实验室工作者、广告管理员、自动打字机操作员、电动机装配工、缝纫机操作工。

CIS：记账员、顾客服务员、报刊发行员、土地测量员、保险公司职员、会计师、估价员、邮政检查员、外贸检查员。

CIE：打字员、统计员、支票记录员、订货员、校对员、办公室工作人员。

CIR：校对员、工程职员、海底电报员、检修计划员、发报员。

CSE：接待员、通讯员、电话接线员、卖票员、旅馆服务员、私人职员、商学教师、旅游办事员。

CSR：运货代理商、铁路职员、交通检查员、办公室通信员、簿记员、出纳员、银行财务职员。

CSA：秘书、图书管理员、办公室办事员。

CER：邮递员、数据处理员、航空邮件检查员。

CEI：推销员、经济分析家。

CES：银行会计、记账员、法人秘书、速记员、法院报告人。

ECI：银行行长、审计员、信用管理员、地产管理员、商业管理员。

ECS：信用办事员、保险人员、各类进货员、海关服务经理、售货员、购买员、会计。

ERI:建筑物管理员、工业工程师、农场管理员、护士长、农业经营管理人员。

ERS:仓库管理员、房屋管理员、货栈监督管理员。

ERC:邮政局长、渔船船长、机械操作领班、木工领班、瓦工领班、驾驶员领班。

EIR:科学、技术和有关周期出版物的管理员。

EIC:专利代理人、鉴定人、运输服务检查员、安全检查员、废品收购人员。

EIS:警官,侦察员,交通检验员、安全咨询员、合同管理者、商人。

EAS:法官、律师、公证人。

FAR:展览室管理员、舞台管理员、播音员、驯兽员。

ESC:理发师、裁判员、政府行政管理员、财政管理员、工程管理员、职业病防治、售货员、商业经理、办公室主任、人事部负责人、调度员。

ESR:家具售货员、书店售货员、公共汽车驾驶员、日用品售货员、护士长、自然科学和工程的行政领导。

ESI:博物馆管理员、图书馆管理员、古迹管理员、饮食业经理、地区安全服务管理员、技术服务咨询者、超级市场管理员、零售商店店员、批发商、出租汽车服务站调度。

ESA:博物馆馆长、报刊管理员、音乐器材售货员、广告商售画营业员、导游、(轮船或班机上的)事务长、飞机上的服务员、船员、法官、律师。

ASE:戏剧导演、舞蹈教师、广告撰稿人、报刊专栏作者、记者、演员、英语翻译。

ASI:音乐教师、乐器教师、美术教师、管弦乐指挥、合唱队指挥、歌星、演奏家、哲学家、作家、广告经理、时装模特。

AER:新闻摄影师、电视摄像师、艺术指导、录音指导、丑角演员、魔术师、木偶戏演员、骑士、跳水员。

AEI:音乐指挥、舞台指导、电影导演。

AES:流行歌手、舞蹈演员、电影导演、广播节目主持人、舞蹈教师、口技表演者、喜剧演员、模特。

AIS:画家、剧作家、编辑、评论家、时装艺术大师、新闻摄影师、男演员、文学作者。

AIE:花匠、皮衣设计师、工业产品设计师、剪影艺术家、复制雕刻品大师。

AIR:建筑师、画家、摄影师、绘图员、环境美化工、雕刻家,包装设计师、陶器设计师、绣花工、漫画工。

SEC:社会活动家、退伍军人服务官员、工商会事务代表、教育咨询者、宿舍管理员、旅馆经理、饮食服务管理员。

SER:体育教练、游泳指导。

SEI:大学校长、学院院长、医院行政管理员、历史学家、家政经济学家、职业学校教师、资料员。

SEA:娱乐活动管理员、国外服务办事员、社会服务助理、一般咨询者、宗教教育工作者。

SCE:部长助理、福利机构职员、生产协调人、环境卫生管理人员、戏院经理、餐馆经理、售票员。

SRI:外科医师助手、医院服务员。

SRE:体育教师、职业病治疗者、体育教练、专业运动员、房管员、儿童家庭教师、警察、引座员、传达员、保姆。

SRC：护理员、护理助理、医院勤杂工、理发师、学校儿童服务人员。

SIA：社会学家、心理咨询者、学校心理学家、政治科学家、大学或学院的系主任、大学或学院的教育学教师、大学农业教师、大学工程和建筑课程的教师、大学法律教师、大学数学教师、医学教师、物理教师、社会科学教师和生命科学的教师、研究生助教、成人教育教师。

SIE：营养学家、饮食学家、海关检查员、安全检查员、税务稽查员、校长。

SIC：描图员、兽医助手、诊所助理、体检检查员、监督缓刑犯的工作者、娱乐指导者、咨询人员、社会科学教师。

SIR：理疗员、救护队工作人员、手足病医生、职业病治疗助手。

SAC：理发师、指甲修剪师、包装艺术家、美容师、整容专家、发式设计师。

SAE：听觉病治疗者、演讲矫正者。

SAE：图书馆管理员、小学教师、幼儿园教师、学前儿童教师、中学教师、师范学院教师、盲人教师、智力障碍人的教师、聋哑人的教师、学校护士、牙科助理。

第 11 章

人力资源协调与维护

》》》》　》

引　言

普华永道的劳资纠纷

位于北京光华路嘉里中心的普华永道办公室里人心惶惶,一场劳资纠纷导致的集体"罢工"事件愈演愈烈。这是普华永道进入中国市场十余年间第一次遭遇如此大规模的劳资纠纷。

此次劳资纠纷起源于 7 月份的工资调整计划。6 月底,普华永道公布了调薪标准,然而当员工们看到调薪安排后,一股失望和愤怒的情绪在普华永道北京办事处弥漫。普华永道北京办事处的员工说,他们的平均薪金只上调了 10%—20%,尤其是级别低的员工,上调幅度更小。2004 年是四大会计师事务所的好年景,中国区业务增值迅猛,每家事务所几乎都大幅增加了薪金,普遍上调 30% 以上,其中最高的几乎增加了 40%—50%。与其他三大会计师事务所相比,普华永道的员工感到了极大的失落。而由于业务量的大幅增加,普华永道的工作比去年忙了不少,巨大的工作量让多数员工感到他们的付出与收益不成正比。

2003 年,普华永道如愿以偿获得中国银行高达数千万美元的审计大单,这忙坏了普华永道的审计师们,审计总行的几十名审计师极少在晚上 10 点之前走出中国银行的办公室,而加班到凌晨三四点也是常有的事情。

但他们不满的并不是长年累月的加班。员工们要求,至少将目前的薪酬提高到同业水平;改变长期无休止的加班现象,如果加班,必须付相应的加班费;改变不近人情的管理方式,增强员工的归属感。他们还强烈要求成立工会组织,使权益保障长期化。在工方代表设定的资方答复的最后时刻,如果要求得不到满足,他们将集体对抗下去。参加这场运动的普华永道员工表示,他们已经做好了准备,或集体辞职,或继续怠工。

针对"怠工"事件引发的危机,普华永道提出了两项针对加班工资的措施:第一,每月加班时间的头 36 小时将被相应支付工资,超出 36 小时之外的加班时间将不被直接支付工资,转作休假时间;第二,原定于 8 月发放的 2004 财年年终分红提前下发,高级审计员得到的数额在 3 万—4 万元之间。

(资料来源:[美]约翰·M·伊万切维奇:《人力资源管理》(第九版),机械工业出版社 2005 年版,第 291—292 页)

随着我国市场经济的迅速发展和国有企业改革的深入推进,企业的劳动争议逐年增多,尤其是外资企业和私营企业较为严重。为了避免或减少各种劳动争议和劳资纠纷,企业经营管理人员必须掌握劳动关系、劳动管理、社会保障、劳动争议处理等方面的相关知识和法律法规,以有效地保护用人单位的人力资源,优化劳动关系,增强企业的竞争能力。

学习要点 ......

1. 掌握劳动关系的概念、内容和特征,了解劳动关系的改善原则和途径;

2. 掌握劳动合同的概念、特点和内容,了解劳动合同管理的主要内容;

3. 掌握最低工资制度的内容,了解工资支付中的相关法律规范;

4. 掌握社会保险的概念、特点和保险项目,掌握基本养老保险和基本医疗保险的内容,了解失业保险、工伤保险和生育保险的基本内容;

5. 掌握劳动争议的调解、仲裁和诉讼程序的规定,了解劳动争议的种类;

6. 掌握劳务派遣的概念、原则和方式。

11.1　劳动关系与劳资协调

劳动关系是市场经济体制中资本所有者与劳动者在社会劳动过程中产生的社会关系。因时代、国家、行业、具体组织的不同,劳动关系可以表现为竞争、冲突、强制、顺应等形式,这是由互动双方的利益、地位和角色差异所决定的。

11.1.1　劳动关系概述

1. 劳动关系的概念①

劳动关系是指劳动者与用人单位(包括各类企业、个体工商户、事业单位等)在实现劳动过程中建立的社会经济关系。

从广义上讲,生活在城市和农村的任何劳动者与任何性质的用人单位之间因从事劳动而结成的社会关系都属于劳动关系的范畴。

从狭义上讲,现实经济生活中的劳动关系是指依照国家劳动法律法规规范的劳动法律关系,即双方当事人是被一定的劳动法律规范所规定和确认的权利和义务联系在一起的,其权利和义务的实现,是由国家强制力来保障的。劳动法律关系的一方(劳动者)必须加入

---

① 中华人民共和国人力资源和社会保障部,http://w1.mohrss.gov.cn/gb/ywzn/2005-12/02/content_95266.htm.

某一个用人单位,成为该单位的一员,并参加单位的生产劳动,遵守单位内部的劳动规则;而另一方(用人单位)则必须按照劳动者的劳动数量或质量给付其报酬,提供工作条件,并不断改进劳动者的物质文化生活。

2. 劳动关系的内容

依据劳动法律法规形成和调整的劳动关系法律关系,由三个要素构成:主体、内容和客体。

劳动法律关系的参与者是劳动关系的主体,包括劳动者、劳动者的组织(工会、职工代表大会)和用人单位。

劳动关系的内容是指主体双方依法享有的权益和承担的义务。

劳动关系的客体是指主体的劳动权利和劳动义务共同指向的事物,如劳动时间、劳动报酬、安全卫生、劳动纪律、福利保险、教育培训和劳动环境等。

【相关链接 11-1】

劳动关系与劳务关系的区别

1. 主体不同。劳动关系的主体是确定的,即一方是用人单位,另一方必然是劳动者。而劳务关系的主体是不确定的,可能是两个平等主体,也可能是两个以上的平等主体;可能是法人之间的关系,也可能是自然人之间的关系,还可能是法人与自然人之间的关系。

2. 关系不同。劳动关系两个主体之间不仅存在财产关系即经济关系,还存在着人身关系,即行政隶属关系。也就是说,劳动者除提供劳动之外,还要接受用人单位的管理,服从其安排,遵守其规章制度等。劳务关系两个主体之间只存在财产关系,或者说是经济关系。即劳动者提供劳务服务,用人单位支付劳务报酬,彼此之间不存在行政隶属关系。

3. 劳动主体的待遇不同。劳动关系中的劳动者除获得工资报酬外,还有保险、福利待遇等;而劳务关系中的自然人,一般只获得劳动报酬。

4. 适用的法律不同。劳动关系适用《劳动法》,而劳务关系则适用《合同法》。

5. 合同的法定形式不同。劳动关系用劳动合同来确立,其法定形式是书面的。而劳务关系须用劳务合同来确立,其法定形式除书面的以外,还可以是口头和其他形式。

(资料来源:MBA智库百科,http://wiki.mbalib.com/wiki)

【实例 11-1】

上海一位退休7年的黄先生原是某高科技公司的高级工程师,近日另一家同行业公司想聘请他,但他不知自己受聘后原单位是否会告他侵权。

(资料来源:陈维政等主编:《人力资源管理》,高等教育出版社2002年版,第338页)

思考:你认为什么情况下原单位可能会对黄先生提起诉讼?

3. 劳动关系的特征

劳动关系具有以下基本特征[①]：

(1)劳动关系的主体是雇主和雇员双方，工会在劳动关系中充当重要角色，政府的职能是运用法律和经济手段调节劳动力市场。

(2)劳动关系的确立是通过契约形式（劳动合同）认定的，目的是保证劳动关系双方当事人的利益。

(3)劳动关系的建立以市场机制为基础，表现出形式上的平等性（等价交换和双向选择）。

(4)劳动关系有些是对抗性的，有些是非对抗性的。

4. 劳动关系的主要表现形式

劳动关系既是经济管理，又是社会关系。在劳动关系中，双方存在潜在的能量和权力的较量、合作和冲突，从而构成了劳动关系的表现形式。

(1)合作

合作是指在就业组织中，双方共同生产产品和服务，并在很大程度上遵守一套既定制度和规则的行为。这些制度和规则是经过双方协商一致，以正式的协议或劳动合同的形式，甚至是以一种非正式的心理契约的形式，规定双方的权利和义务。

(2)冲突

劳动关系双方的利益、目标和期望不可能完全一致，相反，经常会出现分歧，甚至背道而驰。对于员工而言，冲突的形式主要有罢工、旷工、怠工、抵制等，辞职有时也被看做是一种冲突形式。对用人单位而言，冲突的形式主要有关闭工厂、惩处或解雇不服从命令的员工等。

(3)能量

能量是指影响劳动关系结果的能力，是相互冲突的利益、目标和期望以何种形式表现出来的决定因素。能量分为劳动力市场的能量和双方对比关系的能量。劳动关系双方都具有能量，劳资冲突、劳资谈判。劳资关系的最终结果往往取决于双方能量的对比。

(4)权力

在劳动关系中，权力往往集中在管理方，拥有权力，使管理方在劳动关系中处于主导优势地位，但这种优势在某些时间和场合会发生逆转。当员工认为这些权力不是法律赋予，或与工人遵守的基本准则不一致，或者无法理解、不公平时，员工会采取冲突行为。

11.1.2 我国的劳动关系

我国目前正全面建设社会主义和谐社会，而和谐的劳动关系是和谐社会的前提。我国的劳动关系正处在由计划经济体制向市场经济体制转换的时期：计划经济条件下的利益一致是劳动关系的基本特点，是以国家代表各方利益为基本出发点来处理有关的劳动关系的矛盾和劳动问题的；向市场经济过渡，劳动关系最本质的变化是劳动关系主体双方的利益相对独立和区别开来，变化的总方向是在承认劳动关系双方利益差别的基础上，通过规范双方的权利义务来协调双方的利益差别和矛盾。具体表现在以下几个方面：

---

① 廖泉文：《人力资源管理》，高等教育出版社 2004 年版，第 318 页。

1. 劳动关系主体明确化

在计划经济的公有制下,劳动者和劳动力使用者都没有形成独立的利益主体,双方的权利义务主要是由政府来代表的。在市场经济条件下,国家、企业和劳动者(工会)逐步形成各自独立的利益主体和权利主体。

2. 劳动关系运行市场化

计划经济下,劳动关系的调节主要是由政府运用行政手段直接控制的,表现为政府的劳动行政管理。市场经济下,劳动关系的运行主要是通过劳动标准的制定和劳动争议的处理来对劳动关系进行宏观的市场调控,而劳动关系的直接处理权利主要由关系双方运用市场机制来自行调节,形成劳动者和用人单位自行协商、政府适时调整的三方格局。

3. 劳动关系规范法律化

计划经济下,劳动关系的规范主要依靠行政命令和行政手段。《中华人民共和国劳动法》颁布实施后,劳动关系规范逐渐法律化。

4. 劳动关系行为契约化

劳动者与用人单位作为劳动供求双方的主体地位确立后,劳动关系双方的行为呈现契约化特点,即在尊重对方意愿的基础上,通过平等协商谈判达成劳动关系。这种契约的主要形式是劳动合同。

【相关链接 11-2】

事实劳动关系的确定

用人单位未与劳动者签订劳动合同,认定双方存在劳动关系时可参照下列凭证:

- 工资支付凭证或记录(职工工资发放花名册)、缴纳各项社会保险费的记录;
- 用人单位向劳动者发放的"工作证"、"服务证"等能够证明身份的证件;
- 劳动者填写的用人单位招工招聘"登记表"、"报名表"等招用记录;
- 考勤记录;
- 其他劳动者的证言等。

上述能证明事实劳动关系的 5 项证据中,虽然都具备单独成立的条件,但是有些情况下,"孤证"的效力要打些折扣,所以,劳动者应当尽可能多地提供相关证据,使其成为"证据链"相互印证,那么它的效力就大大增加了。

11.1.3 劳动关系的改善

由于劳动关系的日益复杂,加之我国相关法律尚未健全,企业劳动争议逐渐增多,对企业的生产和发展以及社会安定造成了不良影响,劳动关系的处理和改善成为企业人力资源管理的重要内容。

1. 处理劳动关系的原则

正确处理劳动关系应遵循以下原则:

(1)兼顾各方利益的原则;

(2)协商为主解决争议的原则;

(3)以法律为准绳的原则；

(4)劳动争议以预防为主的原则。

2. 改善劳动关系的途径

改善劳动关系可以通过以下途径：

(1)立法

劳动争议的产生很大程度上是因为相关法律法规不健全，因此企业各方因利益冲突产生矛盾时，常常无法可依，无所适从，通过完善法律，企业各方的权、责、利就可明确下来，并在法律的基础上加以调整。

(2)发挥工会及企业党组织的作用

工会与企业党组织代表职工与企业协调劳动关系，兼顾职工与企业的利益，可以有效避免矛盾激化。

(3)培训主管人员

劳动争议的产生和劳动关系的紧张，常常与企业的主管人员的工作作风、业务知识、法律意识有关。通过对主管人员的培训，就能增强他们的劳动关系意识，掌握处理劳动关系问题的原则及技巧。

(4)职工参与民主管理

职工参与民主管理可以使职工参与企业的重大决策，尤其是涉及广大职工切身利益的决定，这样可以更好地使企业经营管理者在作出重大决策时充分考虑职工的利益。

(5)提高职工的工作生活质量

提高职工的工作生活质量是改善劳动关系的根本途径。主要内容包括：参与管理、职务设计、周期性安排"培训—工作—休息"，尽量满足员工的个人需要，使员工在工作中感觉真正的意义。

11.1.4 劳资协调

劳资关系要能够和谐，劳资双方应摆脱各自对立的思维，双方在换位思考的思维之下平等互动，运用各种沟通与协调的管道，化解彼此间的冲突。这样才能构建一个双向互动的机制，对劳资双方、企业的发展与和谐社会的发展有极大的帮助。

1. 劳资协调的原则

(1)合法原则。依法处理劳资矛盾，依法维护劳资矛盾当事人的合法权益，是解决我国劳资矛盾的基本原则。其法律依据主要包括：劳动法律；劳动行政法规；劳动规章；地方性劳动法规和规章，劳动自治条例和单行条例，劳动法律解释；劳动合同、集体合同和用人单位规章制度等。

(2)协商原则。劳资双方就工资、待遇、福利、安全、劳动保护以及其他影响劳动者生活和工资条件的问题，进行协商和谈判，以达成和解和共识。一般劳动者由工会组织代表，生产资料所有者由雇主协会、董事会或国家职能部门代表。

(3)三方原则。是指在第三方的主持下，依法劝说劳资矛盾双方进行协商，在互谅互让的基础上达成协议，从而消除矛盾、解决纠纷。发挥三方代表在劳动矛盾和争议处理中的实际作用是国际的通行做法。

(4)弱者保护原则。就劳动者和用人单位而言，作为团体的用人单位的地位和支配能力远远高于作为个体的劳动者,因此,劳动法总体上倾向于保护劳动者一方的权利。就劳动者内部而言,妇女、老弱病残等劳动者因为自身条件的欠缺,更需要得到法律的保护。

2.劳资协调的方法[①]

(1)劳资会议制度。劳资会议是劳资双方基于平等的地位,共同商讨有关企业发展与员工工作环境改善等的议题,进而沟通劳资双方的意见,消除劳资纠纷,促进劳资之间的合作协调,共谋企业目标的达成并改善员工的生活。

(2)员工申诉制度。为解决劳资间因沟通不良导致的争议,企业有必要设立一个专职部门或是沟通的管道来加以处理,当劳动者遭受到不平等待遇或是发现用人单位的不法行为时,可以提出申诉。企业内申诉管道的建立,可减少劳资双方无谓的纷扰。

(3)员工提案制度。员工提案制度的设计主要是希望透过企业内部熟悉工作场所与工作流程运作的员工,对于企业内部可能存在的劳动关系问题提出解决方案,并可以适当地给予一定的奖励。这一制度下,企业充分授权予员工,让员工对问题的解决充满责任感,不仅能够获得有关员工关系管理的新思路,而且也使员工对劳动关系的认识更深刻,有助于劳动关系的改善。

(4)员工问卷调查。运用问卷调查,可以全面地了解员工对于主管、管理制度与企业的满意程度,并且利用统计软件对调查数据的深入分析,还能够得到深层次的内在关系。劳资双方若能妥善地使用员工问卷调查,那么它将成为劳资之间的最佳沟通工具。

(5)团体协商制度。是指一个或多个用人单位与多个员工团体之间,为达成有关工作条件或雇佣条件协议的一种协商。由此可知团体协商的当事人,在雇主方面可以是单一的雇主,也可以是雇主团体;但在员工方面,一定要是“员工团体”,通常指的是工会组织。团体协商是劳资双方沟通的一种手段,而签订团体协约才是劳资双方最终的目的。

11.2 劳动管理

劳动管理是指企业根据国家相关法律法规对人力资源的开发和使用上的管理工作,主要包括员工的聘用和辞退、劳动合同的签订与履行、职业培训、工作时间与劳动保护、劳动纪律与奖惩、劳动报酬和福利等。

11.2.1 员工聘用和辞退

1.员工聘用必须依法遵循的原则

(1)平等就业原则

平等就业原则包括两个方面:一是劳动者享有平等的就业权,二是劳动者享有平等的就业机会,即都能平等地进入劳动力市场。《劳动法》第12、13条对此有明确规定。

(2)相互选择的原则

劳动者自由选择用人单位,用人单位自主择优录用劳动者。《劳动法》、《企业法》、《私

---

① 根据夏青云.谈劳资的沟通与协调[J].人力资源管理,2011年第1期,改编。

营企业劳动管理暂行规定》等对此有明确规定。

(3)公开竞争就业原则

劳动者通过用人单位公开招聘考核竞争而获得就业岗位。《国有企业实行劳动合同制暂行规定》对此都有明确规定。

(4)照顾特殊群体的就业原则

特殊群体人员指谋求职业有困难或处境不利的人员,包括妇女、残疾人、少数民族人员、退出现役的军人等。《劳动法》、《女职工劳动保护规定》、《民族区域自治法》、《残疾人保障法》、《兵役法》对此有相应规定。

(5)禁止未成年人就业的原则

用人单位不能招用未满16周岁的未成年人。但是,文艺、体育和特种工艺单位确需招用未满16周岁的未成年人时,必须按照国家有关规定,履行审批手续,并保障其接受义务教育的权利。《劳动法》、《禁止使用童工规定》、《未成年人保护法》等对此有明确规定。

(6)先培训、后就业原则

日益激烈的市场竞争和用人单位的实际生产需要对劳动者的素质提出了越来越高的要求,因此需要对就业前的劳动者进行必要的培训,使其掌握必要的就业技能和知识。《宪法》、《就业训练规定》、《劳动法》对此都有明确规定。

【实例 11-2】

2001 年 12 月 23 日,中国人民银行成都分行经省人事厅许可,在成都某报头版显著位置刊登了招聘行员的广告。其中第一项规定招录对象为"男性身高 1.68 米,女性身高 1.55 米以上"。四川大学蒋某因身高未到规定高度而无法成为招录对象。蒋某感到受到了歧视,将中国人民银行成都分行告上了法庭,请求法院判令被告方在该广告中含有身高歧视的行为违法。2002 年 1 月 7 日,成都武侯区法院受理了此案。

(资料来源:陈维政等主编:《人力资源管理》,高等教育出版社 2002 年版,第 336 页)

思考:这则招聘广告明确身高要求是否违法?为什么?如何区分择优录用和违法歧视?

2. 企业辞退员工时应注意遵循法律法规规定的情形

(1)合法立即辞退员工的情形

《劳动法》第 23、24、25 条规定以下情形可以立即辞退员工:

①劳动合同期满或者当事人约定的劳动合同终止条件出现;

②经劳动合同当事人协商一致;

③试用期内被证明不符合录用条件;

④严重违反劳动纪律或者用人单位规章制度;严重失职,营私舞弊,给用人单位造成重大损害;依法追究刑事责任。

(2)提前 30 天书面通知后可辞退职工的情形

《劳动法》第 26、27 条规定提前 30 天书面通知后可以辞退员工的情形:

①患病或者因公负伤,医疗期满,不能从事原工作,也不能从事用人单位另行安排的其他工作的;

②不能胜任工作,经过培训或者调整工作岗位仍不能胜任工作的;

③劳动合同订立时所依据的客观情况发生重大变化,致使劳动合同无法履行,经当事人协商不能就变更劳动合同达成协议的;

④用人单位濒临破产进行法定整顿期间或者生产经营状况发生严重困难,确需裁员的,企业向工会或全体职工说明情况,听取其意见,并向劳动部门报告。

(3)不得辞退员工的情形

《劳动法》第29条规定以下情形不得辞退员工:

①患职业病或者因公负伤并确认丧失或者部分丧失劳动能力的人;

②患病或者负伤,在规定的医疗期内的;

③女职工在孕期、产期、哺乳期内的;

④法律、行政法规规定的其他情形。

(4)员工可以自行辞职的情形

《劳动法》第23、24、31、32条规定,以下情形员工可以自行辞职:

①合同期满或约定的合同终止条件出现;

②经用人单位同意;

③在试用期内;

④用人单位用暴力、威胁或者限制人身自由的手段强迫劳动的;

⑤用人单位未按照劳动合同约定支付劳动报酬或者提供劳动条件的;

⑥提前30天书面通知用人单位解除劳动合同的。

11.2.2　劳动合同管理

劳动合同与每一个劳动者息息相关,是每一个劳动者走上工作岗位与用人单位发生劳动关系时都必须签署的协议。劳动合同的内容包括劳动者与用人单位经过平等协商后达成的关于权利和义务事项的条款。中国的劳动合同制度从20世纪80年代中期开始试点,在90年代得到大力推行。实行劳动合同制度,明确了劳动者与用人单位双方的权利和义务,保障了劳动者择业自主权和用人单位的用人自主权。

1. 劳动合同概述

劳动合同是劳动者与用人单位确立劳动关系、明确双方的权利义务的协议。订立劳动合同的目的是为了在劳动者和用人单位之间建立劳动法律关系,规定劳动合同双方当事人的权利和义务。劳动者和用人单位签订劳动合同法律地位平等。劳动合同具有以下特点:

(1)劳动合同的主体具有特定性

劳动合同的一方是自然人,即劳动者;另一方是法人或非法人经济组织,即用人单位。劳动者必须是年满16周岁,有就业要求,具有劳动行为能力的人;用人单位包括企业、个体经济组织以及和劳动者建立劳动合同关系的国家机关、事业组织、社会团体等单位。

(2)劳动合同属于双务合同

劳动合同主体既是权利主体,又是义务主体,任何一方在自己未履行义务的条件下,无权要求对方履行义务,劳动法律关系是双务关系。

(3)劳动合同属于法定要式合同

所谓要式合同是指必须具备特定的形式或履行一定手续方能具有法律效力的合同;要

式合同由法律直接规定的则是法定要式合同。根据《劳动法》规定,劳动合同应当以书面形式订立、劳动合同必须具备法定条款等,这些规定使劳动合同成为法定要式合同。

2. 劳动合同的内容

劳动合同的内容是当事人双方经过平等协商所达成的关于权利义务的条款,包括法定条款和约定条款。

(1)法定条款

法定条款是依据法律规定劳动合同双方当事人必须遵守的条款。不具备法定条款,劳动合同不能成立。《劳动法》规定,劳动合同应当具备以下条款:劳动合同期限、工作内容、劳动保护和劳动条件、劳动报酬、社会保险、劳动纪律、劳动合同终止的条件和违反劳动合同的责任等。

(2)约定条款

约定条款是双方当事人根据实际需要在协商一致的基础上,在法定条款之外规定其他补充条款。常见的约定条款有以下内容:试用期限、培训、保密事项、补充保险和福利待遇以及当事人协商约定的其他事项。

3. 劳动合同的签订、续订和终止

(1)劳动合同的签订

为推行劳动合同制度,各地政府劳动行政部门一般推荐使用劳动合同的示范文本。劳动合同示范文本根据当地经济文化发展的一般水平和企业管理的一般状况制定,部分条款可能与企业的实际情况有差距,因此企业在使用示范文本时,必须根据企业的实际情况进行部分的修订和补充,使其符合实际情况。签订劳动合同时应注意:劳动合同的法定条款不可缺少,可以将企业依法制定的相关内部管理制度作为劳动合同的附件,通过附件的形式使劳动合同的相关内容具体化。劳动合同的各项条款必须统一,否则该项条款有可能成为无效条款而丧失法律效力。

(2)劳动合同的续订

劳动合同的续订是指有固定期限的立法合同到期,双方当事人就劳动合同的有效期限进行商谈,经平等协商一致而续延劳动合同期限的法律行为。续订劳动合同的注意事项:

①劳动合同续订的原则与订立劳动合同的原则相同。

②提出劳动合同续订要求的一方依照合同到期前 30 日书面通知对方。

③续订劳动合同不得约定试用期。

④劳动者在同一用人单位工作满 10 年,双方同意续延劳动合同的,如劳动者提出订立无固定期限的劳动合同的,用人单位应当与其签订无固定期限的劳动合同。

⑤有固定期限的劳动合同到期后既未终止又未续订,劳动者与用人单位仍存在劳动关系的,视为续延劳动合同。

(3)劳动合同的终止

劳动合同终止是指劳动合同关系的消灭,分为自然终止和因故终止两类。

当定期劳动合同到期、劳动者退休、以完成一定任务为期限的劳动合同规定的工作任务完成时,劳动合同就自然终止。在实际操作中,习惯上提前 30 天通知。

当劳动合同约定的终止条件出现、劳动合同双方约定解除劳动关系、劳动关系主体一方消灭、不可抗力因素、劳动争议仲裁或判决等因素导致劳动合同因故终止时,应按法律规定支付劳动者报酬并办理相关手续。

【实例 11-3】

　　　　员工李某,受了工伤,在医院治疗并做了伤残等级鉴定,为八级伤残。由于身体没有完全恢复,一直在家休息(停工留薪期)。期间,李某去逛集邮市场,看到一本非常漂亮的集邮册,他十分喜欢,但价格太高买不起。因此趁人不注意,就把这本集邮册夹在腋下跑了,但最终被抓住。经过物价部门核准,李某偷的这本集邮册价值 2 万多元。最后经过法院审判,判了李某有期徒刑。李某所在的企业一看李某被判了有期徒刑,就与他解除了劳动合同。结果李某不同意,说:"我是工伤啊,是八级伤残,你们怎么能解除我的合同啊?"

　　　　思考:企业能与李某解除劳动合同吗?

　　(4)经济补偿金的支付

　　在解除劳动合同时,符合下列条件的,用人单位应当向劳动者支付经济补偿金:

　　①经双方当事人协商一致,由用人单位解除劳动合同的,用人单位应根据劳动者在本单位的工作年限,每满一年发给相当于 1 个月的工资的经济补偿金,最多不超过 12 个月。工作时间不满 1 年的按 1 年的标准支付经济补偿金。

　　②劳动者不能胜任工作,经培训和调整后仍不能胜任工作的经济补偿金支付方法同上。

　　③经济性裁员以及客观情况发生变化,劳动关系双方就变更合同达不成一致意见,由用人单位提出解除劳动合同的,每满一年发给相当于 1 个月的工资作为经济补偿金。

　　④劳动者患病或非因公负伤,不能从事原工作也不能从事由用人单位另行安排的工作而解除劳动合同的,用人单位按其在本单位的工作年限,每满 1 年发给相当于 1 个月的工资作为经济补偿金,同时还应发给不低于 6 个月工资的医疗补助费;患重病和绝症的还应增加医疗补助费,其增加部分分别不低于医疗补助费的 50％和 100％。

　　⑤用人单位未按规定支付经济补偿金的,除全额发给经济补偿金外,还须按照经济补偿金数额的 50％支付额外经济补偿金。

【实例 11-4】

　　　　45 岁的龚先生是某公司的聘用人员,已在公司工作 5 年。一直以来,公司和他签的劳动合同都是一年期的。今年年初,龚先生与公司的劳动合同期满,公司却不再与他续约。情急之下,龚先生把公司告上法庭,要求公司继续聘用他或给付经济补偿金。

　　　　思考:根据上述事例,你认为公司需要向龚先生支付经济补偿金吗?

　　4. 集体谈判与集体合同

　　集体谈判是指员工代表和用人单位之间就劳动条件的改善和劳动关系的处理问题进行的谈判制度。集体谈判在我国被称为"集体协商"。当谈判达成一致时,双方达成的协议称为集体合同。集体合同是企业与工会签订的以劳动条件为中心内容的书面集体协议。集体合同与劳动合同不同,它不规定劳动者个人的劳动条件,而规定劳动者的集体劳动条件。

根据《劳动法》规定,集体合同由工会代表职工与企业签订,没有工会组织的,由职工代表代表职工与企业签订。

(1)集体合同的内容

我国《劳动法》对集体合同的内容没有具体要求,劳动行政管理部门没有推荐集体合同的标准文本。通常情况下,集体合同包括以下内容:

①劳动条件标准部分:包括劳动报酬、工作时间和休息休假、保险福利、劳动安全卫生等条款;

②一般性规定:规定集体合同履行的有关规则,包括员工录用、合同变更和续订、解除和终止、辞职辞退、有效期限、集体合同的条款解释等规则。

③过渡性规定:集体合同的监督、检查、争议处理、违约责任等。

④其他规定:此条款一般作为劳动条件标准的补充条款,规定在集体合同的有效期间应当达到的具体目标和实现目标的主要措施。

(2)集体合同的形式和期限

集体合同为法定要式合同,应当以书面形式订立,口头形式的集体合同不具有法律效力。集体合同的形式可分为主件和附件。主件是综合性集体合同,其内容涵盖劳动关系的各个方面;附件是就劳动关系的某一特定方面的事项签订的专项协议;我国法定集体合同的附件主要是工作协议。

集体合同均为定期合同,我国劳动立法规定集体合同的期限为1—3年;在集体合同的期限内双方可以根据集体合同履行情况,对集体合同进行修订。

(3)集体合同与劳动合同的区别

①主体不同:集体合同的当事人一方是企业,另一方是工会组织或职工代表;劳动合同的当事人则是企业和劳动者个人。

②内容不同:集体合同的内容是关于企业一般劳动条件标准的约定,以全体劳动者共同利益和义务为内容;劳动合同的内容只涉及单个劳动者的权利义务。

③功能不同:协商、订立集体合同的目的是规定企业的一般劳动条件,为劳动关系的各个方面设定具体标准,并作为单个劳动合同的基础和指导原则;劳动合同的目的是确立劳动者和企业的劳动关系。

④法律效力不同:集体合同规定企业的最低劳动标准,凡劳动合同约定的标准低于集体合同的标准一律无效,因此集体合同的法律效力高于劳动合同。

11.2.3 工作时间与劳动保护

工作时间和劳动保护方面的法律法规目的是为了保护劳动者在完成生产和工作任务的同时,保护其身心健康和保证正常的休息。

1. 工作时间

(1)工作时间的基本内容

工作时间是劳动者根据国家法律规定在用人单位从事生产或工作的时间。主要有四种类型:

标准工作时间。我国法律规定实行职工每日工作8小时,平均每周工作40小时的标准工作时间。

缩短工作时间。即在特殊条件下从事劳动和有特殊情况时,按国家规定可以缩短劳动时间,主要包括矿山、井下、高山、低温、有毒有害等特别繁重或过度紧张的劳动,夜班工作,哺乳期的女职工等。

计件工作时间。用人单位以劳动者一个标准工作日和一个标准工作周的工作时间内能够完成的计件数量为标准,确定劳动者日或周的劳动定额。

不定时工作时间和综合计算工作时间。对于无法按标准工作时间衡量的职工、工作性质特殊、需要机动作业的职工等实行不定时工作制;对需连续作业的职工、受自然或季节条件限制的行业的职工等可实行综合计算工时,即分别以周、月、季、年等为周期,综合计算工作时间,但其平均日和周工作时间应与法定标准基本相同。

(2)延长工作时间

延长工作时间是指超过正常工作时间长度的工作时间。主要包括两种情形:

由于生产需要而延长工作时间,即通常所指的加班加点。企业加班须经工会和劳动者同意,不得强制,并有相应的时间、对象限制。

由于紧急特殊情况而需要延长工作时间:当发生自然灾害、事故或者其他原因,威胁劳动者生命健康和财产安全,需要紧急处理时;当生产设备、交通运输线路、公共设施发生故障,影响生产和公众利益,必须及时抢修时,无需征求工会和劳动者的同意和时间限制,企业可以延长工作时间。

延长工作时间的报酬支付:在工作日安排劳动者延长工作时间的,支付不低于工资150%的报酬;在休息日安排劳动者工资又不能安排补休的,支付不低于工资200%的报酬;法定节假日安排劳动者工作的,支付不低于工资300%的报酬。

2. 劳动保护

劳动保护是国家对劳动者在生产过程中安全和健康的保护。我国目前的劳动保护主要包括劳动安全技术规程、劳动卫生规程、劳动安全管理制度及女职工和未成年工的劳动保护。

(1)劳动安全技术规程

劳动安全技术规程是国家为了防止和消除在生产过程中的伤亡事故,保障劳动者的生命安全和减轻繁重体力劳动,以及防止生产设备遭到破坏而制定的法律规范。主要内容包括:落实工厂安全技术规程的要求,如厂房、建筑物和道路、工作场所、机器设备、个人防护等方面的安全技术措施;矿山安全规程,主要指矿山设计、开采以及作业场所的安全要求;建筑安装工程安全技术规程,主要指施工现场、脚手架、高处作业、土石方工程和拆除工程、个人防护品的发放等方面的安全要求。

(2)劳动卫生规程

劳动卫生规程是国家为了保护劳动者在生产过程中的健康,防止和消除职业危害而制定的各种法律规范和技术标准的总和。包括工业生产卫生、医疗预防、健康检查等技术和组织管理措施。主要内容包括:防止有毒、有害物质的危害;防止粉尘的危害;防止噪声和强光刺激;防暑降温和防冻取暖;通风和照明;个人防护用品和生产辅助设施;职业病防治等。

(3)劳动安全管理制度

劳动安全管理制度指用人单位为了保护劳动者在劳动生产过程中的安全健康,根据生产的客观规律和实践经验总结而制定的各种管理制度。国家规定用人单位必须建立和执行的安全生产管理制度有:安全生产责任制度;安全技术措施计划管理制度;安全生产教育制度;安全生产检查制度;重大事故隐患管理制度;安全卫生认证制度;伤亡事故报告和处理制度;个人劳动安全卫生防护用品管理制度;劳动者健康检查制度。

(4)女职工和未成年工的劳动保护

对女职工的劳动保护:主要指对女职工的平等就业权利和生产中的劳动安全健康两个方面的保护。对女职工从事生产过程中的劳动保护体现在禁止女职工从事不利于其身体健康的工作,女职工在经期、已婚待孕期、怀孕期、哺乳期禁忌从事的劳动范围,女职工在孕期、产期和哺乳期的工资待遇和劳动时间方面规定等。

对未成年工的特殊保护:这是对未成年工处于生长发育期的特点,以及接受义务教育的需要采取的特殊劳动保护措施。主要内容包括未成年工禁忌从事的劳动范围,未成年工患有疾病或具有某种生理缺陷时禁忌从事的劳动范围,未成年工定期健康检查规定,对未成年工的使用和特殊保护实行登记制度等。

11.2.4 劳动纪律与奖惩

1. 劳动纪律

劳动纪律是劳动者在共同劳动过程中必须遵守的劳动规则和秩序,是保证劳动者按照规定的时间、质量、秩序和方法完成自己所承担的生产任务或工作任务的行为准则。企业一般用内部劳动规则来规范劳动行为和用工行为。

2. 奖励制度

劳动法律法规规定对遵守劳动纪律并有杰出表现的员工应给予一定的奖励,以鼓励和保护劳动者的积极性,表彰劳动模范和先进工作者。对职工的奖励分为:记功、记大功、晋级、通令嘉奖、授予先进生产者和劳动模范等荣誉称号,同时可以发给一次性奖金。

3. 惩罚制度

惩罚制度是用人单位依法对劳动者在劳动过程中的违纪、违法行为实行惩戒的一种劳动法律制度。对职工的行政处分分为:警告、记过、记大过、降级、撤职、留用察看、开除,同时可以给予一次性罚款。罚款金额一般不超过本人月标准工资的20%。需要赔偿经济损失的,从职工本人的工资中扣除,每月扣除额不超过本人月标准工资的20%。降级一般为一级,最多不超过两级。

11.2.5 劳动报酬

《劳动法》对工资主要有三点规定:工资分配应当遵循按劳分配的原则,实行同工同酬;工资水平在经济发展的基础上逐步提高;国家对工资总额进行宏观调控。

1. 最低工资保障制度

我国实行最低工资保障制度,用人单位支付给劳动者的工资不得低于最低工资标准。最低工资是劳动者在法定工作时间内提供了正常劳动的前提下,企业应该支付的最低劳动报酬。

最低工资的具体标准由省、自治区、直辖市人民政府规定,报国务院备案。最低工资率应参考政府统计部门提供的当地就业者及其赡养人口的最低生活费用、职工的平均工资、劳动生产率、城镇就业状况和经济发展水平等因素确定,高于当地的社会救济金和待业保险金标准,低于平均工资。

【相关链接 11-3】

最低工资标准的测算方法

国际上确定最低工资一般考虑城市居民生活费用支出、平均工资、劳动生产率、失业率、经济发展水平等因素。可用公式表示为:$M=f(C,A,L,U,E,a)$,其中 M 为最低工资率;C 为城市居民人均生活费用;A 为平均工资;L 为劳动生产率;U 为失业率;E 为经济发展水平;a 为调整因素。

国际上采用的确定最低工资率的具体测算方法有八种,分别是:恩格尔系数法、比重法、累加法、超必需品剔除法、平均数法、生活状况分析法、分类综合计算法、经济计量分析法。比重法和恩格尔系数法是其中较为常用的方法。

比重法:即根据城镇居民家庭调查资料,确定一定比例的最低人均收入户为贫困户,统计出贫困户的人均生活费用支出水平,乘以每一就业者的赡养系数,最后加上一个调整数。

恩格尔系数法:即根据国家营养学会提供的年度标准食物谱及标准食物摄取量,结合标准食物的市场价格,计算出最低食物支出标准,除以恩格尔系数,得出最低生活费用标准,再乘以每一就业者的赡养系数,最后加上一个调整数。

以上方法计算出最低工资率后,再考虑职工平均工资水平、社会救济金和待业保险金标准、就业状况、劳动生产率水平、经济发展水平等进行必要的修正。

(资料来源:劳动和社会保障部:《最低工资标准测算方法》(《最低工资规定》附件),2004 年版)

【实例 11-5】

2011 年有 13 个省调整了最低工资标准:浙江 1310 元;广东 1300 元;上海 1280 元;天津 1160 元;北京 1160 元;江苏 1140 元;山东 1100 元;福建 1100 元;吉林 1000 元;山西 980 元;重庆 870 元;陕西 860 元;四川 850 元。

思考:为什么各地方要调整最低工资标准?为什么不同地方的最低工资标准差距这么大?

2. 工资支付制度

工资支付制度是指工资的具体发放办法和规定,包括工资支付项目、工资支付水平、工资支付形式和工资支付时间等。

工资支付形式:工资应当以法定货币支付,不得以实物及有价证券替代。

工资支付时间:必须在用人单位与劳动者约定的日期支付,遇节假日或休息日,应提前至最近的工作日支付;工资每月至少支付一次。

特殊情况下的工资支付:对依法参加社会活动期间、加班加点、非因劳动者原因停工期间、依法享受假期期间、企业破产时的工资支付有特殊的规定。

11.3 社会保险

社会保险是社会保障体系的核心部分,它的保障对象是劳动者。它所承担的风险最多,包括劳动者在全部生命周期中发生的使他们失去工资收入的生、老、病、伤、残、失业等所有风险。

11.3.1 社会保险

1. 社会保险的概念

社会保险是以国家为主体,对有工资收入的劳动者在暂时或永久丧失劳动能力,或虽有劳动能力而无工作也即丧失生活来源的情况下,通过立法手段,运用社会力量,给这些劳动者以一定程度的收入损失补偿,使之能继续达到基本生活水平,从而保证劳动力再生产和扩大再生产的正常运行,保证劳动者生活安定的一种制度。[①]

2. 社会保险的特点

社会保险是一种缴费制的社会保障,实行权利与义务相关的原则,必须尽到缴纳保险费的义务,才能享受收入补偿的权利。与社会救济和社会福利相比,社会保险具有以下特点:

(1)强制性

通过国家立法推行,要求符合一定条件的劳动者必须参加。

(2)互济性

参加者定期缴纳保险费,建立社会保险基金,当其中有人遭遇风险而受到经济损失时,可以按规定领到一定数量的保险金,实行风险分担、互助共济。

(3)储备性

参加者按规定缴纳费用作为基金,储存待用。就个人而言,相当于为自己储备了一笔费用;就社会而言,也是一种储备基金。

(4)补偿性

社会保险给予参与者的物质帮助,限于收入损失的补偿,而且只是一定程度的补偿,即保障劳动者的基本生活需要。

3. 社会保险项目

造成劳动者失去收入来源或生活来源的风险有许多种,因此相应的补偿也有多项,这就是社会保险项目。设置社会保险项目主要取决于一个国家的经济、政治、文化等因素,因此不同国家的社会保险项目也不尽相同。我国《劳动法》明确规定了我国的社会保险项目:养老保险、医疗保险、工伤保险、失业保险和生育保险。

---

① 孙光德、董克用:《社会保障概论》,中国人民大学出版社 2004 年第 2 版,第 27 页。

11.3.2 养老保险

1. 养老保险的概念

养老保险是国家和社会根据一定的法律和法规,为解决劳动者在达到国家规定的解除劳动义务的劳动年龄界限,或因年老丧失劳动能力退出劳动岗位后的基本生活而建立的一种社会保障制度。

养老保险是世界各国普遍推行的一种社会保障制度,一般具有立法强制实行、费用多方共担、广泛的社会性等特点。

2. 我国的养老保险

(1)我国养老保险的组成

20世纪90年代之前,我国实行的是单一的养老保险制度。1991年,随着《国务院关于企业职工养老保险制度改革的决定》的颁布,从此逐步建立起多层次的养老保险体系。

我国的养老保险由三部分组成:第一层次是基本养老保险,即按国家统一政策规定强制实施的为保障广大离退休人员基本生活需要的一种养老保险制度;第二层次是企业补充养老保险,即由企业根据自身经济实力,在国家规定的实施政策和实施条件下为本企业职工所建立的一种辅助性的养老保险;第三层次是个人储蓄性养老保险,即由员工自愿参加、自愿选择经办机构的一种补充保险形式。

(2)基本养老保险

基本养老保险是按国家统一政策规定强制实施的为保障广大离退休人员基本生活需要的一种养老保险制度。在我国多层次养老保险体系中,基本养老保险是最高层次。

我国实行社会统筹与个人账户相结合的基本养老保险制度,这一制度采用传统型的基本养老保险费用的筹集模式,即由国家、单位和个人共同负担;基本养老保险基金实行社会互济;基本养老金采用结构式的计发办法,强调个人账户养老金的激励因素和劳动贡献差别。

职工基本养老保险个人账户是计算基本养老金的重要依据,是在企业职工基本养老保险中,用以记录职工个人缴纳基本养老保险费和用人单位缴费部分划入职工个人名下的账户,也是基本养老保险待遇的主要组成部分。

(3)企业补充养老保险

补充养老保险费用的来源有两种:一是完全由企业负担,员工退休时,企业按规定支付员工养老金;二是由企业和员工共同负担,作为补充养老保险基金。

补充养老金的支付形式有三种:一次性支付、定期支付、一次性和定期支付相结合的方式。

企业补充养老保险与基本养老保险既有区别又有联系。其区别主要体现在两种养老保险的层次和功能上的不同,其联系主要体现在两种养老保险的政策和水平相互联系、密不可分。

11.3.3 医疗保险

1. 医疗保险的概念

医疗保险就是当人们生病或受到伤害后,由国家或社会给予的一种物质帮助,即提供医疗服务或经济补偿的一种社会保障制度。

我国医疗保险待遇主要包括医疗保险期间的待遇、致残待遇和离休人员、老红军、革命伤残军人的医疗待遇。

2. 基本医疗保险

城镇职工基本医疗保险制度的覆盖范围为:城镇所有用人单位,包括企业(国有企业、集体企业、外商投资企业、私营企业等)、机关、事业单位、社会团体、民办非企业单位及其职工。

医疗保险费由用人单位和个人共同缴纳。用人单位缴费率控制在职工工资总额的 6% 左右,职工缴费率一般为本人工资收入的 2%。退休人员参加基本医疗保险,个人不缴纳基本医疗保险费。

3. 补充医疗保险

为了不降低一些特定行业职工现有的医疗消费水平,在参加基本医疗保险的基础上,作为过渡措施,允许建立企业补充医疗保险。企业补充医疗保险是基本医疗保险的补充。与商业医疗保险相比,补充医疗保险的最大好处是:个人承付的医疗保险费较低,而患病后医疗保险支付的医疗费用增加,形成较为可靠的保障。

我国的医疗保险实施多年来在保障职工身体健康和维护社会稳定等方面发挥了积极的作用。但是,随着社会主义市场经济体制的确立和国有企业改革的不断深化,这种制度已难以解决市场经济条件下的职工基本医疗保障问题。医疗管理和服务的社会化程度低,不同地区、不同所有制、不同行业和不同单位间职工享受的医疗待遇差异过大,因此需要深化医疗保障制度改革。国务院于 1998 年 12 月下发了《国务院关于建立城镇职工基本医疗保险制度的决定》,部署全国范围内全面推进职工医疗保险制度改革工作。

11.3.4 工伤保险

工伤保险是指劳动者因公受伤、患病、致残或死亡,依法从国家和社会获得经济补偿和物质帮助的社会保障制度。工伤即职业伤害所造成的直接后果是伤害到职工生命健康,并由此造成职工及家庭成员的精神痛苦和经济损失,也就是说劳动者的生命健康权、生存权和劳动权受到影响、损害甚至被剥夺了。

在我国享受工伤保险的条件,除劳动者属于我国工伤保险制度适用的企业、用人单位已为劳动者投保外,劳动者只有在出现工伤的情况下才可以享受工伤保险待遇。

工伤保险待遇包括工伤医疗待遇、伤残待遇、职业病待遇、职业康复待遇、因公死亡待遇等。

【实例 11-6】

江苏通州市某建材厂因制砖机零部件松动,致使生产出来的砖坯为次品,而当时当班的机械质检工没来上班。为此,厂长发现后迁怒于在场的行政管理人员王某。受到厂长的无端责骂后不一会儿,王某猝死在工作岗位上。事后,当地劳动保障部门认定王某为因公死亡。建材厂向法院提起行政诉讼,要求劳保部门撤销对王某的因公死亡认定。

（资料来源:陈维政等主编:《人力资源管理》,高等教育出版社 2002 年版,第 337 页）

思考:你同意王某是因公死亡吗？为什么？

11.3.5 失业保险

失业保险是指国家通过立法强制实行的,由社会集中建立基金,对因失业而暂时中断生活来源的劳动者提供物质帮助的制度。

失业保险具有如下几个主要特点:一是普遍性。它主要是为了保障有工资收入的劳动者失业后的基本生活而建立的,只要本人符合条件,都有享受失业保险待遇的权利。二是强制性。国家制定法律法规强制规定在失业保险制度覆盖范围内的单位及其职工必须参加失业保险并履行缴费义务。三是互济性。失业保险基金主要来源于社会筹集,由单位、个人和国家三方共同负担,筹集的失业保险费全部并入失业保险基金,在统筹地区内统一调度使用以发挥互济功能。

失业保险基金由下列各项构成:城镇企业事业单位、城镇企业事业单位职工缴纳的失业保险费;失业保险基金的利息;财政补贴;依法纳入失业保险基金的其他资金。

根据《失业保险条例》的规定,城镇企业事业单位按照本单位工资总额的 2%缴纳失业保险费;城镇企业事业单位的职工按照本人工资的 1%缴纳失业保险费。

11.3.6 生育保险

生育保险是通过国家立法规定,在劳动者因生育子女而导致劳动力暂时中断时,由国家和社会及时给予物质帮助的一项社会保障制度。生育保险关系到广大女职工的切身利益,对社会劳动力的生产与再生产具有十分重要的保护作用。

我国生育保险待遇主要包括两项:一是生育津贴,用于保障女职工产假期间的基本生活需要;二是生育医疗待遇,用于保障女职工怀孕、分娩期间以及职工实施节育手术时的基本医疗保健需要。

11.4 劳动争议与处理

劳动争议的产生,表明劳动关系中存在的不稳定因素呈显性化和复杂化,劳动关系当事人应该对劳动争议进行具体的分析并寻求最佳的处理方式和处理结果。

11.4.1 劳动争议概述

劳动争议又称劳动纠纷,是指依法建立劳动关系的用人单位和劳动者之间,因劳动权利、劳动义务问题产生分歧、矛盾而引起的争议。劳动争议的种类主要有:

终止劳动关系的劳动争议:即企业开除、辞退职工或职工辞职、离职而发生的劳动争议；

执行劳动法规的劳动争议：即企业和职工之间因执行国家有关工资、保险、福利、培训和劳动保护规定而发生的争议；

履行劳动合同的劳动争议：即企业和职工之间因执行、变更、解除劳动合同而发生的劳动争议；

其他劳动争议。

劳动关系运行的市场环境不完善、劳动关系主体的不成熟、工会未能发挥应有的作用以及缺乏有利于劳动关系良性运行的各种有效机制等都有可能导致劳动争议。

11.4.2 劳动争议的处理

我国《劳动法》把劳动争议的处理程序分为调解、仲裁和诉讼三个阶段，相应的处理机构分别为用人单位设立的劳动争议调解委员会、劳动争议仲裁委员会和人民法院。

1. 劳动争议的调解

劳动争议的调解是指调解委员会查明事实、分清责任，促使争议当事人在法律法规和相互谅解的基础上达成协议的处理方法。

对劳动争议的调解必须以双方当事人自愿为前提，不得强行调解。调解机构是用人单位的群众性组织，而非司法部门或行政机关。企业设立的调解委员会由下列人员组成：职工代表、企业代表和企业工会代表。

调解委员会受理当事人调解申请后，一般按以下程序进行调解：

（1）及时指派调解员对争议事项进行全面调查核实，并做好调查笔录；

（2）由调解委员会主任主持召开有争议双方当事人参加的调解会议，简单的争议，可由调解委员会指定 1—2 名调解员进行调解；

（3）调解委员会充分听取争议双方当事人陈述，查明事实，分清是非，依法公正调解；

（4）调解达成协议的，制作调解协议书；调解不成的，也应做好记录，并在调解意见书上说明情况。调解委员会调解劳动争议，应当自劳动争议双方当事人申请调解之日起 30 日内结束，到期未结束的，视为调解不成。

2. 劳动争议的仲裁

劳动争议仲裁是指在由劳动争议仲裁委员会查明事实、分清责任的基础上，根据国家法律法规对纠纷事实和当事人责任的认定和裁决。

劳动争议仲裁的特点：强制性，即只要劳动关系当事人提出仲裁申请就能引起劳动争议仲裁程序的开始；先调解后裁决，即仲裁庭处理劳动争议应先行调解，在查明事实的基础上促使当事人双方自愿达成协议，调解不成才进行裁决；裁审衔接制，即当事人对仲裁裁决不服时，可依法向法院提起诉讼。

县、市、区应设立劳动争议仲裁委员会。劳动争议仲裁委员会由下列人员组成：劳动行政主管部门的代表；工会代表；政府指定的经济综合管理部门的代表。劳动争议仲裁的参加人有：劳动争议仲裁当事人、劳动争议仲裁第三人、劳动争议仲裁代理人。

劳动争议仲裁原则：一次性裁决原则，即不服裁决的，只能向法院起诉；合议原则，即少数服从多数；强制原则；回避原则；区分举证责任的原则，即在履行劳动合同而发生的争议中，"谁主张谁举证"，而在用人单位处罚职工的劳动争议中，"谁决定谁举证"。

【相关链接 11-4】

仲裁申诉时效、办案时效

根据《劳动法》第 82 条的规定,提出仲裁要求的一方应自劳动争议发生之日起 60 日内向劳动争议仲裁委员会提出书面申请。仲裁办案时效:仲裁裁决一般应当在收到仲裁申请的 60 日内作出。根据《劳动争议仲裁委员会办案规则》第 30 条第 2 款的规定,对于请示待批、工伤鉴定以及其他妨碍仲裁办案进行的客观情况,应视为仲裁时效中止,并需报仲裁委员会审查同意。仲裁时效中止不计入仲裁办案时效内。

3. 劳动争议的诉讼

劳动争议的审理是指人民法院对不服从仲裁而提出诉讼的劳动争议依法进行审理并作出裁决。也就是说,劳动争议发生后,当事人不能直接向法院起诉,必须先申请仲裁,不服仲裁裁决时才可以进入诉讼程序。

对于劳动争议的审理实行二审终审制,由各级人民法院的民庭受理。举证责任与劳动争议仲裁的举证责任相同。

【相关链接 11-5】

我国劳动争议的处理机构

根据《中华人民共和国企业劳动争议处理条例》规定,我国目前处理劳动争议的机构为:企业劳动争议调解委员会、地方劳动争议仲裁委员会和地方人民法院。

1. 企业劳动争议调解委员会是负责调解本企业内部劳动争议的群众性组织,调解委员会由职工代表、企业行政代表和企业工会委员会代表组成。

2. 县、市、市辖区设立仲裁委员会,负责本行政区域内的劳动争议。仲裁委员会是处理劳动争议的专门机构。

3. 人民法院是国家的审判机关,也负担着处理劳动争议的任务。劳动争议当事人对仲裁委员会的裁决不服、进行起诉的案件,人民法院予以受理。

11.5 劳务派遣

劳务派遣兴起于 20 世纪 20 年代的美国,盛行于 60、70 年代的欧美。我国在上世纪 70 年代末即开始出现劳务派遣。1979 年,北京外企人力资源服务有限公司(FESCO)成立,开创了我国劳务派遣的先河。20 世纪 90 年代以来,随着市场经济的日益成熟以及用工制度改革的深度推进,我国劳动力市场主体的自主地位日益确立,它们会根据劳动力市场的供求情况趋利避害,自发地决定用工、就业形式和经营形式,这是劳务派遣快速发展的根本前提。我国现行《劳动合同法》对劳务派遣作了专门规定,结束了我国劳务派遣无法可依的历史。

11.5.1　劳务派遣的概念

劳务派遣又称人才派遣、人才租赁、劳动派遣、劳动力租赁,是指用人单位根据本行业的特点或自身工作和发展的需要,通过具有劳务派遣资质的劳动服务公司,派遣所需要的各类人员,劳务派遣服务机构则根据用人单位的实际需求招聘员工,与员工签订劳动合同、建立劳动关系,并将员工派遣到用人单位工作,同时对员工提供人事行政、劳资福利、后勤保障等综合配套服务。实行劳务派遣后,实际用人单位与劳务派遣组织签订《劳务派遣合同》,劳务派遣组织与劳务人员签订《劳动合同》,实际用人单位与劳务人员签订《劳务协议》,用人单位与劳动人员之间只有使用关系,没有聘用合同关系。

《劳动合同法》第 66 条规定:"劳务派遣一般在临时性、辅助性或者替代性的工作岗位上实施。"所谓辅助性,即可使用劳务派遣工的岗位须为企业非主营业务岗位;替代性,指正式员工临时离开无法工作时,才可由劳务派遣公司派遣一人临时替代;临时性,即劳务派遣期不得超过 6 个月,但是目前还没有详细的法律规定。

11.5.2　劳务派遣四大原则

1. 雇员租赁原则

劳务派遣的本质是雇员租赁,"派遣"一词并不适用于解释劳务派遣经营活动的法律关系和业务特征。"租赁"一词却能概括劳务派遣所有业务特征,并合理解读劳务派遣复杂的三方法律关系。租赁与雇佣一样更适用于解释劳动力与工作单位之间的法律关系。以生产线承包为特征的劳务外包合作,因为不存在租赁关系而并非劳务派遣,也不适宜签订劳务派遣合同。

2. 同工同酬原则

现行法律制度规定劳务派遣用工单位,应当实行同工同酬制度,让派遣员工与企业自身员工享受完全相同的工资和福利待遇。同工同酬可以简单地理解为,相同岗位、相同等级的员工,应该执行同等工资待遇标准。

3. 拒绝垫付原则

现行法律制度明确了劳务派遣三方法律关系中,用工单位应当实际承担派遣员工工资和社保费用。这就是劳务派遣公司不垫付原则的法律基础,也就是说,派遣公司不为用工单位垫付派遣员工工资和社保费用。

4. 受益归责原则

《侵权责任法》规定:"派遣员工因执行工作任务造成他人损害的,由接受劳务派遣的用工单位承担侵权责任;劳务派遣单位有过错的,承担相应的补充责任。""谁受益,谁担责"则是利益义务对等的基本原则。派遣员工一旦出现工伤事故,工伤保险待遇赔偿不足部分则应由真正用工受益方即用工单位负责承担。

11.5.3 劳务派遣的形式

1. 完全派遣

由派遣公司承担一整套员工派遣服务工作,包括人才招募、选拔、培训、绩效评价、报酬和福利、安全和健康等。

2. 转移派遣

有劳务派遣需要的企业自行招募、选拔、培训人员,再由派遣公司与员工签订《劳动合同》,并由派遣公司负责员工的报酬、福利、绩效评估、处理劳动纠纷等事务。

3. 减员派遣

减员派遣指企业对自行招募或者已雇佣的员工,将其雇主身份转移至派遣公司。企业支付派遣公司员工派遣费用,由派遣公司代付所有可能发生的费用,包括工资、资金、福利、各类社保基金以及承担所有雇主应承担的社会和法律责任。其目的是减少企业固定员工,增强企业面对风险时候的组织应变能力和人力资源的弹性。

4. 试用派遣

这是一种新的派遣方式,用人单位在试用期间将新员工转至派遣公司,然后以派遣的形式试用,其目的是使用人单位在准确选才方面更具保障,免去了由于选拔和测试时产生的误差风险,有效降低了人事成本。

目前,我国劳务派遣尚处于初步发展阶段,规模和数量还有限,从需求来看,仍然有较大的发展潜力。劳务派遣虽然尚处于起步发展阶段,但已在我国显示出促进就业的重要作用。在促进体制内就业机制转换、促进城乡就业结构转变、调节劳动力市场供求形势等方面,劳务派遣发挥着不可替代的重要作用。可以说,在今后一段时期内,劳务派遣将作为一种重要的就业形式、用工形式,继续发挥其特殊的作用。劳务派遣在发展中也暴露出一些问题。其中虽然有一些是经营不规范的问题,但是,更主要的还是法律规章不健全、政府政策缺位造成的劳务派遣业缺乏规范、发展缺乏保障的问题。

【本章小结】

本章从人力资源保护的角度阐述了劳动关系、劳动管理、社会保险、劳动争议及其处理等内容。

劳动关系是企业所有者、经营者、普通职工及工会组织之间在企业的生产经营活动中形成的各种责、权、利关系,由主体、内容和客体三个要素构成。我国的劳动关系正处在由计划经济体制向市场经济体制转换的时期。正确处理劳动关系应遵循兼顾各方利益、协商解决为主、以法律为准绳、以预防为主的原则。

劳动管理是指企业根据国家相关法律法规对人力资源的开发和使用上的管理工作,主要包括员工的聘用和辞退、劳动合同的签订与履行、职业培训、工作时间与劳动保护、劳动纪律与奖惩、劳动报酬与福利等。

社会保险是国家通过立法强制征集专门资金,用于保障劳动者在暂时或永久丧失劳动力时,或在工作中断期间的基本生活需要的一种保险制度。社会保险具有强制性、互济性、储备性、补偿性等特点。不同国家的社会保险项目不尽相同。我国《劳动法》明确规定的社会保险项目有:养老保险、医疗保险、工伤保险、失业保险、生育保险。

劳动争议是指依法建立劳动关系的用人单位和劳动者之间,因劳动权利、劳动义务问题产生分歧、矛盾而引起的争议。我国《劳动法》把劳动争议的处理程序分为调解、仲裁和诉讼三个阶段。

劳务派遣是一种新型的用工模式,它改变了传统的用工单位与劳动者之间的关系,在实践中也形成了完全派遣、转移派遣、减员派遣和试用派遣几种主要形式,我国现行《劳动合同法》对劳务派遣进行了明确的规定。

【案例分析】

浙江两名机长辞职分别遭索赔300余万

A、B两机长都是1996年进入某航空公司,并在第二年与公司签订了一份无固定期限的劳动合同。合同规定,合同双方有一方"消失"后,合同自动终止。2003年8月,他们所在的航空公司并入另一家航空公司。A机长说:"原来航空公司的工商登记被依法注销,可以视为消失,新公司一直没有与我们补签劳动合同,我们好像成了黑打工的。"

2005年12月底,两位机长分别向现在的公司提出终止劳动关系的申请。半个月后,公司答复不同意。2006年2月5日,两人向浙江省劳动仲裁委员会提出劳动仲裁申请,请求确认与公司间的劳动关系已经终止,并要求公司移交人事档案、飞行技术档案等个人材料。2月23日,他们所在的公司也递交了劳动争议仲裁反诉书。

航空公司认为,两位机长提出与公司终止劳动关系,违反了《劳动法》和《劳动合同书》,构成违约,向A机长提出了共计近389万元、B机长近330万元的索赔要求。航空公司针对A机长的389万元索赔费包括:招录费619000元;培训费920233元;赔偿金210万元。根据中国民航总局2005年7月25日发布的《关于规范飞行人员流动管理保证民航飞行队伍稳定的意见》第一条的规定,飞行员的"新东家"要参照70万—210万元的标准,向"老东家"支付费用。再加上培训期间的工资162845元、偿还机长飞行激励金37500元、偿还房屋补贴50400元等,共计3889978元。这也是迄今为止浙江省劳动仲裁委员会接到的索赔额最大的一起劳资纠纷。

"对这个索赔金额,我是有异议的。我认为,民航总局规定的70万—210万元的赔偿标准里,应当已经包括了培训费、招录费等费用。公司这样算属重复计算。"A机长说。

2006年4月19日,轰动一时的"天价"机长跳槽案在省劳动仲裁院开庭。

在仲裁过程中,申诉方和被诉方展开了激烈的辩论,列出的证据共有近200件,极其罕见。双方就证据的真实性和与案件的关联性逐一辩论。

焦点之一:事实劳动关系还是劳动合同关系?

跳槽机长和航空公司之间是事实劳动关系还是劳动合同关系,因为这涉及数百万元的索赔费,成为双方争辩的主要焦点。

被诉的机长之一马某告诉记者,他于1996年3月1日进入某航空公司,并在

1997 年 6 月 20 日与公司签订了一份劳动合同，上面没有规定劳动合同的期限。但在合同上却规定了这么一条：作为法人主体，如果公司不再存在，合同自动终止。

2003 年，他们所在的航空公司因为资产重组，并入另一家航空公司，同年 8 月 18 日，原航空公司工商登记被依法注销。此后，近两年半时间内，两位机长虽然还在航空公司工作，航空公司再也没有和他们签订合同。

"航空公司已经和所有的地勤人员签了新合同，却不和所有飞行员签。我们之间怎么还会存在劳动合同关系呢？"一位机长当庭发问。据此，两位机长认为，他们和航空公司之间是事实劳动关系，可以随时提出辞职，无须赔偿。

航空公司方却不这样认为。他们提出，根据国务院的有关文件规定，资产重组后的航空公司，完全可以继承原航空公司的一切权益和权利，所以双方的劳动合同关系依然存在。

焦点之二：培训费用该不该赔？

在航空公司方面提交的证据中，关于航空公司的培训费用是双方的主要争辩内容。

我国有关劳动法律规定，对于培训费用，如果双方有约定的，按照约定来办。但是如果双方没有约定，法律就没有规定了。因此就这一领域，双方的辩论十分激烈。

航空公司方认为，双方的劳动合同关系仍然存在，因此机长跳槽就是违约，就应该赔付航空公司的培训费，同时还应该包括其他费用。

机长方认为，航空公司之所以为这两位机长提供培训，是为了让他们更好地履行自己的职责，这是企业理应为员工提供的服务，应该纳入航空公司的成本；此外，这两位机长接受培训，并非自己所能选择，所花的费用也并非由公司直接交给机长。因此，要机长出培训费，是把公司的营运成本转嫁到劳动者身上。

近几年，机长跳槽事件频频发生。2006 年 7 月 4 日，备受关注的南京"9 机长集体跳槽"案终于有了结果：8 名机长须向原单位——东方航空公司江苏分公司赔偿各项损失共计 1245 万元。另 1 名机长则已在早些时候和单位达成调解，自愿支付 200 万元。东方航空公司法律事务部工作人员称，8 名机长从选拔到培训上岗，花去航空公司高昂的培训费。他们和航空公司签订的都是"无固定期限"的劳动合同，合同中对飞行员要求提前解除劳动合同约定了明确的赔偿、补偿标准。

（资料来源：根据《都市快报》2006 年 3 月 3 日、《浙江日报》2006 年 4 月 20 日、《杭州日报》2006 年 7 月 6 日有关新闻编写）

问题

1. 你认为"机长跳槽"与其他企业与普通员工解除劳动关系有什么本质上的区别？

2. 你认为 A、B 机长与航空公司是事实劳动关系还是劳动合同关系？

3. 你认为 A、B 机长是否应该赔偿培训费？

4. 如果本案中是航空公司提出要求与 A、B 机长解除劳动关系，应该如何确定经济赔偿？

➭【思考练习】

1. 劳动关系双方的权利义务是什么？目前我国建立劳动关系的原则有哪些？

2. 我国劳动关系的特点什么？应该如何改善劳动关系？

3. 企业在进行劳动合同管理时应该着重注意哪些问题？

4. 集体合同与劳动合同有什么区别和联系？

5. 我国社会保险的主要内容是什么？分析基本养老保险在社会保险中的地位和作用。

6. 发生劳动争议的处理程序是什么？

第 12 章

国际人力资源管理

≫ ≫ ≫　　≫

引　言

在摩托罗拉公司的个人职位定位

在摩托罗拉创始人的孙子克里斯·盖尔文(Chris Galvin)的领导下,产生了个人职位定位 IDE(Individual Dignity Entitlement)的概念。设计这一概念的目的是要在个人需要与环境所需之间创造一种完美的协调。这个计划要求每一名上司、每一名领导与他们所管理的个人讨论 6 个问题,然后公司将以从这些对话中获取的信息为基础采取行动。这 6 个问题被打印了出来,装进了镜框,并悬挂在大多数办公室中显眼的位置。这 6 个问题分别是:

1. 你拥有一份实实在在的、有意思的能为摩托罗拉的成功有所贡献的工作吗?

2. 你知道职场的行为举止吗? 你拥有取得成功所需要的知识基础吗?

3. 你确定了要参加的培训了吗? 培训能够不断地提升你的技能吗?

4. 确保要有一份个人的职业生涯规划,职业规划是否是令人兴奋的、可以实现的,并且已经采取了行动?

5. 你是否至少每 30 天都会得到对改善或者实现你的个人职业生涯目标有所帮助的、坦白的、正面的或者负面的反馈?

6. 你是否对你的个人情况、性别或者文化传统不十分敏感,从而使得这些事情不会转移你取得成功的注意力?

这 6 个问题中最为重要的方面可能就是随之发生的对话,这 6 个问题被写了下来,并由被监督者做出了回应。实现这一计划首先的几个好处就是提高了工作的保留时间、获得了更高的工作满意度得分、更少的抱怨、更少的法律诉讼以及实现了企业需要与个人抱负的更紧密的结合。管理层也可以得到有关企业各个不同部门的工作士气状况的重要线索。用财务上取得的成功来总结 IDE 是不可能的,因为紧随着 IRIDIUM 卫星项目的失败,摩托罗拉的商业地位由于各种其他的原因下降得非常厉害。

这 6 个问题促进了本章所讨论的几个学习过程。

● 公司开始从它自己的活动中进行学习。

● 公司通过提出问题并依据这些答案采取行动从而实现学习的目的。

● 公司犯了一些错误,并迅速纠正了这些错误,从而完善管理过程。

● 通过面对面的谈话,公司尽力使得暗含的技巧明晰化。

● 问题提供了连续性,而答案给我们提供了变革的机会。

● 学习是社会化的问题,但是也包含着技术性的问题。

● 公司不仅要询问员工是否能够胜任工作的要求,而且还要关心工作本身是否有意义,也就是说是否值得那个人去做。

简言之,摩托罗拉的 6 个问题包括了很多类型的学习方式,并且都对它们进行了监督。IDE 计划在美国受到了普遍的欢迎,但是在全球化的过程中却遇到了一些困难,尤其是在东南亚。在对马来西亚的一次调查中,我们发现高层管理人员在盯着一本汉英词典。"没有一个中文能够表达 Individual Dignity and Entitlement 的意思。"她告诉我们,"在这里'entitlement'的意思尤其难以翻译。直到工作得到了履行,我们不会认为一名员工有资格做某一件事情。我们尽力好好地对待员工,从而让他们将来对我们进行回报,但是与其说是他们被给予了做这些事情的权利,倒不如说是他们有义务为我们做这些事情。我无法向我的员工解释资格权利的概念,那将会引起一场骚乱!"

IDE 在东亚的一个问题就是几乎所有的下属对几乎所有的问题的回答都是"是",其得分比在欧洲或者北美要高出 20 个百分点,这一工具无法区分上司和下属之间关系的好坏,它也就无法实现它的功能。同时,这种工具本身在世界上这个区域内大受推崇,他们对这个工具也称"是"!

这种工具的设计者们没有抓住这样一个事实,即在东亚,很多种文化都会对某种关系回答"是",而对具体询问的问题回答"否"。"否",他们的工作没有意思,但是"是",他们尊敬并且希望能够支持他们的上司。当你强迫这类人大胆地说"是"或者"否"时,你限制了他们区分对上司的支持与对问题的不认同之间的微妙的差别。因为"否"不得不在会面之前写下来。所以下属们不太愿意写任何有可能损害他们的上司在公司的声誉的事情。在这种文化中,负面的反馈如果能够表达的话,也应该在相互尊重的氛围之中面对面地表达,并且也应该进行建设性的组织。因为美国和绝大多数的西欧国家在"是/否"的回答上是明确的,而东亚国家则是模糊的,对关系的回答是"是",对你的问题的回答是"否"。

在 Shaumberg 一位敏锐的人力资源经理改变了韩国的"是/否"系统,随后在其他的东亚文化中也进行了改变,从而东亚文化的这种状况得到了极大的改善,"是"可以在 1~10 的坐标范围内进行移动。这就使得经理们能够理解,即细致的、弥散的分级对"模糊逻辑"的创立者来说是非常重要的,它让员工们支持他们的上司,同时使他们能够逐渐地意识到所有的 6 个问题的目标并没有完全实现,接下来就是有意义的对话。

(资料来源:弗恩斯·特朗皮纳斯、查尔斯·汗普登·特纳著,《跨文化人员管理(第二版)》,经济管理出版社 2011 年版,第 130—132 页)

学习要点

1. 了解国际型公司和国际型公司人力资源管理的特殊性；
2. 学习国际型公司的管理模式和影响管理模式的相关因素；
3. 学习国际人力资源管理与国内人力资源管理的差异性；
4. 掌握国际人力资源管理的一些方法；
5. 了解国际人力资源管理中的跨文化管理。

12.1 国际人力资源管理概述

企业的国家化步伐要远远快于人力资源管理的国际化，直到 1990 年才有刊物——《国际人力资源管理》——专门涉及这一领域。国际人力资源的管理，涉及当今社会的国际型公司管理（即一般所理解的跨国公司）。因此，要对国际型公司的管理有一定程度的了解。

12.1.1 国际型公司

国际型公司指的是在多个国家设立子公司，并在整个世界范围内获取和分配资金、原材料、技术和管理资源以实现企业整体目标的公司。

通常企业国际化的过程是：出口企业（企业产品开始外销）——投资本地化（不是简单地出口产品，而是在出口目的地投资）——内部资源整合国际化（如一家日本电视企业总部在日本本土，R&D 放在新加坡，显像管生产是在中国大陆，其他相关配件安排于印尼等地生产）。

12.1.2 国际型公司的人力资源管理

国际型公司的人力资源管理是在一个国际型公司内获得、分配和有效使用人力资源的过程。其主要战略目标是要平衡"为了全球化的竞争性、灵活性和知识性的目标而产生的自治、调整和控制的需要"。我国现在也拥有许多国际型公司。国际型公司的人力资源管理因其情况十分复杂、工作难度非常大、"雷区"众多且可能处处密布而显得尤为必要。

【实例 12-1】

在长三角地区，日本在华开设的企业比较多，雇用了比较多的中国员工。日本企业一般都有开班前恳谈会的制度。有一次，某日本企业日方的一位课长，为某中国员工的某项工作没有完成好而大动肝火，直至忍不住地打了该中国员工一耳光。随着一声清脆的耳光声，在场的所有中国员工捏紧了拳头，步步向该日本人靠近，情势十分危急。忽然，一位中国员工举手高喊："打倒日本帝国主义！日本鬼子从中国滚出去！"其他中国员工也跟着喊起了口号。现场一片混乱。虽然这些中国员工没有打日本的课长,但当天都交了辞呈。其他中国员工知道该消息后也十分愤怒,虽然还有许多中国员工没有离开该公司,但其工作积极性和主动性都比较差,中日员工间对立情绪比较大,工作绩效也不高。没过多久,那位打中国员工的课长也被开除了。

思考:从日本文化和日资企业管理制度上分析日本课长打人行为能不能被接受?为什么?

12.1.3 国际型公司人力资源管理的特殊性

国际型公司人力资源管理,对于今天世界经济一体化来说非常重要,主要显现在其人力资源管理的重要性和复杂性。

1. 国际型公司人力资源管理的重要性

随着世界经济区域集团化和全球化的发展,越来越多的企业将在海外兴办和发展国际型公司。国际型公司的成功离不开那些有政治头脑、精通经济和管理、懂法律、有熟练技术,而且了解不同社会文化、有交际能力的相关国家人才。

国际型公司选派经理人员到海外工作以及招聘雇用海外人员,其所花费用是昂贵的。如果驻外人员士气低落,工作效率不高,国际型公司将蒙受巨大的损失。

对各种不同文化背景人员的调查显示,如果对不同文化背景的员工管理不力,会导致企业缺乏效率和决策不当。由此而导致的最终结果是企业收益不高和效率低下,从而使合资企业的基本运作和成功机会受到影响。

因此,国际型公司应该应用各种人力资源管理方法去挑选、招聘合格人才。认真细致地做好跨文化管理、上岗前后的职业培训和发展工作;慎重处理好管理人员和其他员工的工资福利及不同文化背景下的劳资管理问题;采取各种措施激励所有雇员,对他们的成就予以精神和物质奖励,充分调动他们的积极性,使他们更好地为公司总体目标服务。

2. 国际型公司人力资源管理的复杂性

对于国际型公司而言,由于各国政法制度、经济发展水平和传统伦理规范的不同,因而企业内部关于组织机构设置、人员考核奖惩的不同意见往往带有民族色彩、政治背景,处理起来十分复杂。具体表现在:

(1)牵涉面广

许多国内人力资源管理活动中所不涉及的问题,在国际型公司的人力资源管理中却变得至关重要。如帮助驻外人员和家属迁居国外工作地点,准备必要的外国人工作许可或签证,提供税务咨询、语言培训等。这些对于一般国内企业是陌生的,因而要求国际型公司的人力资源部门必须学习开拓许多新的业务。此外,安排外聘外籍人员,也需要做诸多工作。

(2)卷入员工个人事务深

由于海外工作的特殊性,人力资源部门往往要深入地介入驻外人员的个人家庭事务,才能确保外派人员选拔得当,工作安心。很多时候,决定国际型公司驻外人员工作效益的并不是其个人能力,而是其家庭尤其是配偶适应新环境的能力。

(3)受外界影响制约大

由于国际型公司对东道国是一种外来的经济政治力量,因而具有一定的政治经济敏感性。国际型公司的人力资源管理往往是东道国政府关注的重点,不少东道国为了保护自己国家和劳动者的利益,针对国际型公司制定了种种法规限制。

12.2 国际人力资源管理与国内人力资源管理的差异

12.2.1 国际型公司人力资源管理的模式

国际型公司由于其经营范围、规模、发展阶段等各不相同,因此适用的人力资源管理模式也有很多种。希南(D. A. Heenan)和珀尔马特(Howard V. Perlmutter)根据国际型公司在标准制订、评估、控制,沟通协调和员工管理这三方面的管理内容提炼出四种国际人力资源管理方式:民族中心方式、多中心方式、地区中心方式和全球中心方式。

12.2.2 影响国际型公司人力资源管理模式的因素

国际型公司在决定其人力资源管理模式时,受到一些客观因素的影响,必须予以认真考虑和衡量。

1. 东道国的政府政策和法规

许多发展中国家鼓励国际型公司到本国投资的一个重要目的就是为了发挥国际型公司培训本国人才的作用,因此在政策上会对移民有所限制,并通过法规要求为东道国的人员提供广泛的就业机会。

2. 东道国的管理、教育和技术的发展

世界经济发展是不平衡的。这就使得国际型公司确定人力资源管理模式时,至少要考虑到以下两种情况:

在经济发达国家和地区,存在着大量素质良好的管理和技术人才,因此国际型公司可以采取多中心的、地区中心甚至全球中心的人力资源管理策略;而在经济相对落后的国家和地区,大多数员工缺乏现代化管理的技能和经验,因此国际型公司就需要采取比较集中化的人力资源管理策略。

3. 产品的属性和生产技术特征

新产品层出不穷,且产品的属性和生产技术特征也很不一样。对技术性要求较高的产品或服务,需要有统一的生产和品质标准以及人力资源管理,这就要求国际型公司采取相对集中化的策略;若产品的技术含量较低,且产品须符合当地的特色,这就需要国际型公司采取多中心的人力资源管理方式。

4. 文化上的区别

各国文化的差异性是一个不争的事实。通常总公司的民族文化特点决定着该公司国际人力资源管理中的某些惯例。一些国家的文化,因为比较相近,兼容性比较好,使得国际型公司的总公司更多地愿意运用民族中心的管理方式。但同时也应当看到,国际型公司子公司内文化的混合和在子公司内因文化兼容性比较差,将会抵制总公司所运用的国际人力资源管理的方式。因此,总公司就有可能考虑在一个特定的子公司内采取多中心或地区中心的管理方式。但要注意,运用此模式管理要防止子公司的分裂和子公司与总公司的分离。

5. 组织与产品的生命周期

一些研究者认为,适宜的国际人力资源管理方式,一般由组织的生命周期和公司在多变的国际市场上的产品生命周期来决定。组织的生命周期和产品的生命周期都比较长,适合采取相对集中化的管理方式。否则就要结合东道国实际情况和分公司内员工文化兼容性加以确定了。

12.2.3 国际人力资源管理与国内人力资源管理的差异

国际人力资源管理与国内人力资源管理存在着比较大的差异性。

1. 文化差异

"文化"一词起源于人类社会学,最早指培养、种植、栽培或耕种,以后引申出文雅、修养、高尚的含义。《牛津现代词典》的解释是:人类能力的高度发展,藉训练与经验而促成的身心的发展、锻炼、修养。或曰人类社会智力发展的证据、文明,如艺术、科学等。关于文化的定义大约有250多种。一般而言,文化是指知识、信仰、道德、法律、风土人情、价值观以及人体内在精神因素和后天获取的所有能力的总和,它反映了人们的精神风貌、心理状态、思维方式和价值取向等 。[①]

【相关链接 12-1】

霍夫斯泰德(Geert Hofstede)对文化差异的分析维度

霍夫斯泰德通过对美国 IBM 公司的综合性问卷调查,总结了不同的国家或民族文化中差别最大的五个维度:

1. 权力距离。是指人们对权力在社会或组织中不平等分配的接受程度。低权力距离文化下,员工能够比较平等地参与对上级和同事的评价,而不会受到权力和权威的干扰;高权力距离下,员工对上级和权威甚至带有畏惧感。

2. 不确定性规避。是指人们感受到的不确定性和模糊情景的威胁程度,试图以提供较大的职业安全,建立更正式的规则,不容忍偏离观点和行为,相信绝对知识和专家评定等手段来避免这些情景,其强弱是通过不确定性规避指数来表示的。不确定性规避较低的文化表现为敢冒风险、鼓励创新;不确定性规避高的文化表现为因循守旧、惧怕竞争。

3. 个人主义/集体主义。是指社会中个人与集体的关系。重视个人主义的文化倾向于强调个人权利与自由,非常松散地结成社会关系网,并极大关注自尊;重视集体主义的文化推崇成员之间的和谐,个人感情服从团队整体利益,保全面子在集体主义文化中至关重要。

4. 男性化/女性化。是指人们在自信、工作、绩效、成就、竞争、金钱、物质等方面占优势的价值观。"男性化"倾向是指社会中两性的社会性别角色差别清楚,男人应表现得自信、坚强、注重物质成就,女人应表现得谦逊、温柔、关注生活质量;

---

① 廖泉文:《人力资源管理(第二版)》,高等教育出版社 2011 年版,第 382 页。

"女性化"倾向则是指社会中两性的社会性别角色互相重叠,男人与女人都表现得谦逊、恭顺、关注生活质量。

5. 长期取向与短期取向。是指人们对待长期利益和短期利益的价值观。长期取向的文化关注未来,重视节俭和毅力,愿意为将来投资;短期取向的文化则倾向过去和现在,人们尊重传统,关注社会责任的履行。

(资料来源:斯蒂芬·P·罗宾斯:《组织行为学(第七版)》,中国人民大学出版社2001年版,第45—47页;廖泉文:《人力资源管理(第二版)》,高等教育出版社2011年版,第383—384页)

各国的文化是不同的,对文化的理解也有很多不同。在一个组织系统中,不同的文化会产生一定的认识差异。面对这种文化差异,往往又会因为文化的兼容性不够而产生一定的矛盾。一般外籍管理者或技术人员,在国际型公司都属于少数人员。但基于文化的差异性,如果能够主动认知和融合,还能够避免一些矛盾。但一般往往是各自坚持自己国家的文化,不能够主动相互融合,人与人的相互理解和组织内的工作配合就显得比较困难,特别是任高层管理人员的外国员工。如语言不同、饮食习惯不同、对时间的认知不同、认知社会的世界观不同……从而使国际人力资源管理在管理非本籍员工时必须面对不同文化的差异性。

2. 管理理念不同

经过改革开放三十多年,我国的社会主义市场经济取得了长足的发展。但是我们还应该看到,与世界发达国家的经济建设还有一定的距离。主要表现在管理理念的差异性上。西方发达国家注重管理的严谨性和科学性,我们国家虽然也注意,但还有一定的差距。聘请外方管理人员,往往有水土不服现象。而我国的管理人员派出国,也存在着同样的问题。管理科学化和系统化对于我国的企业管理来说,还需要一个发展的过程。

【实例12-2】

我国某集装箱码头,与新加坡外资合资建立了一股份公司。一次码头的货堆发生了火灾。中方人员纷纷冲去救火。回来以后,人人都蓬头垢面。而外方人员却打了报警电话,并通知保险公司,而且坚守在自己的岗位上。外方人员认为没有必要、也没有一定的专业能力为货场的失火而舍弃生命去救火。外方的总经理事后先是让救火的员工们换衣服、洗澡,然后通知救火员工开会。在会上,他不但没有表扬中方救火的员工,反而批评了这些员工,并提出要扣离岗救火所有员工的部分工资。他认为对于24小时都要与世界各相关港口联系的公司业务人员,不能擅自离岗;此外,参与救火的员工,许多没有受过专门的救火训练,一旦发生不测,不但公司要出一大笔医疗费和赔偿金,还会因寻找顶替伤亡员工付出较大的再置成本,甚至影响日常工作而给公司带来损失。因为保护国家财产是国民应有的美德,怎么能在看到国家财产损失时而袖手旁观呢?外方经理的解释和处置措施引起了中方参与救火员工及中方管理人员的极大不满。

思考:你怎么理解中外方人员在处理这件事上的差异性?

3. 国家地位和实力的影响

一个国家的国际地位和经济实力对国际型公司国际人力资源管理有比较大的影响。

母公司所在国的国际地位比分公司所在国的国际地位高,经济实力比分公司所在国强,分公司所在国的员工一般能较好地接受母公司的统一管理,否则难度就比较大。比如发达国家在发展中国家开办子公司,子公司所在国的员工,一般大都本着学习的心态接受母公司的各项规章制度的管理。

12.3 国际人力资源管理方法

12.3.1 人力资源规划

对于那些制订了全球性战略目标的国际型公司,制订其人力资源规划是至关重要的。通常公司总部会有一套详细的人力资源规划的制度和程序,并拟订规划的总体政策和纲要。但在各国的子公司里,展开的规划及其执行可能会困难重重。

国际型公司为了准确估计所需管理人员和其他驻外人员的供应情况,不仅要对东道国和国际劳动力市场进行分析,还要对公司内部以及各子公司的劳动力状况进行分析。国际型公司人力资源的供应,通常有三个方面的来源:

1. 驻外人员(expatriates)

驻外人员是指经过母公司本国的教育和培训、并取得经验的本国公民。可以抽调那些在本公司工作成绩优秀、且有一定外语基础的员工,结合将被派出从事的岗位进行系统的培训,使他们了解欲工作国家的政治、法律、文化、民俗、经济状况等,在心理、知识、能力等方面做好充分的准备。

2. 东道国人员(host country nationals,HCNs)

即经过东道国的分公司教育和培训、并取得经验的东道国的人才。对东道国的人才,在东道国的分公司教育和培训,成本和风险要相对低一些。但必须做好三件工作:一是最好通过东道国的猎头公司,选择在东道国有良好工作业绩的人员;二是一定要在东道国分公司内进行教育和培训,并了解公司运行机制,适应公司文化,做出一定工作成绩的人;三是对于选择一般的工作人员,一定要告知他们公司的管理制度,并在征得他们同意后正式予以聘用。

3. 第三国派遣人员(third country nationals,TCNs)

从第三国选拔国际型人才,除了所做工作与经过东道国的分公司教育和培训、并取得经验的东道国的人才类似以外,还要注意对第三国人才对母公司所在国及分公司东道国的文化、民俗等方面的培训和训练。

12.3.2 人员任用

国际型公司的人力资源经理应该建立并实施适合当地劳动力市场的雇佣程序,并遵守东道国的法律。为吸引并留住当地的优秀人才,国际型公司通常会引用先进的科学的人才测评工具,但有时由于文化以及语言表达的差异,必须先对这些测评技术进行一定程度的调整修正。

在任用人员的配置上,通常国际型公司的上层主管由母公司派出,中下层管理者从东道国或第三国中选拔,其他人员尤其是基层员工大都雇用东道国的人员。由于各国际型公司以及各个国家的具体情况不同,也就不存在一个统一或标准的人员配置比例。但从很多国际型公司的发展历程来看,有人力资源逐渐本土化的趋势。

1. 国际型公司在国际化初期派驻本国人员的原因

(1)东道国员工的技术和管理水平没有达到国际型公司本身的要求,因此需要派出本国的员工来担任重要的工作岗位;

(2)国际型公司派出的人员熟悉本公司的文化氛围和政策框架,了解公司的宗旨、目标和兴趣,更有助于公司总部对子公司的控制;

(3)将公司员工的海外工作成绩作为提拔中高层管理人员的一个重要考核指标。

2. 国际型公司大胆起用东道国当地的管理、技术人才的好处

(1)东道国人员了解本国的文化风俗,熟悉当地的法规政策和市场行情;

(2)人员派驻的管理成本较高;

(3)派驻人员的心态较多地片面强调短期效果;

(4)聘用当地人员可以提高公司在当地的形象。

12.3.3　员工培训

国际型公司在发展中国家招聘员工时,经常存在员工的思想观念以及技能水平无法适应工作岗位需要的问题,因此公司需要花费时间和精力来对这些新员工进行培训。但是由于国际型公司根据本国情况设计出来的行之有效的培训方法和技巧在很多文化中可能是不适合的,将一些培训资料精确地翻译成当地的语言也可能是非常复杂的;另外,不同文化中的员工所适应的学习方法也不相同。因此,国际型公司的人力资源培训部门就需要发展出适合当地文化特点的培训方法和技巧。

对于外派员工,也需要对他们进行培训,让他们从思想上做好准备,使他们对异国的不同文化背景、工作环境、职业生涯发展机会以及其他方面的基本差异有一个大体的了解。如果不重视对国际型人员的培训,将对国际型公司带来严重的损失。外派人员的培训内容一般包括四个方面:

(1)文化差异以及可能对经济结果带来的影响;

(2)人们态度的形成模式以及态度对员工行为的影响;

(3)未来工作所在国家的具体情况,包括其民俗、员工的思维和行为方式,国家内的民族问题和地区矛盾等;

(4)语言的技能以及自身调整和适应环境的技巧。

【相关链接 12-2】

文化敏感性训练

敏感性训练(Sensitivity Training)又称 T 小组法,是美国心理学家勒温创建的一种改善人际关系和消除文化障碍的方法。目前,许多大型跨国公司采用课堂教育、环境模拟、文化研讨会、外语培训等多种方式进行系统的文化敏感性训练。

敏感性训练要求学员在小组中就参加者的个人感情、态度及行为进行坦率、公正的讨论,相互交流对各自行为的看法,并说明其引起的情绪反应。文化敏感性训练有两个方面的内容:一是系统培训有关母国文化背景、文化本质和有别于其他文化的主要特点;二是培训外派管理人员对东道国文化特征的理性和感性分析能力,掌握东道国文化的精髓。

（资料来源:孟庆伟:《人力资源管理通用工具》,清华大学出版社 2007 年版,第 213 页）

【实例 12-3】

施贵宝公司决定对公司来自其他各国的高管人员进行综合的系统训练。在训练中,训练师发现中国的高管人员和来自国外的高管人员有以下的差异性:

1. 中国高管人员学习非常认真,且特别尊重训练师;来自外国的高管人员学习时经常开玩笑,对训练师也不太尊重。

2. 每到讨论发言时,来自其他各国的高管人员积极参与;而中国的员工往往是把发言的机会有意无意地让给了来自其他各国的高管人员,缺乏主动参与意识。

3. 在进行有关训练项目培训时,来自外国的高管人员积极参加,且尽可能地表现出真实的自我;而中国高管人员即使参加也是被动的,且无法真实地表现自我,总认为这是一种游戏,大可不必太过认真。

4. 在训练之后的效果调查中,来自外国的高管人员认为该训练十分必要,对未来工作很有必要;而中方高管人员认为作用不大,只不过是游戏而已。

思考:你怎么看待中外高管人员对这次训练的认知差异性? 如果你是这次训练的训练师,你将怎样组织这样的训练?

12.3.4 绩效评估

一些因素困扰着对外派人员的绩效评估。首先,谁来进行评估是个关键问题。很显然,当地管理者必须插手进行一些评估,但是评估工作却常常因为文化的差异而被扭曲。如一个美籍的被外派印度的管理者,他当地的印度老板往往会因为他的参与式管理与当地文化不符,而对他的评估带有负面的色彩。另外,本国的评估人员在地理上也会和外派管理人员产生某些距离,因为他们对管理人员面对的具体环境不熟悉,所以他们不能为这些管理人员提供有效的评估。这确实很麻烦。外派管理人员将被利用一些像利润、市场份额等客观性指标来进行评估,但是本土化的行为,如当地政治的不稳定,会大大降低经理人的绩效,而这一点本国的评估人员却是看不见的 。[①]

由此可见,国际型公司员工的绩效评估是一个十分复杂的问题。

1. 绩效考评的方向难以确定

通常的考评方向包括品质类、行为类和业绩类。对于业绩类的考评比较容易进行。但是对于品质类和行为类就难于把握了。不同国家的文化导致不同国家人员的品质标准和

[①] 加里·戴斯勒:《人力资源管理精要》(第二版),中国人民大学出版社 2004 年版,第 169 页。

行为标准也不一样。

2. 考评维度的确立也有困难

考评维度的影响因素一般包括工作层面、组织层面和国家层面。组织形式的不同和不同国家的法律、制度条例不一样，而使影响考评维度因素不一样，从而影响了考评维度的确立。

3. 管理者考评维度更难测量

通常管理者的考评维度包括品质、心理、知识、能力和观念。外聘人员同样因为文化的差异性而使考评工作十分困难。在这里，外聘人员与外派人员是不同的。外派人员已经经过母公司的长期训练，可以和母公司的其他管理者采取相同的考评维度，而外聘人员则存在着对考评标准认可的问题。

【实例12-4】

在 XYZ 公司，参与测评的美国人和中国人

在 XYZ 电子公司，一名美国候选人和一名中国候选人被推选为一个高层部门职位的最终候选人。两个人都被请进了测评中心。按照惯例，每名候选人都在"不知情"的情况被打了分，即他们的记录已经被详细地调查了，而且已经做出了关于他们的相对资格的判断。然后，每位候选人被分别招入了测评中心进行长时间的面谈，并且他们被要求对模拟的危机进行讨论，在这个危机中，某种产品失败了，而且公司面临着丑闻和司法索赔。

在对职业技能方面的不知情的测试上，中国的候选人被评价具有略微的优势。但是全部三个测评者（分别来自法国、美国和中国香港）都在面试环节给他打了低于美国人的分数，在模拟丑闻环节中给他的分数最低。在面试的开始，中国的候选人说为这个著名的公司工作他感觉没有能得到重用。一个测评者笑着说："我问他，为什么在这种情况下，你还首先申请这个职位呢？他无言以对。"在讨论失败产品的期间，他对投诉方的律师表现得太过于谦让，没有站在自己的立场上或者试图为公司辩护。"他应该表现出更大的魄力"，同一个测评者说道。

测评者们计划在第二天早上就推荐那个美国人担任这个职位，但是同时还把两位候选人带出来共进晚餐。让所有人惊讶的是，中国候选人凭他的才智和言谈征服了所有在座的人。喝了两杯酒以后，晚餐结束了，他的保守和依从完全消失了，测评者开始考虑他是否胜任这个职位。他表现得是那样的自信、博学、泰然自若和精于交际。这是多么大的一个改变啊！

（资料来源：弗恩斯·特朗皮纳斯、查尔斯·汗普登·特纳著：《跨文化人员管理（第二版）》，经济管理出版社2011年版，第210—211页）

思考：怎么看待这样的中西差别？你认为怎样才能提高外资公司应聘的成功率？

12.3.5　报酬体系

国际型公司是否按照国际标准结合本国的实际情况提供给公司人员适当的工资待遇，

对其能否发挥国际人力资源的作用,调动驻外人员的积极性起着重要的作用。国际型公司在各国子公司的薪酬政策制定中必须考虑当地劳动力市场的工资行为、有关劳动报酬方面的法规和当地的文化倾向,同时还要与母公司的整体经营战略保持足够的一致。

【实例 12-5】

位于广东佛山的本田汽车零部件制造有限公司的中方员工于 2010 年 5 月 17 日开始罢工,他们要求厂方将月薪提高至 2000—2500 元。

事件发生的背景是,佛山市从 2010 年 5 月 1 日起,将最低工资标准从 770 元/月调整为 920 元/月。此前有工人向《广州日报》披露一级普通工人的工资构成为:基本工资 675 元＋职能工资 340 元＋全勤补贴 100 元＋生活补贴 65 元＋住房补贴 250 元＋交通补贴 80 元＝1510 元,加班费另算。按照这一结构,佛山本田的工资高于政府制定的最低工资标准。不过员工们理解的最低工资仅为基本工资部分,兼之中日员工薪酬待遇差距极大,员工们希望能借最低工资调整之机,实现涨薪。

据介绍,该公司科长及以上级别管理人员均为日方人员。以部长为例,每月收入可达 10 万元人民币以上,为中方一线员工的 50 倍。

(资料来源:《每日经济新闻》,2010-5-28;《新世纪周刊》,2010 年第 22 期;《新京报》,2010-05-28)

思考:试分析该公司的国际化薪酬管理中出现了什么问题? 产生这些问题的根源是什么?

【相关链接 12-3】

外派人员的报酬问题

从美国派遣一名美籍经理去欧洲每年的费用由于派遣地的不同会大相径庭。例如,据估计,一名美籍人员在法国每年平均需要的费用为 193000 美元,而在邻国德国就高达 246000 美元。如此巨大的差异引发了国际型公司该如何支付海外员工报酬的问题。这个问题如今显得尤为重要,因为越来越需要员工去海外机构工作,也由于国家与国家之间管理人员和专业技术人员的流动日趋频繁。当前流行的两种基本国际报酬政策是:原在国基准政策和所在国基准政策。

根据原在国基准政策,调任海外的员工其基本薪水应反映其原在国的薪水构成。在此基础上,再提供各种额外补贴以弥补例如生活费用、住房和教育费用这样的差异。这对于短期调任者来说比较合理,避免了每次调动均要调整其基本薪水的问题。然而,如果来自不同国家的员工被分派到同一个办公室从事相同的工作而他们的基本薪水却各不相同,这可能会惹出一些麻烦。

根据所在国基准方案,调任海外的员工其基本薪水应符合所在国的薪水结构。换言之,纽约的经理被派往法国,其基本薪水也随之变为法国当地该职位的基本薪水,而不再是其在纽约的基本薪水。当然,也仍然有生活费用、住房、教育和其他各项补助。这种方法可以保证所在国同一办公室的所有员工保持一致的工资水平,但是可能会让来自纽约的经理诚惶诚恐,因为如果他被调往孟加拉,他就只能眼睁睁地看着自己的基本薪水直线下降。

（资料来源:[美]加里·戴斯勒(Gary Dessler)著,张炜译:《人力资源管理精要》第二版,中国人民大学出版社2004年版,第185页)

1. 国际型公司的报酬待遇政策有效性的特点

(1)能使海外分公司的工作对人们有吸引力,并能留住合格的人才

这里既包括母公司派出的人才,也包括当地和第三国聘用的人才。对于母公司派出的人才,一般稳定性相对大一些;而当地和第三国聘用的人才,则因为文化及制度等等的原因使人才的稳定性比较差。解决此问题的主要方法在于认真考虑外聘员工的职业生涯设计,要让他们看到自己职业的发展方向。

(2)可以在整个公司内任意地根据工作需要而调整和调动

人才在公司岗位上应该有一个可以调整和调动的运行机制。这是因为是人才,放在哪儿都会发光的;长期从事一项一地的工作,会消磨人的创新能力;公司也需要人员在公司内经常换岗,不断调整某具体单位的信息沟通水平,不断延伸具体组织的寿命。国际型公司人员能十分便利地在母公司和子公司之间或子公司与子公司之间进行调动,也是国际型公司在一定程度上比国内公司更具人才吸引力之处。

(3)各子公司的报酬制度之间要有一个稳定的关系

不管各子公司所在的东道国薪酬水平如何,国际型公司都要保证各子公司报酬制度之间存在着相对稳定的关系。

(4)要使本国际型公司的报酬制度与竞争者的报酬制度相比有较强的竞争力

在当今的社会中,竞争的实质在于人才竞争。由于竞争对手的客观存在,要想战胜竞争对手,就要在人才竞争中获得必然的优势。而获得竞争优势,就得要:一是努力获得原来没有的人才,二是要保住已经获得的人才。中国古话说得好:无利不起早。员工参加工作,主要是为了在一定物质基础上,保证自己的基本生存需要。因此,报酬制度与竞争对手相比有比较强的竞争力,会使本公司获得和保有更多的为公司做出更好贡献的人才。

2. 制定报酬制度的一般方法

许多国际型公司一般采取两种方法来制定其世界范围内的报酬制度:

(1)本国标准法

所有的驻外人员,无论在哪一国分公司工作,均按照其本国的工资标准拿工资。这种方法对于高工资国家国际型公司人员比较适用,但对低工资国家国际型公司人员就很不适用了。

(2)系数法

将国际型人员的工资分解为一些"薪资因子",然后根据本国和东道国的有关法律条文对薪资因子进行调整,使驻外人员的薪资水平保持一致,最后用"薪资系数"的数值来对整个薪资进行综合平衡调整。这种方法的目的是使驻外人员在国内的购买、消费能力不变。但会导致外派人员不愿意长期在外工作。

12.4 国际人力资源管理中的跨文化管理

12.4.1 跨文化的产生

当一种文化跨越了在价值观、宗教信仰、思维方式、语言、风俗习惯以及心理状态等方面与之不同的另一种文化,即不同文化背景的群体之间交互作用和影响时,就称为跨文化或交叉文化。

跨文化是伴随着贸易和生产的国际化,特别是国际型公司的出现和发展而成为日趋世界性的文化现象。当国际型公司在性质上越来越全球化时,要形成一种起支持作用的企业文化就比较困难。不同文化背景的人具有不同的价值取向、不同的思维方式和不同的行为表现。这些人同在一个企业内共事,在日常的生活和生产经营管理中按照各自的文化定式行事,必然产生文化的交叉碰撞,从而导致国际型公司内部的文化摩擦。

【相关链接 12-4】

跨文化冲突

跨文化冲突,是指不同形态的文化或者文化要素之间相互对立、相互排斥的过程,不仅指跨国企业在他国经营时与东道国的文化观念不同而产生的冲突,也包含了在一个企业内部由于员工分属不同文化背景的国家而产生的冲突。

跨文化冲突的形式:

1. 显型文化的冲突。来自不同文化背景的行为者,相同的表达方式(语言、神态、手势、面目表情、举止等)所含意义不同而引起的冲突。

2. 价值观方面的冲突。文化与价值观的不同会导致不同的管理实践,包括组织中的评价、选择、奖惩、上下级关系、群体的行为等。

3. 劳动人事方面的冲突。在企业人员的工资待遇上,工资的决定因素、挂钩方式、变动方式明显不同;在人才的选拔使用方面,对资历、政治素质、人际关系、能力、文凭等因素的重视程度不同;对待人才流动的认识和看法不同。

4. 制度文化的冲突。西方社会是法治社会,一切都用外在的非人际关系的硬件力量去约束,因此在企业管理上就表现为规范管理、制度管理和条例管理,追求管理的有序化和有效化;中国社会重伦理,偏重于人的作用和价值实现,却忽略了制度效应和条例管理,以"情"治理使员工对制度的执行比较松懈,以致规章制度往往难以发挥有效的作用。

(资料来源:价值中国,http://www.chinavalue.net/)

12.4.2 跨文化管理

跨文化管理研究的是不同国别、不同文化的人在一起工作和进行贸易的情况下,如何对之进行管理。由于企业的决策和文化环境有关,而文化差异会影响经理们的管理方式以及下属对不同管理方式的适应性,并对人力资源管理的各个职能产生潜在的冲击力。跨文化经营蕴含着文化的交流、冲突与碰撞,以及文化的摩擦、融合与再生。通过有效的跨文化管理,其目的就是要将不同的民族特性、价值观念和文化传统与先进的管理方法有机地融为一体,并将之应用于企业经营管理的各个方面。跨文化经营已经成为企业经营与管理成功与否的重要因素。

在企业跨文化的经营中,专业经理人经常需要同时面对具有不同文化背景的部属,除了理解个别差异配合适当的领导方法外,也要整合不同的管理文化,以建立完整的企业管理文化。

国际型公司的海外子公司在经营过程中必须考虑当地的特殊文化对管理模式的影响,并决定是适应当地的文化还是试图适当改变当地的文化,以及适应和改变到什么程度。海外子公司在对文化进行适应与变革时必须考虑下列一些因素:

(1)海外子公司和东道国双方都不应强求对方适应自己的文化规范,应留有变通的余地;

(2)海外子公司要充分估计东道国对变革的态度,对某些文化成分必须适应和回避,待有机会时再逐步改善;

(3)海外子公司要了解东道国的重要文化成分,并观察其变化。

【实例 12-6】

1999 年,Richard Sanford 任杨森公司总经理,而 Peter Schuster 为他的助手。然而,这两位美国人对中国文化在认识和理解上相去甚远。Schuster 由于熟悉中国语言和文化,又娶了中国妻子,因此在工作中深受中国文化影响,管理中注重人际关系,甚至于为一位中国员工被解雇求情。而 Sanford 先生则认为,美国文化比较优越,它给中国带来了新思想和创新精神,跨国管理人员要以母国文化为准则,不能为当地文化所禁锢,否则将会丧失管理效率和工作效率。由此,两人在日常管理工作中就产生了许多文化冲突。

(资料来源:安应民:《新编人力资源管理》,兰州大学出版社 2004 年版,第 425 页)

思考:如果你是一名资深的管理咨询顾问,请问在这种情形下你对 Richard Sanford 解决冲突有何良策?

12.4.3　多元文化管理流程

伊来什马维(Farid Elashmawi)提出了采取跨文化管理(MCM)的流程。其做法是,邀请合资企业中的约 15 位多元文化成员参加为期 2—3 天的强化研讨会,活动包括组织讲座、小组讨论、角色扮演、录像和多媒体演示及案例分析。目的是为了解开与会成员带到合资企业的文化包袱。与会者首先指出他们合资企业的强势和弱点。接着请他们找出每种文化的核心价值,然后将结果与其他文化的价值观念相比较。与会者还要制定出行动计划以增强企业的优势,尽量减小或消除企业的弱点所带来的不利影响。培训的最后一天,参与者集中找出他们所在合资企业的内部文化,包括合资伙伴、管理层和营销及人力资源等部门的文化;然后,明确其合资企业目前的整体企业文化和他们客户、供应商与竞争对手的不同文化;最后,对比目前的企业文化并重新修订一套今后的企业目标,并就具体的企业内部项目展开讨论以巩固新企业组织的文化。

理想的做法是,国际型公司应修改现有的礼仪,制定使命说明书、企业标识或信条,找出企业发布新闻稿和进行社会活动的新方法。通过设定满足合资各方多元文化业务需求的企业目标,并对这些目标进行协调和具体实施,以克服不同文化之间的冲突。

【相关链接 12-5】

管理文化多元性创造的 5 种优势

优势	贡献
成本	原来同化文化多元性所需的成本能得以削减
资源获取	在管理文化多元性员工方面享有最好声誉的公司将最可能雇用到最好的文化多元性人力资源
市场营销	企业的成长及对文化的敏感性将改善产品的开发和营销,有助于针对多样性细分市场
创造力	观点角度的多元性将提高整个组织的创造力水平
问题解决	多元性的视角和观念将为问题的解决和决策的制定作出贡献

(资料来源:赵西萍、宋合义、梁磊编著:《MBA 组织与人力资源管理》,西安交通大学出版社1999 年版,第 372 页)

【本章小结】

本章从以下几个方面阐述了国际型企业的人力资源管理问题:

一是从什么是国际型公司及其管理入手,探讨了国际型公司人力资源管理的内涵和特殊性。所谓国际型公司指的是在多个国家设立子公司,并在整个世界范围内获取和分配资金、原材料、技术和管理资源以实现企业整体目标的公司。国际型公司的人力资源管理是在一个国际型公司内获得、分配和有效使用人力资源的过程。其主要战略目标是要平衡"为了全球化的竞争性、灵活性和知识性的目标而产生的自治、调整和控制的需要"。国际型公司人力资源管理具有人力资源管理的重要性和人力资源管理的复杂性等两方面的特殊性。

二是比较了国际人力资源管理和一般人力资源管理的差异性。其中要确立国际型公司人力资源管理模式,并从文化差异、管理理念不同、国家地位和实力的影响等三个方面比较了国际人力资源管理和国内人力资源管理的差异性。

三是结合人力资源管理的主要内容,探讨了国际型公司的人力资源。具体包括人力资源规划、人员任用、员工培训、绩效评估和报酬体系等工作。人力资源规划主要考虑人员的来源,一般有三种情况:经过母公司本国的教育和培训、并取得经验的本国公民;经过东道国的分公司教育和培训、并取得经验的东道国的人才;从第三国选拔国际型人才。人员任用时,作为国际型公司的人力资源经理应该建立并实施适合当地劳动力市场的雇佣程序,并遵守东道国的法律。为吸引并留住当地的优秀人才,国际型公司通常会引用先进的科学的人才测评工具,但有时由于文化的差异以及语言表达的差异,必须先对这些测评技术进行一定程度的调整修正。在员工培训中,国际型公司的人力资源培训部门就需要发展出适合当地文化特点的培训方法和技巧。对于外派员工,也需要对他们进行培训,让他们从思想上做好准备,使他们对异国的不同文化背景、工作环境、职业生涯发展机会以及其他方面的基本差异有一个大体的了解。在绩效考评中要注意解决绩效考评的方向难以确定、考评维度的确立也有困难、管理者考评维度更难测量等问题。报酬问题上,要了解国际型公司的报酬待遇政策有效性的特点及报酬制度中、一般方法中的本国标准法和系数法。

四是国际人力资源管理中的跨文化管理。由于不同文化背景的人具有不同的价值取向、不同的思维方式和不同的行为表现,这些人同在一个企业内共事,在日常的生活和生产经营管理中按照各自的文化定式行事,必然产生文化的交叉碰撞,从而导致国际型公司内部的文化摩擦。因此在企业跨文化的经营中,要注意权力距离、模糊性的避免、个人主义与团队合作、男性与女性主义等文化因素的影响。在跨文化管理中,要注重多元化管理。理想的做法是,国际型公司应修改现有的礼仪,制定使命说明书、企业标识或信条,找出企业发布新闻稿和进行社会活动的新方法。通过设定满足合资各方多元文化业务需求的企业目标,并对这些目标进行协调和具体实施,以克服不同文化之间的冲突。

⊟▷【案例分析】

日本人管好了一家美国工厂

由美国沃里科公司管理了15年的弗里斯特市电视机厂,是著名的希尔斯公司的协作厂家。该厂生产的电视机多由希尔斯公司经销。这家电视机厂曾一度有员工2000人,无论从产值、规模还是职工数量上来说,都是阿肯色州弗里斯特市的重要企业,在当地的企业界中举足轻重。

但是沃里科公司由于管理不善,屡屡出现质量问题,致使弗里斯特市电视机厂陷入重重困境。厂里生产的电视机居然有10%过不了本厂的质检关,必须返修才能出厂。销出的电视机由于质量不佳,使用户怨声载道,造成产品大量积压。工厂的财务状况难以为继。不得已,厂方只能大量裁员,职工人数减少了3/4,只剩下500人。此举一出,人心大乱,工人们更是无心生产,工厂到了几乎倒闭的地步。

作为销售商,希尔斯公司对弗里斯特市电视机厂的产品质量大为恼火,大量返修的电视机不仅增加了他们的工作量,更是败坏了希尔斯公司的声誉。看到电视机厂一片混乱的景象,希尔斯公司又为它的前途而担忧。为了扭转厂方的不利局面,由希尔斯公司出面派人前往日本的电器制造业中心——大阪,邀请久负盛名的日本三洋公司购买弗里斯特市电视机厂的股权,并进一步利用日本的管理人员和技术人员来领导这家工厂。

三洋电器公司对希尔斯的建议迅速作出反应。1976年12月,三洋公司开始大规模购入弗里斯特市电视机厂的股份,并取得了对该厂的控股权。1977年1月,三洋公司派出了大批管理人员和技术人员,接管了弗里斯特市电视机厂。日本人到达目的地后,马上发现他们面临着双重困难。一方面,同日本工人比起来,美国工人的劳动纪律性差,生产效率低,因此生产的产品质量差;另一方面,工厂中的工人乃至整个城市的居民,并不十分欢迎日本人的到来,战后形成的对日本人的轻视和不满情绪,仍没有完全消除。

显然,日本管理人员无法采用在日本惯于使用的管理方法。除了文化和习惯方面的因素外,还有民族感情方面的问题。然而,生产效率必须提高,产品质量必须改善。

三洋公司总经理井植聪对派去的日本人员约法在先:要融入当地的大众生活中去,参加当地的社会事务,不要把自己圈在一个"小东京"里,重要的是要打破民族间的隔膜。

日本管理人员到达弗里斯特市后,先后办了三件事,令美国人大开眼界。

日本管理人员没有先采取什么严厉的措施,相反,他们首先邀请电视机厂的所有员工聚会一次,大家坐在一起喝咖啡,吃炸面包圈。

然后,又赠送给每个工人一台半导体收音机。这时,日本经理对大家说,厂里灰尘满地、脏乱不堪,大家怎么能在这样的环境中生产呢?于是,由日本管理人员带头,大家一起动手清扫厂房,又把整个工厂粉刷得焕然一新。

几个月后,工厂的生产状况逐步改善,厂方对工人的需求又开始增加。日本管理人员一反大多数企业招聘员工的惯例,不去社会上公开招选年轻力壮的青年工人,而是聘用那些以前曾在本厂工作过,而眼下仍失业的工人。

只要是工作态度好,技术上没问题,而且顺应潮流的人,厂方都欢迎他们回来应聘。日本人解释说,以前干过本行的工人素质好,有经验,容易成为生产好手,所以才雇用他们。

最令美国人吃惊的是,从三洋公司来的经理宣布,为了在弗里斯特市电视机厂建立和谐的工作关系,他们希望同该厂的工会携手合作。三洋公司的总裁亲自从日本来到弗里斯特,同工会代表会面。

他的开场白,是谈他在第二次世界大战后在美国谋生的经历。他曾在好莱坞为著名电影评论家郝达·霍珀做服务员,每次当他替霍珀打开门厅时,总是看到伊丽莎白·泰勒等大明星伫立门前。他的一席话,马上赢得了工会代表们的欢迎。双方很快达成了协议,共同努力为工厂的发展而奋斗。日本总裁说:我们公司信奉联合工人的原则,希望工会协助公司搞好企业。

请全体员工吃东西,然后大家一起动手搞卫生,对美国人来讲已是件新奇事;专门雇请以前被辞退的工人,就更是少见的事;而公司总裁亲自会见工会代表,恳请双方合作并建立起良好的关系,这在劳资关系一向紧张的美国,实属令人吃惊的举动。

日本人刚来时,很看不惯美国工人在生产线上边干活便吸烟,把烟灰弹得到处都是的样子。在同工会商议后,日本管理人员提出车间内禁烟。由于取得了工会的支持,工人们一声不响地接受了此项命令。

在日本人管理该厂期间,工人们只举行过一次罢工,而且问题很快得到解决,厂方和工会都表示这次罢工事件没有伤害相互的感情。

弗里斯特市工业委员会主席瓦卡罗说:"这些日本人真行,每天早上七八点就上班干活了,一天要工作 9 到 11 个小时,周六都有很多人自愿加班。从前的那些管理人员可差远了,他们 9 点钟才进厂,翻翻当天的报纸邮件,口述一封回信,11 点准时去俱乐部打高尔夫球,玩到下午 3 点才回厂,东晃一会儿西荡一会儿,就到下班回家的时间了。"

　　在这个工厂工作了 12 年的欧文弗说:"这些管理人员照顾工人们的情绪,生产上强调质量,强调清洁卫生,并且劝导工人们要爱护机器设备,改善产品质量和工作条件。"

　　到 1983 年,弗里斯特市电视机厂日产希尔斯微波炉 2000 台、彩色电视机 5000 台(其中有 30％用三洋的商标),98％的产品质量合格,可直接投放市场。厂里的经营状况大大改善。

　　1983 年的一个周末,电视机厂 2000 多名工人和管理人员,与弗里斯特市的市民们一起来到市广场举行酒会,庆祝该厂的迅速发展。工业委员会的瓦卡罗说:"电视机厂是我们市的命脉,而三洋公司则是我们的支柱。"

　　(资料来源:崔毅:《人力资源管理》,上海人民出版社 2002 年版,第 274—277 页)

　　问题

　　1. 在日本人踏入弗里斯特市电视机厂所面临的两个问题中,你认为哪一个是主要矛盾?为什么?

　　2. 日本人是怎样成功管理弗里斯特市电视机厂的?

　　3. 假设情况发生在中国,即日本人来管理中国的企业,你认为他们应该从哪几个方面入手?

【思考练习】

1. 我国的国际型公司该制定怎样的人才策略?
2. 国际型公司的模式受到哪些因素的影响?
3. 国际型公司的人力资源有哪些供给来源?
4. 为什么说国际型公司的人力资源管理是复杂的?
5. 阐述跨文化管理的意义。

参考文献

1. 赫伯特·S·帕纳斯. 人力资源. 哈尔滨:黑龙江教育出版社,1990.

2. 丹尼尔·A·雷恩. 管理思想的演变. 北京:中国社会科学出版社,2000.

3. 陈维政,余凯成,程文文. 人力资源管理. 北京:高等教育出版社,2003.

4. 秦志华. 人力资源管理. 北京:中国人民大学出版社,2000.

5. 姚裕群. 人力资源开发与管理概论. 北京:高等教育出版社,2005.

6. 李燕萍. 人力资源管理. 武昌:武汉大学出版社,2002.

7. 李剑锋. 人力资源管理:原理与技术. 北京:电子工业出版社,2002.

8. 张岩松. 人力资源管理案例—精选精析. 北京:经济科学出版社,2002.

9. 廖泉文. 人力资源管理. 北京:高等教育出版社,2005.

10. 余凯成. 人力资源管理. 大连:大连理工大学出版社,1999.

11. 雷蒙德·A·诺伊等. 人力资源管理. 北京:中国人民大学出版社,2001.

12. 顾沉珠等. 人力资源管理实务. 上海:复旦大学出版社,2005.

13. 姚先国,柴效武. 公共部门人力资源管理. 北京:科学出版社,2004.

14. 徐光华等. 人力资源管理实务. 北京:清华大学出版社,2005.

15. 迈克尔,阿姆斯特朗. 战略化人力资源基础. 北京:华夏出版社,2004.

16. 于桂兰,魏海燕. 人力资源规划. 北京:清华大学出版社,2004.

17. 谌新民. 新人力资源管理. 北京:中央编译出版社,2002.

18. 陈京民,韩松. 人力资源规划. 上海:上海交通大学出版社,2006.

19. 李德. 人力资源开发与管理. 北京:清华大学出版社,2001.

20. 吴国存,李新建. 人力资源开发与管理概论. 天津:南开大学出版社,2001

21. 谌新民,张帆编著. 工作职位设计. 广州:广东经济出版社,2002.

22. 伍爱. 人力资源管理学. 广州:暨南大学出版社,2005.

23. 董克用,叶向峰. 人力资源管理概论. 北京:中国人民大学出版社,2003.

24. 王玺. 最新职位分析与职位评价实务. 北京:中国纺织出版社,2004.

25. 陈维政等. 人力资源管理与开发高级教程. 北京:高等教育出版社,2004.

26. 莫海燕. 西门子招聘方略. 人力资源开发与管理,2003,(9).

27. 杨杰. 有效的招聘. 北京:中国纺织出版社,2003.

28. 王立平. 中关村人力资源研究. 北京:中国经济出版社,2003.

29. 孙国宝. 大动脉——企业人事管理基础. 北京:人民出版社,1998.

30. 李剑. 人事管理看图速成. 北京:中国致公出版社,2001.

31. 田方萌. 麦肯锡经理人方略. 北京:民主与建设出版社,2002.

32. 罗锐韧,曾繁正. 人力资源管理(第一版). 北京:红旗出版社.1997.

33. 程正方. 管理心理学(第二版). 北京:北京师范大学出版社.2002.

34. 余文钊. 管理心理学(第二版). 兰州:甘肃人民出版社,1995.

35. 余凯成,陈维政. 人力资源开发与管理(第一版). 北京:企业管理出版社,1997.

36. 单怀仓. 人力资源开发概论(第一版). 北京:中国劳动出版社,1995.

37. 叶奕乾,何存道,梁宁建. 普通心理学(第一版). 上海:华东师范大学出版社.1997.

38. 安应明. 新编人力资源管理(第一版). 兰州:兰州大学出版社,2004.

39. 赵西萍,宋合义,梁磊. MBA 组织与人力资源管理. 西安:西安交通大学出版社.1999.

40. 刘昕. 薪酬管理. 北京:中国人民大学出版社,2002.

41. 乔治·T·米尔科维奇. 薪酬管理(第六版). 北京:中国人民大学出版社,2002.

42. 约瑟夫·J·马尔托奇奥. 战略薪酬管理. 北京:中国人民大学出版社,2002.

43. 理查德·索普等. 企业薪酬体系设计与实施. 北京:电子工业出版社,2004.

44. 康士勇. 薪酬设计与薪酬管理. 北京:中国劳动社会保障出版社,2005.

45. 王学力. 企业薪酬设计与管理. 广州:广东经济出版社,2001.

46. 刘军胜. 薪酬管理实务手册. 北京:机械工业出版社,2002.

47. 林泽炎. 人力资源绩效评估技术. 北京:中华工商联合出版社,2000.

48. 林泽炎. 3P 模式——中国企业人力资源管理操作方案. 北京:中信出版社,2001.

49. 胡君辰,郑绍廉. 人力资源开发与管理. 上海:复旦大学出版社,1999.

50. 张成福,王俊杰. 现代人力资源管理与发展. 北京:中国人事出版社,1999.

51. 张一驰. 人力资源管理教程. 北京:北京大学出版社,1999.

52. 里查德·迪尔曼. 人力资源管理系统. 北京:改革出版社,1999.

53. 孙健. 360 度绩效考评. 北京:企业管理出版社,2003.

54. 窦胜功,卢纪华,戴春凤. 人力资源管理与开发. 北京:清华大学出版社,2005.

55. 华茂通咨询. 现代企业人力资源解决方案·第 3 篇 员工培训与开发. 北京:中国物资出版社,2003.

56. 张德. 人力资源管理. 北京:企业管理出版社,2002.

57. 谢晋宇等. 企业人力资源开发与管理创新. 北京:经济管理出版社,2000.

58. 加里·戴斯勒(Gary Dessler). 人力资源管理精要. 北京:中国人民大学出版社,2004.

59. 湛新民. 人力资源管理概论. 北京:清华大学出版社,2005.

60. Shan Caudron,"Marriot Trains Managers to Become Partners in Career Management",Personnel Journal 73,no. 4(April 1996):64

61. 郑海航,吴冬梅等. 人力资源管理:理论、实务、案例. 北京:经济管理出版社,2006.

62. 傅祥友. 为员工设计灿烂的明天——东风汽车股份有限公司的"员工职业生涯规划",企业管理,2001,(12)

63. 颜春杰. 新编人力资源管理开发与管理. 北京:社会科学文献出版社,2004.

64. 葛玉辉. 人力资源管理. 北京:清华大学出版社,2006.

65. 张佩云. 人力资源管理. 北京:清华大学出版社,2004.

66. 劳动法小全书. 北京:中国法制出版社,2005.

67. 孙光德,董克用. 社会保障概论. 北京:中国人民大学出版社,2004.

68. 石金涛. 现代人力资源开发与管理(第二版). 上海:上海交通大学出版社,1999.

69. 劳动与社会保障部. 国家职业资格培训教程:企业人力资源管理人员(基础知识). 北京:中国劳动社会保障出版社,2002.

70. 约翰·M·伊万切维奇. 人力资源管理(第九版). 北京:机械工业出版社,2005.

71. 中国企业国际化管理课题组. 企业人力资源国际化管理方法. 北京:中国财政经济出版社,2002.

72. 张文贤. 人力资本. 成都:四川人民出版社,2008.

73. 韦尔丁著,尧俊芳译. 情商. 天津:天津教育出版社,2009.

74. 廖泉文. 人力资源管理(第二版). 北京:高等教育出版社,2011.

75. 顾英伟. 人力资源规划. 北京:电子工业出版社,2006.

76. 于秀芝. 人力资源管理. 北京:中国社会科学出版社,2009.

77. 付亚和. 工作分析. 上海:复旦大学出版社,2009.

78. 葛玉辉. 工作分析与工作设计实务(人力资源管理师操作实务). 北京:清华大学出版社,2011.

79. 萧鸣政. 工作分析的方法与技术(第三版). 北京:中国人民大学出版社,2010.

80. 王青. 工作分析:理论与应用. 北京:清华大学出版社,2009.

81. 郭晓博. 著名企业求职面试指南. 北京:电子工业出版社,2011.

82. 朱凌玲. 轻松应聘好工作:资深招聘主管的求职忠告. 北京:北京航空航天大学出版社,2010.

83. 红石. 面试官手记(聪明的求职者必读). 北京:机械工业出版社,2010.

84. 吴冬梅. 人力资源管理案例分析. 北京:机械工业出版社,2011.

85. 贺秋硕,喻靖文. 人力资源管理案例引导教程. 北京:人民邮电出版社,2010.

86. 杨蓉. 人力资源管理(第三版). 大连:东北财经大学出版社.2010.

87. 王燕飞,朱瑜. 现代人力资源开发与管理. 北京:清华大学出版社,北京交通大学出版社.2010.

88. 曾湘泉. 薪酬:宏观、微观与趋势. 北京:中国人民大学出版社,2006.

89. 姚凯. 企业薪酬系统设计与制定. 成都:四川人民出版社,2008.

90. 迈克尔·阿姆斯特朗,狄娜·斯蒂芬斯. 员工薪酬管理与实践手册. 北京:中国财政经济出版社,2008.

91. 王萍. 考核与绩效管理. 长沙:湖南师范大学出版社,2007.

92. 付亚和,许玉林. 绩效管理. 上海:复旦大学出版社,2003.

93. 林筠. 绩效管理. 西安交通大学出版社,2006.

94. 方振邦. 战略与战略性绩效管理. 北京:经济科学出版社,2005.

95. 顾英伟. 绩效考评. 北京:电子工业出版社,2006.

96. 冉斌. 绩效指标词典. 北京:中国经济出版社,2005.

97. 姚裕群,张再生. 职业生涯与管理. 长沙:湖南师范大学出版社,2007.

98. 谢守成. 大学生职业生涯发展与规划. 武汉:华中师范大学出版社,2009.

99. 马斯洛. 自我实现的人. 上海:上海三联书店,1986.

100. 陈丽,戴卫东. 劳动关系管理. 北京:电子工业出版社,2010.

101. 东方法治文化研究中心等组编. 劳务派遣. 上海:上海人民出版社,2008.

102. 胡仕浩. 劳动法司法解释理解与运用·典型案例裁判理由. 北京:中国法制出版社,2011.

103. 中华人民共和国劳动法. 北京:中国法制出版社,2010.

104. 法律出版社法规中心编. 中华人民共和国劳动和社会保障法规全书. 北京:法律出版社,2011.

105. 潘峰. 劳动合同附随义务研究. 北京:中国法制出版社,2010.

106. 北京市劳动和社会保障法学会编. 最新劳动争议处理实务与诉讼指引. 北京:法律出版社,2011.

107. 弗恩斯·特朗皮纳斯,查尔斯·汗普登·特纳. 跨文化人员管理(第二版). 北京:经济管理出版社,2011.

108. 刘昕. 现代人力资源管理教程. 北京:中国人事出版社,2009.

图书在版编目(CIP)数据

人力资源管理 / 王萍等编著. —2 版.—杭州：
浙江大学出版社，2012.6(2021.7 重印)
ISBN 978-7-308-10035-9

Ⅰ.①人… Ⅱ.①王… Ⅲ.①人力资源管理
Ⅳ.①F241

中国版本图书馆 CIP 数据核字（2012）第 108843 号

人力资源管理(第二版)

王　萍　付　滨　等编著

责任编辑	周卫群
封面设计	东方博
出版发行	浙江大学出版社
	（杭州市天目山路 148 号　邮政编码 310007）
	（网址：http://www.zjupress.com）
排　　版	杭州青翙图文设计有限公司
印　　刷	浙江省邮电印刷股份有限公司
开　　本	787mm×1092mm　1/16
印　　张	20.75
字　　数	505 千
版 印 次	2012 年 6 月第 2 版　2021 年 7 月第 6 次印刷
书　　号	ISBN 978-7-308-10035-9
定　　价	38.00 元